★★★ 中等职业教育通用教材

主　　编　韩守玺

副 主 编　赵　俊

参编人员（按姓氏音序排序）

但海涛　蒙春竹　尚坡利

审　　订　吕新成

兰州大学出版社

DIANZI XIANLU

电子线路

zhongdeng zhiye jiaoyu

图书在版编目(CIP)数据

电子线路/韩守玺主编．—兰州：兰州大学出版社，2011.1

中等职业教育通用教材

ISBN 978-7-311-03121-3

Ⅰ．①电… Ⅱ．①韩… Ⅲ．①电子电路—专业学校—教材 Ⅳ．①TN710

中国版本图书馆 CIP 数据核字(2011)第 007918 号

策划编辑　宋　婷
责任编辑　丁武蓉
封面设计　张友乾

书　　名　电子线路
主　　编　韩守玺
审　　订　吕新成
出版发行　兰州大学出版社　(地址：兰州市天水南路 222 号　730000)
电　　话　0931-8912613(总编办公室)　0931-8617156(营销中心)
　　　　　0931-8914298(读者服务部)
网　　址　http://www.onbook.com.cn
电子信箱　press@lzu.edu.cn
印　　刷　兰州奥林印刷有限责任公司
开　　本　787×1092　1/16
印　　张　18.5
字　　数　423 千
版　　次　2011 年 1 月第 1 版
印　　次　2011 年 1 月第 1 次印刷
书　　号　ISBN 978-7-311-03121-3
定　　价　29.00 元

(图书若有破损、缺页、掉页可随时与本社联系)

出版说明

我国当前的教育格局是:第一,普及义务教育;第二,大力发展职业教育;第三,提高高等教育的质量。其中,职业教育被置于需要大力发展的重要地位。但是,由于我国职业教育起步较晚,教材建设与职业教育快速发展的需要存在很大差距。近年来,职业教育教材似乎并不缺乏,但普遍存在着这样或那样的问题,如内容陈旧且难度偏大,不符合教学实际;重理论、轻实用,缺乏职业特色,偏离职教目标;脱离地区、行业职业发展实际,未能充分体现"以就业为导向"的职教方针,等等。就西部地区而言,从教学效果看,由于现行教材编写时没有充分考虑我国地域发展不平衡的现状,没有充分照顾到经济、文化相对落后的西部地区的实际情况,教材使用中存在"水土不服"的现象。因此,针对现状,分析实际存在的问题,尽早尽快地进行教材改革和教材建设,打造适合西部地区生源状况、教学实际、就业需要的"本土教材",就显得尤为必要。

2008年以来,我社组织人力率先对甘肃、青海、宁夏、内蒙古等省区的高职高专、中职中专院校展开深入广泛的调研,了解各院校学生来源、师资力量、教材配置、就业形势等情况,多次召开由教学一线优秀教师、专家共同参与的教材编写研讨会,反复探讨教学改革、教材建设的新理念、新路子,并针对多门学科教材的使用情况,多方商讨,精心编撰,用两年时间先后推出了高职高专、中职中专系列教材五十余种。今后几年内,大专业基础课、专业主干/核心课、稀有特色课程教材的研发将成为我社工作的重点。

这套系列教材有以下特点：

1.体现国际最新职业教育理念，且具有鲜明的“本土特色”。

2.力求打破传统教材模式，采用模块式编写思路，以项目/任务驱动教学，贴近教学改革，凸现职教特色。

3.内容以“够用”为度，定位准确，难易适中；教师易教，学生易学。

4.理论与实操并重，着力于应用型人才的培养。

本系列教材在出版过程中，我们虽竭尽全力，但限于时间和水平，难免在内容、形式以及编校质量上存在不足，这有赖于教学实践的检验。我们诚恳地希望广大师生提出宝贵意见，以便于修订再版。

信息反馈邮箱：zhangguoliang1966@126.com

兰州大学出版社

2011年1月

前 言

本书为中等职业教育电子技术应用类专业教材。

本书在编写中力求体现以下几个特点：

(1)“淡化理论，突出应用，注重实践，培养技能”，使学生初步具备查阅电子元器件手册并合理选用元器件的能力，会使用常用电子仪器仪表，了解电子技术基本单元电路的组成、工作原理及典型应用，初步具备识读电路图、简单电路印制板和分析常见电子电路的能力，具备制作和调试常用电子电路及排除简单故障的能力。

(2)结合生产生活实际，了解电子技术的认知方法，培养学习兴趣，形成正确的学习方法，提高自主学习能力；通过参加电子实践活动，培养运用电子技术知识和工程应用方法解决生产生活中相关实际电子问题的能力；强化安全生产、节能环保和产品质量等职业意识，养成良好的工作方法。

本书的第四章、第八章、第十三章、第十四章由韩守玺编写，第一章、第二章、第三章、第七章由尚坡利编写，第九章、第十章由赵俊编写，第五章、第六章由蒙春竹编写、第十一章、第十二章由但海涛编写。本书由韩守玺担任主编。本书在编写过程中，得到了甘肃省机电职教集团的大力支持，甘肃省机电职业技术学院吕新成对本书提出了许多宝贵意见，在此一并表示感谢！

由于作者水平有限，加之时间仓促，书中错误和不妥之处在所难免，恳切希望读者批评指正。

本课程建议学时为132左右，各部分内容的学时分配建议如下：

学时分配建议

教学单元		建议学时数	
模拟电子线路数	晶体二极管及其应用	10	132
	晶体三极管及放大电路	22	
	场效应晶体管及放大电路	6	
	集成运算放大器	12	
	低频功率放大器	8	
	正弦波振荡电路	6	
	直流电源	6	
	晶闸管及其应用电路	6	
字电子线路	数字电路基础知识	10	
	组合逻辑电路	12	
	触发器	8	
	时序逻辑电路	14	
	555 定时器	6	
	数—模转换和模—数转换	6	

编者

2011年1月

目 录

1 晶体二极管及其应用

晶体管的发明开辟了电子器件的新纪元，而电子器件是现代电子线路的基础。本章首先介绍晶体管的基本性质、PN 的组成机理及其特性，然后介绍几种常用的晶体管器件的外形特征、功能和简单的应用电路等。

1.1 晶体管的基础知识

电子科学技术的发展引起近代科学技术的革命，而真正的进步应该是从晶体管发明以后开始，开辟了电子器件的新纪元。自然界的各种物质中，制造晶体管的原料是半导体，它的导电性能介于导体和绝缘体之间。例如铜、银和铝等金属都是良好的导体，它们的电阻率低于 $10^{-5}\ \Omega\cdot\text{cm}$，绝缘体的电阻率为 $10^{14}\sim10^{22}\ \Omega\cdot\text{cm}$，半导体的电阻率为 $10^{-2}\sim10^{9}\ \Omega\cdot\text{cm}$。半导体的广泛应用主要在于其电阻率随温度、光照以及掺入杂质浓度不同而发生显著变化。

1.1.1 晶体管的结构

(1) 晶体管的共价键结构

常用的半导体材料是硅(Si)和锗(Ge)。半导体的特点主要是由它的原子结构决定。我们知道，原子由带正电荷的原子核和分层围绕原子核运动的电子组成。其中，处于最外层轨道的电子称为价电子，它决定元素的许多物理和化学特性。原子序数不同的元素可以具有相同的价电子数，例如硅的原子序数是 14，锗的原子序数是 32，但他们的价电子都有 4 个，故称为四价元素，呈现出非常相似的导电性能。锗和硅的原子结构模型分别如图 1-1(a)和(b)所示。为了方便起见，常用带有+4 电荷的正离子和周围的 4 个价电子来表示一个 4 价元素的原子。

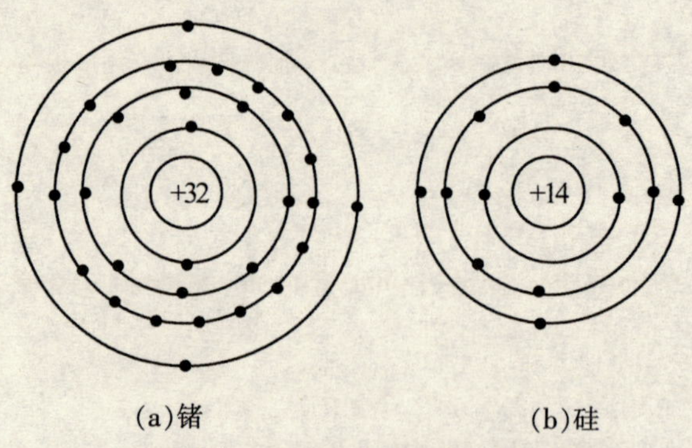

图 1–1 硅和锗的原子结构模型

高纯度的硅和锗都是单晶结构，它们的原子整齐地按一定规律排列着，原子之间的距离是相等的，最外层的 4 个价电子不仅受到原子核束缚，还与其相邻的 4 个原子核相吸引，2 个相邻原子之间共用一对价电子，这一对价电子称为共价键结构，如图 1–2 所示。

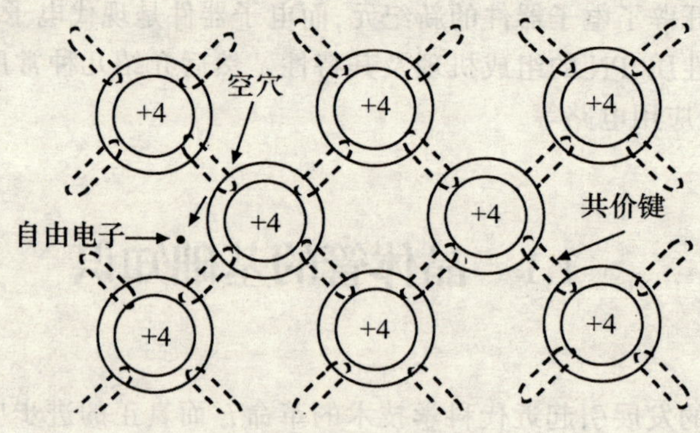

图 1–2 硅和锗的共价键结构

(2)本征半导体

纯净的且原子结构排列整齐的单晶半导体称为本征半导体(intrinsic semiconductor)。在工程上把杂质浓度很低的单晶半导体称为本征半导体。

在热力学温度 T=0 K(–273℃)且没有外界激发时，由于每一原子的外围电子被共价键所束缚，不存在自由运动的电子，本征半导体就像绝缘体一样不导电。当温度升高，共价键中的价电子受热激发获得足够能量，则可摆脱共价键的束缚而成为自由电子。这个电子原来所在的共价键的位置上就留下一个缺少负电荷的空位，称为空穴(hole)。而附近的共价键中的电子就容易来填补，进而使得附近共价键中留下一个新的空穴，其他地方的电子又有可能来填补。显然，半导体中存在着带负电的自由电子和带正电的空穴。空穴的出现是半导体区别于导体的一个重要特点。

在本征半导体中，自由电子和空穴是成对出现的，称为电子—空穴对，这种受外界能量激发的过程称为本征激发。本征半导体所受热量温度越高，电子—空穴对越多，但它们的热运动是杂乱无章的，就整体而言，对外不显电性。只有在外电场作用下，电子和空穴运动才有方向性。

(3)杂质半导体

在本征半导体中掺入微量的杂质，就成为杂质半导体(doped semi-conductor)，使得半导体的导电性能发生显著的改变。因掺入杂质性质不同，杂质半导体可分为N型半导体和P型半导体两大类。

① N型半导体

在本征硅(或锗)的晶体内掺入少量五价元素杂质，如磷、砷、锑等，则原来杂质原子代替了晶格中的某些硅原子，它的5个价电子中，除4个与周围相邻的硅原子组成共价键外，还有多余一个价电子很容易受激发成为自由电子，掺入五价元素越多，则自由电子就越多。这种杂质半导体的电子浓度远大于空穴浓度，主要依靠自由电子导电，所以称为电子型半导体或N型半导体。如图1-3(a) 所示为N型半导体的结构。其中自由电子占多数，称为多数载流子(简称多子)，而空穴数量少，称为少数载流子(简称少子)。

N型半导体中的五价杂质原子能“施舍”一个电子，所以称为施主杂质(donor)。但是失去电子后空穴成为正离子，被束缚在晶格中不能自由移动所以不能参与导电。虽然电子数目大于空穴数目，但由于施主离子存在，使正、负电荷数目相等，所以整个半导体对外仍然显示电中性。

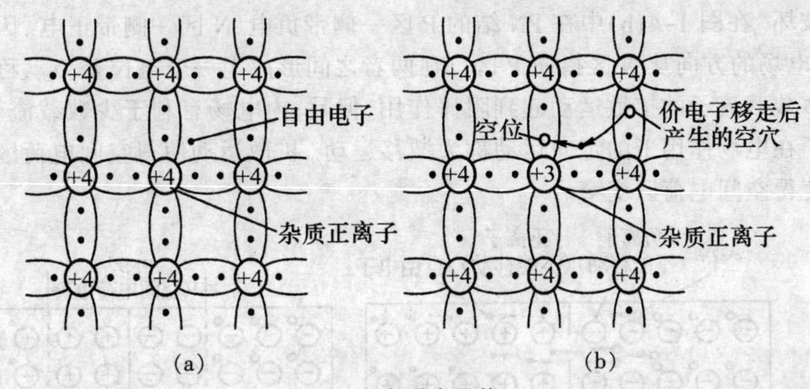

图1-3 杂质半导体

② P型半导体

在本征硅(或锗)的晶体内掺入少量三价元素杂质，如硼、镓、铟等，此时杂质原子的最外层只有3个价电子。当它和周围的硅(或者锗)原子组成共价键时，只有3个共价键是完整的，因缺少一个电子而出现一个空穴。这种杂质中空穴数量增多，自由电子则相对很少，称为空穴半导体或P型半导体。如图1-3(b)所示为P型半导体的结构。在P型半导体中，空穴是多子，电子是少子。

在P型半导体中三价杂质原子形成的空穴由相邻共价键中的价电子填补时，能“接受”一个电子，所以称为受主杂质(acceptor)。同N型半导体一样，P型半导体对外也是显示电中性。

在杂质半导体中，多数载流子的浓度主要取决于掺入的杂质浓度，而少数载流子的浓度主要取决于温度。掺杂越多，多子数目就越多，少子数目就越少。在常温下，杂质半导体中的多子和少子的浓度相差达到10个数量级以上，与本征半导体相比导电性能大大改善。当温度升高时,本征激发加剧,使少子浓度迅速提高。若少子浓度增大到与多子浓度相当时,杂质半导体便失去其杂质半导体的性质,故使用半导体器件时注意温度对它的影响。掺入不同性质、不同浓度的杂质,并使P型半导体和N型半导体采用不同的组合方式,可以制造出形形色色、各种用途的晶体管器件。

1.1.2 PN结的形成

通过掺杂工艺,将一块本征半导体做成N型半导体,另一块做成P型半导体,在它们的交界面处会形成一个PN结。

(1)PN结的形成

当P型半导体和N型半导体接触后,在交界面处就形成了电子和空穴的浓度差别。这样,P区的空穴多而电子少,N区的电子多而空穴少,电子和空穴都是带电的,电子和空穴都从浓度高的地方向浓度低的地方扩散,如图1–4(a)所示。P区失去空穴产生负离子,N区失掉电子产生正离子。在P区和N区的接触面就产生正、负离子层称为PN结。此时半导体中的离子虽然也带电,但由于物质结构的关系,不能任意移动,并不参与导电。在这样的空间电荷区内缺少可以自由运动的载流子,所以称为耗尽层。由于多数载流子的扩散运动,原来的电中性被破坏。在图1–4(b)中在PN结的P区一侧带负电,N区一侧带正电。因此,就形成了内电场,内电场的方向从N区指向P区。在两者之间形成了一个电位差U_D,称为点位壁垒。内电场对多数载流子的扩散运动起到阻碍作用,但是,内电场有利于少数载流子的运动。将少数载流子在电场作用下的定向运动称为漂移运动。扩散运动使得空间电荷区变宽,漂移运动的结果使得空间电荷区变窄。

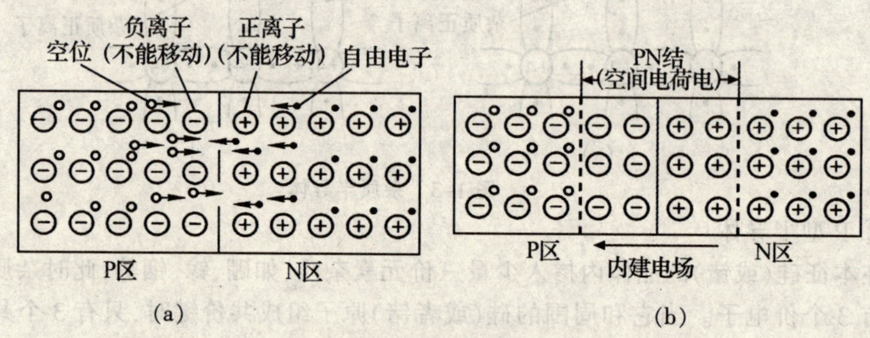

图1–4 PN结的形成

可见,扩散运动和漂移运动是相互联系和相互矛盾的,PN结中多子的扩散运动产生扩散电流,漂移运动产生漂移电流。达到动态平衡时,PN结中的总电流等于零,在交界面处形成稳定的空间电荷区。

(2)PN结的特性

① PN结的正向导通特性

当PN结外加一个正向电压时,即电源的正极接P区,电源负极接N区,其特性才能显示出来,如图1–5(a)所示,称为PN结的正向偏置。

这时PN结外加电场与内电场方向相反,当外电场大于内电场时,P区中的多数载流子空穴和 N 区中的多数载流子电子都要向 PN 结移动。当 P 区空穴进入 PN 结后，与原来的一部分负离子中和，使 P 区的空间电荷量减少。同样，当 N 区电子进入 PN 结时，中和了部分正离子，使 N 区的空间电荷量减少，结果使空间电荷区变窄。可见，当 PN 结加上正向电压时，有利于多数载流子的运动，形成正向电流 I_F，其方向是从 P 区流向 N 区。外加电场越强，正向电流越大，正向偏置时，只要在 PN 结上加上一个很小的正向电压，即可得到很大的正向电流。这样正向的 PN 结相当于一个很小的电阻。

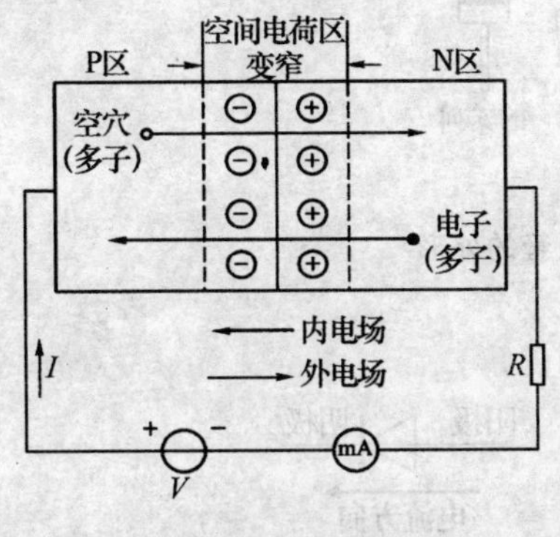

(a)PN 结的正向偏置

(b)PN 结的反向偏置

图 1-5　PN 结的正向偏置和反向偏置

② PN 结的反向截止特性

当 PN 结外加一个反向电压时，即电源的正极接 N 区，电源负极接 P 区，称为 PN 结的反向偏置，如图 1-5(b)所示。

当 PN 结反向偏置时，外加电场方向与 PN 结内电场方向相同。在这种外电场作用下，空间电荷区加宽，同时点位壁垒 U_D 也随之增高，扩散电流趋近于零。但是 N 区和 P 区的少数载流子很容易产生漂移运动，PN 结内的电流由漂移电流决定。在回路中产生一个反向电流 I_R 也称做反向饱和电流，用 I_S 表示。由于少数载流子很少，所以电流很小，接近于零，即 PN 结反向电阻很大。

综上所述，PN 结具有单向导电性，外加正向电压时 PN 结电阻很小，电流 I_F 较大，是多数载流子的扩散运动形成；外加反向电压时 PN 结的电阻很大，电流 I_R 很小，是少数载流子的运动形成。

1.2　晶体二极管

1.2.1　晶体二极管的结构

晶体二极管就是在 PN 结上加上相应的外引线，然后外面用外壳封装组成。图 1-6 是几种常见的二极管的外形。其中阳极从 P 区引出，阴极从 N 区引出，如图 1-7 所示的结构和符号。图中三角箭头表示正向电流的方向，正向电流从二极管阳极流入，阴极流出。晶体二极管按材料分为锗管和硅管。

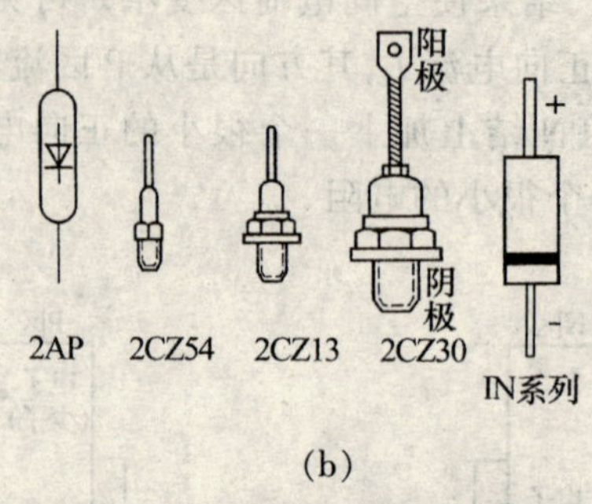

(b)

图 1-6 几种常见的二极管的外形

图 1-7 二极管的结构和符号

(1)晶体二极管的结构

晶体二极管按其结构的不同可以分为点接触型和面接触型两类。

① 点接触型二极管。如图 1-8(a)所示，它是由一根很细的金属触丝(如三价铝元素)在一块半导体晶片上，经过特殊处理使得触丝和半导体牢固地熔炼在一起，构成 PN 结。因而结面积小，允许通过较大的电流。它的极间结电容很小，同时不能承受高的反向电压和大的电流，通常可以用在高频检波器件和小功率的整流电路中。如 2AP1 是点触型锗二极管，最大整流电流为 16 mA，最高工作频率为 150 MHz。

② 面接触型二极管。如图 1-8(b)所示，它的 PN 结是用合金法或扩散法制成，其结面积较大，PN 结结电容较大，可承受较大的电流。这类器件一般适用在较低频率下工作，可用于整流器件，而不适用于高频电路中。如 2CP1 为面接触型硅二极管，最大整流电流为 400 mA，最高工作频率只有 3 kHz。

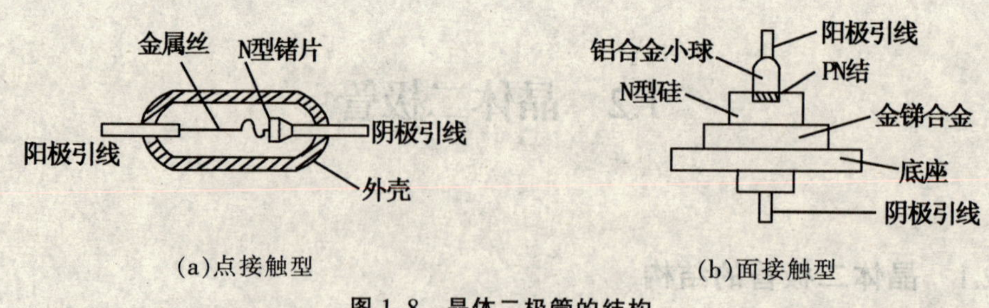

(a)点接触型　(b)面接触型

图 1-8 晶体二极管的结构

1.2.2　晶体二极管的特性

晶体二极管内部是一个 PN 结,它具有 PN 结的单向导电性。现在通过实验演示如下:如果将一个电池和电阻一起串联连接到二极管上,仅当电池正极接到二极管阴极、负极接到二极管阳极时,电路中才会有电流产生。反之,则没有电流产生(电路中的电阻是为了防止二极管因电流过大而损坏)。实际二极管的伏安特性如图 1–9 所示。

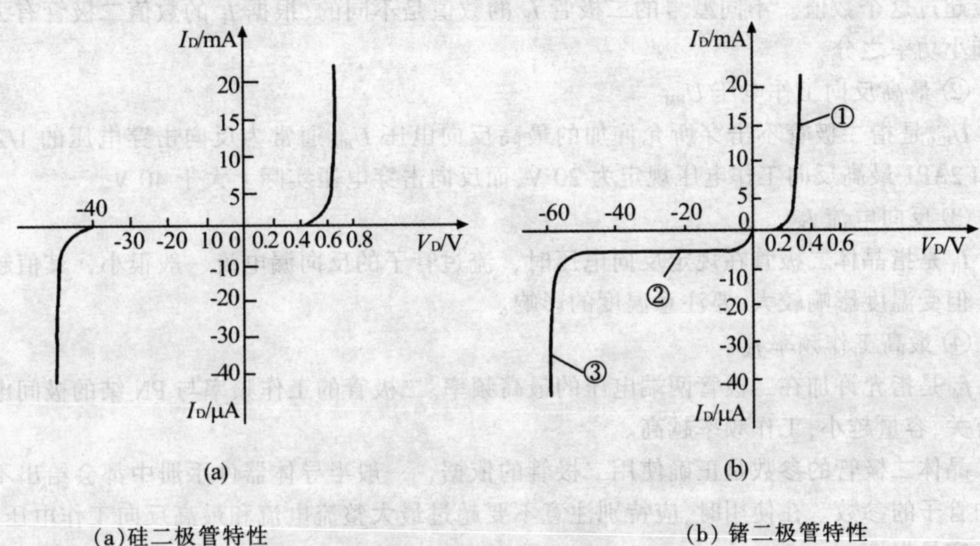

(a)硅二极管特性　　(b) 锗二极管特性

图 1–9　二极管的伏安特性曲线

(1)晶体二极管的伏安特性

① 正向特性

当加在二极管两端的电压很小时,正向电流很小几乎为零,称为死区。正向特性上这一数值通常称为“死区电压”。通常,硅二极管的死区电压为 0.5 V 左右,锗二极管的为 0.1 V 左右。通常只有当加在二极管两端的正向电压超过某一数值时,二极管就导通了,正向电流才明显地增大,二极管正向电阻变得很小。当二极管完全导通后,正向电流的大小由外电路决定,二极管的正向压降基本维持不变,称为二极管的正向导通压降 U_F,硅二极管的正向压降一般为 0.6~0.7 V,锗二极管的为 0.2~0.3 V。

注意:二极管在正向工作时,如果流过二极管的正向电流进一步增大,二极管会因电流过大而烧坏,所以正向电流不能超过允许值。

② 反向特性

如图 1–9 所示,当二极管承受反向电压时,外电场与内电场方向一致,只有少数载流子的漂移运动,形成的反向漏电流 I_R 极小,一般硅二极管的 I_R 为几微安以下,锗二极管的 I_R 较大,几十到几百微安,这种特性为反向截止特性。

③ 反向击穿特性

在一定温度条件下,少数载流子数目有限,反向电流没有过大变化,当反向电压超过某一

数值 U_{BR} 以后,反向电流将急剧增大,这叫做二极管的反向击穿,U_{BR} 称为反向击穿电压。普通二极管反向击穿以后不再具有单向导电性,但不意味着二极管被损坏。

(2)晶体二极管的主要参数

晶体二极管的参数是其性能质量的重要指标,主要参数有以下几个。

① 最大整流电流 I_F

I_F 是指晶体二极管长期运行时,允许通过的最大正向平均电流。因为电流通过,PN 结要引起管子发热,电流太大,发热量超过限度,就会使 PN 结烧坏。所以工作时,管子通过的电流不应超过这个数值。不同型号的二极管 I_F 的数值是不同的,根据 I_F 的数值二极管有大功率管和小功率之分。

② 最高反向工作电压 U_{RM}

U_{RM} 是指二极管不击穿所允许加的最高反向电压 U_{RM} 通常为反向击穿电压的 1/2~2/3。例如 2AP1 最高反向工作电压规定为 20 V,而反向击穿电压实际上大于 40 V。

③ 反向电流 I_R

I_R 是指晶体二极管在规定反向电压时，流过管子的反向漏电流一般很小，其值越小越好。但受温度影响较大,要注意温度的影响。

④ 最高工作频率 f_M

f_M 是指允许加在二极管两端电压的最高频率。二极管的工作频率与 PN 结的极间电容大小有关,容量越小,工作频率越高。

晶体二极管的参数是正确使用二极管的依据，一般半导体器件手册中都会给出不同型号的管子的参数。在使用时,应特别注意不要超过最大整流电流和最高反向工作电压,否则管子容易损坏。

(3)晶体二极管的型号

晶体二极管的型号国家标准规定由五部分组成，国产半导体器件型号组成的各部分意义见表 1–1 所示。

表 1–1

第一部分		第二部分		第三部分				第四部分	第五部分
用阿拉伯数字表示器件的电极数目		用汉语拼音字母表示器件的材料和极性		用汉语拼音字母表示器件的类型				用阿拉伯数字表示序号	用汉语拼音字母表示规格号
符号	意义	符号	意义	符号	意义	符号	意义		
2	二极管	A	N 型,锗材料	P	普通管	D	低频大功率管		
		B	P 型,锗材料	V	微波管		f_a<3 MHz		
		C	N 型,硅材料	W	稳压管		P_C≥1 W		
		D	P 型,硅材料	C	参量管	A	高频大功率管		
3	三极管	A	PNP 型,锗材料	Z	整流管		f_a≥3 MHz		
		B	NPN 型,锗材料	L	整流堆		P_C≥1 W		
		C	PNP 型,硅材料	S	遂道管	T	半导体闸流管		
		D	NPN 型,硅材料	N	阻尼管		(可控整流器)		
		E	化合物材料	U	光电器件	Y	体效应器件		
				K	开关管	B	雪崩管		
				X	低频小功率管	J	阶跃恢复管		
					f_a<3 MHz	CS	场效应器件		
				G	P_C<1 W	BT	半导体特殊器件		
					高频小功率管	FH	复合管		
					f_a≥3 MHz	PIN	PIN 型管		
					P_C<1 W	JG	激光器件		

例如,二极管 2CZ52A 为硅材料整流二极管。

1.2.3 特殊的晶体二极管

按照晶体二极管的用途可分为硅稳压管、发光二极管、光电二极管、变容二极管等特殊二极管,分别介绍如下。

(1)硅稳压管

硅稳压管又称齐纳二极管,是一种特殊工艺制造的面结型硅晶体二极管,其代表符号如图 1–10(a)所示。如果反向工作电压增加到某一定值时,反向电流急剧增大,产生反向击穿,硅稳压管就是要保证它工作在反向击穿区,只要反向电流不超过极限电流,二极管工作在击穿区并不损坏,属可逆击穿。如图 1–10(b)所示,图中 V_Z 表示反向击穿电压,稳压管的作用体现在电流 ΔI_Z 增量很大,只引起很小的电压变化 ΔV_Z,即稳压管具有“稳压”特性。

稳压管的稳定电压低的为 3 V, 高的可达 300 V, 它的正向压降约为 0.6 V。稳压管用 2CW 、2DW 命名。

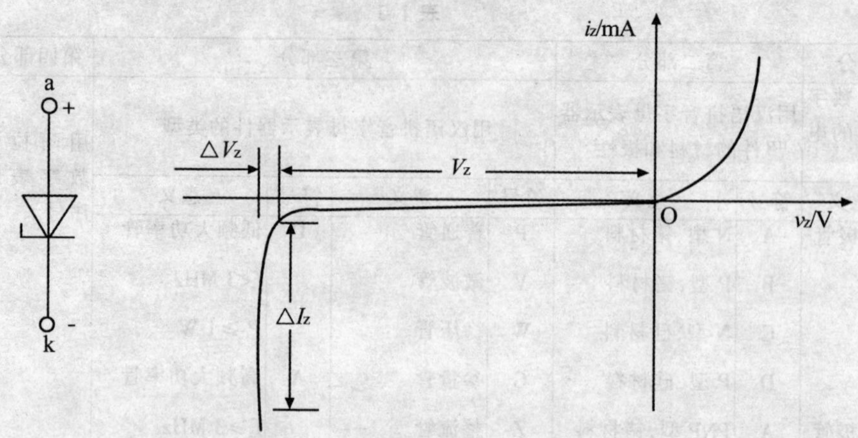

图 1-10 稳压管的符号与特性曲线

稳压管在直流稳压电源中广泛应用。注意在使用稳压管组成稳压电路时,稳压管应与负载电阻并联,起到输出电压稳定作用。必须限制流过稳压管的电流,为避免烧坏管子通常接限流电阻。

(2)发光二极管

发光二极管(LED)通常由砷化镓、磷化镓等制成,其常用的发光二极管外形及符号如图 1-11 所示。由于它的掺杂浓度很高,当这种管子通上电流时,大量的电子与空穴直接复合释放出能量而发光。发出的可见光波长不同,颜色也不同。按发光颜色可分为单色发光二极管和变色发光二极管。发光二极管常用来作为显性器件,例如作电源指示或者熔断指示器等。除了单个使用时,也常做成七段式或矩阵式器件。工作电流一般为几个毫安至十几毫安之间。驱动电压低,正向导通压降约为 1.1~1.5 V。

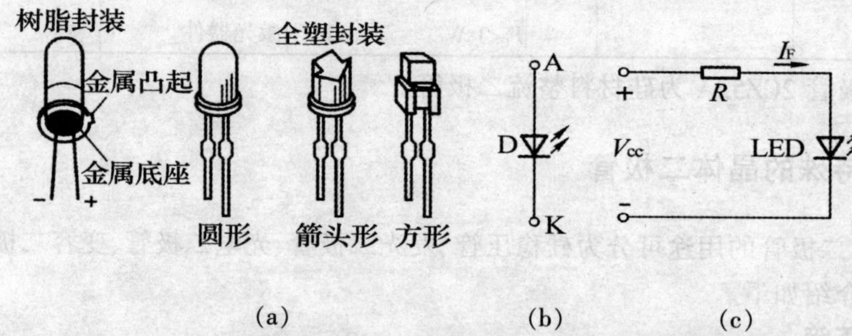

图 1-11 常用的发光二极管外形和符号及驱动电路

红外发光二极管是一种把电能直接转换成红外光能,并把红外光辐射出去的发光器件。家用遥控器上用的就是红外发光二极管,其外形与普通放光二极管相似,但是它所发的光是视觉看不到的红外线。

红外接收二极管则是接收红外发光二极管发射的波长为 940 nm 的红外信号,对其他波长的光线不能接受。常与红外发射二极管配对使用,用于各种家电的遥控接收器中。

(3)光电二极管

光电二极管也称为光敏二极管,它是将光信号转换为电信号的器件,通过管壳上的一个玻璃窗口能接受外部的光照,可用来作为光的检测器件,其代表符号如图 1-12 所示。它的反向电流随着光照强度的增加而上升，方向电流与照度成正比。当制成大面积的光电二极管时,可做成光电池。

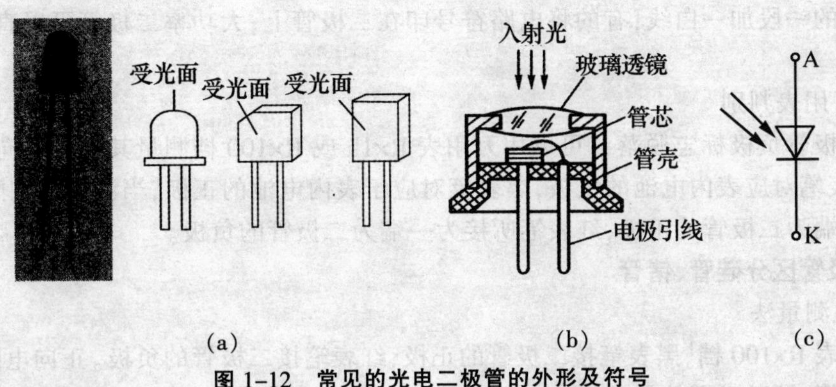

图 1-12 常见的光电二极管的外形及符号

(4)变容二极管

晶体二极管的结电容的大小除了与本身结构和工艺有关外,还与外加电压有关。结电容随反向电压的增加而减小,这种效应显著的二极管称为变容二极管。图 1-13(a)为它的代表符号,图 1-13(b)为某种变容二极管的特性曲线。不同型号的管子,其电容在 5~300 pF。最大电容与最小电容之比约为 5:1。变容二极管在高频技术中应用较多。

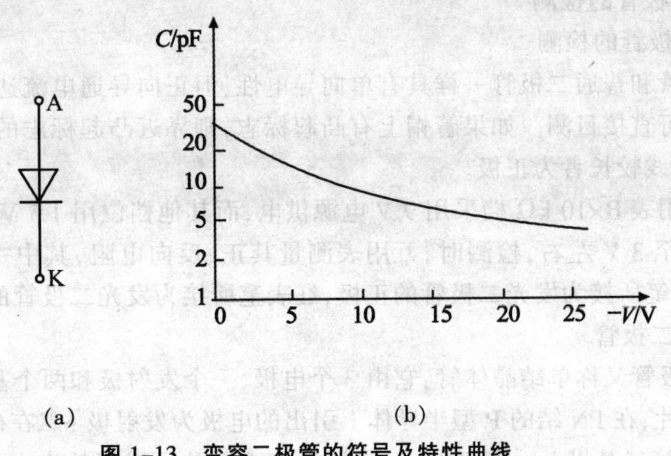

图 1-13 变容二极管的符号及特性曲线

1.2.4 晶体二极管的检测

(1)二极管好坏的判别

用万用表 R×1k 或 R×100 档测量二极管的正、反向电阻,两电阻值相差越大越好(通常要求相差 1 000 倍以上),即正向电阻越小越好,反向电阻越大越好。如果电阻相差不大,表示二极管特性差；如果两次测量的电阻值都很大或表针在"∞"处不动，表明二极管已断路；如果两次测量的电阻值都很小或电阻值接近于零，表明二极管已短路。注意：测量反向电阻时，手指不要同时接触二极管的两极，否则容易造成测量误差。

(2)二极管极性的判别

① 通过极性标记判别

通常二极管的正、负极在外壳上用颜色标出，例如小型二极管正极用红色，负极用白色；有的在负极的一段加一白线；有的将电路符号印在二极管上；大功率二极管可以直接从外形看出。

② 用万用表判别

如果二极管负极标志脱落，可以用万用表 R×1k 或 R×100 档测量其正、反向电阻来确定，由于红表笔对应表内电池的负极，黑表笔对应于表内电池的正极，当测量的电阻小时，黑表笔所接一端为二极管的正极，红表笔所接为一端为二极管的负极。

(3)二极管区分硅管、锗管

① 电阻测量法

用万用表 R×100 档，黑表笔接二极管的正极，红表笔接二极管的负极。正向电阻为 5 kΩ 左右的是硅管，接近于零的是硅管。

② 电压测量法

将一节干电池、待测二极管和限流电阻串联，用数字万用表直流 2 V 或指针式万用表直流 I_V 档测二极管两端的正向导通电压。若测得电压在 0.3 V 左右，则被测管为锗管；若测得电压 0.7 V 左右，则被测管为硅管。

(4)常用二极管的检测

① 发光二极管的检测

发光二极管和普通二极管一样具有单向导电性，但正向导通电流达到一定值才能发光。对极性的判断可直接目测。如果管帽上有凸起标志，则靠近凸起标志的管脚为正极；可以比较管脚长度，引线较长者为正极。

如果用万用表 R×10 kΩ 档采用 9 V 电源供电，而其他档位用 1.5 V 电源供电，相当于将检测电压增加至 3 V 左右，检测时，万用表测量其正、反向电阻，其中一次能发光则性能良好。此时，黑表笔所接为发光二极管的正极，红表笔所接为发光二极管的负极。

② 双基极二极管

双基极二极管又称单结晶体管，它由 3 个电极，一个发射极和两个基极。它由一个 PN 结和一个 N 型硅片，在 PN 结的 P 型半导体上引出的电极为发射极 e。在硅片的两端分别引出第一基极 b_1 和第二基极 b_2，基极 b_1、b_2 之间的 N 型硅片可以等效为一个纯电阻，b_1—e 间的电阻 R_{b1} 随发射极电流 I_e 变化，b_2—e 间的电阻 R_{b2} 与发射极电流 I_e 无关。

a. 管脚的判别 先找出发射极 e。将万用表置于 R×1 kΩ 档，分别测量任意两管脚间的正、反向电阻，正、反向电阻相等的一对管脚是第一基极 b_1 和第二基极 b_2，剩下的管脚为发射极 e。判别 b_1 和 b_2，万用表的档位不变，黑表笔接 e，红表笔分别接触两基极，测量并比较发射极与两基极间的正向电阻，电阻值较大的一次，红表笔所接为 b_1，另一极为 b_2。

b. 好坏的判别 将万用表置于 R×1 kΩ 档，先测其正向电阻，即黑表笔接 e，红表笔接 b_1 或 b_2，其电阻值应比普通二极管大，一般为几欧至几十千欧。然后测反向电阻，其值应为“∞”，如所测电阻值与上述相差太远，不宜使用。测量基极间电阻值，即将万用表置于 R×1 kΩ 档，黑表笔随意接 b_1、b_2，测得的电阻值应在 2~10 kΩ 之间，否则不宜使用。

1.3 晶体二极管的应用

利用晶体二极管的单向导电性和反向击穿特性以及各种特殊二极管的相应特性可以实现整流、检波、限幅、发光以及元件保护等各种功能。

1.3.1 晶体二极管的整流作用

所谓整流就是将交流电变为单方向脉动直流电。利用晶体二极管的单向导电性可组成单相、三相或者半波、全波等各种形式的整流电路，它是直流电源设备中必不可少的组成部分，这些内容将在第 7 章详细介绍。

1.3.2 晶体二极管的限幅作用

晶体二极管的限幅(limiting circuit)又称为削波电路，它是利用二极管正向导通后其两端电压很小且基本不变的特性，限制输出电压幅度在一定范围内的电路，常用于波形变换和整形。限幅电路可分为单向限幅和双向限幅两大类，现举例说明。

例 1 如图 1–14 所示电路中，已知输入电压 $u_i=9\sin\omega t$ V，电源电动势 $E=4.5$ V，二极管为理想二极管(不考虑其管压降)，试画出输出电压 u_o 的波形。

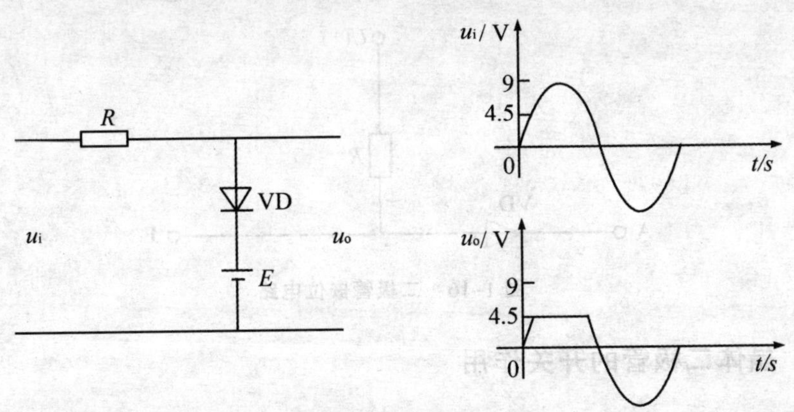

图 1–14 二极管限幅电路一及波形

根据二极管的单向导电性可知，当 $u_i \leqslant 4.5$ V 时，二极管正极电压低于负极电压，二极管 VD 截止，相当于开路。因电阻 R 中无电流流过，故输出 $u_o=u_i$。当 $u_i>4.5$ V 时，二极管 VD 导通，相当于一导线，$u_o=E=4.5$ V。所以在输出电压 u_o 的波形中，4.5 V 以上的波形被削去，输出电压被限制在 4.5 V 以下。

例 2 电路如图 1-15(a)所示，为一正、负对称的双向限幅电路，设 $u_i=10\sin\omega t$ V，$U_{s1}=U_{s2}=5$ V。

当 $-U_{s2}<u_i<U_{s1}$ 期间，VD_1、VD_2 都处于反向偏置而截止，因此，$u_i=0$，$u_o=u_i$。当 $u_i>U_{s1}$ 时，D_1 处于正向偏置而导通，使输出电压保持在 U_{s1}。当 $u_i<-U_{s2}$ 时，D_2 处于正向偏置而导通，输出电压保持在 $-U_{s2}$。由于输出电压 u_o 被限制在 $+U_{s1}$ 与 $-U_{s2}$ 之间，即≤5 V，好像将输入信号的高峰和低谷部分被削掉一样，因此这种电路又成为削波电路，输出波形如图 1-15(b)所示。

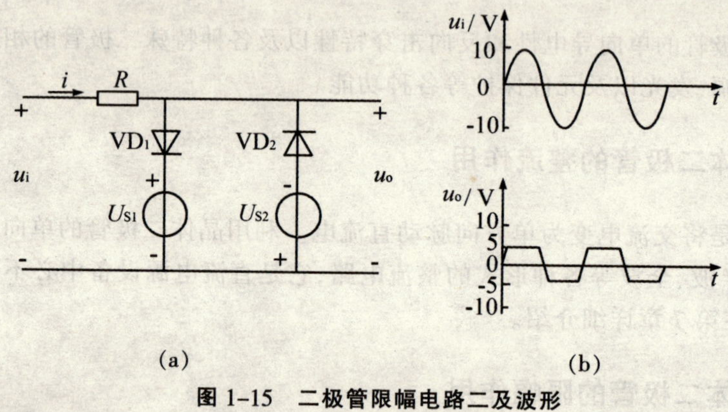

图 1-15 二极管限幅电路二及波形

1.3.3 晶体二极管的钳位作用

晶体二极管的钳位作用是利用二极管正向导通时压降很小的特性，如图 1-16 所示。图中若 A 点 $U_A=0$，二极管 VD 可正向导通，其压降很小，故 F 点的点位也被钳制在 0 V 左右，即 $U_F\approx0$。

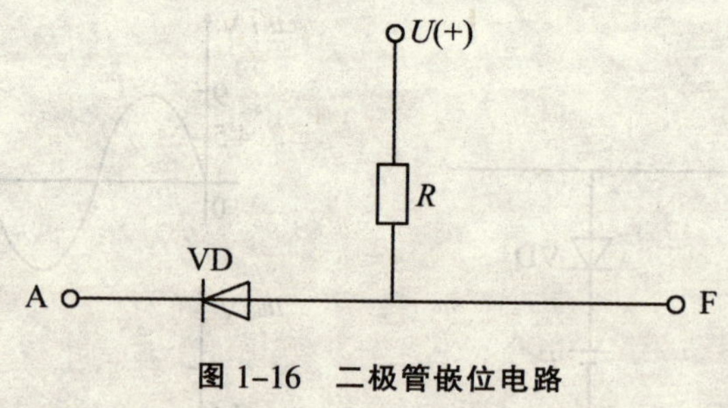

图 1-16 二极管嵌位电路

1.3.4 晶体二极管的开关作用

在开关电路中，利用二极管的单向导电性以接通或断开电路，这在数字电路中得到广泛的应用。

如图 1-17 所示，为一简单的二极管开关电路，当 u_{11} 和 u_{12} 为 0 V 或者 5 V 时，求 u_{11} 和

u_{12} 的值不同组合情况下，输出电压 u_o 的值。设二极管是理想的。

解 (1)当 u_{11}=0 V、u_{12}=5 V 时，VD_1 为正向偏置，u_o =0 V(因二极管是理想的)，此时 VD_2 的阴极点位为 5 V，阳极为 0 V，处于反向偏置，故 VD_2 截止。

(2)以此类推，将 u_{11} 和 u_{12} 的其余 3 种组合及输出电压列于表 1–2 中。

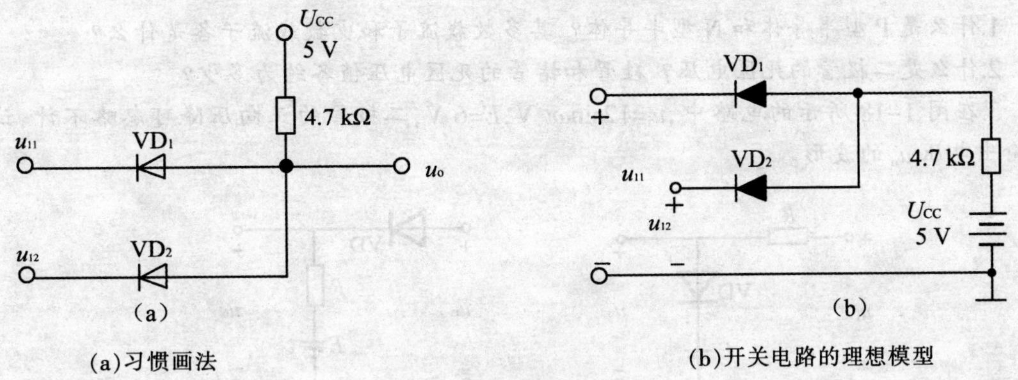

(a)习惯画法　　(b)开关电路的理想模型

图 1–17　开关电路

表 1–2

u_{11}	u_{12}	二极管工作状态		u_o
		VD_1	VD_2	
0 V	0 V	导通	导通	0 V
0 V	5 V	导通	截止	0 V
5 V	0 V	截止	导通	0 V
5 V	5 V	截止	截止	5 V

表 1–2 列出电路输入与输出之间的电位关系(设二极管是理想的)。由表可以看出，在输入电压 u_{11} 和 u_{12} 中，只要有一个为 0 V，则输出为 0 V；只有当两个输入电压均为 5 V 时，输出才为 5 V，这种关系相当于数字电路中的与逻辑。

本章小结

1.在纯净的半导体中掺入三价或者五价元素就形成了两种杂质半导体：N 型半导体和 P 型半导体。大大改善了半导体的导电性能。

2.PN 结中的 P 型半导体与 N 型半导体的交界处形成一个空间电荷区(或耗尽层)。当PN 结外加正向偏置电压时，耗尽层变窄，有电流流过，而当外加反向偏置电压时，耗尽层变宽，没有电流流过或电流很小，这就是 PN 结的单向导电性。当把 PN 结封装起来，引出金属电极就构成了二极管。

3.二极管是非线性器件，常用伏安特性曲线来表示它的性能。工程上常取普通小功率硅二极管的正向导通压降为 0.7 V，锗二极管的正向导通压降为 0.2 V。二极管的参量在实际使用中要合理选择和正确使用，不能超过其极限值，尤其是温度对它们的影响。

4.在实际使用二极管时会用万用表正确地判断二极管的性能是否良好和故障原因。

5.稳压二极管工作在反向击穿状态，变容二极管、光电二极管工作在反偏状态，发光二极管工作在正向导通状态。常用的这几种特殊二极管要明确其工作特性和使用范围。

习　题

1.什么是P型半导体和N型半导体？其多数载流子和少数载流子各是什么？

2.什么是二极管的死区电压？硅管和锗管的死区电压值各约为多少？

3.在图1–18所示的电路中，u_i=12sinωt V，E=6 V，二极管的正向压降可忽略不计，试画出输出电压 u_o 的波形。

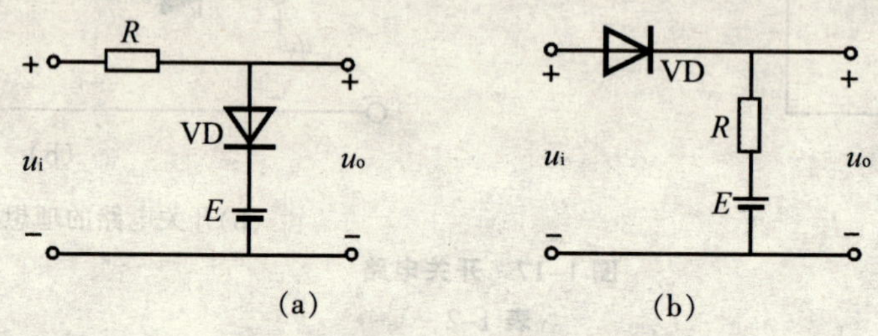

图1–18　习题3图

4.用万用表的R×10和R×100档分别测量同一个二极管的正向电阻，试分析两次测试的结果是否相同？若不相同，哪一个测得的结果大？（提示：用R×100档时表内等效内阻约为R×10档时表内等效电阻的10倍）

5.如图1–19所示，设VD_{Z1}的稳定电压为5 V，VD_{Z2}的稳定电压为7 V，两稳压管的正向压降均为0 V。在 u_i=10 sinωt V，波形如图1–19(b)所示的作用下，试画出 u_o 的波形图。

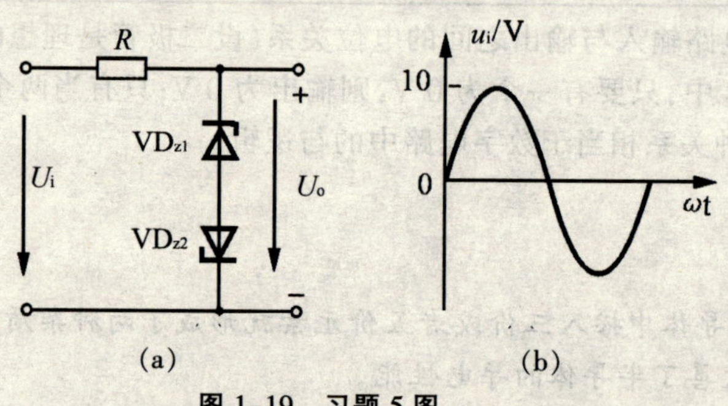

图1–19　习题5图

6.在图1–20中，设VD为理想二极管，已知输入电压 u_i 的波形，试画出输出电压 u_o 的波形。

7.两个相同型号和特性的二极管面对面接在一起如图1–21所示，然后接在1.5 V电池的两端。问每个二极管上压降各是多少？

8.在图1–22所示电路中，U=5 V，u_i=10sinωt V，二极管的正向电压降可忽略不计，试画出输出电压 u_o 的波形。

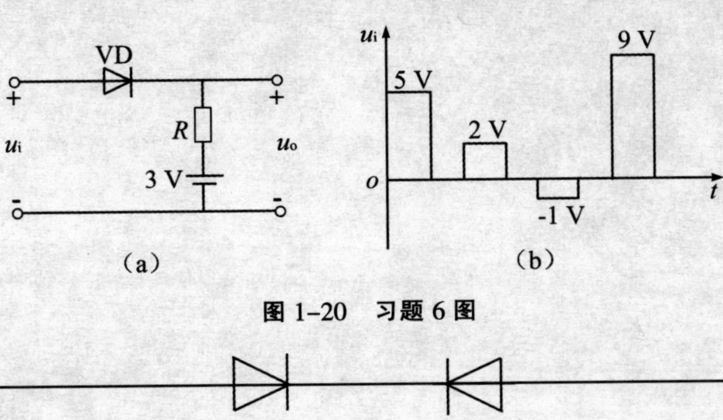

图 1-20 习题 6 图

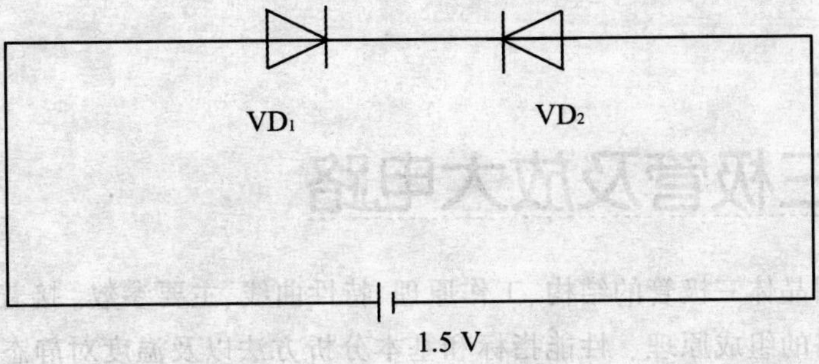

VD₁ VD₂

1.5 V

图 1-21 习题 7 图

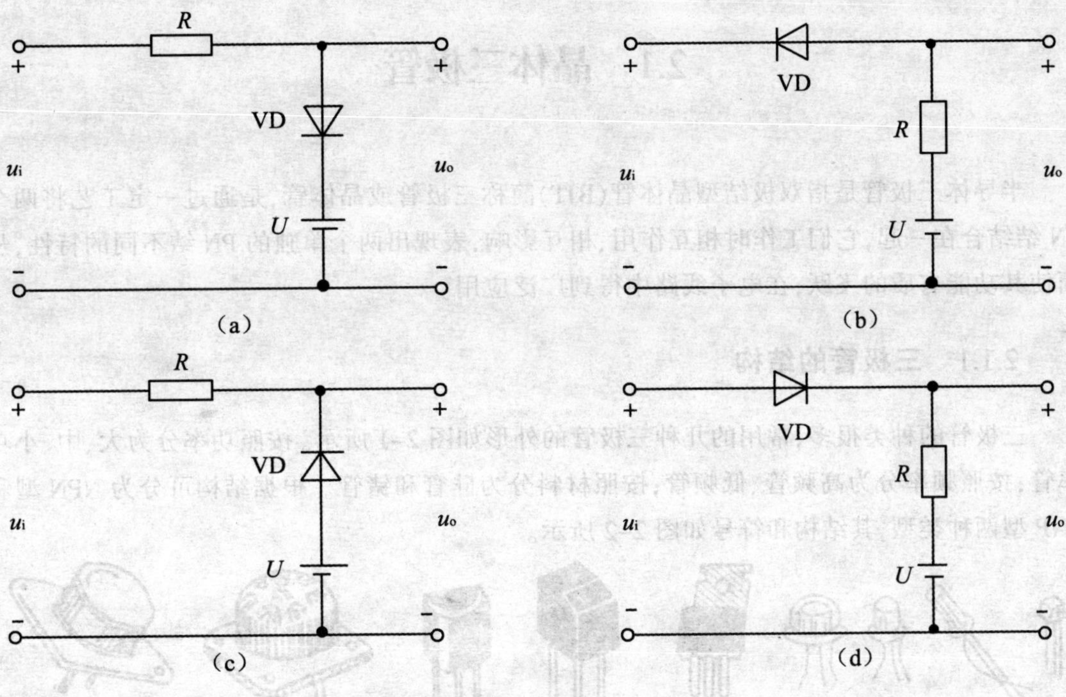

图 1-22 习题 8 图

2 晶体三极管及放大电路

本章首先介绍晶体三极管的结构、工作原理、特性曲线、主要参数。接着从3种放大电路入手讨论放大电路的组成原理、性能指标和基本分析方法以及温度对静态工作点的影响和负反馈对放大电路的稳定调节。最后介绍多级放大电路的相关问题。

2.1 晶体三极管

半导体三极管是指双极结型晶体管(BJT)简称三极管或晶体管,是通过一定工艺将两个PN结结合在一起,它们工作时相互作用、相互影响,表现出两个单独的PN结不同的特性,从而使其功能有质的飞跃,在电子线路中得到广泛应用。

2.1.1 三极管的结构

三极管的种类很多,常用的几种三极管的外形如图2–1所示。按照功率分为大、中、小功率管;按照频率分为高频管、低频管;按照材料分为硅管和锗管。根据结构可分为NPN型和PNP型两种类型,其结构和符号如图2–2所示。

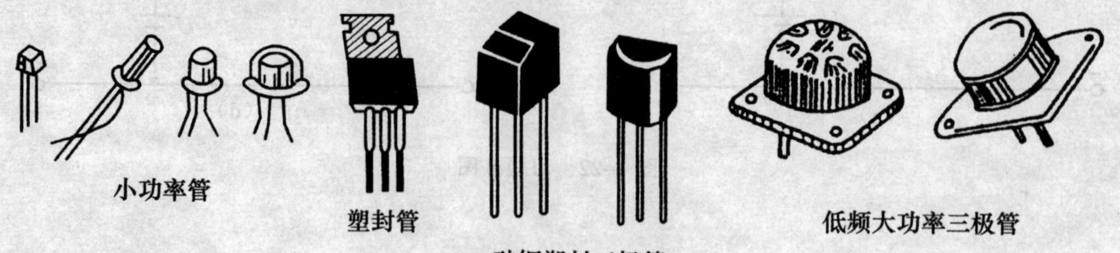

图2–1 常用的几种三极管外形

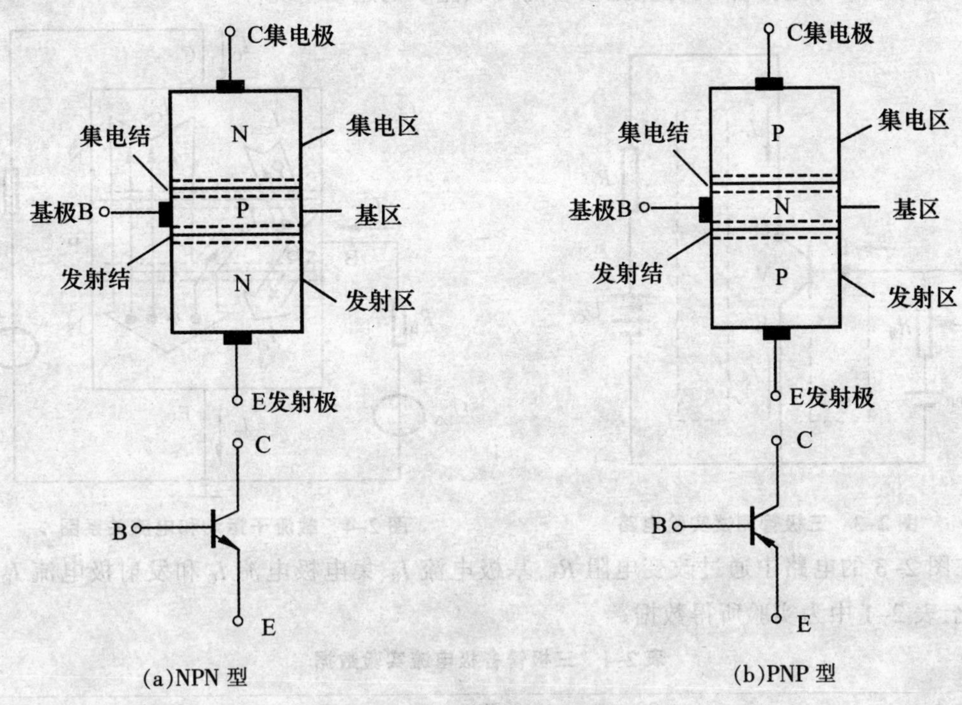

图 2-2 三极管的结构示意图

从图中可以看出,不管是 NPN 型还是 PNP 型三极管,它们都有 2 个 PN 结、3 块杂质半导体形成 3 个电极,它们分别叫做发射极(e)、基极(b)和集电极(c),对应的每块半导体称为发射区、基区和集电区。发射区与基区交界处形成的是发射结,集电区与基区交界处形成的是集电结。如图 2-2(a)是 NPN 型三极管的示意图,图 2-2(b)则是 PNP 型三极管的示意图。

虽然发射区和集电区采用的是同种类型的半导体,但是三极管中间的基区很薄(一般仅有几微米至几十微米),发射区浓度很高,集电结截面积大于发射结截面积,所以它们的结构是不对称的,正是这种特点使得三极管具有电流放大的作用。

NPN 型和 PNP 型两种类型三极管表示符号的区别是发射极的箭头方向不同,它表示发射结加正向偏置时的实际电流方向。

2.1.2 三极管的放大作用

目前国内生产的硅管多为 NPN 型(3D 系列),锗管多为 PNP 型(3A 系列),实际应用中多采用 NPN 型三极管较多。下面以 NPN 型三极管为例,来讨论三极管的放大作用。

为了研究三极管的放大原理我们做一个实验电路,如图 2-3 所示。三极管要实现它的放大作用就必须给定合适的偏置电压,为了使发射区发射电子,集电区收集电子,必须满足发射结加正向偏置电压,集电结加反向偏置电压。由前面知识可知 PN 结在正向偏置时,内部多数载流子的扩散运动占优势;当 PN 结反向偏置时,内部少数载流子的漂移运动占支配作用。

如图 2-4 所示来讨论分析 NPN 型三极管内部载流子的运动情况。

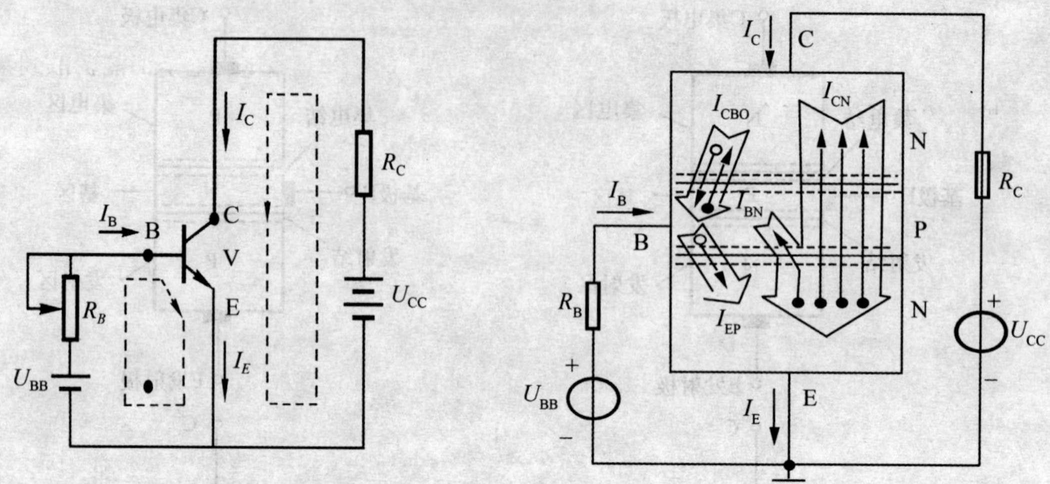

图 2-3 三极管测试实验电路　　　　图 2-4 载流子运动和电流关系图

在图 2-3 的电路中通过改变电阻 R_B,基极电流 I_B、集电极电流 I_C 和发射极电流 I_E 都发生变化,表 2-1 中为实验所得数据。

表 2-1 三极管各极电流实验数据

I_B mA	0	20	30	40	50	60
I_C mA	≈0	1.4	2.3	3.2	4	4. 7
I_E mA	≈0	1.42	2.33	3.24	4.05	4.76
I_C / I_B	0	70	76	80	80	78

将表中数据进行比较和分析讨论得出结论:

(1)$I_E = I_B+I_C$,三个电流之间符合基尔霍夫电流定律。

(2)$I_C \approx I_E$,I_B 虽然很小,但对 I_C 有控制作用,I_C 随 I_B 改变而改变。它反映了三极管的电流放大能力,也就是说电流 I_B 对 I_C 有控制能力。例如:I_B 由 40 μA 增加到 50 μA,I_C 从 3.2 mA 增加到 4 mA,则

$$\beta=\frac{\Delta I_C}{\Delta I_B}=\frac{(4-3.2)\times10^{-3}\ \text{A}}{(50-40)\times10^{-6}\ \text{A}}=80$$

β 称为三极管的电流放大系数,它反映三极管的电流放大能力,即 I_B 对 I_C 的控制能力。具体的载流子运动的分配情况如下。

(1)发射区向基区发射电子

当电源电压加在发射结上,发射结正偏时,发射区的多数载流子——自由电子就源源不断地进入到基区,形成扩散电流 I_{EN},同时基区的多子——空穴也向发射区扩散形成电流 I_{EP}。但是由于三极管的结构特性,基区载流子浓度远远低于发射区载流子浓度,可以不考虑这个电流。因此,三极管发射极电流 $I_E \approx I_{EN}$,其方向与电子移动方向相反。

(2)基区电子的扩散与复合

基区既受到发射结正向偏置又受集电结反向偏置,所以待电子由发射区进入基区后,先

在靠近发射结的附近密集，渐渐形成电子浓度差，更促进电子流在基区中向集电结扩散。在扩散过程中，电子与基区中的空穴相遇，使部分电子因复合而失去，形成基区复合电流 I_{BN}，它是基极电流 I_B 的主要部分。但是基区很薄且掺杂浓度低，所以大部分的电子都能扩散到集电区。扩散的电子流与复合的电子流之比决定了三极管的放大能力。

(3)集电区收集电子

当集电结外加反向电压很大时，这个反向电压将阻止集电区的多数载流子——自由电子的扩散，同时将扩散到集电结附近的电子拉入集电区，形成集电极电流 I_{CN}，它是集电极电流 I_C 的重要组成部分。另外，反向偏置有利于集电区的少数载流子——空穴的漂移运动，形成流向基区的反向饱和电流 I_{CBO}，构成 I_B、I_C 的另外组成部分。I_{CBO} 数值很小，但受温度影响大，容易使管子工作不稳定，所以在制造中要尽量设法减小。

通过以上讨论可以得出三极管内部载流子传输电流的关系式为：

$I_E= I_{EN}+I_{Ep}\approx I_{EN}=I_{CN}+I_{BN}$

$I_B=I_{BN}+I_{EP} - I_{CBO}\approx I_{BN} - I_{CBO}$

$I_C=I_{CN}+ I_{CBO}$

为了分析方便，我们引入以下电流分配关系。将 I_{CN} 与 I_E 之比定义为共基极直流电流放大倍数，用符号 $\bar{\alpha}$ 表示，即：$\bar{\alpha}=\dfrac{I_{CN}}{I_E}$

显然，$I_C=\bar{\alpha}\ I_E+I_{CBO}$ 或 $I_C=\bar{\alpha}\ (I_C+I_B)+I_{CBO}$

因此，$I_C=\dfrac{\bar{\alpha}}{1-\bar{\alpha}}I_B+\dfrac{1}{1-\bar{\alpha}}I_{CBO}$，令$\bar{\beta}=\dfrac{\bar{\alpha}}{1-\bar{\alpha}}$

可得，$I_{CN}=\bar{\beta}I_B+(1+\bar{\beta})I_{CBO}$

在上式中，为了反映扩散到集电区的电流与基区复合电流之间的比例关系，定义共射极直流电流放大系数，用 $\bar{\beta}$ 来表示（当 $I_{CEO}\leqslant I_C$ 时，忽略 I_{CEO}），可得：

$$\bar{\beta}=\frac{I_{CN}}{I_{BN}}$$

$\bar{\alpha}$ 和 $\bar{\beta}$ 都是表征三极管放大电路的重要参数，一般三极管的 $\bar{\alpha}$ 值可达 0.95~0.99。而 $\bar{\beta}$ 值一般在 20~200 之间。

通常将三极管的集电极电流与基极电流的变化量之比定义为三极管的共射极电流放大系数，用 β 表示，即：$\beta=\dfrac{\Delta I_C}{\Delta I_B}$

相应地将集电极电流与发射极电流的变化量定义为共基极电流放大倍数，用 α 表示，即：$\alpha=\dfrac{\Delta I_C}{\Delta I_E}$

根据 α 和 β 的定义，以及三极管中的电流关系，可得到 α 与 β 满足以下关系：

$$\alpha=\frac{\beta}{1+\beta} \quad 或 \quad \beta=\frac{\alpha}{1-\alpha}$$

直流参数 $\bar{\alpha}$、$\bar{\beta}$ 与交流参数 α、β 的含义是不同的，但是，对于大多数的三极管来说，β 与 $\bar{\beta}$、α 与 $\bar{\alpha}$ 的值差别不大，通常情况下两者接近，在今后的应用中，只用符号 α 和 β 来表示。

2.1.3 三极管的特性曲线

三极管的特性曲线是指各极电压与电流之间的关系曲线，它是三极管内部载流子运动的外部表现，是分析三极管各种电路的重要依据。由于三极管有 3 个电极，输入、输出为两个电极，第三个电极为公共端，故用输入特性曲线和输出特性曲线来表示。本节主要介绍 NPN 型三极管的共发射极特性曲线，即将基极与发射极作为输入回路，集电极与发射极作为输出回路，如图 2–5 所示测试电路图。

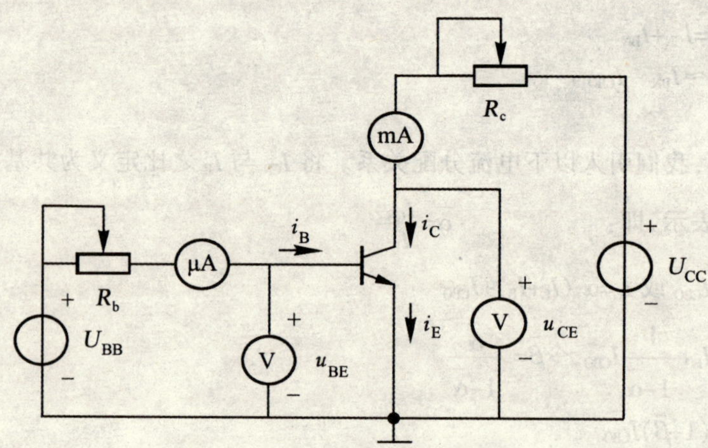

图 2–5 三极管共射极特性曲线测试电路

(1)输入特性曲线

输入特性是指当集电极与发射极之间的电压 u_{CE} 为某一常数时，输入回路中基极与发射极之间的电压 u_{BE} 与基极电流 i_B 之间的关系（其中 u_{CE}、u_{BE} 和 i_B 为含有直流成分的瞬时电量），用函数关系表示为：

$i_B=f(u_{BE})|u_{CE}=$常数

图 2–6 是 NPN 型硅三极管共射极电路的输入特性曲线。测量输入特性时，先固定 $u_{CE}\geqslant$ 0 V，调节 R_B，测出相应的电压和电流值。图中画出了 $u_{CE}\geqslant1$ V 和 $u_{CE}=0$ V 的两条输入特性。从图中可以看到，当 $u_{CE}=0$ V 时，给基极和发射极之间加上正向电压时，三极管的输入特性相当于两个 PN 结并联的二极管的正向伏安特性。当 $u_{CE}>u_{BE}$ 时，三极管处于放大状态。此时，集电结加了反向电压，集电结吸引电子的能力加强，使得从发射区进入基区的电子更多地流向集电区，因此对应于同样的 u_{BE}，流向基极的电流 i_B 比原来 $u_{CE}=0$ V 时减小了，特性曲线就相应地向右移动了。

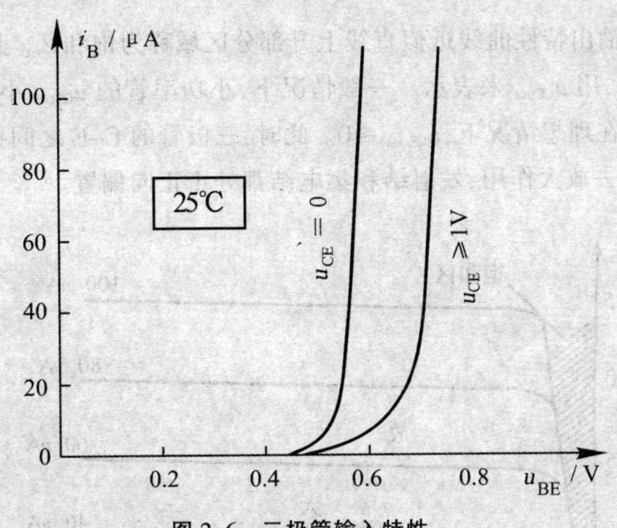

图 2-6 三极管输入特性

当 u_{CE} 继续增大到某一数值(如≥1 V)以后，即使再增大 u_{CE}，i_B 已基本不变。因此，当 u_{CE} 超过一定数值后，曲线几乎不再移动而基本重合，只用一条曲线来代表 u_{CE} 更高的情况。由此可见，晶体三极管的输入特性曲线与二极管的正向伏安特性相似，也存在一段死区。硅管死区电压约为 0.5 V，锗管死区电压约为 0.2 V，正常导通后，硅管的 u_{BE} 约为 0.6~0.7 V，锗管的 u_{BE} 约为 0.3 V 左右。

(2)输出特性曲线

输出特性是指当三极管的基极电流 i_B 为常数时，集电结电流 i_C 与集、射极电压 u_{CE} 之间的关系，用函数关系表示为：

$i_C=f(u_{CE})|i_B=$常数

图 2-7 是 NPN 型硅三极管共发射极电路的输出特性曲线。由图可见，对于每一个确定的 i_B，都有一条曲线与之对应，所以输出特性是一组曲线，各条特性曲线的形状基本相同。

从图 2-7 中可以看到根据三极管的工作状态不同，可将输出特性分为 3 个区域：放大区、饱和区、截止区。

① 截止区

$i_B=0$ 曲线以下的区域为截止区。这时集电极到发射极只有很微小的穿透电流 I_{CEO}，$i_B=0$，$i_C=I_{CEO}$。三极管集电极与发射极近似于开路，类似开关断开状态。无放大作用，呈高阻状态。发射结零偏或者反偏，集电结反向偏置。

② 放大区

$i_B=0$ 曲线以上的区域，此时，$u_{CE}>u_{BE}$，i_C 基本不随 u_{CE} 变化，呈现恒流特性。在放大区，i_C 受 i_B 控制，$i_C=\beta i_B$，各曲线间隔大小可体现 β 值的大小。此时，发射结正向偏置，集电结反向偏置，三极管处于放大状态。

③ 饱和区

当 u_{CE}<<u_{BE} 时输出特性曲线近似直线上升部分区域称为饱和区。此时所对应的 u_{CE} 称为三极管的饱和压降,用 $u_{CE(sat)}$来表示。一般情况下,小功率管的 $u_{CE(sat)}$小于 0.4 V,大功率管的 $u_{CE(sat)}$约为 1~3 V。在理想情况下,$u_{CE(sat)}\approx 0$。此时,三极管的 C–E 之间接近短路,类似于开关的闭合。三极管失去放大作用,发射结和集电结都处于正向偏置。

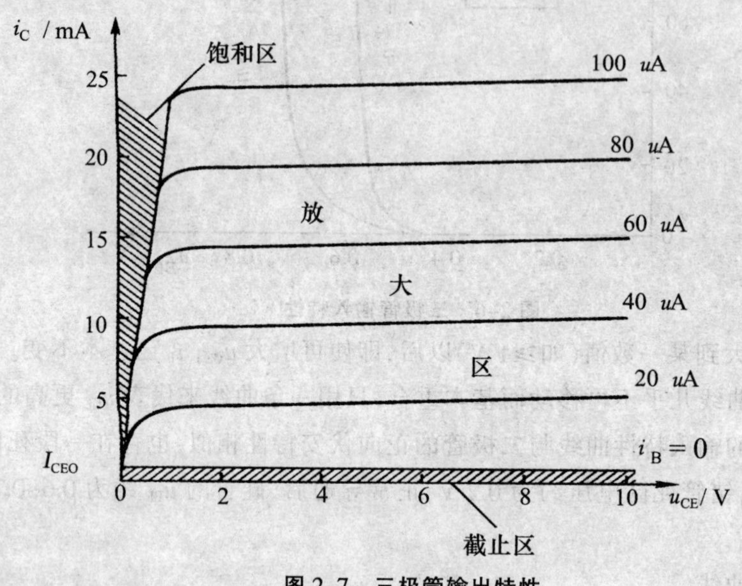

图 2–7 三极管输出特性

2.1.4 三极管的主要参数

三极管的参数是用来表征管子性能优劣和适用范围的主要依据，为实际选择使用三极管提供依据。常用的参数主要有：

(1)电流放大系数

我们在前面介绍的为共发射极三极管在静态(直流工作状态)的集电极电流与基极电流之比来表示电流放大系数,用$\overline{\beta}$表示,有时用 h_{FE} 来代替。

三极管在有信号输入(电流产生变化量)的情况下,即动态(交流工作状态)的电流放大系数用β表示。

一般在小信号工作情况下输出特性线性很好时,两个数值相差很小,可不区分。但是,三极管是非线性器件,i_C 在过小或过大时,β 值较小。只有在特性曲线等距、平行的线性部分,β 值才基本保持不变。

由于制造工艺的局限性,即使是同型号的管子,它的β值也有差异,β太小放大作用差,β太大性能不稳定,一般采用 30~80 为宜。在选用三极管时要注意β值的大小,注意稳定性。常用的小功率三极管的β值约为 20~150,大功率三极管的β值约为 10~30。

(2)极间反向电流

① 集电极—基极反向饱和电流 I_{CBO}

I_{CBO} 是指发射极 e 开路时,集电极—基极(c–b)间加上一个反向电压时产生的反向漏电流,如图 2–8 所示测试电路。它实际上和单个 PN 结的反向电流一样,因此,它只决定于温度和少数载流子的浓度。在一定温度下,这个反向电流基本上是常数,所以称为反向饱和电流。一般 I_{CBO} 的值很小,小功率硅管的 $I_{CBO}<1\ \mu A$,而小功率锗管的 I_{CBO} 在 10 μA 左右。I_{CBO} 的大小反映了三极管的热稳定性,I_{CBO} 越小,说明其稳定性越好。在温度变化范围大的工作环境下应选用硅管。

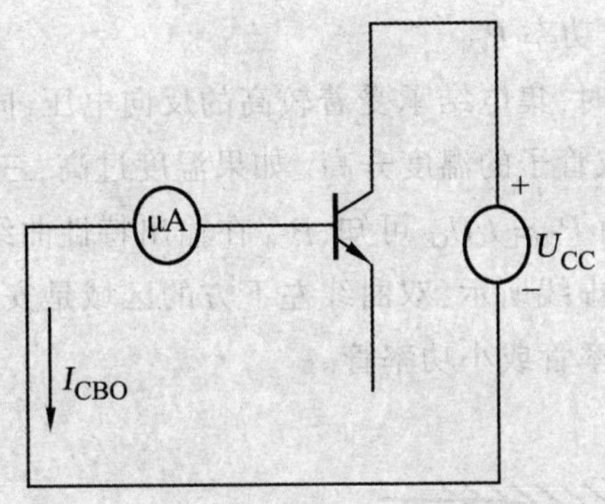

图 2–8 I_{CBO} 测试电路

② 集电极—发射极反向饱和电流 I_{CEO}

集电极—发射极反向饱和电流 I_{CEO} 也称为穿透电流,是指基极开路,集电极、发射极加上一定的反向电压时的集电极电流,如图 2–9 所示测试电路。这个电流是由集电区穿过基区流至发射区,所以又叫穿透电流,它不是单纯的 PN 结的反向电流。

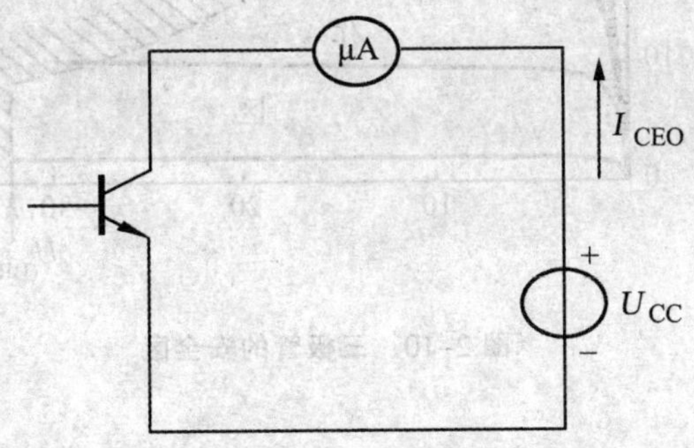

图 2–9 I_{CEO} 测试电路

当基极开路时, 在集电极和发射极之间加上电压 U_{CC} 后,U_{CC} 分配给集电结的为反向电压,分配给发射结的为正向电压,$U_{CC}=U_{CB}+U_{BE}$。此时,三极管工作在放大状态,具有电流控制作用,发射区向基区提供一个复合电流的载流子,就要向集电区提供 β 个载流子。因此,发射极的总电流为 $I_{CEO}=(1+\beta)I_{CBO}$。

I_{CBO} 和 I_{CEO} 都是衡量三极管质量的重要参数, 由于 I_{CEO} 比 I_{CBO} 大得多, 测量起来比较容易，常常把测量 I_{CEO} 作为判断管子质量的重要依据。小功率硅管的 I_{CEO} 在几微安以下，小功率锗管的 I_{CEO} 则大得多，约为十几微安以上。还需注意，I_{CEO} 和 I_{CBO} 一样，也随温度的增加而增加，故希望 I_{CEO} 越小越好。

(3) 极限参数

① 集电极最大允许电流 I_{CM}

I_{CM} 是指三极管的参数变化不超过允许值时集电极允许的最大电流。三极管的放大倍数 β 与 i_C 有关，随着 i_C 增大，β 值会减小，当 β 值下降到正常值的 2/3 时所对应的集电极电流即为 I_{CM}。为了保证三极管正常工作，在实际使用中，必须保证 $i_C<I_{CM}$。

② 集电极最大允许耗散功率 P_{CM}

三极管工作在放大状态时，集电结承受着较高的反向电压，同时流过较大的电流。因此要耗散一定的功率，从而导致管子的温度升高。如果温度过高，三极管可能烧坏，因而规定允许损耗的功率最大值 P_{CM}。由 $P_{CM}=I_CU_{CE}$ 可知，P_{CM} 在输出特性曲线上为一条 I_C 与 U_{CE} 乘积为定值的双曲线，如图 2-10 中虚线所示，双曲线左下方的区域是安全的。由允许耗散功率 P_{CM} 值的不同将三极管分为大功率管或小功率管。

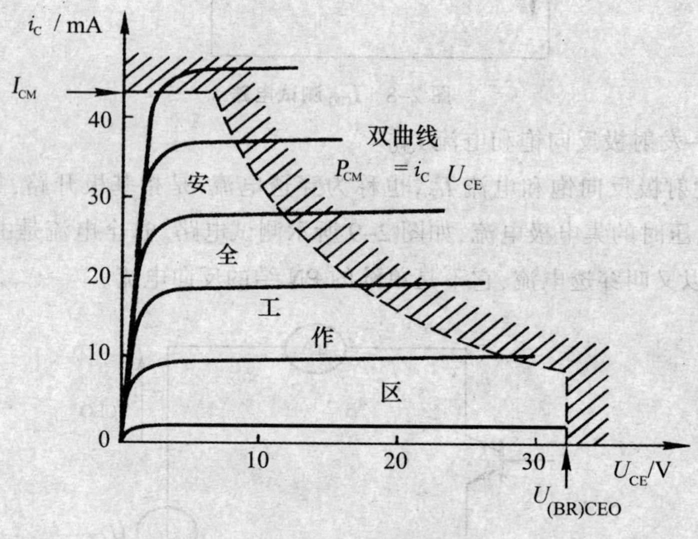

图 2-10 三极管的安全区

③ 反向击穿电压

三极管有两个 PN 结，当所加反向电压超过规定值时，都会发生反向击穿，常有以下几项。

a. $U_{BR(EBO)}$。$U_{BR(EBO)}$ 是指集电极开路时，发射极—基极之间的反向击穿电压，它是发射结本身的击穿电压。普通三极管的 $U_{BR(EBO)}$ 值比较小，一般只有几伏。

b. $U_{BR(CBO)}$。$U_{BR(CBO)}$ 是指发射极开路时，集电极—基极之间的反向击穿电压，它决定了集电结的雪崩击穿电压，其数值很高。

c. $U_{BR(CEO)}$。$U_{BR(CEO)}$ 是指基极开路时，集电极—发射极之间的反向击穿电压，其大小与三极

管的穿透电流 I_{CEO} 有直接关系。

通常将 I_{CM}、P_{CM}、$U_{BR(CEO)}$三个参数所规定的区域称为三极管的安全工作区，如图 2-10 所示。为了确保管子的正常、安全工作，使用时不应超出这个区域。

2.1.5 三极管的检测

(1)性能检测

在已知三极管的型号和管脚排列的情况下，可用以下方法判断三极管的性能。

① 管子好坏判断

在测量基极 b 与发射极 e 间的电阻时，如果正、反两次测量值都很小，表明发射极短路；如果测量值都很大，说明开路；在测量基极 b 与集电极 c 的电阻时，由于不是一个 PN 结，当两次测量值都很大，说明晶体管损坏；只有测得的两个 PN 结的正向电阻均很小，反向电阻都很大，则三极管一般为正常，否则已损坏。

在检修电路设备时，可直接在电路板上测量。用万用表的 R×100 或者 R×1 kΩ 档，测量发射结和集电结的正反向电阻值。如果测量值一次稍大，一次较小，说明管子是好的。反之，如果都较大或者较小，说明三极管可能坏了。用万用表的 R×1 kΩ 档，测量集电极 c 与发射极 e 之间的电阻值，指针越接近无穷大，说明 I_{CEO} 越小，晶体管的性能越稳定。在测 I_{CEO} 的同时，用手捏住晶体管，使其受人体温度影响，这时 c-e 间的电阻值会减小，指针变化越小，表明晶体管的稳定性越好。

② 测量放大倍数

判断出三极管的管型和基极后，用万用表置于 h_{FE} 档。将晶体管各管脚插入与管型标记一致的插座中，b 脚插准，另外两个管脚先随意插入进行一次测量，交换位置再测一次，两次读数大的即为所需测得值。

(2)极性检测

① 判定管型和基极

用万用表的 R×100 或 R×1 kΩ 档，先用黑表笔搭接三极管的一个管脚，再用红表笔分别搭接另外两个管脚，当出现测得阻值都很大(在几百千欧以上)时，黑表笔所接为 PNP 管子的基极(测量过程中出现红表笔在搭接测量的阻值一个大一个小时，应更换黑表笔，将其搭接到另一管脚后再测，直到找到目标为准)。当测量出现阻值都很小时，黑表笔所接为 NPN 管的基极。

② 判定集电极和发射极

将两表笔分别接基极以外的两个电极，用手指捏住基极与另一管脚测得值和松开基极与另一管脚测得值进行比较，对于 PNP 型管，阻值小的一次，红表笔所接为集电极；对于 NPN 型管子，阻值小的一次，黑表笔所接为集电极。

③ 判定硅管和锗管

测量发射结正向电阻可区分锗管和硅管。对于 PNP 型管,红表笔接基极 b,黑表笔接发射极 e。若测得的阻值在几千欧,则被测管为硅管;若测得的阻值为几百欧以内,则被测管为锗管。对于 NPN 管,黑表笔接基极 b,红表笔接发射极 e,判断方法同 PNP 型管。

(3)晶体管的选用与代换

晶体管在使用时要根据在电路中的作用与工作状态选择合适的管型和相应的参数。例如,电流放大倍数的选择和集电极最大工作电流、最大耗散功率、反向击穿电压都应满足电路要求。安装大功率晶体管时,要加上合适的散热器,满足散热条件。代换时,注意不论 PNP 型管还是 NPN 型管,由于管型不同,其电源接法不一样,不能直接替换使用。

2.2 基本放大电路

2.2.1 放大电路的分类及组成

放大电路是现代电子设备中不可缺少的组成部分,在我们日常使用的家用电器、现代通信、自动控制、仪器测量等电路中有着各种各样的放大电路。它的作用是将微弱的电信号加以不失真地放大,以便利于人们的测量和应用。例如,常见的扩音机就是一个把通过话筒微弱的声音信号经过放大器放大,利用三极管的控制作用,把电源的能量转为较强的电信号,经过扬声器(喇叭)还原成放大了的声音。可见,电子线路放大的基本特征为功率放大,其实质是一种能量的控制和转换。

根据放大类型可分为电压放大、电流放大和功率放大等。根据放大目的不同,可分为交流放大、直流放大和脉冲放大等。

无论何种类型的放大电路,均由 3 部分组成:

(1)放大部分的半导体器件,它是整个放大电路的核心;

(2)直流偏置电路,它保证了半导体器件工作在放大状态;

(3)耦合电路,它将输入信号源和输出负载分别连接到放大电路的输入端和输出端。

为了了解放大电路的工作原理,我们从最基本的放大电路开始分析讨论。

2.2.2 基本共射极放大电路

基于三极管有 3 个电极,根据连接方式不同可组成 3 种组态的放大电路:共射极接法、共集电极接法和共基极接法。我们将以共射极放大电路为例,讨论基本放大电路的组成及其工作原理。

(1)基本共发射极放大电路的组成

如图 2-11(a)所示为 NPN 型硅管放大电路，U_{BB} 提供三极管的发射结的正向偏置电压，电源 U_{CC}(一般为几伏到几十伏)提供集电结的反向偏置电压，并保证三极管工作在放大区。如果把 U_{BB} 用 U_{CC} 通过电阻的降压来代替，并用单对于电源和点电位的画法就成图 2-11(b)所示基本的放大电路。u_i 为输入交流信号电压，u_o 为输出交流电压，u_i、C_1 和三极管的基极 B 和发射极 E 组成输入回路，u_o、C_2 和三极管的集电极 C 和发射极 E 组成输出回路。因为发射极是输入和输出回路的公共端，所以称这种电路为共射极电路。

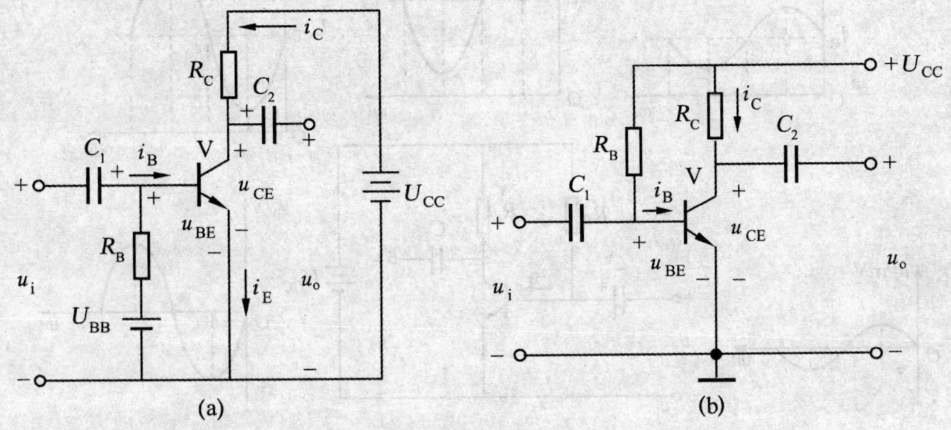

图 2-11 基本放大电路

电路中各元件的作用如下：

三极管 V 具有放大作用，是放大器的核心，不同的三极管具有不同的放大性能。

电阻 R_B 称为基极偏置电阻。它的大小与基极电流 i_B、集电极电流 i_C 和三极管的电压偏置有关，R_B 阻值一般在几十千欧至几百千欧之间。

电阻 R_C 称为集电极电阻。当放大的电流经过 R_C 时，R_C 上就产生了电压降，从而把放大的电流转化为放大了的电压输出，所以又称做转换电阻或者集电极负载电阻。R_C 的阻值一般在几千欧至几十千欧范围。

电容 C_1 和 C_2 具有导通交流的作用，实现交流信号在放大器之间的传递，所以称为耦合电容。电容对放大器的直流电压和直流电流不会受到信号源与输出负载的影响，所以 C_1 和 C_2 具有通交流隔直流的作用。一般用电解电容，连接时电容的正极接高电位，负极接低电位。

图 2-11 中的直流分量，用大写字母和大写下标表示，如 I_B、U_{CC} 等，交流分量用小写字母和小写下标表示，如 i_b、u_i 等，总变化量即瞬时值用小写字母和大写下标表示，如 i_B、u_{BE} 等。另外交流有效值用大写字母和小写下标表示，如 I_b、U_{be}。以基极电流为例，i_B 代表基极电流的瞬时值，I_B 代表直流分量，i_b 代表交流分量，其他各极电流、电压表示方法同理。则满足的关系为：$i_B=I_B+i_b$。

(2)共发射极放大电路的工作原理

上面讨论了共发射极放大电路的组成,下面我们来分析它的工作原理。在图 2-11(b)所示的基本放大电路中,只要适当选取 R_B、R_C 和 U_{CC} 的值,就可以保证三极管工作在放大区。因此,输入回路中当未加输入信号时,则 $i_B=I_B$;当加入交流信号电压 u_i 时,因为有 C_1 隔直流作用,原来的 I_B 不变,只是增加了交流成分,所以 $i_B=I_B+i_b$。i_B 和 u_i 的波形如图 2-12 所示。

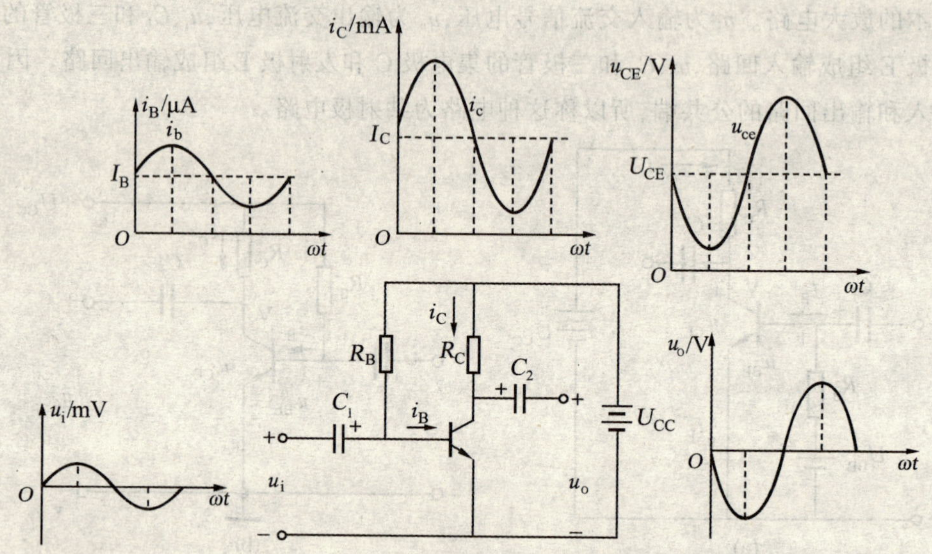

图 2-12 放大器各电压、电流波形图

在输出回路中,因为三极管工作在放大区,所以

$i_C \approx \beta i_B = \beta(I_B + i_b)$

显然 Δi_C 是 Δi_B 的 β 倍。

依 KVL,在输出回路中有:

$U_{CC}= u_{CE}+i_C R_C, u_{CE}=U_{CC}-i_C R_C=U_{CEQ}+u_{ce}$

经过电容 C_2 的输出电压 $u_o= u_{ce}=-\beta i_b R_C=-i_C R_C$

u_{CE} 和 u_o 的波形如图 2-12 所示,从图中可以看出 u_o 与 u_i 的相位相反,这种现象称为放大器的倒相作用。只要适当选取 R_C,u_o 就会比 u_i 大得多,起到电压放大的效果。

(3)共发射极放大电路的两种工作状态

我们看到在上面的放大电路中,交、直流信号并存,放大电路是以直流为基础进行交流放大的。对放大电路进行定性、定量分析时,首先要求出电路中各处的直流量,用于研究放大电路的静态工作点,以便判断放大电路是否工作在放大区,这是放大电路放大交流信号的前提和基础。其次分析交流信号的放大性能,故常分为直流通路和交流通路。直流通路是指在直流电源作用下直流信号流经的通路,即所谓的静态分析。交流通路是指在输入信号作用下交流信号流经的通路,即所谓的动态分析。

① 静态工作情况

静态工作时的直流通路的确定方法为：将电容开路，电感短路，保留直流电源。如图 2-11(a)所示的共射极放大电路的直流通路如图 2-11(b)所示。

根据前面的工作原理可知，当外加输入信号为零时，放大电路处于静态。此时，电路中的电压和电流都是直流量。放大电路中三极管的 I_B、I_C、U_{BE} 和 U_{CE} 在其特性曲线上确定一个点，该点称为静态工作点 Q。常将上述 4 个量写成 I_{BQ}、I_{CQ}、U_{BEQ} 和 U_{CEQ}，并称为静态工作点参数，简称静态工作点。工程上 U_{BEQ} 近似为常量。对于小功率的硅管约为 0.7 V，小功率的锗管约为 0.2 V。

静态工作点可用放大电路的直流通路用近似的计算法求得，具体步骤如下：

在图 2-11(b)的直流通路中，由基极—发射极输入回路求得 I_{BQ}

$$I_{BQ}=\frac{U_{CC}-U_{BEQ}}{R_B}$$

当三极管的输入特性已知，可近似认为：

硅管 U_{BEQ}=(0.6–0.7) V，锗管 U_{BEQ}=(0.1–0.3) V

当 $U_{CC}\geqslant U_{BEQ}$ 时，则 $I_{BQ}\approx U_{CC}/R_B$

三极管工作在放大状态，可得静态集电极电流为：$I_{CQ}\approx\beta I_{BQ}$

由输出回路直流通路得到：$U_{CEQ}=U_{CC}-I_{CQ}R_C$

估算出 I_{BQ}、I_{CQ} 和 U_{CEQ} 后，在三极管的输入特性曲线和输出特性曲线上静态工作点 Q 也就能确定，可以直观地表示三极管的静态工作情况。

例 1 设图 2-11(a)共射极放大电路中，U_{CC}=12 V，R_C=3 kΩ，R_B=280 kΩ，三极管的 β 等于50，试估算静态工作点。

解 设三极管的 U_{BEQ}=0.7 V，则根据三极管的静态工作点的关系式得：

$$I_{BQ}=\frac{U_{CC}-U_{BEQ}}{R_B}=\frac{12-0.7}{280}=40\ \mu\text{A}$$

$$I_{CQ}\approx\beta I_{BQ}=50\times0.04=2\ \text{mA}$$

$$U_{CEQ}=U_{CC}-I_{CQ}R_C=12-2\times3=6\ \text{V}$$

注意：上述求静态工作点是假设工作在放大区，如果按照此法得到的 U_{CEQ} 太小，接近零或者负值时(原因可能是 R_B 太小或者太大)，说明集电结失去正常的反向电压偏置，三极管接近饱和区或已进入饱和区。这时，β 将逐渐减小或根本无法放大，$i_C\approx\beta i_B$ 不能成立，只能是 $I_{CQ}\approx U_{CC}/R_C$，$U_{CEQ}\approx0$。

② 动态工作情况

动态工作的交流通路的确定方法为：内阻很小的直流电压源可视为短路，内阻很大的电流源可视为开路。对一定频率范围内的交流信号，容量大的电容(如隔直电容、旁路电容)可视为短路。把电源内阻考虑在内的图 2-11(a)所示的共射极放大电路交流通路如图 2-13 所示。

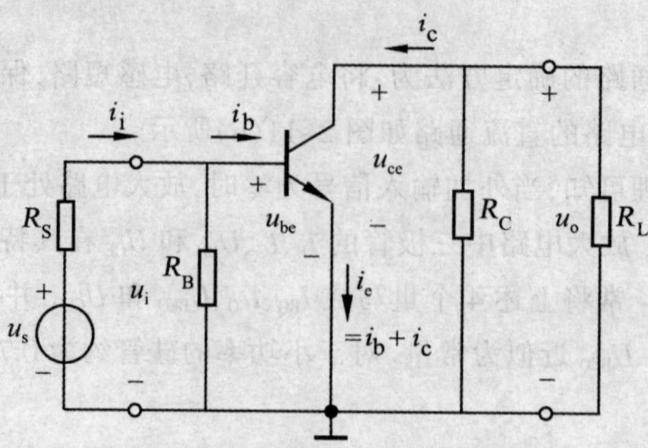

图 2-13 基本放大电路的交流通路

由以上分析可知，只要设置好合适的静态工作点，并在输入回路中加入时变交流信号，利用发射结正向电压对三极管的各极电流的控制作用，就能将直流电源 U_{CC} 提供的能量，按输入信号 u_i 的变化规律转化为较大的信号提供给负载，从而实现交流放大。

2.2.3 放大电路的图解分析

放大电路工作状态的分析常遵循“先静态，后动态”的原则。所采用的基本分析方法有图解分析法和小信号微变等效电路模型分析法。

所谓图解法就是利用三极管的特性曲线通过作图的方法分析放大电路性能的方法。

(1)静态工作点的图解分析

为了便于在三极管输出特性曲线上找到静态工作点 Q，在图 2-14(a)中三极管集电极—发射极端电压 u_{CE} 和电流 i_C 的关系由下面的线性方程决定：

$u_{CE}=U_{CC}-i_CR_C$， $i_C=U_{CC}/R_C-u_{CE}/R_C$

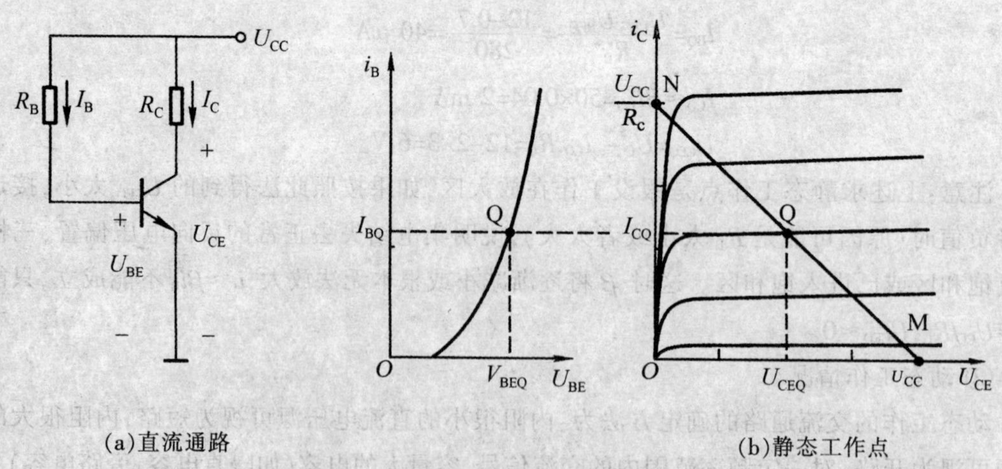

(a)直流通路 (b)静态工作点

图 2-14 共射放大电路的静态分析

当 $i_C=0$ 时，$u_{CE}=U_{CC}$ 在图形上定出 M 点；当 $u_{CE}=0$ 时，$i_C=U_{CC}/R_C$ 在图形上定出 N 点。连接

MN，则 MN 就是直流负载线，如图 2–14 所示。直线斜率为 $-1/R_C$，在坐标上截距，$|OM|=U_{CC}$，$|ON|=U_{CC}/R_C$。

前面提到，在图 2–11(a)中

$U_{CC}=R_B I_B+U_{BE}$

$I_B=(U_{CC}-U_{BE})/R_B=20-0.7/470\approx40$

直流负载线和曲线 i_B=40 μA 交点，即是静态工作点 Q。

在输出特性曲线上对应的数值为：

I_{BQ}=40

I_{CQ}= 1.8 mA

U_{CEQ}=9.2 V

(2)动态工作点的图解分析

共射极放大电路交流通路如图 2–13 所示。在实际应用中，输出端都要接负载，用电阻 R_L 来等效。则图中交流负载电阻可以表示为：

$$R_L'=R_l//R_C=\frac{R_CR_L}{R_C+R_L}$$

因此，交流负载线的斜率为 $-1/R_L'$。有 $R_L'<R_L$，说明交流负载线比直流负载线陡一些。

在画交流负载线之前把直流负载线画出，当外加输入电压的瞬间为零时，如果不考虑电容的作用，可认为放大电路相当于静态工作情况。则此时放大电路的工作点既在交流负载线上，又在静态工作点 Q 上。因此，只要过 Q 点作一条斜率为 $-1/R_L'$ 的直线 M′N′(或过点 M 作斜率为 $1/R_L'$ 辅助线 ML，过 Q 点作 ML 平行线 M′N′即可)，则 M′N′即是交流负载线，如图 2–15(b)所示。

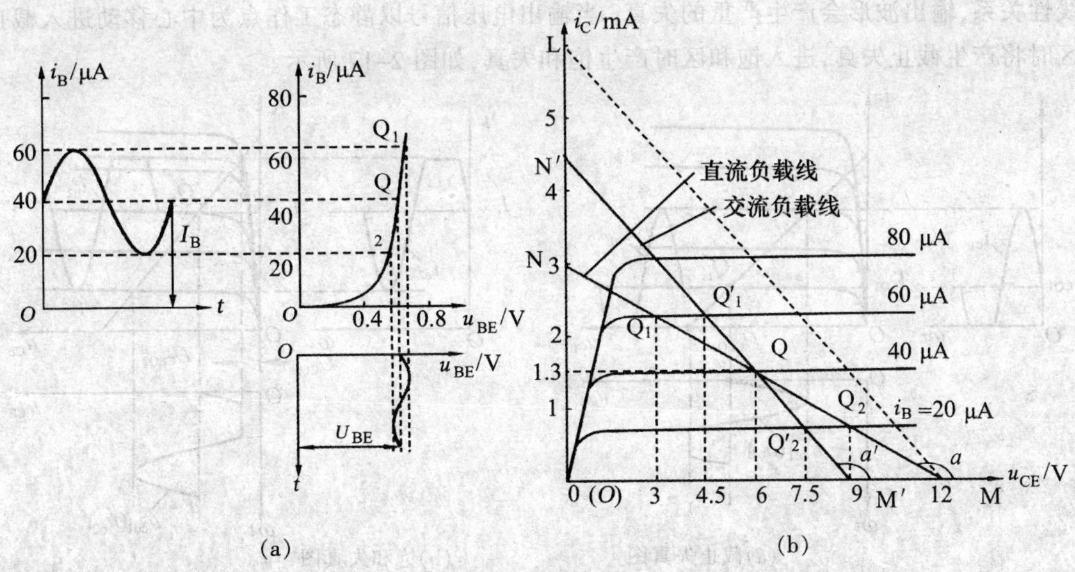

图 2–15 交流负载线

当外加交流电压 u_i 时，放大电路的工作点将沿着交流负载线移动，放大电路的输入回路和输出回路的动态情况如图 2-15 中所示。

若要利用图解法求放大电路的电压放大倍数，在 Q 点附近找一个 ΔI_b 值，在输入特性上找到相应的 ΔU_{be} 值，再在输出特性的交流负载线上找到相应的 ΔU_{ce} 值，则 ΔU_{ce} 与 ΔU_{be} 之比即是放大电路的电压放大倍数。

(3)图解法分析电路的失真

在放大电路中，静态工作点在放大区域的输出信号与输入信号之间成线性关系，这时输出在一定的范围内称为线性动态范围，如图 2-16 所示。

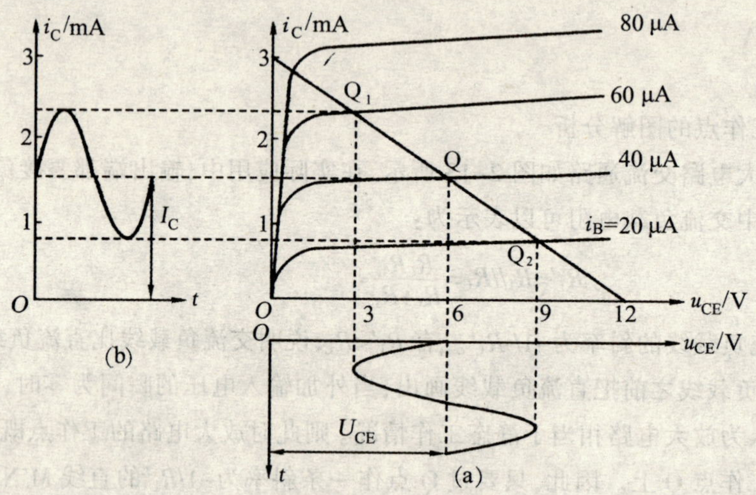

图 2-16 基本放大电路的动态范围

当静态工作点沿着负载线上偏或者下偏时，放大电路的输出信号与输入信号之间成非线性关系，输出波形会产生严重的失真。当输出电压信号以静态工作点为中心移动进入截止区时将产生截止失真，进入饱和区时产生饱和失真，如图 2-17 所示。

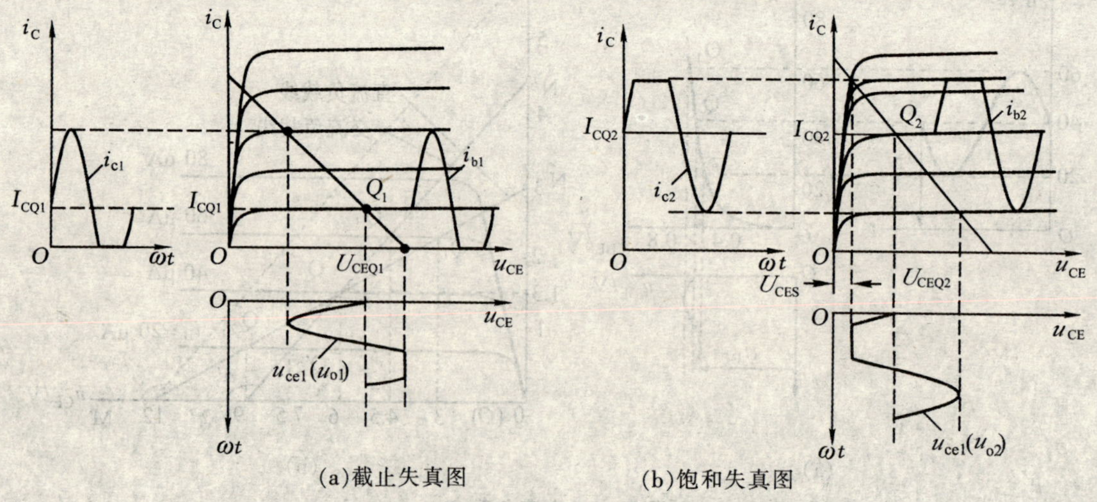

(a)截止失真图　　(b)饱和失真图

图 2-17 基本放大电路的非线性失真图解分析

截止失真是由于静态工作点设置过低，在输入信号的负半周，工作点进入截止区，使得输出电压 u_o 的波形顶部出现失真。饱和失真是由于静态工作点设置过高，在输入信号的正半周进入饱和区，使得输出电压 u_o 底部出现失真。可通过调整配合 R_B、U_{CC} 和 R_C 的大小来防止饱和失真和截止失真的出现，直至放大电路工作在放大状态。

2.2.4 放大电路的小信号模型分析方法

采用图解法分析放大电路比较直观、形象，但首先要清楚管子的实际特性曲线。在小信号条件下，给定的工作范围内，可以把三极管像二极管那样看成是一个线性电路来进行等效，这样的方法称为微变等效电路法，也称为小信号模型分析方法。

(1)三极管的等效电路

从共射极放大电路的输入特性曲线如图 2–18(a)所示的电路可见，在静态工作点 Q 点附近，特性曲线近似一段直线，可以用一个等效电阻 r_{be} 来代表输入电压和输入电流之间的关系，即 $r_{be}=\dfrac{\Delta u_{BE}}{\Delta i_B}=\dfrac{u_{be}}{i_b}$。

式中 u_{be}、i_b 为交流量，r_{be} 被称为三极管的输入电阻。它是一个动态电阻，则三极管的输入回路等效为图 2–18(b)中所示。

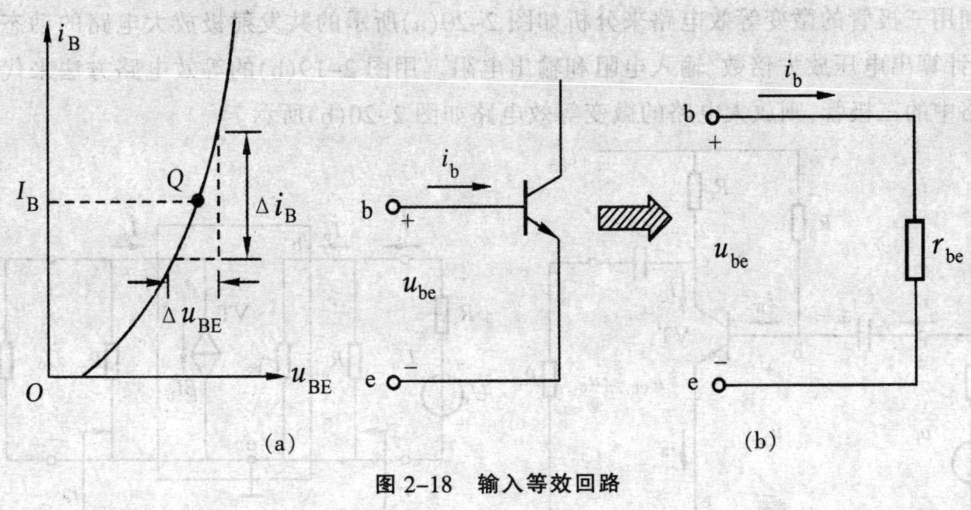

图 2–18 输入等效回路

对于小功率三极管常用下面的公式来估算：

$$r_{be}=300\ \Omega+(1+\beta)\frac{26\ \text{mV}}{I_E}$$

式中，I_E 是发射极电流的静态值，近似为 I_{CQ}。

从共射极放大电路的输出特性曲线如图 2–19(a)所示电路上可见，在放大区内，输出特性曲线是一组近似水平而且等间隔的直线。

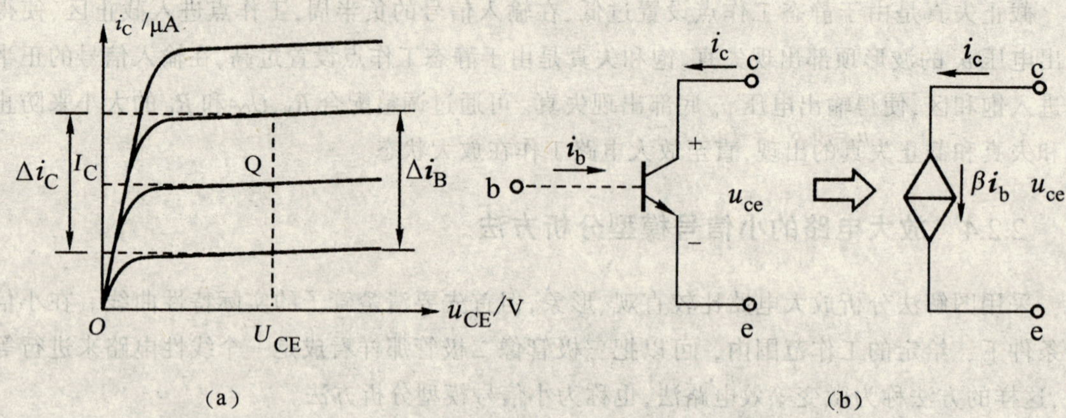

图 2–19 输出等效电路

Δi_C 与 Δu_{CE} 无关,只取决于 Δi_B,则 Δi_C 与 Δi_B 之比为:

$$\beta=\frac{\Delta i_C}{\Delta i_B}=\frac{i_c}{i_b}$$

所以从输出端看,可以用一个大小为 $i_C=\beta i_b$ 的受控电流源来等效代替三极管,则三极管的输出端的微变等效电路如图 2–19(b)所示。

(2)放大电路的等效电路

利用三极管的微变等效电路来分析如图 2–20(a)所示的共发射极放大电路的动态工作情况,计算出电压放大倍数、输入电阻和输出电阻。用图 2–19(b)的等效电路方法来代替交流通路中的三极管,则放大电路的微变等效电路如图 2–20(b)所示。

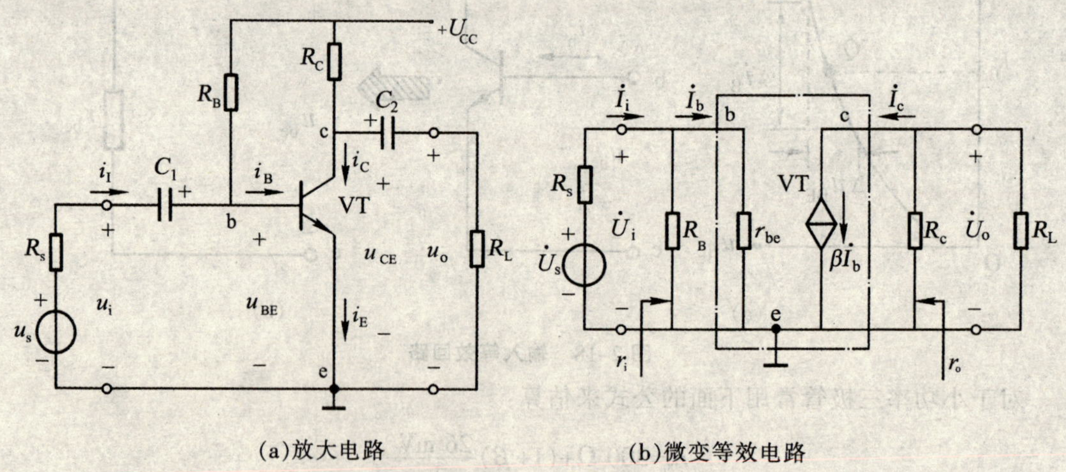

(a)放大电路　　(b)微变等效电路

图 2–20 小信号共射放大电路的微变等效电路

在交流情况下,由于直流电源内阻很小,常忽略不计,耦合电容和在一定的频率范围内,容抗很小,可视为短路。设输入信号是正弦量,根据输入回路可求得:

① 电压放大倍数

放大电路的电压放大倍数定义为输出电压与输入电压的比值,用 A_u 表示,即 $A_u=\frac{u_o}{u_i}$。

由图 2–20(b)所示,$u_i=i_b r_{be}$

$$u_o=-i_c R'_L=-\beta i_b R'_L$$

式中, $R'_L=R_L//R_C=\frac{R_C R_L}{R_C+R_L}$

所以, $A_u=\frac{u_o}{u_i}=\frac{-\beta i_b R'_L}{i_b r_{be}}=-\frac{\beta R'_L}{r_{be}}$

如果没有接负载,即 $R_L=\infty$, 则 $R'_L=R_C$, $A_u=-\beta\frac{R_C}{r_{be}}$

式中负号表示 u_o 与 u_i 反相。因 $R'_L<R_C$,可见接上负载电阻后,放大倍数降低了。

② 输入电阻 r_i

放大电路的输入电阻是从放大电路的输入端看进去的等效电阻,定义为输入电压 u_i 与输入电流 i_i 的比值,用 r_i 来表示。$r_i=u_i/i_i$,$r_i=R_B//r_{be}$,$R_B>>r_{be}$,所以 $r_i\approx r_{be}$。

③ 输出电阻 r_o

放大电路的输出电阻是从输出端看进去的等效电阻,用 r_o 表示。

$$r_o=R_C$$

应当注意的是,根据输入电阻和输出电阻的物理意义,r_i 不应包含信号源的内阻或前级电路的输出电阻 R_s;而 r_o 中不应含有 R_L,因 R_L 是放大电路的负载或后级电路的输入电阻。

(3)用小型号模型分析电路的步骤

根据以上知识,归纳出利用小信号模型法分析放大电路的步骤如下:

① 首先利用图解法近似或者近似估算法确定放大电路的静态工作点 Q。

② 画出放大电路的微变等效电路。可先画出三极管的等效电路,然后画出放大电路其余部分的交流通路。

③ 求出静态工作点处的微变等效电路参数 r_{be}。

④ 列出电路方程并求解其他动态参数。

2.2.5 分压偏置式放大电路

前面讨论共射极放大电路时我们提到通过调整偏置电阻 R_B 的大小使得三极管工作在不同的状态,或失真,或饱和,或放大。为了保证三极管工作在放大状态,这种固定偏置式电路虽然结构简单,但是静态工作点不稳定。例如当 I_{BQ} 固定时,温度升高,β 值增大,I_{CQ} 增大,U_{CEQ} 减小,使得 Q 点变化。为此本节从研究静态工作点的稳定性问题入手研究分压偏置式电路。

(1)温度对静态工作点的影响

放大电路只有设置合适的静态工作点 Q,才能不失真地放大交流信号。实际上,电源的电压波动、元器件参数的变化以及温度变化等都会引起静态工作点的变化，引起放大电路动态性能的不稳定，甚至不能正常工作。其中温度的变化对静态工作点的稳定性影响最为重要，主要表现在：

① 当温度升高时，三极管的发射结正向压降 U_{BE} 会减小，从而使得 I_{BQ} 增大。温度每升高 1℃，U_{BE} 约减小 2 mV。即当温度升高时为得到同样的 I_{BQ} 所需要的 U_{BE} 将减小。

② 当温度升高时，三极管的电流放大系数 β 会增大，每升高 10℃，β 约增大 0.5%~1%。

③ 当温度升高时，三极管的反向饱和电流 I_{CEQ} 将明显增加，温度每升高 10℃，I_{CEQ} 约增大 1 倍。

综上所述，温度变化对三极管各种参数的影响最终导致集电极电流 I_C 的变化。以基本共射极放大电路为例，当温度升高时，I_{CQ} 将增加，U_{CEQ} 将减小，静态工作点 Q 将沿着直流负载线上移到 Q′，向饱和区移动。反之，当温度降低时，I_{CQ} 将减小，U_{CEQ} 将增大，静态工作点 Q 将沿着直流负载线向下移动到 Q″，向截止区移动，如图 2–21 所示。

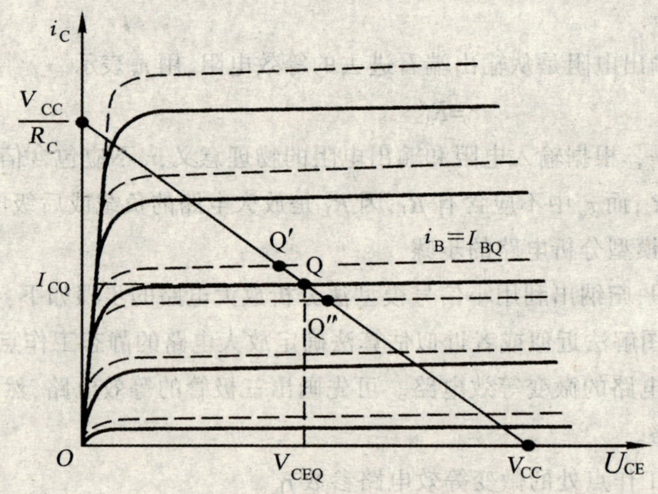

图 2–21 温度对静态工作点的影响

由此可见，要想使静态工作点 Q 稳定，就得使当温度变化时，通过依靠 I_{BQ} 的变化来抵消 U_{CEQ} 和 I_{CQ} 的变化，使得 Q 点在图 2–21 中的输出特性坐标平面中的位置基本不变，达到稳定静态工作点的目的，这就是分压偏置式电路。

(2)分压偏置式放大电路

① 电路组成及工作原理

分压偏置式电路如图 2–22 所示，与前面讲到的共射极放大电路的区别在于直流电源 U_{CC} 经由电阻 R_{B1} 和 R_{B2} 分压后接到三极管的基极，故称这种电路为分压偏置式电路。发射极接有对 I_{CQ} 具有自动调节作用的直流反馈电阻 R_e 和交流旁路电容 C_e。

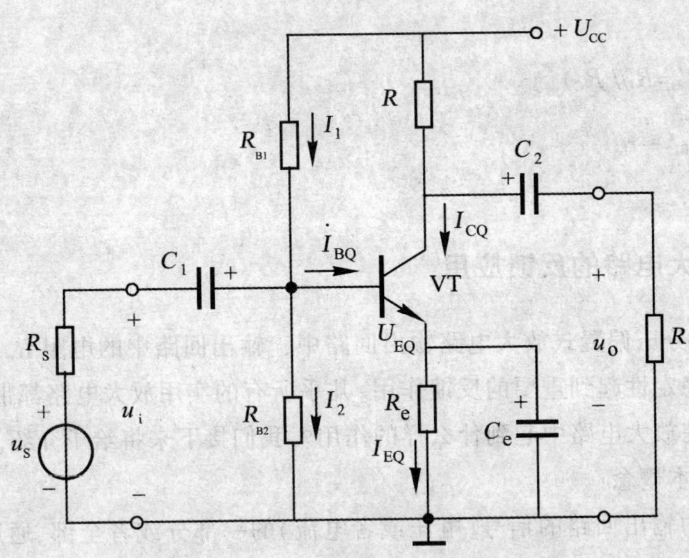

图 2-22 分压偏置式电路

在图 2-22 中看到，三极管的静态基极点 U_{BQ} 由经电阻分压后得到，基本上稳定不变。当集电极电流 I_{CQ} 随温度升高时，发射极电流 I_{EQ} 也相应增大，使得发射极点位 U_{EQ} 也升高。则三极管的发射极电压 $U_{BEQ}=U_{BQ}-U_{EQ}$ 将降低，从而使静态基极电流 I_{BQ} 减小，于是 I_{CQ} 也随之减小，结果使静态工作点基本保持稳定。可以表述为：

$$\text{温度升高}\rightarrow I_{CQ}\uparrow I_{EQ}\uparrow\rightarrow I_{EQ}R_e\uparrow\rightarrow U_{EQ}\uparrow\frac{U_{BEQ}=U_{BQ}-U_{EQ}}{U_{BQ}\text{基本不变}}\rightarrow U_{BEQ}\downarrow\rightarrow I_{BQ}\downarrow\rightarrow I_{CQ}\downarrow$$

从以上分析可知，在静态工作点稳定的过程中 R_e 起着重要的作用。输出量 I_{CQ} 通过既在输出回路中又在输入回路中电阻 R_e 馈送回输入回路来影响输入量 U_{BEQ} 的方法称为反馈。由于反馈的结果使得原来输入量的变化减小，所以称为负反馈。又由于反馈的是直流量，所以称为直流负反馈。R_e 称为直流负反馈电阻。

② 静态工作点的估算

从图 2-22 所示的分压偏置电路中可得：

$$U_{BQ}=\frac{R_{B2}}{R_{B1}+R_{B2}}\cdot U_{CC}$$

$$I_{CQ}\approx I_{EQ}=\frac{U_{BQ}-U_{BEQ}}{R_e}\approx\frac{U_{BQ}}{R_e}$$

$$U_{CEQ}\approx U_{CC}-I_C(R_C+R_E)$$

$$I_{BQ}=\frac{I_{BQ}}{1+\beta}$$

③ 动态工作分析

当旁路电容足够大时，C_e 在分压偏置式电路的交流通路中可视为短路。此时这种电路实际是一个共射极放大电路，故可利用图解法或者微变等效电路法来分析其动态工作情况。经过分析可知：

$$A_u=-\beta\frac{R'_L}{r_{be}}(R'_L=R_L//R_C)$$

$$r_i=r_{be}//R_{B1}//R_{B1}\approx r_{be}$$

$$r_o=R_C$$

2.2.6 放大电路的反馈应用

在图 2–22 的分压偏置式放大电路输出回路中，输出回路中的电阻 R_e 对整个放大电路的静态工作点的稳定性起到重要的反馈作用。几乎所有的实用放大电路都带有反馈电路。什么是反馈？反馈在放大电路中起到什么样的作用？我们接下来将给予介绍。

(1)反馈的基本概念

将放大电路中输出回路的信号(电压或者电流)的一部分或者全部，通过某些元件或者网络(称做反馈网络)反向送回到输入回路中，从而影响(增强或者削弱)净输入信号，这个过程称为反馈。由输出回路反送回输入回路的这部分信号称为反馈信号。

在放大电路中为了实现反馈，必须有一个既连接输出回路又连接输入回路的中间环节称为反馈网络。反馈网络一般由电阻、电容元件构成。引入反馈的放大器称做反馈放大器，也称做闭环放人器，而未引入反馈的放大器称做开环放大器，也称基本放大器。反馈放大器的组成框图如图 2–23 所示。其中，图中 A 代表没有反馈的放大电路，F 代表反馈网络，符号⊗代表信号的比较环节。它表示 x_i 与 x_f 两个信号的叠加，x_{id} 是 x_i 与 x_f 叠加后得到的净输入信号。x_i、x_f、x_{id}、x_o 分别表示放大器的输入信号、反馈信号、净输入信号和输出信号，它们可以是电压，也可以是电流。

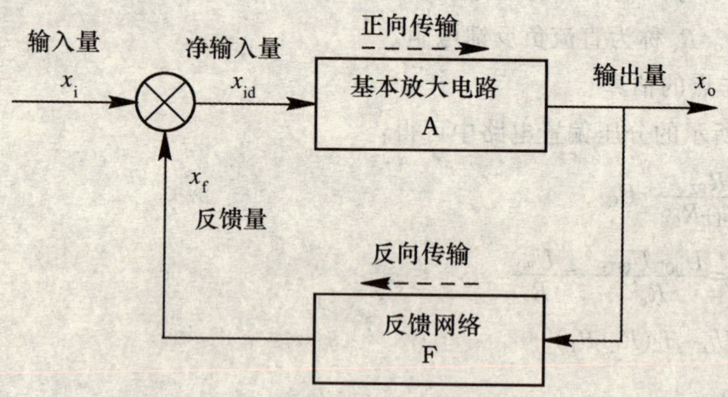

图 2–23 反馈放大器组成框图

(2)反馈的分类及区别

① 反馈的分类

a. 正反馈与负反馈

根据反馈极性的不同，可将反馈分为正反馈和负反馈，如果反馈信号使净输入信号增强，这种反馈称为正反馈；反之若反馈信号使净输入信号减弱了，这种反馈称为负反馈。放大电路一般都采用负反馈。我们这节主要研究负反馈对放大电路的影响。

b. 直流反馈与交流反馈

如果反馈信号中只有直流成分，即反馈元件只能反映直流量的变化，这种反馈叫做直流反馈；如果反馈信号中只有交流成分，即反馈元件只能反映交流量的变化，这种反馈叫做交流反馈。有些情况下，反馈信号中既有直流成分，又有交流成分，这种反馈称为交直流反馈。

c. 电压反馈与电流反馈

如果反馈信号取自输出电压，即反馈信号与输出电压成正比，称为电压反馈；如果反馈信号取自输出电流，即反馈信号与输出电流成正比，称为电流反馈。显然，电压反馈与电流反馈是根据放大电路输出端的取样特征来分类的。

d. 串联反馈与并联反馈

如果反馈信号在放大器的输入端以电压的形式出现，那么在输入端必定与输入信号相串联，这就是串联反馈。如果反馈信号在放大器的输入端以电流形式出现，那么在输入端必定与输入信号相并联，这就是并联反馈。

② 反馈类型的判别

不同类型的反馈电路，性质是不同的。因此在分析实际的反馈电路时，应首先判断其反馈属于哪种类型。

a. 正、负反馈的判定

通常采用瞬时极性法来判别实际电路反馈极性的正、负。先假定输入信号在某一瞬时对地的极性，然后由各级输入、输出之间的相位关系，确定输出信号和反馈信号的瞬时极性，最后根据反馈信号与输入信号的连接情况，分析净输入量的变化，若使净输入信号增强则为正反馈，减弱了为负反馈。

由于串联反馈和并联反馈在输入回路中所比较的电量不同，因此又可以得到以下具体的判断法则：对于串联反馈，若反馈信号和输入信号的极性相同，为负反馈；若相反，为正反馈。对于并联反馈，若反馈信号和输入信号的极性相反，为负反馈；若相同，为正反馈。

例如，图 2-24(a)所示的同相集成放大电路中(后面章节讲到)，它具有输出端和输入端同相位的特点。首先假定输入信号电压对地瞬时极性为正，在图中用"⊕"表示，这个电压使同相输入端的电压瞬时极性为正。由于输出端与同相输入端的极性相同，因此此时输出电压的瞬时极性为正，故标"⊕"。通过反馈支路将输出电压反送到反相输入端，用 u_f 表示，且瞬时极性为正。由于 $u_{id}=u_i-u_f$，u_f 的正极性会使净输入量 u_{id} 减小，因此这个电路的反馈称为负反馈。

对于图 2-24(b)所示的反相集成放大电路中(后面章节讲到)，它具有输出端和输入端相位相反的特点。用同样的分析方法可得，假定 u_i 为"+"，由于输出端与反相输入端的信号性是相反的，因而输出电压应该为"–"，并通过 R_1 反送到同相输入端，使 u_f 为负极性，这个极性使净输入量 u_{id} 增大，因此，这个电路的反馈为正反馈。

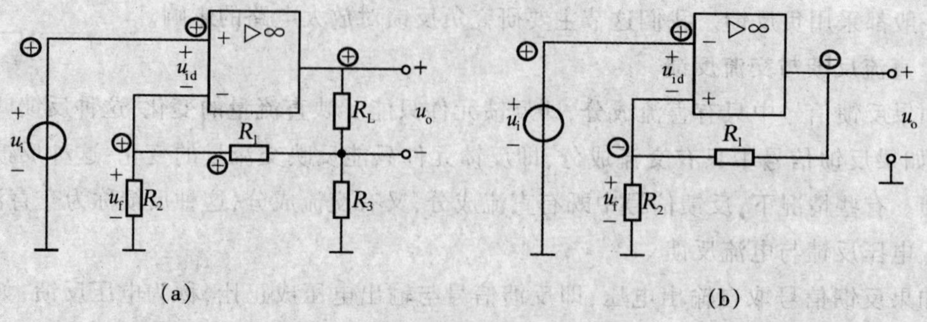

图 2–24 瞬时极性法判断反馈类型

b. 交流反馈与直流反馈的判别

根据交流反馈与直流反馈的概念，因此可通过观察放大器中反馈元件出现在哪种电流通路中来判断是直流反馈还是交流反馈。若出现在交流通路中，则该元件起到交流反馈作用，若出现在直流通路中，则起到直流反馈作用。例如，在分压偏置式放大电路中反馈信号的交流成分被旁路电容隔离掉，在 R_e 上产生的反馈信号只有直流成分，因此是直流反馈。如图2–25(a)所示的电路中，就是交、直流都有的反馈电路。其交流通路和直流通路如图 2–25(b)、(c)所示。

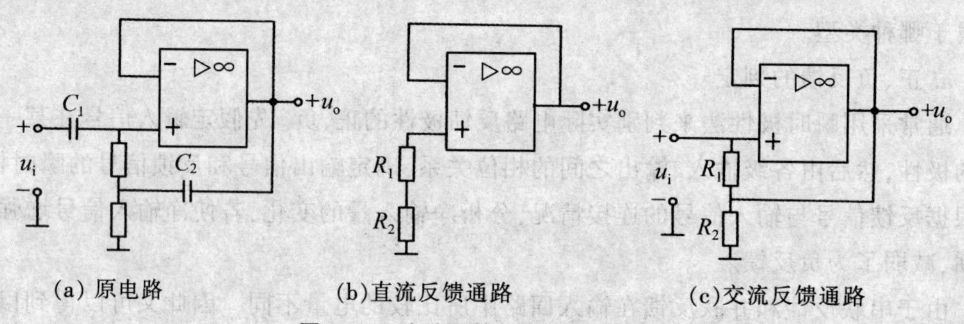

(a) 原电路　(b)直流反馈通路　(c)交流反馈通路

图 2–25 交流反馈与直流反馈

c. 串联反馈与并联反馈

根据反馈信号在输入端的连接形式可判断是串联反馈还是并联反馈，如图 2–26 所示，图 2–26(a)为并联负反馈，图 2–26(b)为串联负反馈。

d. 电压反馈与电流反馈的判别

电压反馈和电流反馈判别的依据则是从输出端看进去，若反馈信号取自输出电压，则为电压反馈，若取自输出电流，则为电流反馈。

通常将输出端交流短路，此时观察是否有反馈信号，如果反馈信号不存在则为电压反馈，否则为电流反馈。它与反馈信号是以何种方式引回输入端无关，例如在图 2–26 中，图 2–26(a)图为电压反馈，图 2–26(b)图为电流反馈。

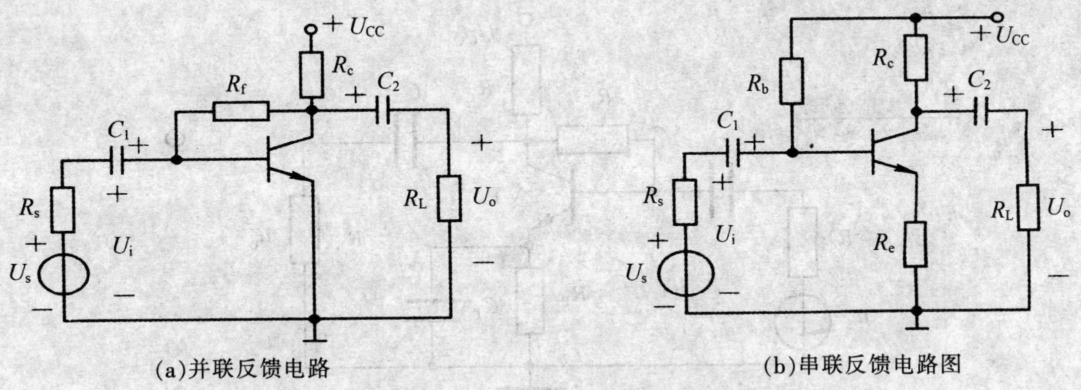

(a)并联反馈电路　(b)串联反馈电路图

图 2–26　串联反馈与并联反馈电路

(3)反馈的 4 种组态

根据以上的分类我们知道反馈形式是多种多样的，通常情况我们根据输出端的取样方式和输入端的连接方式,可以组成 4 种不同类型的负反馈电路。

① 电压串联负反馈

在图 2–27 所示电路中,该电路为射极输出器,反馈元件为 R_E,其上电压为 u_o,当负载 $R_L=0$ 时,反馈信号消失,故是电压反馈。在输入回路中,令 $u_i=0$,反馈信号仍存在,是串联反馈。根据瞬时极性法判断,反馈信号使净输入减小,为负反馈,故图 2–27 所示电路中引入的反馈是电压串联负反馈。

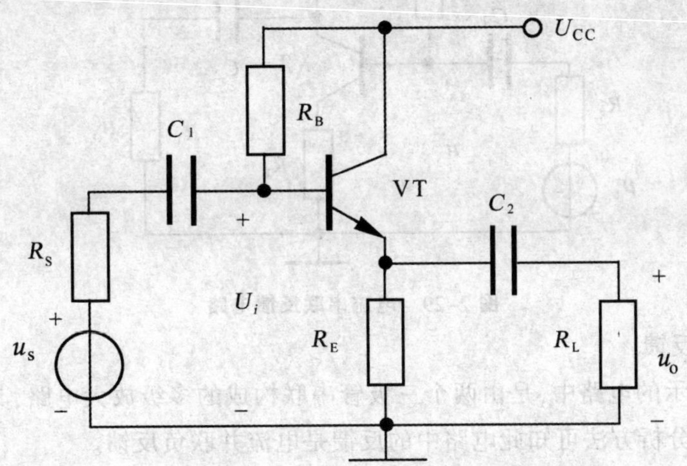

图 2–27　电压串联反馈电路

② 电压并联反馈

在图 2–28 所示电路中,R_f 为接在输入回路与输出回路的公共元件，根据瞬时极性法判断为负反馈;若将输出端短接,反馈信号 R_f 将不存在,因此为电压反馈。而在输入回路中,输入信号与反馈信号为并联连接,为并联反馈。所以,此电路中反馈是电压并联负反馈。

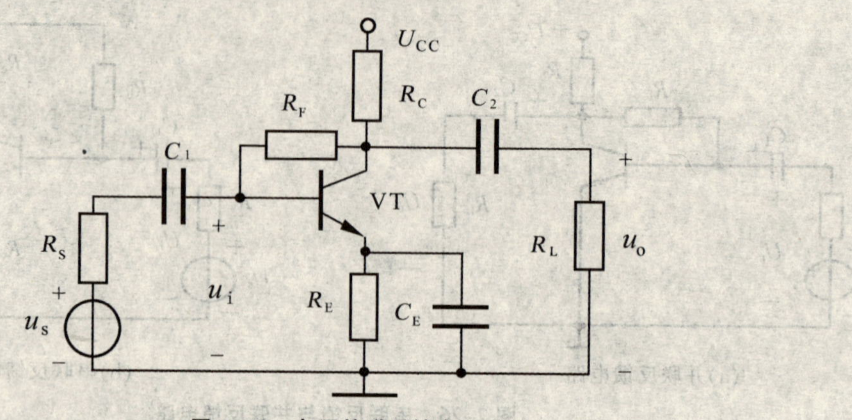

图 2–28 电压并联反馈电路

③ 电流串联反馈

在图 2–29 所示电路中，反馈元件为 R_E，其上电压为 u_f，令 $R_L=0$，u_f 仍存在，是电流反馈。从输入端看到反馈信号与输入回路之间是串联关系，是串联反馈。设基极对地信号为正，射极对地电压为正，u_f 与 u_i 串联比较使得 U_{BE} 下降，是负反馈。因此，此电路中反馈是电流串联负反馈。

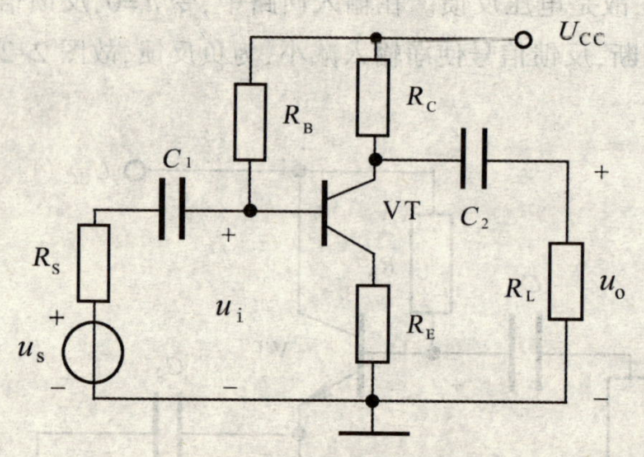

图 2–29 电流串联反馈电路

④ 电流并联反馈

在图 2–30 所示的电路中，是由两个三极管串联构成的多级放大电路，其中电阻 R_f 为反馈元件，按照以上分析方法可知此电路中的反馈是电流并联负反馈。

(4)负反馈对放大电路性能的影响

① 负反馈放大电路的放大倍数

从负反馈放大电路的方框图中可知各信号量之间的基本关系式为：

放大器的净输入量为 $x_{id}=x_i-x_f$

开环放大倍数为 $A=x_o/x_{id}$

反馈系数为 $F=x_f/x_o$

闭环放大倍数为　　$A_f=x_o/x_i=x_o/(x_{id}+x_f)=A/(1+A_F)$

上式中，$1+A_F$ 称为反馈深度，它的大小反映反馈的强弱；$1+A_F$ 的值越大，则负反馈越深，它表示闭环放大倍数下降的倍数。

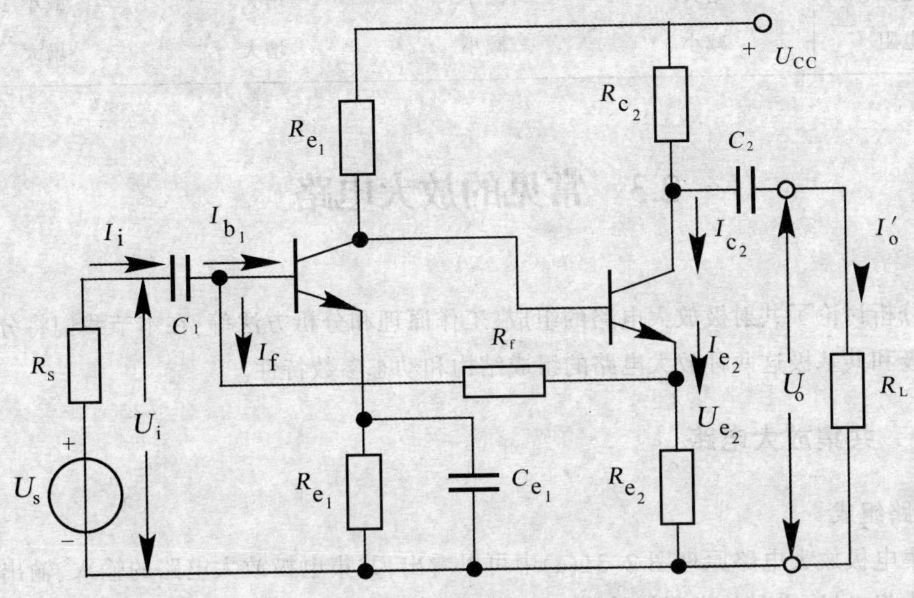

图 2-30　电流并联反馈电路

② 负反馈对放大器性能的影响

负反馈对放大电路的静态工作点的稳定性起到重要的作用。放大器引入负反馈后，会使放大倍数下降，但其他性能却可以得到改善，具体表现在下面几个方面。

a. 提高放大器增益的稳定性。由上讲到可知负反馈使得闭环放大倍数下降，而放大倍数的稳定性却得到提高，负反馈越深，稳定性越高。

b. 引入负反馈后，利用负反馈的自动调整作用将展宽通频带。从总体上使放大倍数随频率的变化减小，幅频特性变得平坦，上限频率升高，下限频率下降，通频带得以展宽。

c. 负反馈可以减小非线性失真，而对于输入信号本身固有的失真并不能减小，并非完全“消除”非线性失真。

d. 负反馈对输入电阻的影响与输出端的取样方式无关，而与反馈信号在输入端的形式有关。串联负反馈的输入电阻比无反馈时大，对于并联负反馈，输入电阻比无反馈时的小。

e. 负反馈对输出电阻的影响仅与反馈信号在输出回路中的取样方式有关。电压负反馈具有恒压源的性质，因此，引入电压负反馈的输出电阻比无反馈时的输出电阻减小了。电流负反馈具有恒流源的作用，因此，引入电流负反馈的输出电阻比无反馈时的输出电阻增大了。将负反馈对放大电路输入、输出电阻的影响列于表 2-2 中。

表 2-2 负反馈对输入、输出电阻的影响

负反馈类型 / 电阻类别	电压串联	电压并联	电流串联	电流并联
输入电阻	增大	减小	增大	减小
输出电阻	减小	减小	增大	增大

2.3 常见的放大电路

前面分析讨论了共射极放大电路的组成、工作原理和分析方法等，在本节我们将分别讨论共集电极和共基极这两种放大电路的组成结构和动态参数特性。

2.3.1 共集放大电路

(1)电路组成

从共集电极放大电路原理图 2-31(a)中可以看出，共集电极放大电路的输入、输出信号的公共端为集电极，它是从发射极输出，因此也称为射极跟随器，其微变等效电路如图 2-31(b)所示。

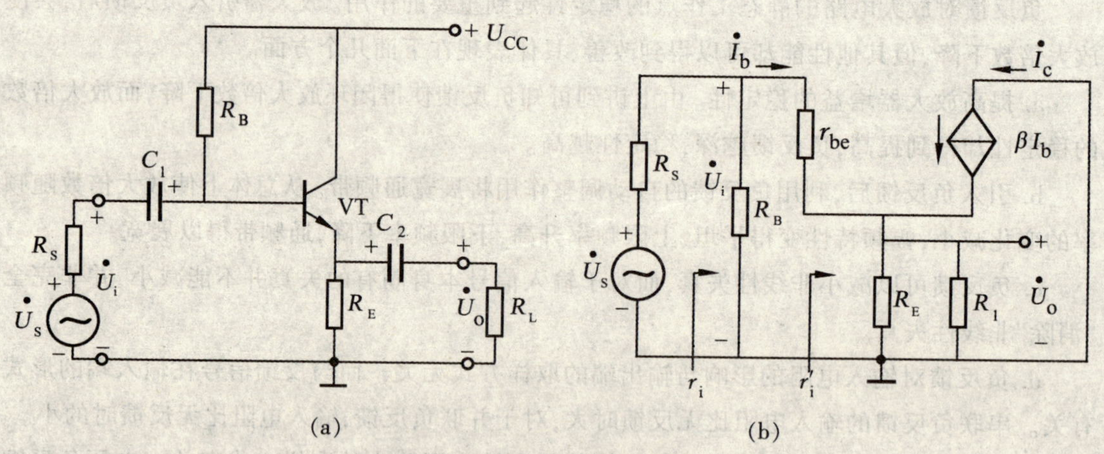

图 2-31 共集电极放大电路

(2)静态分析

从图 2-31(a)共集电极放大电路原理图中得出：

$U_{CC}=I_BR_B+U_{BE}+I_ER_E=I_BR_B+U_{BE}+(1+\beta)I_BR_E$

所以 $I_B=\dfrac{U_{CC}-U_{BE}}{R_B+(1+\beta)R_E}\approx\dfrac{U_{CC}}{R_B+(1+\beta)R_E}$

$I_C=\beta I_B\approx I_E$

$U_{CE}=U_{CC}-I_E R_E\approx U_{CC}-I_C R_E$

(3)动态分析

① 电压放大倍数 A_u

由图 2-31(b)可以得出:

$U_i=I_b r_{be}+I_e R'_L=I_b r_{be}+(1+\beta)I_b R'_L$

$R'_L=R_E//R_C$

$U_o=I_e R'_L=(1+\beta)I_b R'_L$

$$A_u=\frac{U_o}{U_i}=\frac{(1+\beta)R'_L}{r_{be}+(1+\beta)R'_L}\approx\frac{\beta R'_L}{r_{be}+\beta R'_L}<1$$

由此可见,共集放大电路的电压放大倍数恒小于 1,而接近于 1,且输出电压与输入电压同相。又 $i_E=(1+\beta)\ i_B$,故电路有电流放大和功率放大作用。

② 输入电阻 r_i

由图 2-31(b)可以得出:

$r_i=R_B\ //r_i'$

$$r_i'=\frac{U_i}{I_b}=r_{be}+(1+\beta)R'_L$$

故 $r_i=R_B//[r_{be}+(1+\beta)R'_L]$

由此可见,射极输出器的输入电阻比共射极放大电路的输入电阻大得多,可达到几十千欧到几百千欧。

③ 输出电阻 r_o

计算输出电阻如图 2-32 所示,将电压源短路,保留内阻 R_s,然后在输出端除去 R_L,并外加电压 u_i 而得到。

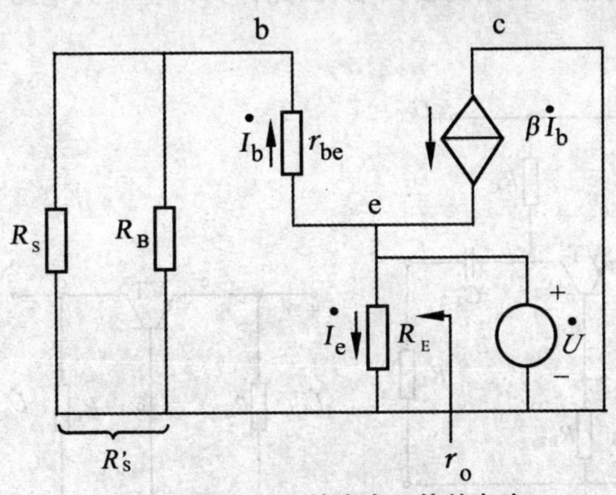

图 2-32　输出电阻等效电路

$\dot{I}=\dot{I}_b+\beta\dot{I}_b+\dot{I}_e$

$$=\frac{\dot{U}}{R'_s+r_{be}}+\beta\frac{\dot{U}}{R'_s+r_{be}}+\frac{\dot{U}}{R_E}$$

其中 $R'_s=R_B+R_s$

输出电导：

$$g_o=\frac{\dot{I}}{\dot{U}}=(1+\beta)\frac{1}{R'_s+r_{be}}+\frac{1}{R_E}$$

$$r_o=\frac{1}{g_o}=R_E//\frac{R'_s+r_{be}}{1+\beta}$$

由此可见，射极输出器的输出电阻比共射极放大电路的输出电阻小得多，一般在几十欧到几百欧。为了降低输出电阻，应选β较大的三极管。另外，输出电阻的大小与信号源的内阻有关。

由于上述特点，共集放大电路在电子电路中得到广泛的应用。由于输入电阻大，从信号源吸取的电流小，输入到放大电路的信号电压基本等于信号源的电压，因此常用于多级放大电路的输入级；由于输出电阻小，放大电路相当于一个理想的电压源，带负载能力强，有一定的功率放大作用，可以作为一种基本的功率输出电路；因为输入电阻大，输出电阻小，可起到阻抗变换的效果，所以常用于多级放大电路的中间级，以隔离前后级的相互影响，起到缓冲的作用称为缓冲级。

2.3.2 共基放大电路

(1)电路组成

图 2–33(a)所示为基本共基放大电路图，基极偏置电流 I_{BQ} 由 U_{CC} 通过基极偏置电阻，C_b 为旁路电容，对交流信号视为短路。因而基极交流接地，输入信号加到三极管的发射极和基极之间。基极是输入回路与输出回路的公共端，因此称为共基放大电路，其交流通路如图 2–33(b)所示。

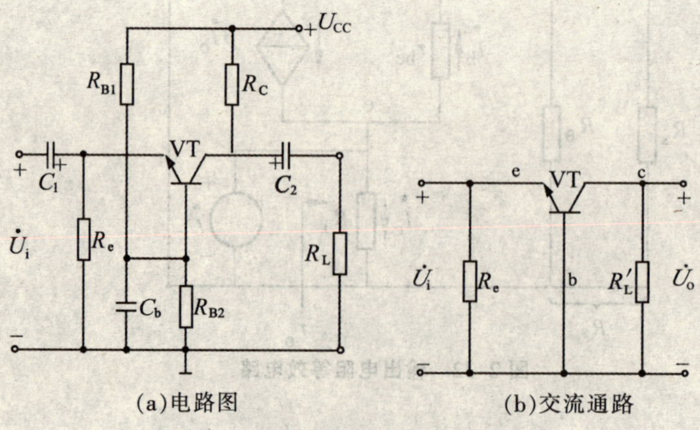

图 2–33 共基极放大电路

(2)静态分析

由图 2–33(a)所示电路的直流通路如图 2–34 所示,可得:

$$U_{BQ}=\frac{R_{B2}}{R_{B2}+R_{B1}}U_{CC}$$

$$I_{CQ}=I_{EQ}=\frac{U_{BQ}-U_{BE}}{R_e}\approx\frac{U_{BQ}}{R_e}$$

$$U_{CEQ}=U_{CC}-I_{CQ}R_C-I_{CQ}R_e$$

$$I_{BQ}=\frac{I_{CQ}}{\beta}$$

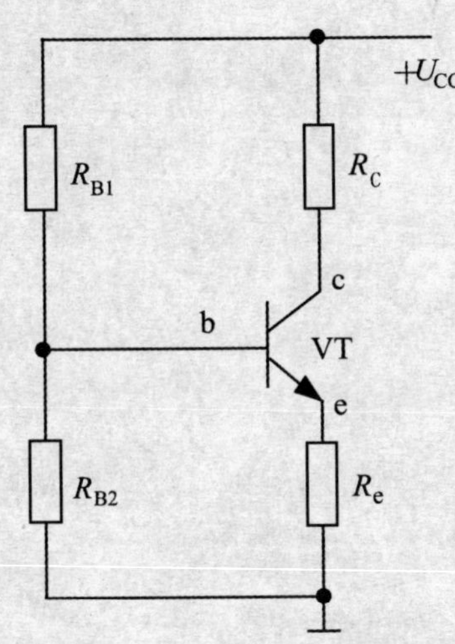

图 2–34 直流通路

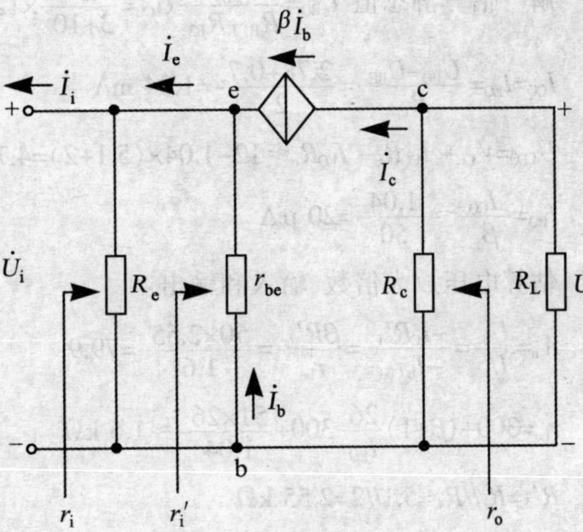

图 2–35 微变等效电路

(3)动态分析

① 电压放大倍数 A_u

图 2–33(a)的微变等效电路如图 2–35 所示,由图可知:

$U_i=-I_b r_{be}$

$U_o=-I_c R'_L$

$$A_u=\frac{U_o}{U_i}=\frac{-I_C R'_L}{-I_b r_{be}}=\frac{\beta R'_L}{r_{be}}$$

其中, $R'_L=R_L//R_C$

由上可知,共基极放大电路的电压放大倍数与共射极放大电路相同,但共基放大电路的输入与输出信号同相位。

② 输入电阻 r_i

由图 2–35 可得

$$r'_i=\frac{U_i}{-I_e}=\frac{-I_b r_{be}}{-(1+\beta)I_b}=\frac{r_{be}}{1+\beta}\text{,故 } r_i=R_e//r'_i\approx\frac{r_{be}}{1+\beta}$$

可见共基极放大电路的输入电阻比共射极电路的输入电阻小，约为共射极电路的$\frac{1}{1+\beta}$倍。

③ 输出电阻 r_o

$r_o=R_C//r_{ce}\approx R_C$

例 2 在图 2-33 所示共基放大电路中，已知 $R_C=5.1\ k\Omega$，$R_e=2\ k\Omega$，$R_{B1}=10\ k\Omega$，$R_{B2}=3\ k\Omega$，负载电阻 $R_L=5.1\ k\Omega$，$U_{CC}=12\ V$，三极管的 $\beta=50$，试估算三极管的静态工作点及电压放大倍数、输入电阻和输出电阻。

解 估算静态值 $U_{BQ}=\frac{R_{B2}}{R_{B1}+R_{B2}}U_{CC}=\frac{3}{3+10}\times 12\approx 2.78\ V$

$I_{CQ}=I_{EQ}=\frac{U_{BQ}-U_{BE}}{R_e}=\frac{2.78-0.7}{2}=1.04\ mA$

$U_{CEQ}=V_{CC}-I_{CQ}R_C-I_{EQ}R_e\approx 12-1.04\times(5.1+2)=4.7\ V$

$I_{BQ}=\frac{I_{CQ}}{\beta}\approx\frac{1.04}{50}=20\ \mu A$

估算电压放大倍数、输入和输出：

$A_u=\frac{U_o}{U_i}=\frac{-I_C R'_L}{-I_b r_{be}}=\frac{\beta R'_L}{r_{be}}=\frac{50\times 2.55}{1.6}=79.9$

$r_{be}=300+(\beta+1)\frac{26}{I_{EQ}}300+\frac{51\times 26}{1.04}\approx 1.6\ k\Omega$

$R'_L=R_l//R_C=5.1//2=2.55\ k\Omega$

$r_i=R_e//\frac{r_{be}}{1+\beta}=\frac{\frac{1.6}{1+50}\times 2}{\frac{1.6}{1+5}+2}=0.03\ k\Omega$

$r_o\approx R_C=5.1\ k\Omega$

由此可见，共基放大电路没有电流放大作用，只有电压放大，可进行电流跟随，输入电阻小，电压放大倍数、输出电阻与共射放大电路相当，是 3 种组态中高频特性最好的电路，常用于工作频率较高的宽频带放大电路。

2.4 多级放大电路

用单个放大器件组成的放大电路，只能完成部分参量的放大，或者电压放大，或者电流、功率的放大，或者放大倍数不能满足实际要求。在实际的电子电路中常将若干个放大器件连接起来，对输入信号逐级地连续放大，以便获得足够的输出功率来推动负载工作，这就组成了多级放大电路。通常与信号源相连的第一级放大电路称为输入级,与负载相连的末级放大电路称为输出级,之间的放大电路称为中间级。

多级放大电路内部相邻两级之间信号的传递称为耦合，实现级间耦合的电路称为耦合电路。

2.4.1 多级放大电路的级间耦合方式

实现多级放大电路相邻级间信号传递的耦合电路不论采用何种耦合方式，必须遵循两条原则:一是要把前级的输出信号有效地传输到后一级的输入端,二是要求耦合后各级放大电路都要有合适的静态工作点。常用的级间耦合方式有:阻容耦合、变压器耦合、直接耦合3种,分别讨论如下。

(1)阻容耦合方式

如图 2-36 所示，将放大电路的前级输出通过电容与后级输入电阻相连的耦合方式,称为阻容耦合。

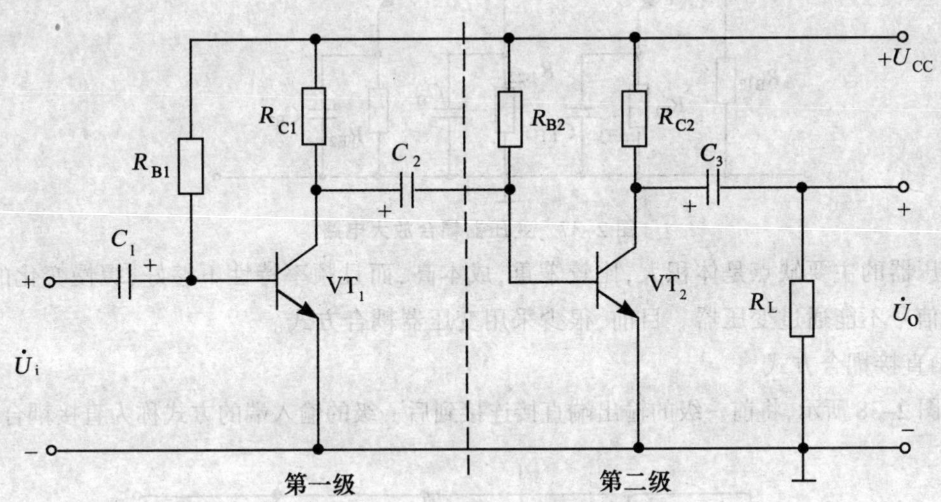

图 2-36 两级阻容耦合放大电路

阻容耦合电路结构简单,体积小,成本低,频率特性好,特别是电容有隔直流的作用,所以各级放大电路之间静态工作点相互独立,各级可以独自进行分析、计算。对于高频率输入信号当电容容量足够大时,可以无衰减地传送到后级输入端。在分立元件电路中阻容耦合得到广泛应用,但由于电容对低频信号呈现很大的容抗,影响传输效率,特别对缓慢变化的信号或者直流信号无法耦合。另外,在集成电路中难于制造大容量的电容。因此,阻容耦合电路在集成电路中几乎无法应用。

(2)变压器耦合方式

如图 2-37 所示是变压器耦合电路,将放大电路的前级输出信号通过变压器接到后级输入端或者负载电阻上的连接方式成为变压器耦合。

由于变压器利用电磁感应原理在原、副线圈之间传递交流电能，直流电产生的恒磁场不能在原、副线圈中传递，所以变压器起到隔直流抑制温度漂移的作用，也保证了各级放大电路之间相互独立。变压器还能进行电压、电流和阻抗的改变，这对放大电路特别有意义。如在功率放大电路中，为了得到最大的功率输出，要求放大器的输出阻抗等于最佳负载阻抗，即阻抗匹配时，通过变压器的原、副线圈的匝数比即可满足。变换公式为：$(N_1/N_2)^2=R'_L/R_L$。式中，R'_L 为副边负载 R_L 反射到原边的阻值。

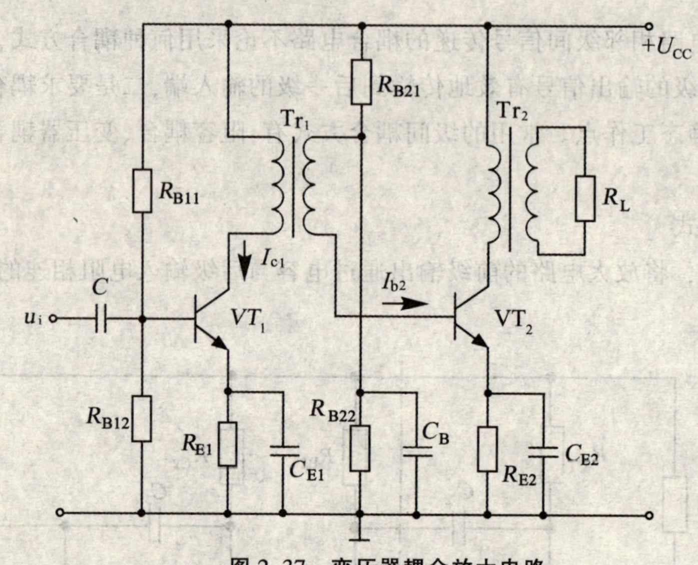

图 2–37　变压器耦合放大电路

变压器的主要缺点是体积大，比较笨重，成本高，而且频率特性不够好，缓慢变化的信号和直流信号不能通过变压器。目前，很少采用变压器耦合方式。

(3)直接耦合方式

如图 2–38 所示，将前一级的输出端直接连接到后一级的输入端的方式称为直接耦合方式。

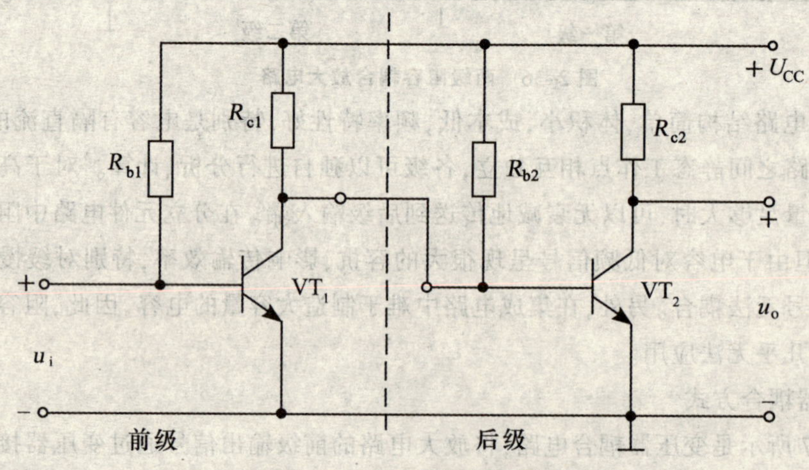

图 2–38　两级直接耦合放大电路

直接耦合方式既可以放大交流信号，也可以放大直流或者变化缓慢的信号，低频特性好，便于集成化。在实际的集成电路中，一般都采用直接耦合电路。

但是直接耦合方式下各级之间不是独立无关的，因袭相互牵制，或者由于温度、电源电压的波动等变化引起各级工作点的缓慢变化，通过放大后使得末级输出电压随时间变化偏离零点形成零点温度漂移。所以在使用直接耦合方式时通常采用差分放大电路等措施，这将在以后章节中详细讲述。

2.4.2 多级放大电路的性能指标

多级放大电路动态分析的性能指标与单级放大电路相同，主要为电压放大倍数、输入电阻和输出电阻。

(1)电压放大倍数

多级放大电路是由多级串联逐级放大的，前一级的输出电压就是后一级的输入电压。所以整个放大电路总的电压放大倍数为：

$$A_u=A_{u1}A_{u2}A_{u3}\cdots A_{un}$$

上式表明多级放大电路总的电压放大倍数等于组成它的各级放大电路的电压放大倍数的乘积。应注意的是在计算各级电路的放大倍数时，必须考虑后级电路的输入电阻即为前级电路的负载电阻。

在工程上，有时把电压放大倍数用增益来表示，单位为分贝(dB)，则多级放大电路的电压增益等于各级电压增益之和。即为：

$$A_u(\text{dB})=A_{u1}(\text{dB})+A_{u2}(\text{dB})+A_{u3}(\text{dB})+\cdots+A_{un}(\text{dB})$$

(2)输入电阻

多级放大电路输入电阻就是第一级放大电路的输入级的输入电阻，即 $R_i=R_{i1}$。

(3)输出电阻

多级放大电路输出电阻就是最后一级放大电路的输出电阻，即 $R_o=R_{on}$。

应当注意的是，当共集放大电路作为输入级时，它的输入电阻与其负载，即第二级放大电路的输入电阻有关；而当共集放大电路作为输出级时，它的输出电阻与其信号源内阻，即倒数第二级的输出电阻有关。

2.4.3 放大电路的频率特性

在前面分析的放大电路都假设输入信号为单一频率的正弦波信号，而且工作在中频区，电路中都忽略了电容元件和电感元件的影响，但实际上输入信号往往是非正弦量，含有很多频率成分，有一定的频率范围。例如，广播中的音频信号的频率范围约为 20 Hz~20 kHz，视频信号的频率范围为 0~6 MHz。由于放大电路的输入信号中一般都存在着电抗元件，它们对不同频率的输入信号具有不同的放大能力，其增益的大小和相移均会随着信号频率的变化而变化，我们把这种函数关系称为放大电路的频率响应或频率特性。

(1)频率特性的基本概念

放大电路的频率响应可以直接用放大电路的电压放大倍数与频率的关系来描述，即

$$\dot{A}=A_u(f)\angle\varphi(f)$$

式中，$A_u(f)$表示放大电路的增益与频率的关系，称为幅频特性；$A_u(f)$表示放大电路输出信号与输入信号的相位差与频率的关系，$\varphi(f)$称为相频特性。两者统称为放大电路的频率响应。

图 2-39 为单级阻容耦合放大电路的频率特性，从幅频特性图中可以看到在中间频率段的放大倍数基本不变，称为中频段。在中频区，由于耦合电容和射极旁路电容的容量很大，其等效容抗很小，可视为短路。另外，因三极管的结电容以及电路中的杂散电容很小，等效容抗很大，可视为开路。所以信号传输不受电容影响，从而使电压放大倍数几乎不受频率变化的影响。而在低频区和高频区放大电路的电压放大倍数的幅值均随频率变化而变化。在低频区电压放大倍数下降的主要原因是由于耦合电容和旁路电容的存在；在高频区电压放大倍数的下降主要是由于三极管的极间电容及电路中的分布电容的影响。

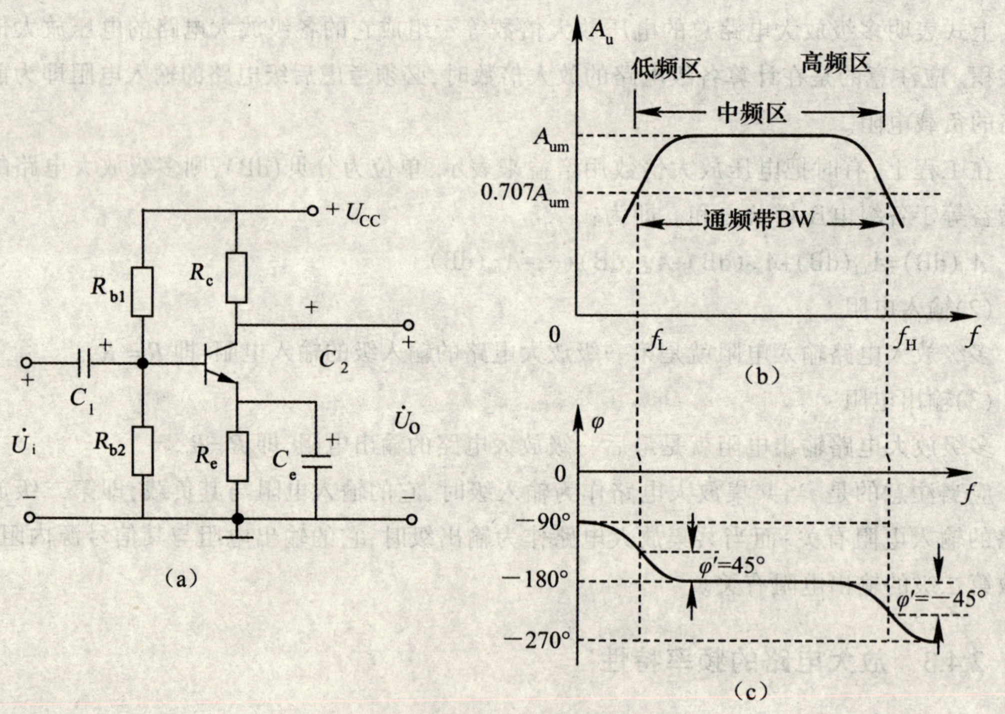

图 2-39 放大电路的频率响应特性

在工程上把因频率变化使电压放大倍数下降到中频值的 0.707 时，相应频率称为放大电路的下限频率f_L和上限频率f_H，两者之间的频率范围称为通频带 BW，即 $BW=f_H-f_L$。

从相频特性图中看到，中频段的相位基本是−180°，输出与输入反相，电路相当于纯电阻

电路，高频段比中频段滞后，低频段比中频段超前。在实际工作中，通常采用波特图来绘制放大电路的幅频特性和相频特性，如图 2-39(c)所示。

通频带是放大电路的频率响应的一个重要指标。通频带越宽，表示放大电路工作的频率范围越宽。例如，质量好的音频放大器，其通频带可达 20 Hz~20 kHz。

(2)多级放大电路的幅频特性

在多级放大电路中，随着级数的增加，其通频带变窄，且窄于任何一级放大电路的通频带。因为多级放大电路总的电压放大倍数是各级放大倍数的乘积，即

$$A_u=A_{u1}A_{u2}A_{u3}\cdots A_{un}$$

式中，n 为放大电路的级数，我们以两级共射放大电路为例，分析多级放大电路的通频带变窄的原因。两个单级共射放大电路的幅频特性曲线如图 2-40(a)所示。

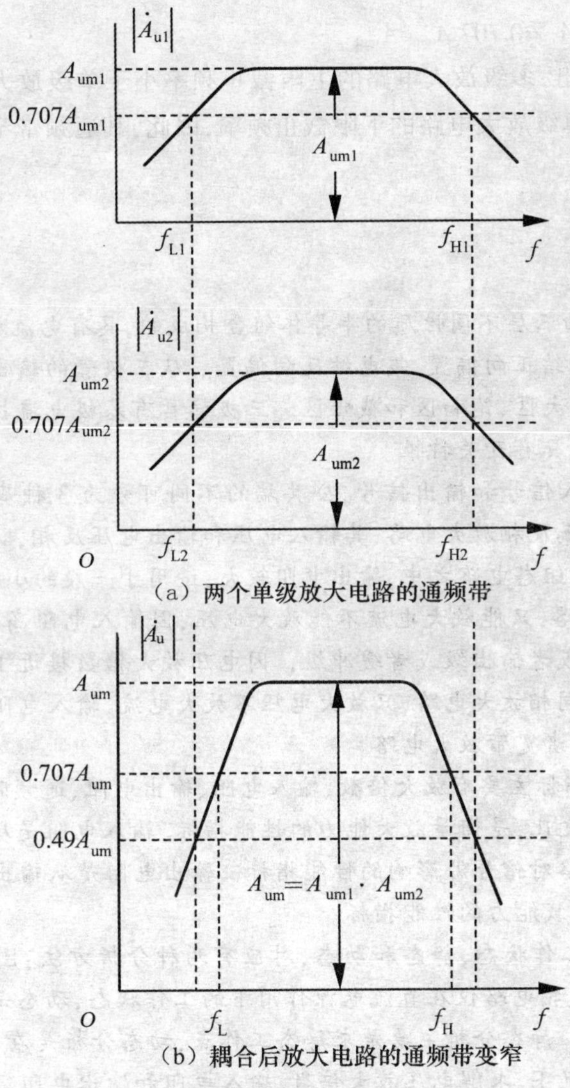

(a) 两个单级放大电路的通频带

(b) 耦合后放大电路的通频带变窄

图 2-40 多级放大电路通频带

设$A_{um1}=A_{um2}$，$f_{L1}=f_{L2}$，$f_{H1}=f_{H2}$，$BW_1=BW_2$

由它们级联组成的多级放大电路，其总放大倍数为$A_u=A_{u1}A_{u2}$

中频段时，$A_{um}=A_{um1}A_{um2}=A^2_{um1}=A^2_{um2}$在上、下限截止频率处，各级放大电路的电压放大倍数均为中频区电压放大倍数的0.707倍，即

$A_{uL1}=0.707\ A_{um1}=A_{uL2}=0.707\ A_{um2}$

$A_{uH1}=0.707\ A_{um1}=A_{uH2}=0.707\ A_{um2}$

在耦合后的多级放大电路中，在所对应的f_{L1}(f_{L2})及f_{H1}(f_{H2})处总的电压放大倍数为：$A_u=0.707\ A_{um1}\cdot 0.707\ A_{um2}=0.49\ A_{um1}\ A_{um2}=0.49\ A_{um1}^2$

根据上、下限截止频率的定义，应有：

$A_{uL}=0.707\ A_{um1}\ A_{um2}$，$A_{uH}=0.707\ A_{um1}\ A_{um2}$

由图2-40(b)可看出，多级放大电路的上限截止频率小于单级放大电路的上限截止频率，下限截止频率大于单级放大电路的下限截止频率，因此，其通频带窄于单级放大电路的通频带。

本章小结

1.半导体三极管是由三层不同性质的半导体组合构成的，具有电流放大的作用。三极管实现放大的条件是：发射结正向偏置，集电结反向偏置。从三极管的输出特性曲线上可以将它们的工作区域分为：放大区、饱和区和截止区。三极管具有基极电流控制集电极电流的特性。在饱和区和截止区，具有开关特性。

2.根据三极管的输入信号和输出信号，公共端的不同可分为3种基本组态：共射、共集和共基。共射放大电路属反相放大电路，其输入电压和输出电压反相，既能放大电流又能放大电压，输入电阻居3种组态电路之中，输出电阻较大，适用于一般的小信号低频放大。共集放大电路属同相放大电路，只能放大电流不能放大电压，因输入电阻高、输出电阻低常用做多级放大电路的输入级或者输出级或者缓冲级，因电压放大倍数接近1而用于电压信号的跟随。共基放大电路属同相放大电路，只放大电压不放大电流，输入电阻小，输出电阻大，高频特性好，使用于高频或者宽带放大电路。

3.放大电路的性能指标主要有放大倍数、输入电阻、输出电阻、通频带等。放大倍数是放大电路输出量与输入量之比，是衡量放大能力的性能指标。输入电阻是从输入端看进去的等效电阻，是衡量放大电路对信号源影响的性能指标。输出电阻是从输出端看进去的等效电阻，是衡量放大电路带负载能力的性能指标。

4.放大电路有两种工作状态，静态和动态，对应有两种分析方法：图解法和小信号模型微变等效电路法。静态是指电路仅在直流电源作用下的工作状态，动态是指电路中加入交流信号作用下的工作状态。静态分析主要是求静态工作点，动态分析是在交流信号加入后，耦合(旁路)电容短路的情况下，求解电压放大倍数、输入电阻和输出电阻。图解法承认三极管的非线性，小信号微变等效电路法则是将三极管的非线性局部线性化。放大电路的分析遵循

“先静态后动态”的原则。

5.温度的变化对放大电路静态工作点的影响很大，常用的静态工作点稳定的放大电路有基极分压式射极偏置电路等，它主要是根据反馈原理来实现的。

6.负反馈的引入为放大电路静态工作点的稳定性起到重要作用，4种不同组态的反馈类型通过一定的方式改善放大电路的各项性能指标，如提高放大倍数的稳定性，减小非线性失真，展宽通频带以及改变电路的输入、输出电阻等。

7.多级放大电路级间耦合的方式有：直接耦合、变压器耦合和阻容耦合等。多级放大电路的电压放大倍数等于各级电压放大倍数的乘积。多级放大电路的输入电阻是第一级放大电路的输入电阻，输出电阻是最后一级放大电路的输出电阻。

习　题

1.三极管是由2个PN结组成的，是否可以用2个二极管连接组成一个三极管使用？

2.三极管的发射极和集电极是否可以调换使用？为什么？

3.NPN型三极管和PNP型三极管有什么不同？怎样使用万用表区分NPN和PNP三极管？如何判断三个电极？

4.有2个三极管，第一个管子的$\beta=50$，$I_{ceo}=10\ \mu A$；第二个管子的$\beta=150$，$I_{ceo}=200\ \mu A$，其他参数相同。用做放大时使用哪一个管子更合适？

5.将一个PNP型三极管接成共射极电路，要使它具有电流放大作用，U_{CC}和U_{BB}的正、负极应如何连接？为什么？画出电路图。

6.在图2-41所示电路中，设$\beta=100$。试求：(1)Q点；(2)电压增益和；(3)输入电阻r_i；(4)输出电阻r_{o1}和r_{o2}。

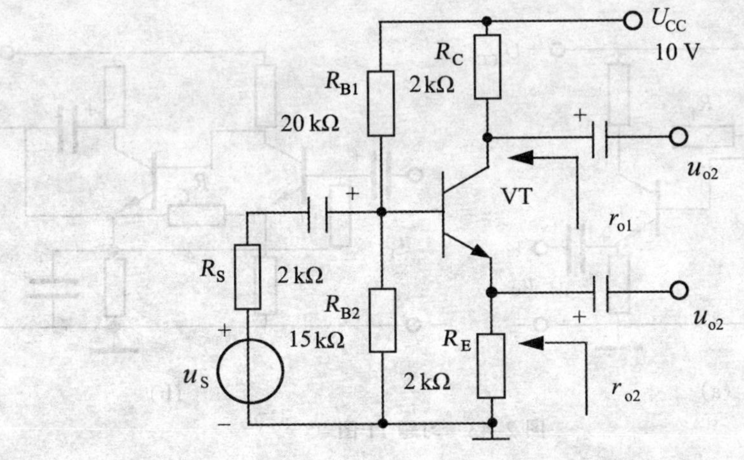

图2-41　习题6图

7.试说明图2-42各电路对交流信号能否放大？

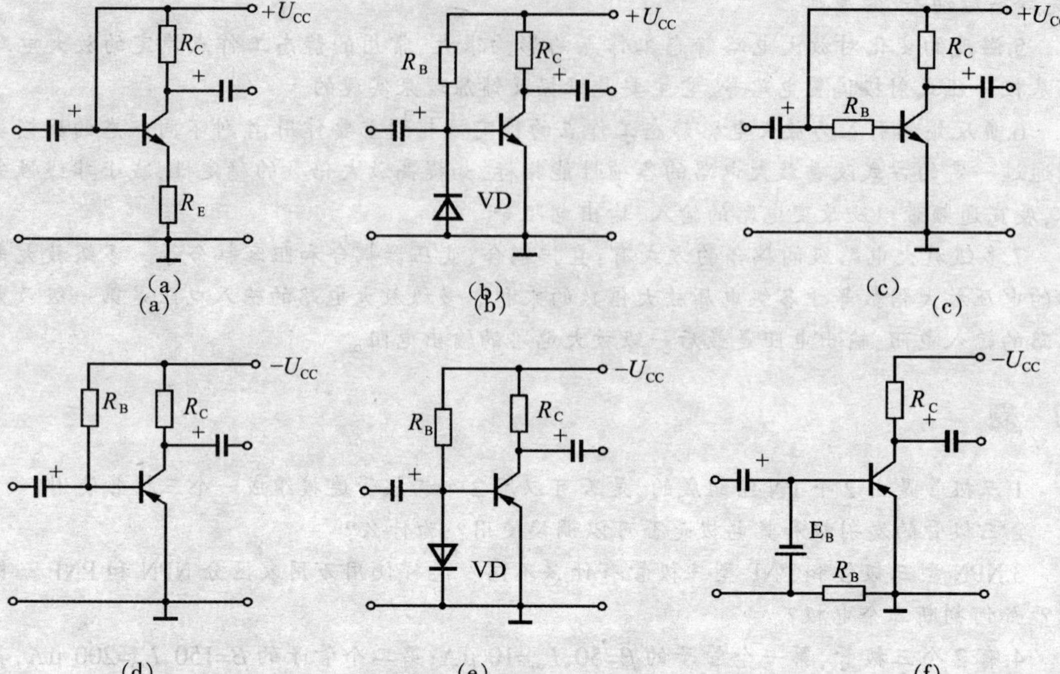

图 2–42 习题 7 图

8.什么叫反馈？如何判断一个放大电路中是否有反馈？

9.如何判断电压反馈与电流反馈？

10.如何判断并联反馈与串联反馈？

11.试判断图 2–43 所示各电路中电阻引入为何种反馈。

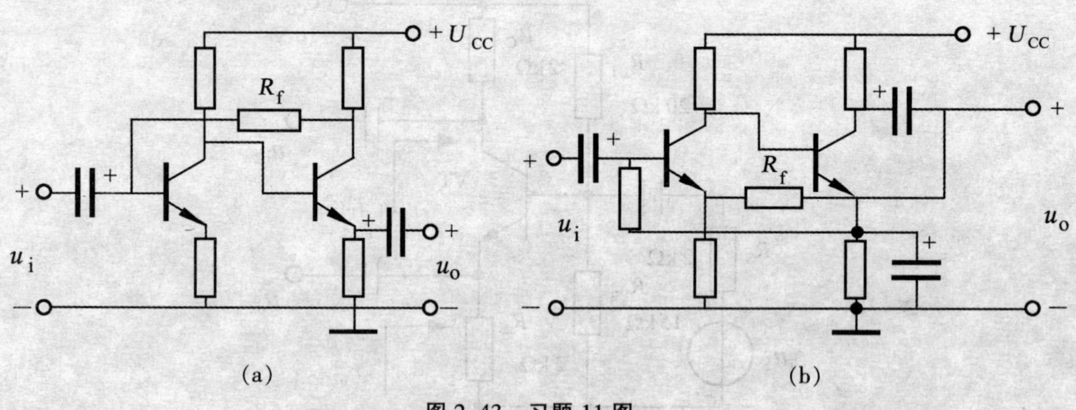

图 2–43 习题 11 图

12.试分别判断图 2-44 所示各电路中的反馈类型。

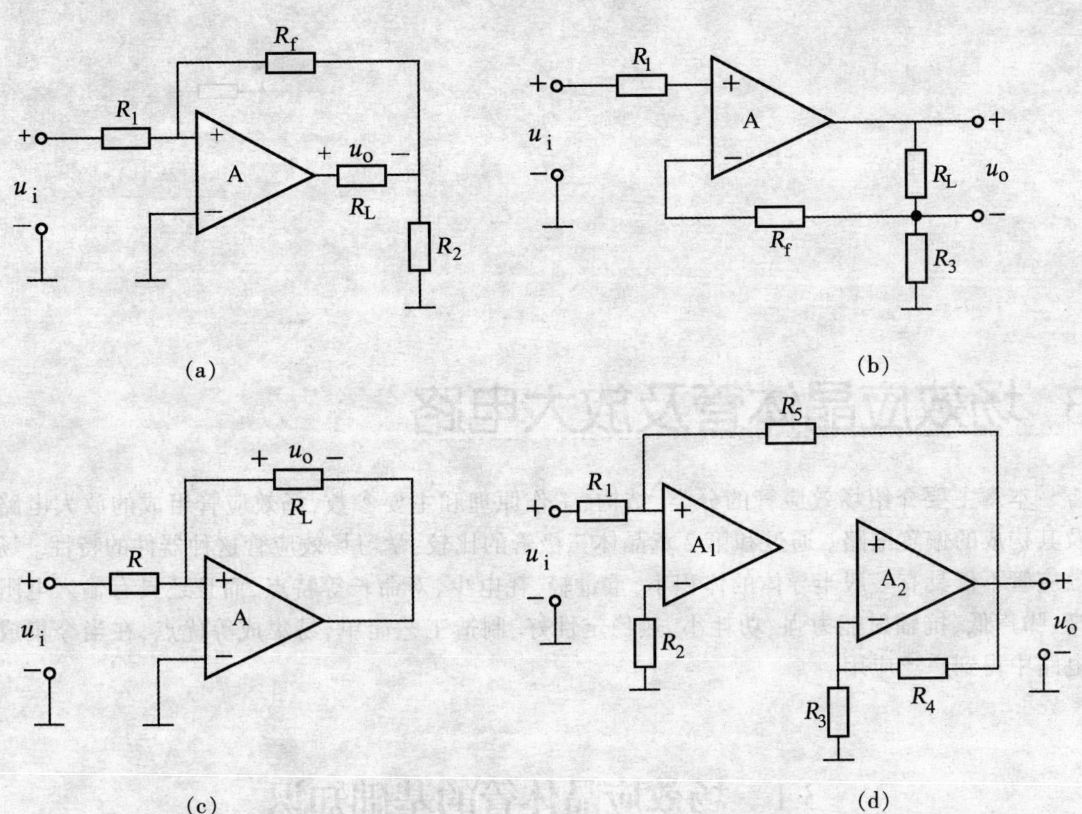

图 2-44 习题 12 图

3 场效应晶体管及放大电路

本章主要介绍场效应管的分类、结构、工作原理和主要参数,场效应管组成的放大电路及其构成的偏置电路。通过和第2章晶体三极管的比较,学习场效应管这种器件的特性。场效应管不仅具有一般半导体的体积小,重量轻,耗电少,寿命长等特点,而且还具有输入电阻高、噪声低、抗辐射能力强、功耗小、热稳定性好、制造工艺简单、易集成等优点,在当今集成电路中得到广泛应用。

3.1 场效应晶体管的基础知识

第2章已经学过晶体三极管属于一种电流控制型器件,它是利用输入电流来控制输出电流实现放大的作用。我们把晶体三极管还称为双极型三极管。但是我们在本章学习的场效应管称为单极型三极管,它只依靠一种极性的载流子(多数载流子的漂移运动)参与导电,而且利用电场效应来控制电流实现放大,是一种电压控制型器件,所以称为场效应管(field effect transistor,简称FET)。

根据场效应管的结构不同,分为结型场效应管(JFET)和绝缘栅型场效应管(MOSFET)两大类。

3.1.1 结型场效应管

(1)结型场效应管的结构

结型场效应管按其导电沟道分为N沟道和P沟道两种。N沟道场效应管是在一块N型硅半导体两侧制作两个高浓度的P型区域,形成两个PN结,把两个P型区域相连后引出一个电极,称为栅极,用字母G(或者g)来表示。在N型区域两端分别引出两个电极,称为漏极和源极,用字母D(或d)和S(或s)表示。两个PN结中间的N型区域是电流流通的路径,称为导电沟道，这种结构称为 N 沟道结型场效应管，其结构及电路符号如图 3-1(a)、(b)所示。

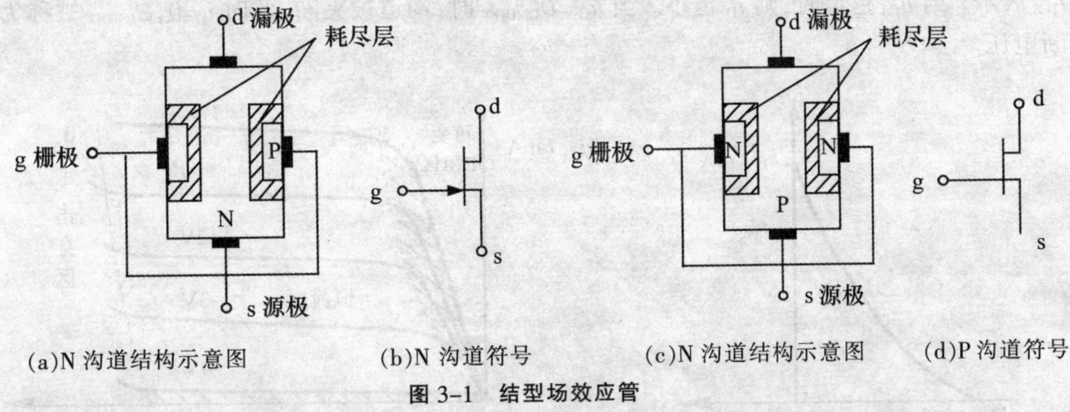

(a)N 沟道结构示意图 (b)N 沟道符号 (c)N 沟道结构示意图 (d)P 沟道符号

图 3-1 结型场效应管

同理，若在 P 型硅两侧各扩散一个高浓度的 N 型区，形成两个 PN 结。漏极和源极之间是由 P 型半导体构成的导电沟道，称为 P 沟道结型场效应管，其结构及电路符号如图 3-1 (c)、(d)所示。

(2)N 沟道结型场效应管的工作原理

下面以 N 沟道结型场效应管为例介绍结型场效应管的工作原理。

当给结型场效应管施加偏置电压后的电路原理如图 3-2 所示。由图可见，栅、源之间加的是反向电压 u_{GS}，使得 PN 结反向偏置，则可通过改变 u_{GS} 的大小来改变耗尽层的宽度。例如，当 u_{GS} 的反向电压值增大时，耗尽层加宽，沟道变窄，使沟道本身电阻增大。在漏、源电压 u_{DS} 作用下，将产生一个漏极电流 i_D。u_{GS} 的变化引起漏极电流 i_D 变化，即通过 u_{GS} 实现了对漏极电流 i_D 的控制作用。

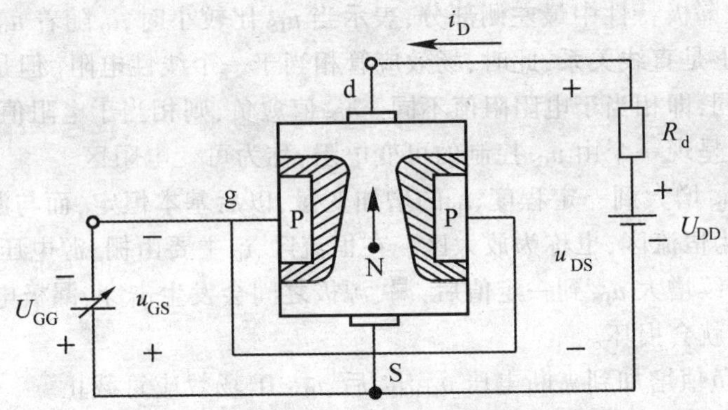

图 3-2 场效应管特性测试电路

(3)N 沟道结型场效应管的特性曲线

场效应管的特性曲线有转移特性曲线和输出特性曲线两种。

① 转移特性

当给场效应管的漏、源之间加上一个固定不变的 u_{DS} 电压时，漏极电流 i_D 与栅、源之间电压 u_{GS} 的关系称为转移特性。其表达式为：

$$i_D=f\,(u_{GS})|_{u_{DS}}=\text{常数}$$

如图 3-3 为 N 沟道场效应管的转移特性曲线。当 u_{GS}=0 时,i_D 最大,称为饱和漏电流,用 I_{DSS} 表示。当 u_{GS} 越负时,则 i_D 越小。当 $u_{GS}=U_{GS(OFF)}$ 时,沟道被夹断,此时 i_D=0,$U_{GS(OFF)}$被称为夹断电压。

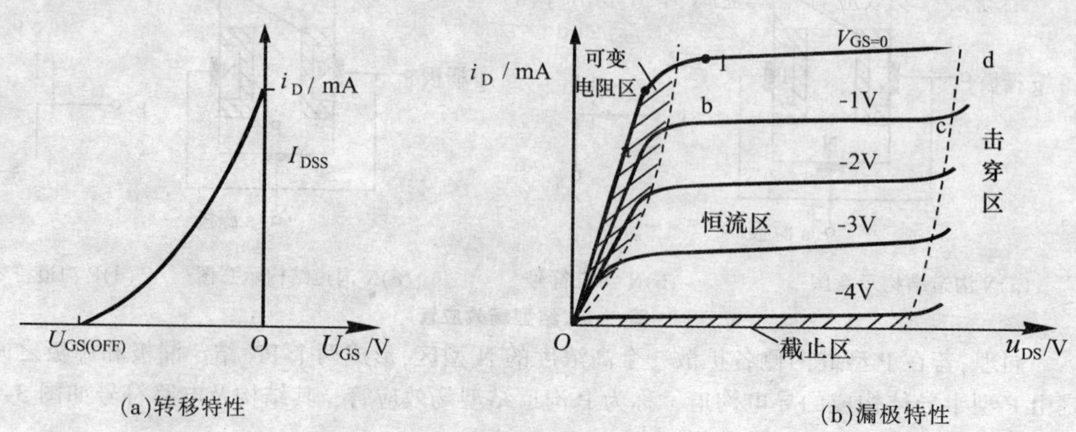

图 3-3 N 沟道结型场效应管的特性曲线

② 输出特性

输出特性是指栅、源电压 u_{GS} 一定,漏极电流 i_D 与漏极电压 u_{DS} 之间的关系,即

$$i_D=f\ (u_{DS})|u_{GS}=\text{常数}$$

N 沟道结型场效应管的输出特性曲线如图 3-3(b)所示。可以看出,它与三极管的共射极输出特性曲线相似,但两者之间的重要区别在于场效应管的漏极特性以栅、源之间的电压 u_{GS} 为参变量,而三极管的输出特性曲线以基极电流 i_B 为参变量。

从图 3-3(b)中可以看到场效应管的漏极特性也分为 4 个区域:

a. 可变电阻区。在漏极特性中最左侧部分,表示当 u_{DS} 比较小时,i_D 随着 u_{DS} 的增加而直线上升,两者之间基本上是直线关系,此时,场效应管相当于一个线性电阻。但是,当 u_{GS} 的值不同时,直线的斜率不同,即相当于电阻阻值不同。u_{GS} 值愈负,则相当于电阻值愈大。因此,在该区场效应管的特性呈现一个由 u_{GS} 控制的可变电阻,称为可变电阻区。

b. 恒流区。随着 u_{DS} 增大到一定程度,i_D 的增加变慢,以后基本恒定,而与漏、源电压 u_{DS} 无关,我们称这个区域为恒流区,也称为放大区。在恒流区,i_D 主要由栅、源电压 u_{GS} 决定。

c. 击穿区。如果继续增大 u_{DS} 到一定值后,漏、源极之间会发生击穿,漏极电流 i_D 急剧上升,若不加以限制,管子就会损坏。

d. 夹断区。当 u_{GS} 负值增加到夹断电压 $u_{GS(OFF)}$ 后,$i_D\approx 0$,场效应管截止。

对于结型场效应管来说,总是在栅极和源极之间加一个反向偏置电压,使得 PN 结反向偏置,此时可以认为栅极基本上不取电流,因此场效应管的输入电阻很高,可达 $10^7\ \Omega$ 以上。但是,在某些情况下要得到更高的输入电阻可以考虑绝缘栅场效应管。

P 沟道结型场效应管的分析方法与上面 N 沟道结型场效应管的分析方法完全一样,只需将相应的电压极性和电流方向改变即可。

3.1.2 绝缘栅型场效应管

绝缘栅型场效应管是由金属、氧化物和半导体制成,所以又称为金属—氧化物—半导体场效应管,简称 MOS 或者 MOSFET 场效应管。由于这种场效应管的栅极被绝缘层(如 SiO_2)隔离,因此其输入电阻更高,可达 $10^9\ \Omega$ 以上。从导电沟道分,有 N 沟道和 P 沟道两种。无论是哪种类型又都分为增强型和耗尽型两种。

(1)增强型绝缘栅型场效应管

如图 3–4(a)所示为 N 沟道增强型绝缘栅型场效应管的结构图,它是以一块掺杂浓度很低的 P 型硅片为衬底,在其表面覆盖一层二氧化硅(SiO_2)的绝缘层。在其表面用扩散方法形成两个高掺杂浓度的 N 型区,并用金属导线引出源极 S(或 s)和漏极 D(或 d)。然后在源极和漏极之间的二氧化硅上引出栅极 G(或 g),栅极与其他电极之间是绝缘的。衬底也引出一根引线,用 B 表示,通常情况下将它与源极在管子内部连接在一起,图 3–4(b)为其电路符号。图 3–4(c)、(d)是 P 沟道增强型绝缘栅型场效应管的结构图及电路符号。

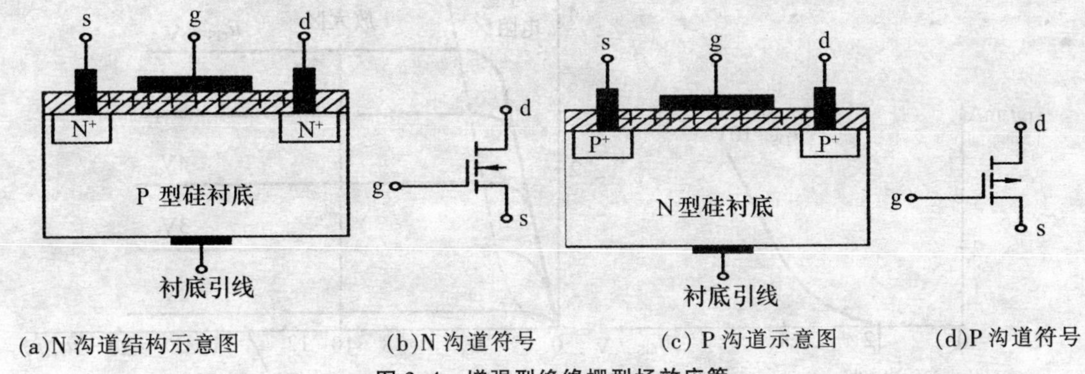

(a)N 沟道结构示意图　(b)N 沟道符号　(c) P 沟道示意图　(d)P 沟道符号

图 3–4 增强型绝缘栅型场效应管

(2)N 沟道绝缘栅型场效应管的工作原理

如图 3–5 所示电路。在栅、源之间加正向电压 u_{GS},漏、源之间加正向电压 u_{DS}。当 u_{GS}=0 时,漏极与源极之间形成两个反向连接的 PN 结,其中一个 PN 结是反偏的,故漏极电流为零。

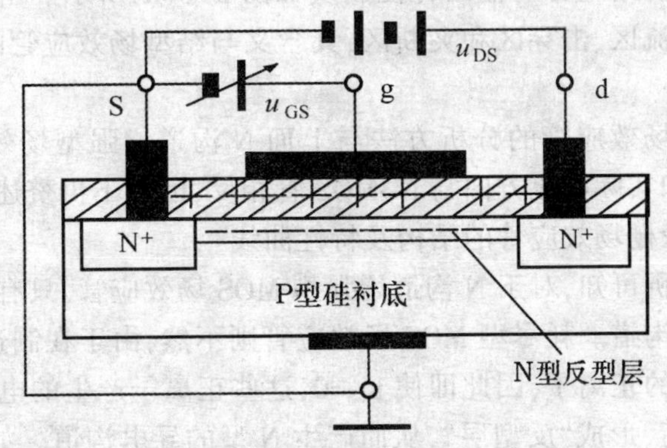

图 3–5 N 沟道增强型 MOS 管的导电沟道

当 u_{GS}>0 时，在 u_{GS} 作用下，会产生一个垂直于 P 型衬底的电场，这个电场将 P 区中的自由电子吸引到衬底表面，同时排斥衬底表面的空穴。u_{GS} 越大，吸引到 P 衬底表面层的电子越多，当 u_{GS} 达到一定值时，这些电子在栅极附近的 P 型半导体表面形成一个 N 型薄层，称为反型层，这个反型层实际上就构成了漏极和源极之间的 N 型导电沟道。若在漏、源之间加上电压 u_{DS}，就会产生漏极电流 i_D。我们将形成导电沟道时所需的最小栅、源电压称为开启电压，用"$U_{GS(th)}$"表示。改变栅、源电压就可以改变沟道的宽度，也可以有效地控制漏极电流 i_D。

这种由于场效应管没有原始导电沟道，只有当 $u_{GS}>U_{GS(th)}$ 时才形成导电沟道，因而称为增强型场效应管。

(3)绝缘栅型场效应管的特性曲线

① 转移热性曲线

N 沟道增强型场效应管的转移特性是指当 u_{DS} 为定值时，u_{GS} 对 i_D 的控制特性，如图 3-6(a)所示。

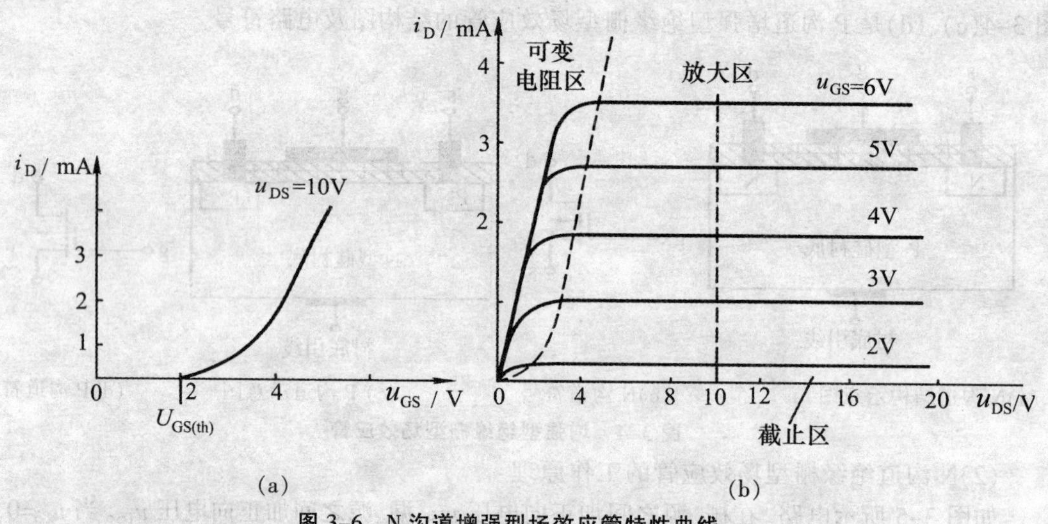

图 3-6 N 沟道增强型场效应管特性曲线

② 输出特性

N 沟道增强型场效应管的输出特性曲线如图 3-6(b)所示。由图可见，特性区域分 4 部分：可变电阻区、恒流区、击穿区和夹断区，其含义与结型场效应管的输出特性曲线的对应区域相同。

P 沟道增强型场效应管的分析方法与上面 N 沟道增强型场效应管的分析方法完全一样，只是电源极性和实际电流方向与 N-MOS 管相反，因此不再赘述。

(4)耗尽型绝缘栅场效应管的结构及特性曲线

根据前面的分析可知，对于 N 沟道增强型 MOS 场效应管，只有当 $u_{GS}>U_{GS(th)}$ 时，漏极和源极之间才存在导电沟道。耗尽型 MOS 场效应管则不然，由于在制造时预先在二氧化硅的绝缘层中掺入了大量的正离子，因此即使 u_{GS}=0，这些正离子产生的电场也能在 P 型衬底中"感应"出足够的负电荷，形成"反型层"，从而产生 N 型的导电沟道。如图 3-7(a)、(b)所示为 N

沟道耗尽型绝缘栅型场效应管的结构图及其电路符号。此时，只要在漏、源之间加上一个正向电压 u_{DS}，就会产生漏极电流 i_D。通常将 $u_{GS}=0$ 时的漏极电流 i_D 称为饱和漏极电流，用 I_{DSS} 表示。当栅、源之间加反向偏置电压 u_{GS} 时，沟道中感应出的负电荷减少，从而使 i_D 减小，反偏电压 u_{GS} 增大，沟道中感应的负电荷进一步减少。当反偏电压增大到某一值时，沟道被夹断，使 $i_D=0$，此时的 u_{GS} 被称为夹断电压，用 $U_{GS(off)}$ 表示。N 沟道耗尽型场效应管的特性曲线如图 3-8 所示，这种管子的 u_{GS} 不论是正是负或零都可以控制，这使它使用起来更具灵活性。

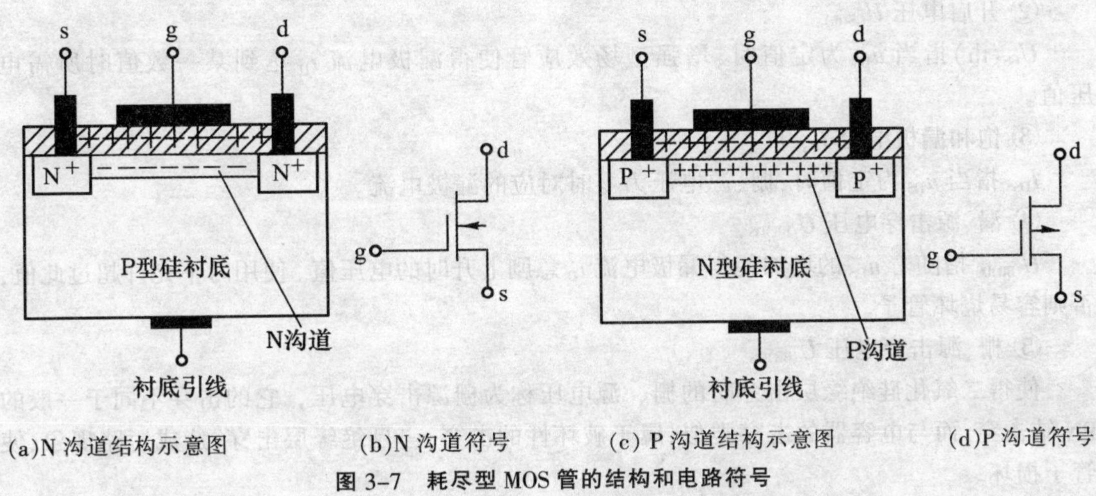

(a)N 沟道结构示意图　(b)N 沟道符号　(c) P 沟道结构示意图　(d)P 沟道符号

图 3-7　耗尽型 MOS 管的结构和电路符号

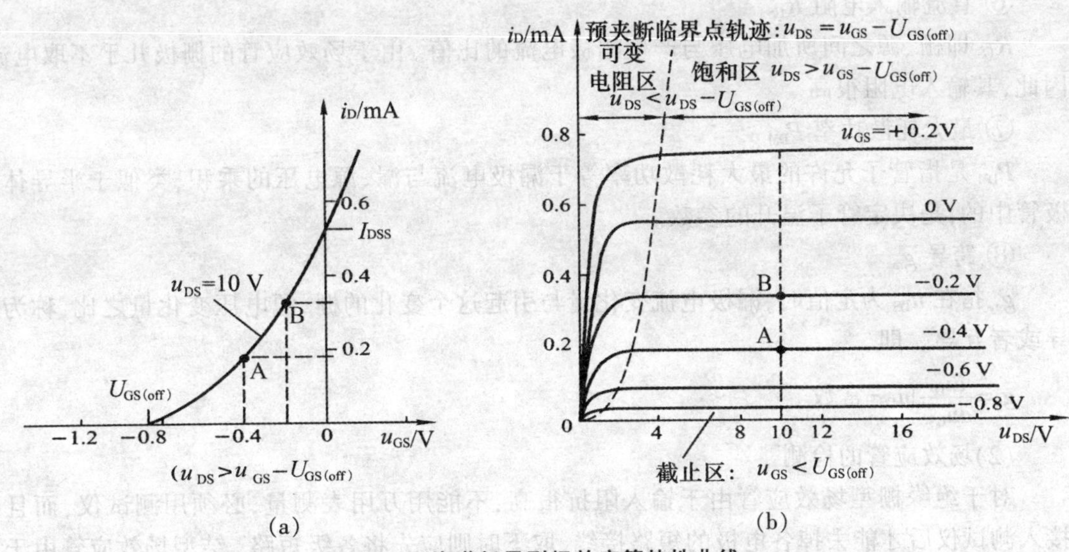

(a)　(b)

图 3-8　N 沟道耗尽型场效应管特性曲线

图 3-7(c)、(d)为 P 沟道耗尽型绝缘栅型场效应管的结构图及其电路符号，其分析方法与上面 N 沟道耗尽型场效应管的分析方法完全一样，只是电源极性和实际电流方向相反，因此不再赘述。

3.1.3 场效应管的主要参数及使用注意事项

(1)主要参数

① 夹断电压 $U_{GS(off)}$

$U_{GS(off)}$指当漏、源电压 u_{DS} 为固定值时,使耗尽型场效应管的漏极电流 i_D 等于零(或减小到某一个微小电流)时,所需要的栅、源电压即为夹断电压。

② 开启电压 $U_{GS(th)}$

U_{GS}(th)指当 u_{DS} 为定值时,增强型场效应管使得漏极电流 i_D 达到某一数值时所需电压值。

③ 饱和漏极电流 I_{DSS}

I_{DSS} 指当 u_{DS} 为定值时,栅、源电压为零时对应的漏极电流。

④ 漏、源击穿电压 $U_{(BR)DS}$

$U_{(BR)DS}$ 指随着 u_{DS} 的增加使得漏极电流 i_D 急剧上升时的电压值。使用时不允许超过此值,否则容易烧坏管子。

⑤ 栅、源击穿电压 $U_{(BR)GS}$

使得二氧化硅绝缘层击穿时的栅、源电压称为栅源击穿电压,它的击穿不同于一般的PN结击穿,而与电容器的击穿类似,属于破坏性的击穿,一旦绝缘层击穿,造成短路现象,使管子损坏。

⑥ 直流输入电阻 R_{GS}

R_{GS} 即栅、源之间所加电压与产生栅极电流的比值。由于场效应管的栅极几乎不取电流,因此,其输入电阻很高。

⑦ 最大耗散功率 P_{DM}

P_{DM} 是指管子允许的最大耗散功率等于漏极电流与漏、源电压的乘积,类似于半导体三极管中的,是决定管子温升的参数。

⑧ 跨导 g_m

g_m 指在 u_{DS} 为定值时,漏极电流变化量与引起这个变化的栅、源电压变化量之比,称为跨导或者互导。即

$$g_m=\frac{di_D}{du_{GS}}|u_{DS}=常数$$

(2)场效应管的检测

对于绝缘栅型场效应管由于输入阻抗很高,不能用万用表测量,必须用测试仪,而且要接入测试仪后才能去掉各电极的短路接线,取下时则应先将各级短路。结型场效应管由于可以开路存储,所以可以用万用表测试。

① 质量判断

把万用表置 R×1 kΩ 或 R×100 档,红、黑表笔分别交替接源极和漏极,阻值很小。然后将黑表笔接栅极,红表笔分别接源极和漏极。对于 N 沟道管,阻值应很小,对于 P 沟道管,阻值应很大。再将红、黑表笔对调,测得的数据相反,这样的管子基本上是好的。否则,要么击穿,

要么断路。

② 管脚判断

结型场效应的可看成是两个 PN 结的对称结构。无论是 N 沟道管还是 P 沟道管,他们的栅极都是单独的,漏极和源极是对称的,所以只需判断出栅极即可。

将万用表置 R×1 kΩ 或 R×100 档,用黑表笔接假设的栅极,再用红表笔分别接另外两脚。若测得的阻值很小,黑、红表笔对调后阻值很大,则假设的栅极正确,并知它是 N 沟道的场效应管,反之则是 P 沟道场效应管。其次确定源极和漏极,对于结型场效应管,漏、源可以互换。

(3)场效应管的使用注意事项

① 场效应管由于是电压控制型器件,导电能力对环境温度、辐射等反应没有三极管敏感,而且噪声小,制造工艺简单,所占芯片面积小,且功耗很小,在中、大规模集成电路中得到广泛应用。

② 使用场效应管时,注意电源的极性,在使用前要注意各个参量不要超过规定的最大允许值。

③ 由于 MOS 管的输入电阻高,使得栅极的感应电荷不易泄放,导致在栅极产生很高的感应电压,造成管子的击穿。为此储存时,应将管子三个电极短路,放在金属容器内,避免悬空。焊接时,电烙铁的外壳要可靠接地,最好断电用余热焊接。

④ 有些场效应管将衬底引出,有 4 个管脚,这用管子漏极与源极可互换使用。但有些场效应管在内部已将衬底与源极相连,只引出 3 个电极,这种管子的漏极和源极不能互换。

3.2 场效应晶体管放大电路

场效应管和三极管一样,由于是控制型器件,所以可以用它来组成放大电路。场效应管放大电路与三极管放大电路相比主要体现在以下几方面不同。

(1)与三极管相比,场效应管放大电路也应由偏置电路建立一个合适而稳定的静态工作点。所不同的是,场效应管是电压控制型器件,它只需要合适的偏压即可。不同类型的场效应管,对偏压的极性有不同要求。

(2)场效应管的跨导较小,当组成放大电路时,在相同的负载下,电压放大倍数一般比三极管的小。

(3)场效应管具有输入电阻高和噪声小的优点,很适合微弱信号的放大。因此,场效应管放大电路多用在输入级。

根据输入、输出回路的连接方式不同,将场效应管分为共源、共漏和共栅 3 种组态。我们主要介绍常用的共源和共漏两种放大电路。

3.2.1 共源放大电路

(1)电路组成及直流偏置

如图 3-9 所示为 N 沟道耗尽型场效应管共源放大电路，它是利用漏极电流在源极电阻上产生的压降来获得偏置电压的，所以这种电路也是典型的自给偏压电路。

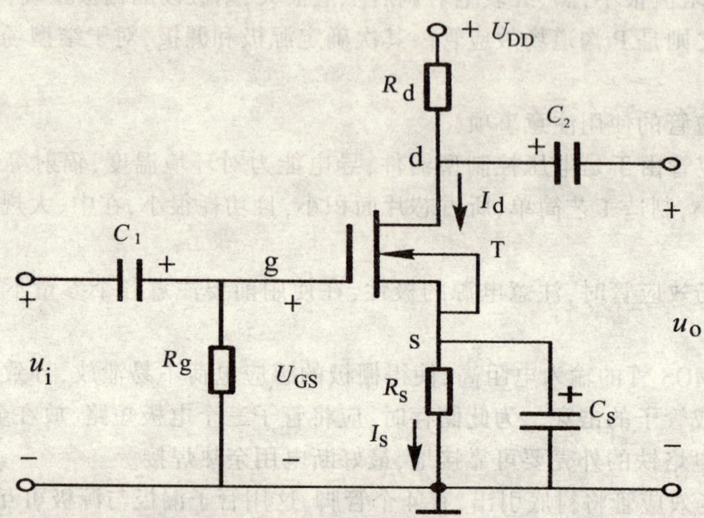

图 3-9 场效应管共源放大电路

由于栅极电阻上无直流电流，因而 $U_{GSQ}=U_{GQ}-U_{SQ}=-I_{DQ}R_S$

适当地选择 R_S 值，可获得合适的栅极偏压，场效应管放大电路的静态工作点 Q 是指相应的直流量 U_{GSQ}、I_{DQ} 和 U_{DSQ}。将上式和场效应管的电流方程联立可解出 I_{DQ} 和 U_{DSQ}。

$I_{DQ}=I_{DSS}(1-\frac{U_{GS}}{U_{GS(off)}})^2$　　　　$U_{DSQ}=U_{DD}-I_{DQ}(R_d-R_S)$

I_{DQ} 和 U_{DSQ} 也可以根据已知的场效应管的特性曲线用图解法求得。

对于增强型场效应管，由于不能形成自偏电压，不能采用自给偏置电路，而采用分压式偏置电路，如图 3-10 所示。

静态时，由于栅极电流为零，所以电阻 R_{g3} 中没有电流通过。该电路的偏置电压为：

$U_{GSQ}=U_{GQ}-U_{SQ}=U_{DD}R_{g2}/(R_{g1}+R_{g2})-I_{DQ}R_S$

$U_{DSQ}=U_{DD}-I_{DQ}(R_d+R_s)$

(2)动态分析

放大电路的动态参数可由微变等效电路求出。

① 场效应管的微变等效电路

在小信号作用下，工作中在恒流区的场效应管可用一个线性有源二端口网络来等效。由输入回路看，由于场效应管输入电阻很高，可看做开路，$i_d=g_mu_{gs}$，可等效为电流源，这样的小信号情况下等效图如图 3-11 所示。

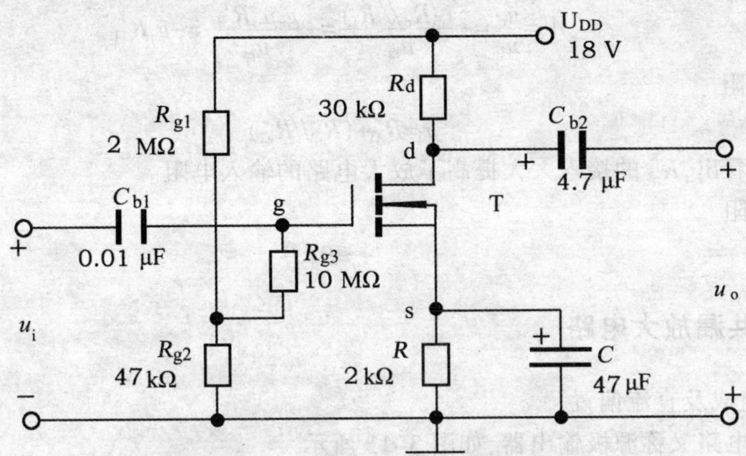

图 3–10　场效应管分压偏置式电路

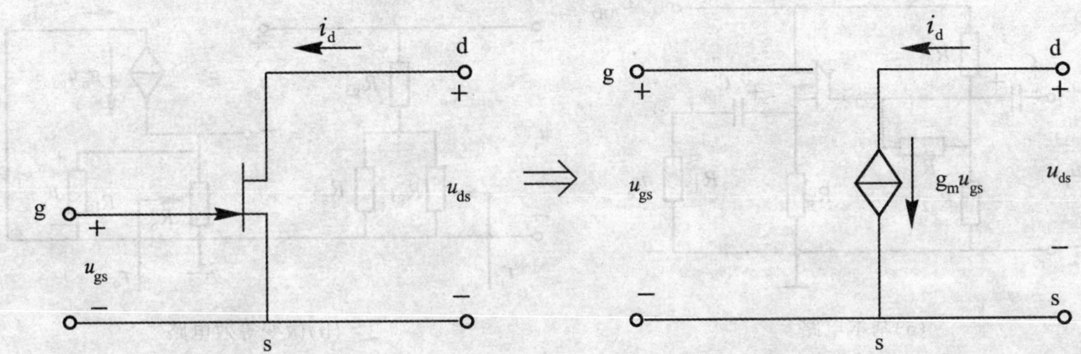

图 3–11　场效应管微变等效电路

② 共源放大电路的微变等效电路如图 3–12 所示。

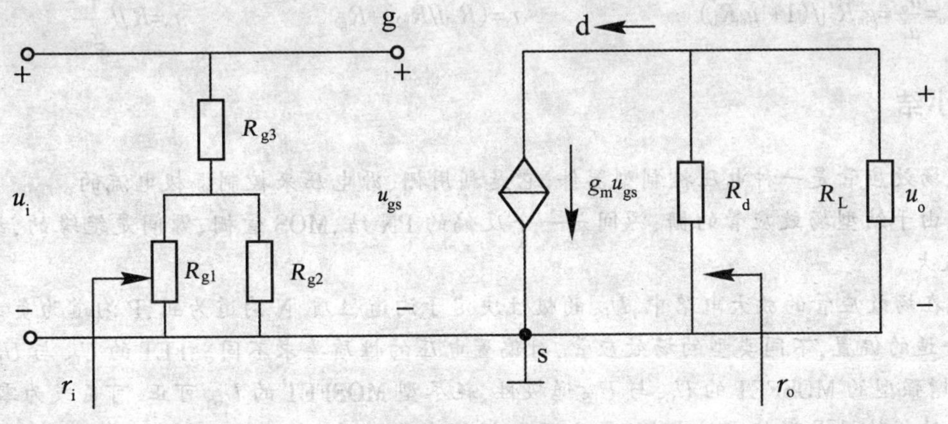

图 3–12　共源放大电路的微变等效电路

a. 电压放大倍数

$$A_u=\frac{u_o}{u_i}=-\frac{i_d(R_d//R_L)}{u_{gs}}=-\frac{g_m u_{gs}R'_L}{u_{gs}}=-g_m R'_L$$

b. 输入电阻

$$r_i=R_{g3}+(R_{g1}//R_{g2})$$

由上式可看出，R_{g3} 的接入大大提高了放大电路的输入电阻。

c. 输出电阻

$$r_o=R_d$$

3.2.2 共漏放大电路

(1)电路组成及直流偏置

共漏放大电路又称源极输出器，如图 3–13 所示。

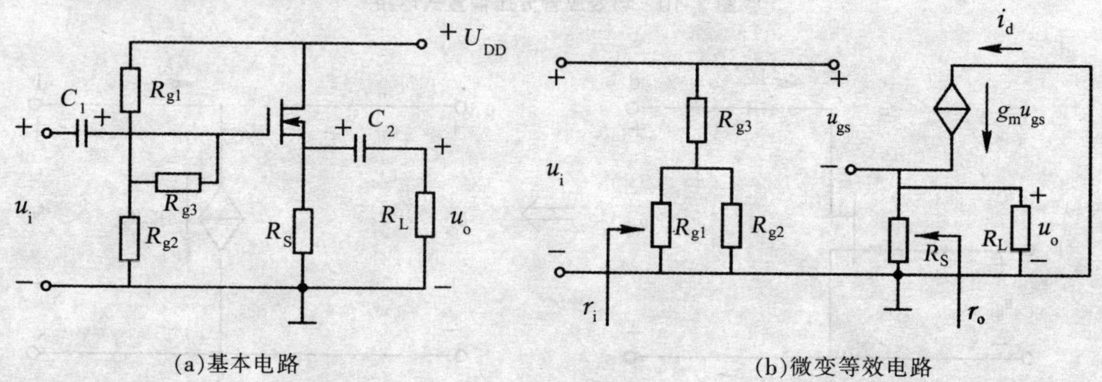

图 3–13 共漏放大电路

由微变等效电路可得：

$u_o=i_d(R_s//R_L)=g_m u_{gs}R'_L$ $\quad u_i=u_{gs}+u_o=(1+g_m R_L)u_{gs}$

$A_u=\frac{u_o}{u_i}=g_m R'_L/(1+g_m R_L)$ $\quad r_i=(R_{g1}//R_{g2})+R_{g3}$ $\quad r_o=R_s//\frac{1}{g_m}$

本章小结

1.场效应管是一种电压控制型器件，它是利用栅、源电压来控制漏极电流的。

2.由于结型场效应管的栅、源间是一个反偏的 PN 结，MOS 管栅、源间是绝缘的，故输入电阻较大。

3.在场效应管的放大电路中，U_{DS} 的极性决定于沟道性质，N 沟道为正，P 沟道为负。为了建立合适的偏置，不同类型的场效应管，对偏置电压的性质要求不同。JFET 的 U_{GS} 与 U_{DS} 极性相反，增强型的 MOSFET 的 U_{GS} 与 U_{DS} 通极性，耗尽型 MOSFET 的 U_{GS} 可正、可负或为零。

4.转移特性是漏极电流与栅、源电压之间的变化关系，它反映了栅、源电压对漏极电流的控制能力。输出特性表示以栅、源电压为参变量时漏极电流与漏、源电压之间的变化关系，它分为可变电阻区、恒流区、击穿区和夹断区等 4 个区域，放大时工作在恒流区。

5. 场效应放大电路根据输入、输出端的连接方式不同分为共源、共漏和共栅3种组态。

6. 在使用和保存场效应管时,要注意由于静电感应造成的击穿问题。结型场效应管在使用时应注意电压极性。MOS管在保存和装配时应把各级短路。

习　题

1.有一场效应管不知是什么类型,通过测试测得它的输出特性曲线如图3–14所示。试问:

(1)它是哪种类型的场效应管?

(2)它的夹断电压$U_{GS(off)}$或开启电压$U_{GS(th)}$为多少?

(3)它的I_{DSS}或I_{DQ}为多大?

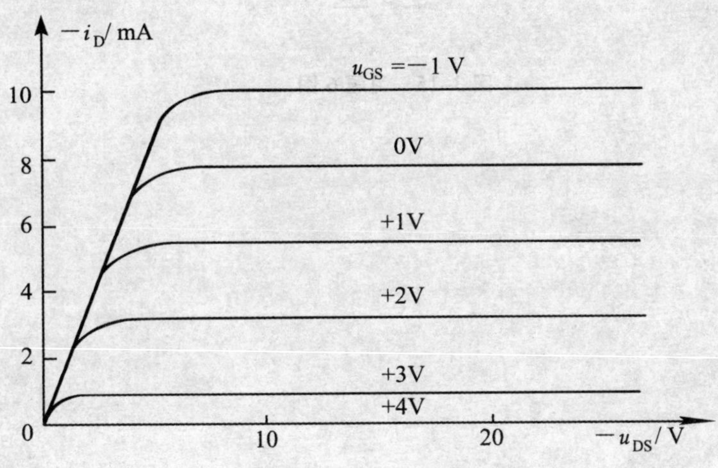

图3–14　习题1图

2.画出P沟道结型场效应管组成的分压偏置式共源放大电路。

3.增强型FET能否用自偏置电压的方法来设置静态工作点?试说明理由。

4.为什么MOSFET的输入电阻比JFET还高?

5.FET有多种类型,它们的输出特性及转移特性各不相同,试总结判断FET类型及电压极性的规律。

6.如图3–15所示源极输出器,已知R_{g1}=2 MΩ,R_{g2}=500 kΩ,R_{g3}=1 MΩ,R_s=10 kΩ,U_{DD}=12 V,场效应管的跨导g_m=1 ms,试求电路的输入电阻和输出电路。

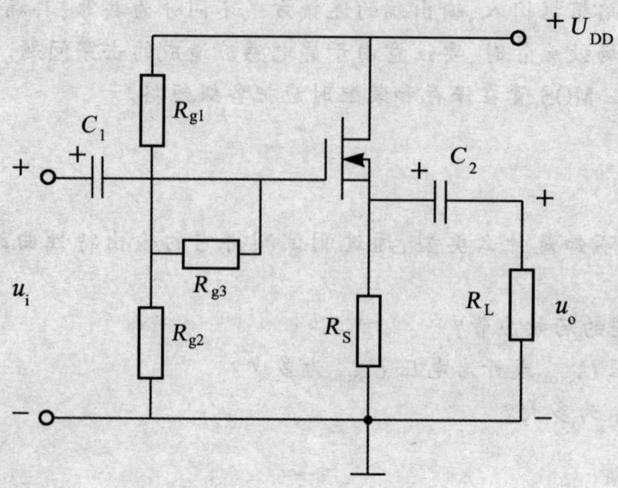

图 3–15　习题 6 图

4 集成运算放大器

我们称单个元件如 2N3904BJT 及 2N5459FET 为分立式元件。分立式的含义是每个物理封装只有一个元件,如购买一个 2N3904,你只能买到一个单独的晶体管。后来,由于制造技术的不断进步使在单片半导体材料上生产整个电路成为可能,称之为集成电路(IC)。IC 根据其复杂程度的不同,可以是只有几个元件的简单电路,也可以是包含几千、几万甚至几十万个元件的复杂电路。通常内含元器件数小于 100 的集成电路称为小规模集成电路(SSI);内含元器件数为 100~1 000 个的集成电路称为中规模集成电路(MSI);内含元器件数为 1 000~10 000 个的集成电路称为大规模集成电路(LSI);内含元器件数为 10 000~100 000 个的集成电路称为超大规模集成电路(VLSI)。目前,集成电路的集成化程度仍在不断提高,已经出现了内含上亿个元器件的集成电路。

以较低的价格实现复杂的工作使 IC 在很多低功耗场合获得广泛应用。本章将讨论一种常用的集成电路——运算放大器,它也是模拟集成电路的典型代表。

需要说明的是,在对集成电路的学习过程中,将把整个电路看成是一个器件,也就是说,更加关心的是外电路的功能,而不关心内部电路、元件级的工作过程。

4.1 直流放大器及其零点漂移

在一些电子设备中需要放大的信号中并不完全是交流信号,有很多是变化非常缓慢的、非周期性的“直流”信号。由于这时放大器的输入和输出信号都是变化缓慢的“直流”信号,所以就把运用于这种情况下的放大器,叫做直流放大器。

4.1.1 直流放大器的零点漂移问题

通常,把没有输入信号时输出端的直流电压(静态工作点电压)作为参考电压,称之为零点。

由于直流放大器要放大的信号中包括了变化缓慢的“直流”信号，它的级间连接就不得不采用直接耦合的形式，因此各级的静态工作点相互影响。当由于温度变化等因素的影响使输入级的静态工作点稍有偏移时，输入级的输出电压会发生微小的变化。这种缓慢的微小变化会被后级电路逐级放大，致使放大电路输出端的静态工作点出现较大偏移。这种情况下，当输入信号为零时(输入端对地短路)，输出端的电平偏离零点，出现不规则的电压变化，这种现象称为零点漂移，简称零漂。当漂移电压的大小可以和有用信号电压相比较时，就无法分辨是有用信号电压还是漂移电压，严重时漂移电压甚至会淹没用信号，使放大电路无法工作。因此在设计电路时必须对此现象加以抑制，而且必须从输入级着手。

抑制零点漂移的办法有以下几种：选用高质量的硅管；利用热敏元件补偿；采用单级或级间负反馈来减小零点漂移；采用稳定度高的稳压电源；采用差动放大器。其中差动放大器是从改进电路结构出发，所以是抑制零漂的最为有效的方法，因此差动放大器在模拟集成电路中作为基本的输入单元而被广泛采用。下面对差动放大器的工作原理作简单介绍。

4.1.2 差动放大器

(1)差动放大器的结构特点

差动放大器由两个完全对称的单管放大电路组成，如图 4–1 所示为射极耦合差动放大器。图中 $R_{b1}=R_{b2}$，$R_{C1}=R_{C2}$，发射极共用一个电阻 R_e。Q_1 和 Q_2 特性相同，Q_1 的基极为反相输入端，Q_2 的基极为同相输入端。u_o 是输出电压，它为两管输出电压之差，即 $u_o=u_{o1}-u_{o2}$，称为双端输出。

(2)差动放大器抑制零漂的原理

由于 Q_1 和 Q_2 完全对称，所以在没有加输入信号，即两输入端接地时，$u_{o1}=0$，$u_{o2}=0$，所以 $u_o=u_{o1}-u_{o2}=0$。当电源电压波动或温度变化时，两管同时发生漂移，由于电路的对称性，总有 $u_{o1}=u_{o2}$，故 $u_o=u_{o1}-u_{o2}$ 仍为 0。这说明，零点漂移因相互补偿而抵消了。显然，差动放大器的对称性越好，抑制零点漂移的效果越好。

(3)差动放大器输入信号的接入方式

① 单端输入

在单端输入方式中信号仅从一个输入端加入，另一个输入端通常直接或经电阻接地。根据输入端的不同分为反相放大器和同相放大器，如图 4–2 所示。

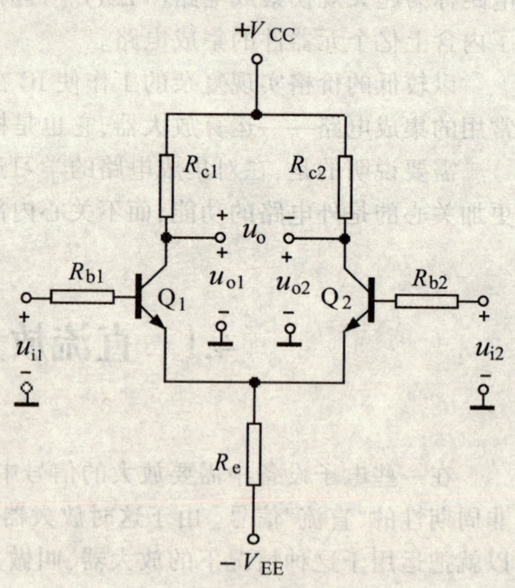

图 4–1 射极耦合差动放大器

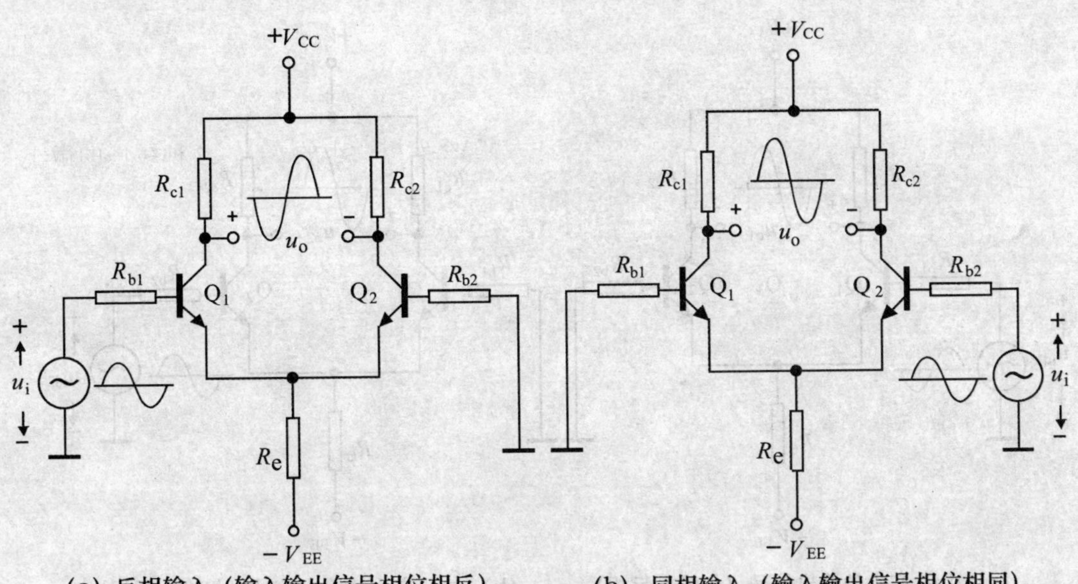

(a) 反相输入（输入输出信号相位相反） (b) 同相输入（输入输出信号相位相同）

图 4–2 单端输入

② 差模输入

差动放大器的两个输入端加入差模信号时，称为差模输入。所谓差模信号，就是一对大小相等极性相反的信号，分别用 u_{id1} 和 u_{id2} 表示。此时差动放大器的两个输入端之间的电压差值 u_{id} 就是两个差模输入信号之差，即 $u_{id}=u_{id1}-u_{id2}$。假如 $u_{id1}=+0.5$ mV，$u_{id2}=-0.5$ mV，则 $u_{id}=u_{id1}-u_{id2}=(+0.5\text{ mV})-(-0.5\text{ mV})=1.0$ mV。因为两个输入端所加信号大小相等极性相反，所以两管集电极电流 i_{c1} 和 i_{c2} 大小相等极性相反，即 i_{c1} 增加多少，i_{c2} 就要减少多少。因而，流过 R_e 的电流变化量为零，所以 R_e 的存在对差模信号而言不产生影响，即无负反馈作用，不影响差模放大倍数。如图 4–3 所示，一对差模信号在输出端产生的信号是大小相等、极性相同、相互叠加的，可见差动放大器对差模信号能有效放大。

③ 共模输入

运算放大器的两个输入端加入共模信号时，称为共模输入。所谓共模信号就是一对大小相等极性相同的信号，分别用 u_{ic1} 和 u_{ic2} 表示，显然其差值为 0。因为两个输入端所加信号大小相等极性相同，所以两管集电极电流 i_{c1} 和 i_{c2} 同时增加或同时减小，因而流过 R_e 的电流 $i_e=i_{c1}+i_{c2}$ 也增加或减小。也就是说 R_e 的存在引入了强烈的负反馈，使共模增益大大减小，因而也减小了零点漂移。如图 4–4 所示，一对共模输入信号在输出端产生的信号是大小相等、极性相反、互相抵消的，所以差动放大器对共模信号的放大能力很弱。理想情况下，差动放大器的共模增益为 0。

通过对上述 3 种输入方式的比较可以得出一个共同的结论：差动放大器放大的是两个输入端的差值信号。单端输入和差模输入时两输入端的差值不为 0，所以输出也不为 0，而共模输入时两输入端的差值为 0，所以输出也为 0。

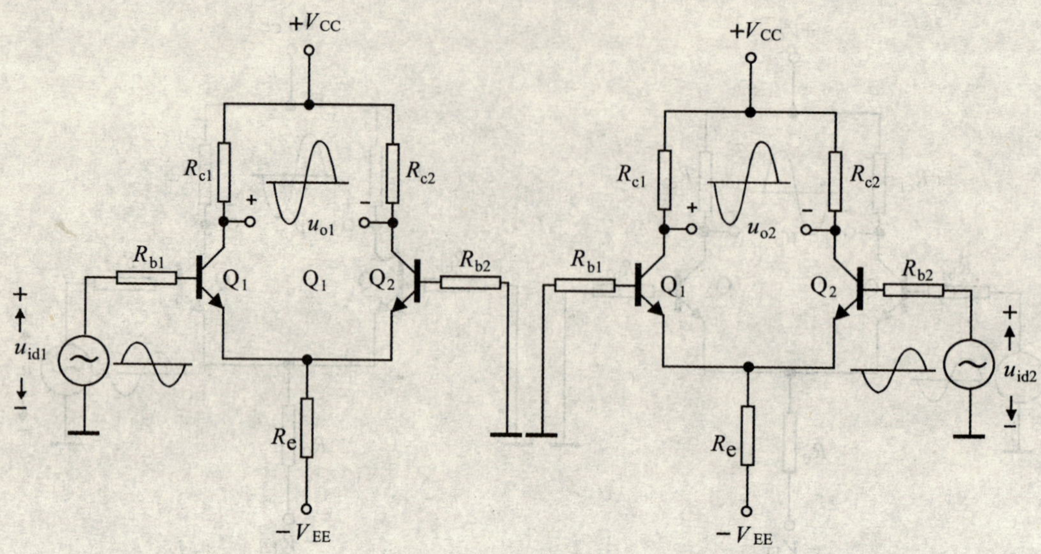

(a) 由u_{id1}产生的输出信号（与输入反相）　(b) 由u_{id2}产生的输出信号（与输入同相）

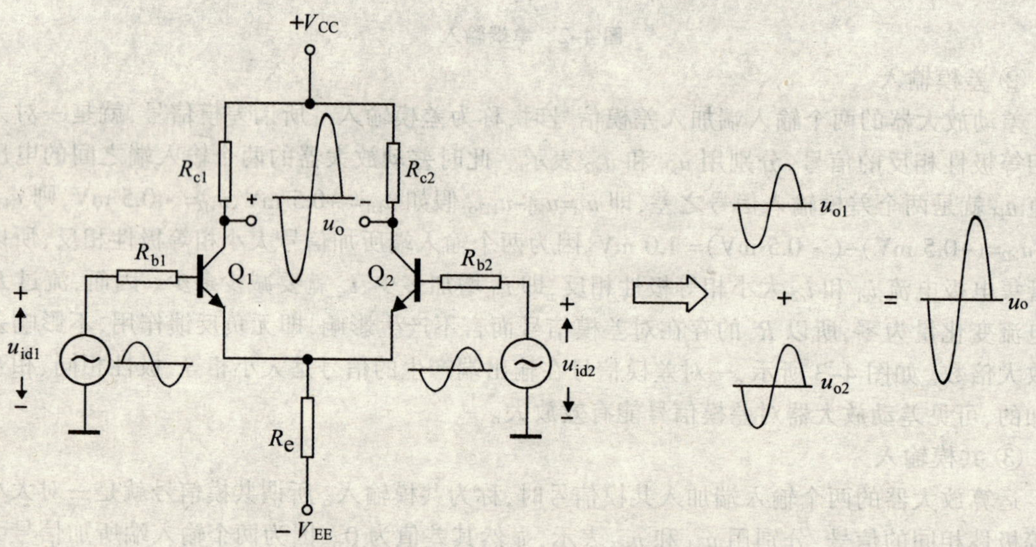

(c) 由差模信号u_{id1}和u_{id2}共同作用产生的输出信号

图 4–3　差模输入时的输出信号

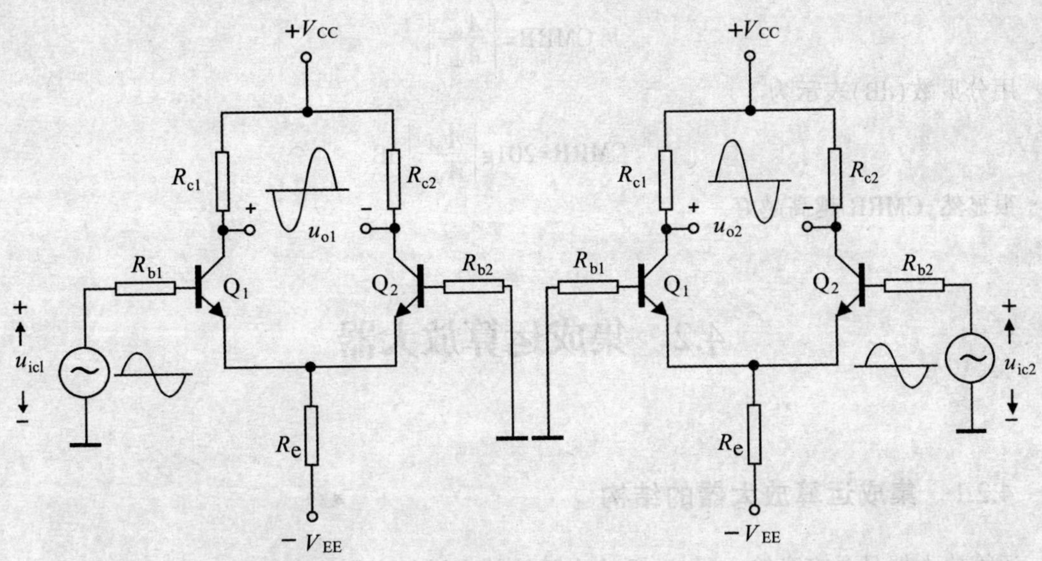

(a) 由u_{ic1}产生的输出信号（与输入反相） (b) 由u_{ic2}产生的输出信号（与输入同相）

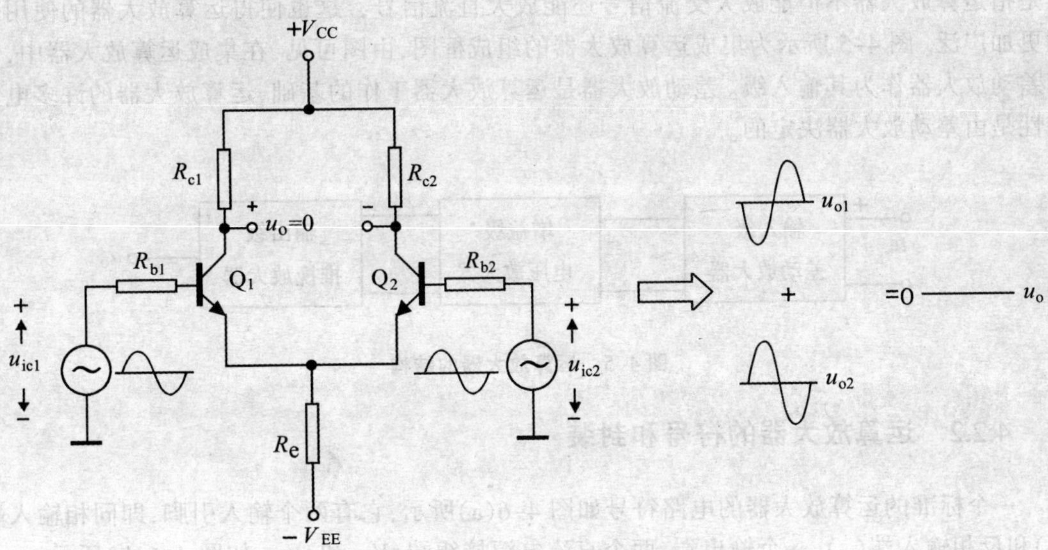

(c) 由共模信号u_{ic1}和u_{ic2}共同作用产生的输出信号

图 4-4 共模输入时的输出信号

(4)差动放大器的共模抑制比

一般情况下，差动放大器两输入端的信号既不恰好是一对差模信号，也不恰好是一对共模信号，这时可认为它们是由差模信号和共模信号合成的。在差动放大器中有用信号往往是差模信号，而干扰、噪声等无用信号表现为共模信号。从放大有用信号抑制无用信号的角度出发，总希望差动放大器的差模增益(A_{ud})很高，而共模增益(A_{uc})很低。为此，我们用一个综合指标——共模抑制比来衡量差动放大器的好坏。共模抑制比用 CMRR 表示，定义为：

$$\mathrm{CMRR}=\left|\frac{A_{\mathrm{ud}}}{A_{\mathrm{uc}}}\right|$$

用分贝数(dB)表示为：

$$\mathrm{CMRR}=20\lg\left|\frac{A_{\mathrm{ud}}}{A_{\mathrm{uc}}}\right|\mathrm{dB}$$

很显然,CMRR 越高越好。

4.2 集成运算放大器

4.2.1 集成运算放大器的结构

运算放大器是具有高输入阻抗、低输出阻抗的高增益直流放大器。这里所说的直流放大器是指运算放大器不但能放大交流信号还能放大直流信号，这也使得运算放大器的使用范围更加广泛。图 4–5 所示为集成运算放大器的组成框图,由图可见,在集成运算放大器中,使用差动放大器作为其输入级。差动放大器是运算放大器工作的基础,运算放大器的许多电气特性是由差动放大器决定的。

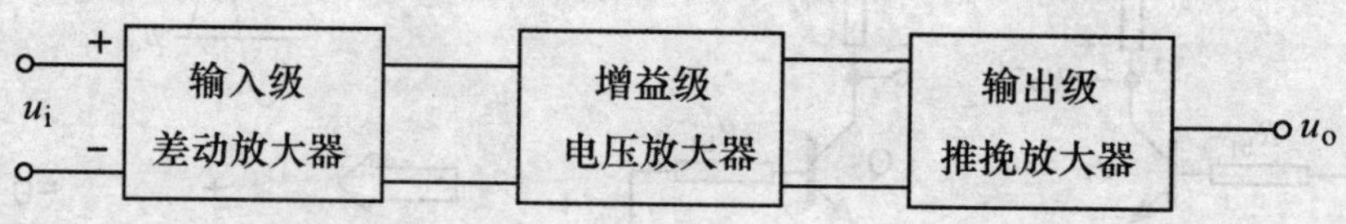

图 4–5 运算放大器的结构

4.2.2 运算放大器的符号和封装

一个标准的运算放大器的电路符号如图 4–6(a)所示,它有两个输入引脚,即同相输入端(+)和反相输入端(–),一个输出端,两个直流电源接线端+V_{CC} 和–V_{EE},如图 4–6(b)所示。

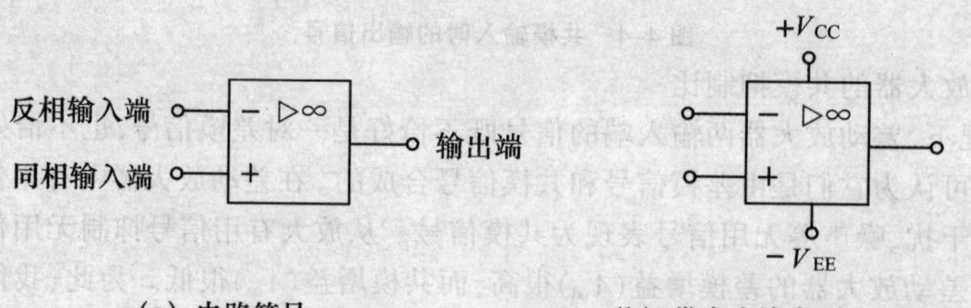

(a) 电路符号 (b) 带有直流电源的电路符号

图 4–6 运算放大器电路符号

为了简单起见，在电路符号上通常不画出这些直流电源，但不言而喻，它们始终是在那里的。

运算放大器的封装图如图 4–7 所示。图 4–7(a)中是金属外壳封装，有凸起标志的是第 8 管脚。图 4–7(b)中是 DIP 封装，应用最为广泛。DIP 封装的管脚 1 通常有两种标志：一种是在管脚 1 旁边刻一个小圆点，如图 4–7(b)，另一种是在管脚 1 和 8 之间刻一凹槽。

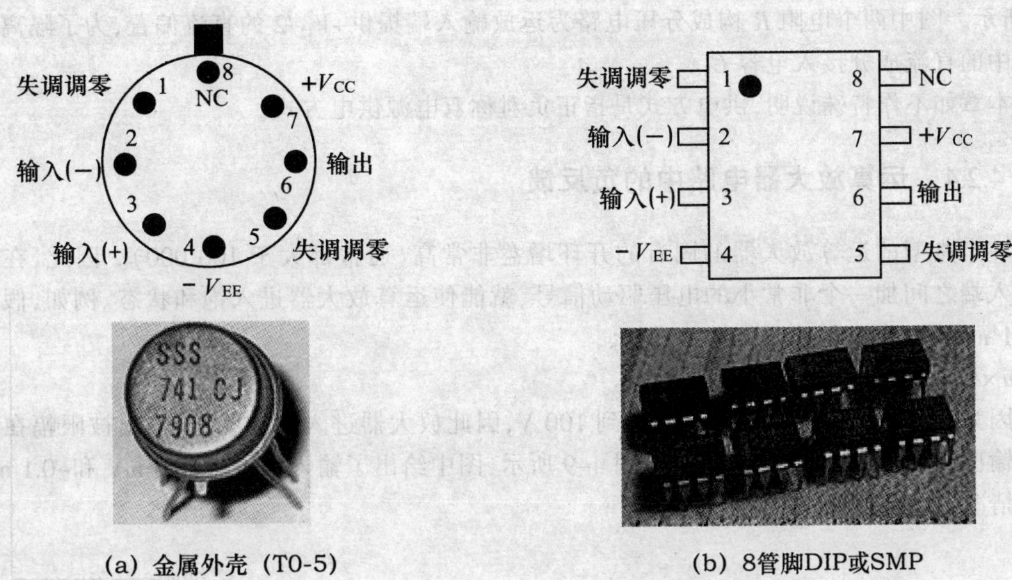

(a) 金属外壳（T0-5）　　(b) 8管脚DIP或SMP

图 4–7　运算放大器封装图

4.2.3　集成运放的电源供给方式

集成运放有两个电源接线端$+V_{CC}$和$-V_{EE}$，但有不同的电源供给方式。对于不同的电源供给方式，对输入信号的要求是不同的。

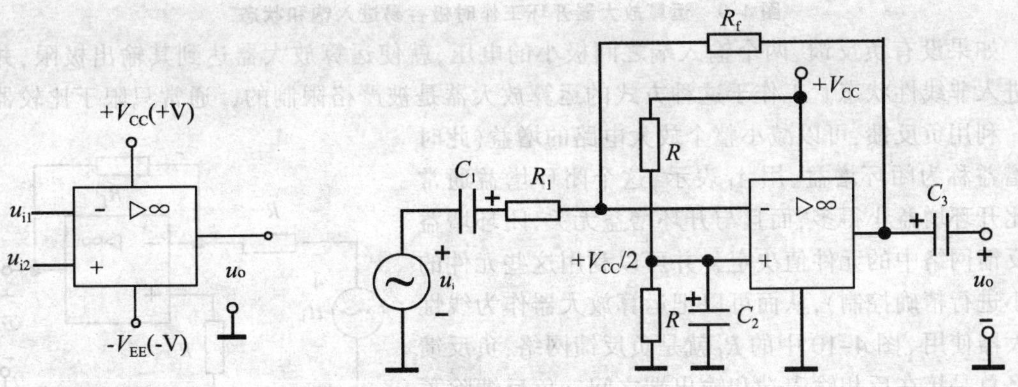

图 4–8　运算放大器供电方式

(1)对称双电源供电方式

运算放大器多采用这种方式供电。相对于公共端(地)的正电源(+V)与负电源(−V)分别接于运放的$+V_{CC}$和$-V_{EE}$管脚上。在这种方式下，可把信号源直接接到运放的输入脚上，输出信号在$+V$和$-V$之间变化，静态输出为0，如图4–8(a)所示。

(2)单电源供电方式

单电源供电是将运放的$-V_{EE}$管脚连接到地上。此时为了保证运放内部单元电路具有合适的静态工作点，在运放输入端一定要加入直流偏置。偏置电压一般取电源电压的一半，即$+V_{CC}/2$。这样一来，输出信号就在直流电平$+V_{CC}/2$上下变化，其静态输出为$+V_{CC}/2$，如图4–8(b)所示。图中两个电阻R构成分压电路为运放输入端提供$+V_{CC}/2$的直流偏置，为了隔离掉输出中的直流成分接入电容C_3。

本章如不作特殊说明，供电方式是指正负对称双电源供电方式。

4.2.4 运算放大器电路中的负反馈

一个典型的运算放大器的固有的开环增益非常高(通常都大于100 000)。因此，在两个输入端之间加一个非常小的电压驱动信号，就能使运算放大器进入饱和状态。例如，假设u_i=0.1 mV，开环增益A= 100 000，那么

$u_i \times A$ =(0.1 mV)×100 000=100 V

因为运算放大器的输出不可能达到100 V，因此放大器进入饱和状态，输出被限幅在其最大输出电平(略小于电源电压)，如图4–9所示，图中给出了输入信号为+0.1 mV和–0.1 mV两种情况下的示意图。

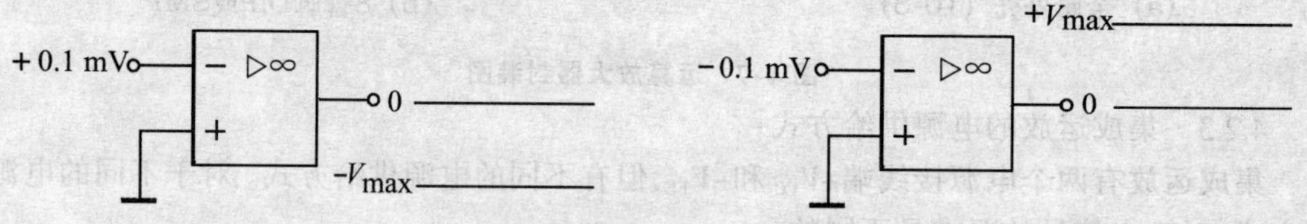

图4–9 运算放大器开环工作时极容易进入饱和状态

如果没有负反馈，两个输入端之间极小的电压，就使运算放大器达到其输出极限，并使其进入非线性状态。工作于这种方式的运算放大器是被严格限制的，通常只限于比较器应用。利用负反馈，可以减小整个放大电路的增益(此时的增益称为闭环增益，用A_f表示，这个闭环增益通常要比开环增益小得多，而且与开环增益无关，闭环增益由反馈网络中的元件值决定，并可以利用这些元件的大小进行精确控制)，从而可以把运算放大器作为线性放大器使用。图4–10中的R_f就是负反馈网络，负反馈网络总是接在反相输入端和输出端之间。负反馈除了可以提供可控的稳定的电压增益之外，还可以对放大器的输入、输出阻抗和带宽进行控制。

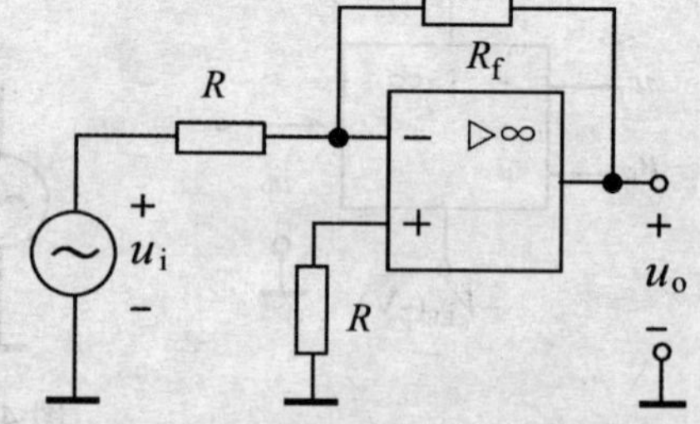

图4–10 运算放大器的负反馈网络

表4–1对运算放大器的性能进行了归纳。

表 4-1

	电压增益	输入阻抗	输出阻抗	带宽
无负反馈	对于线性放大器而言太大了	很高	很低	比较窄(因为增益高)
有负反馈	可以通过负反馈网络将闭环增益设置到期望值	根据电路类型不同,可将其增大或减小到一个期望值	可以减小到一个期望值	非常宽

4.2.5 集成运算放大器的主要参数

集成运算放大器性能的好坏,可用其参数来衡量。为了合理正确地选择和使用运算放大器,必须明确其参数的意义。下面介绍运算放大器的几种主要参数。

(1)开环差模电压增益 A_{ud}

它指运算放大器在开环状态，以及在标称电源和规定的负载电阻作用（通常为 2 kΩ）下,对差模电压的放大倍数。它是频率的函数,也是影响运算精度的重要参数,常用分贝数表示。一般运算放大器的 A_{ud} 为 60~120 dB,性能较好的运算放大器 A_{ud}>140 dB。

(2)共模抑制比 CMRR

共模抑制比是指运算放大器的差模电压增益与共模电压增益之比,并用分贝数表示,即

$$\mathrm{CMRR}=20\lg\left|\frac{A_{ud}}{A_{uc}}\right|\mathrm{dB}$$

一般运算放大器的共模抑制比为 80~100 dB。

(3)差模输入电阻 R_{id}

它是指运算放大器开环情况下,输入差模信号时运算放大器的输入电阻。显然输入电阻越大越好,一般运算放大器的 R_{id} 为 10 kΩ~3 MΩ。

(4)输出电阻 R_o

它是指开环时运算放大器的输出电阻。R_o 越小越好,一般运算放大器的 R_o 为几十到几百欧。

(5)输入失调电压 U_{IO}

一个理想的运算放大器,应做到零输入时零输出(不加调零装置),但实际运算放大器在输入电压为零时输出电压并不为零。在室温(25℃)和标准电源电压作用下,输入电压和输入端外接电阻(包括信号源内阻)为零时,为了使运算放大器的输出电压为零,在输入端所加的补偿电压(不加调零装置),就是输入失调电压 U_{IO}。U_{IO} 越小越好,一般运算放大器的 U_{IO} 为±(0.1~10) mV。

(6)最大输入差模电压 U_{idmax}

它是指运算放大器的两个输入端之间所能承受的最大电压差值。若差模电压超过 U_{idmax},则运算放大器输入级某一侧的三极管将出现发射结反向击穿。

(7)转换速率 S_R

它指在闭环状态下,输入为大信号时,集成运算放大器输出电压对时间的最大变化率,

即

$$S_R=\left|\frac{du_o(t)}{dt}\right|_{max}$$

转换速率 S_R 反映运算放大器对高速变化的输入信号的响应情况,S_R 越大,表明运算放大器的高频性能越好。一般运算放大器的 S_R 小于 1 V/μs,高速运算放大器的 S_R 可达 65 V/μs,甚至可达 500 V/μs。

(8)单位增益带宽 BW 和开环带宽 BW_H

BW 指开环差模电压增益 A_{ud} 下降到 0 dB(A_{ud}=1)时的频带宽度。BW_H 则指 A_{ud} 下降到 3 dB 时的频带宽度。BW_H 一般不高,约几十赫兹至几百千赫兹,低的只有几赫兹。

集成运算放大器的参数除了以上指标外,还有输入偏置电流 I_{IB}、静态功耗 P_C、最大输出电压 U_{omax} 等,不再一一赘述了。

4.2.6 集成运算放大器的分类

按照集成运算放大器的参数来分,集成运算放大器可分为如下几类。

(1)通用型运算放大器

通用型运算放大器就是以通用为目的而设计的。这类器件的主要特点是价格低廉、产品量大面广,其性能指标能适合于一般性使用。例如 μA741(单运放)、LM358(双运放)、LM324(四运放)及以场效应管为输入级的 LF356 都属于此种。它们是目前应用最为广泛的集成运算放大器。

(2)高阻型运算放大器

这类集成运算放大器的特点是差模输入阻抗非常高,输入偏置电流非常小,一般 $R_{id}>(10^9\sim10^{12})\ \Omega$,$I_{IB}$ 为几皮安到几十皮安。实现这些指标的主要措施是利用场效应管高输入阻抗的特点,用场效应管组成运算放大器的差分输入级。用 FET 作输入级,不仅输入阻抗高,输入偏置电流低,而且具有宽频带和低噪声等优点,但输入失调电压较大。常见的集成器件有 LF356、LF355、LF347(四运放)及更高输入阻抗的 CA3130、CA3140 等。

(3)低温漂型运算放大器

在精密仪器、弱信号检测等自动控制仪表中,总是希望运算放大器的失调电压要小且不随温度的变化而变化,低温漂型运算放大器就是为此而设计的。目前常用的高精度、低温漂运算放大器有 OP-07、OP-27、AD508 及由 MOSFET 组成的斩波稳零型低漂移器件 ICL7650 等。

(4)高速型运算放大器

在快速 A/D 和 D/A 转换器、视频放大器中,要求集成运算放大器的转换速率 S_R 一定要高,单位增益带宽 BW 一定要足够大,像通用型集成运放是不适合于高速应用的场合。高速型运算放大器的主要特点是具有高的转换速率和宽的频率响应。常见的运放有 LM318、μA715 等,其 S_R=50~70 V/ms,BW>20 MHz。

(5)低功耗型运算放大器

由于电子电路集成化的最大优点是能使复杂电路小型轻便,所以随着便携式仪器应用范围的扩大，必须使用低电源电压供电、低功率消耗的运算放大器。常用的运算放大器有TL-022C、TL-060C等，其工作电压为±2~±18 V，消耗电流为50~250 mA。目前有的产品功耗已达微瓦级，例如ICL7600的供电电源为1.5 V，功耗为10 mW，可采用单节电池供电。

(6)高压大功率型运算放大器

运算放大器的输出电压主要受供电电源的限制。在普通的运算放大器中，输出电压的最大值一般仅几十伏，输出电流仅几十毫安。若要提高输出电压或增大输出电流，集成运放外部必须要加辅助电路。高压大电流集成运算放大器外部不需附加任何电路，即可输出高电压和大电流。例如D41集成运放的电源电压可达±150 V，μA791集成运放的输出电流可达1 A。

4.2.7 正确选择集成运算放大器

集成运算放大器是模拟集成电路中应用最广泛的一种器件。在由运算放大器组成的各种系统中，由于应用要求不一样，对运算放大器的性能要求也不一样。

在没有特殊要求的场合，尽量选用通用型集成运放，这样既可降低成本，又容易保证货源。当一个系统中使用多个运放时，尽可能选用多运放集成电路，例如LM324、LF347等都是将4个运放封装在一起的集成电路。在通用型运算放大器不能满足应用要求时，再选用专用型运算放大器。根据电路的特点，恰当估计出对运算放大器的要求是选择运算放大器的关键。电路的特点主要表现在以下几个方面。

(1)信号源的性质

信号源的性质是电压源还是电流源，源阻抗多大，输入信号幅度及变化范围，输入信号频率。

(2)负载的性质

负载阻抗多大，是纯电阻性还是感性或容性负载，需要运算放大器输出多大的电压或电流，可否避免加助推级。

(3)对精度的要求

对放大器精度的要求应恰当，不宜远超出实际需要，过高的精度要求，需要高性能运算放大器才能满足，这将增加成本。

(4)环境条件

最大温度范围是多少，电路工作电压多大，功耗、体积有何限制，此外机械振动、干扰噪声等因素也应考虑到。

针对上述要求，一般来说，高阻抗信号源应用电路、采样—保持电路、失调电压自动调整电路、高性能对数放大器、测量放大器和带通滤波器等应选用高阻型运算放大器；弱信号精密检测、精密模拟计算、自动控制仪表、高精密集成稳压器、高增益交流放大器及测量用可变增益放大器等应选用高精度型运算放大器；对于快速变化的输入信号系统、A/D和D/A转换器、锁相环电路视频放大器和模拟乘法器等应选用高速型运算放大器；对于对能源有严格限制的袖珍式仪器、野外操作系统和遥感、遥测装置等应选用低功耗型运算放大器。

4.2.8 集成运算放大器的使用要点

(1)集成运放的调零问题

由于集成运放的输入失调电压和输入失调电流的影响，当运算放大器组成的线性电路输入信号为零时,输出往往不等于零。在需要放大含直流分量的信号时,为了补偿运放本身失调的影响,提高电路的运算精度,要求对失调电压和失调电流造成的误差进行补偿,这就是运算放大器的调零。一般运算放大器都有外接调零端,例如 F007 或 μA741,它的调零电路如图 4-11 所示。调零方法是在不加输入信号的情况下,调节电位器,直至输出电压为零。

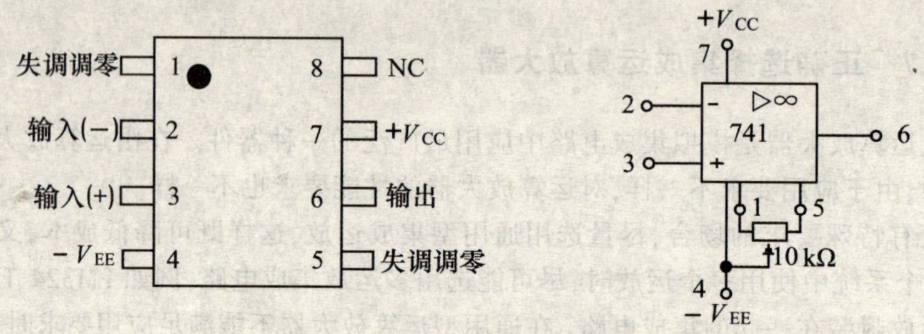

图 4-11 运算放大器的调零电路

(2)集成运放的自激振荡问题

运算放大器是一个高增益的多级放大器,在接成深度负反馈条件下,可能会在某些频率上产生附加相移,造成电路工作不稳定,甚至产生自激振荡,使运放不能正常工作。所以必须在相应的引脚上加一定的频率补偿网络,以消除自激振荡。图 4-12 中的电容 C 就是相位补偿网络。

另外,防止通过电源内阻造成低频振荡或高频振荡的措施是在集成运放的正、负供电电源的输入端对地一定要分别加入一电解电容(10 μF)和一高频滤波电容(0.01~0.1 μF),如图 4-12 中的电容 C_1、C_2、C_3、C_4。

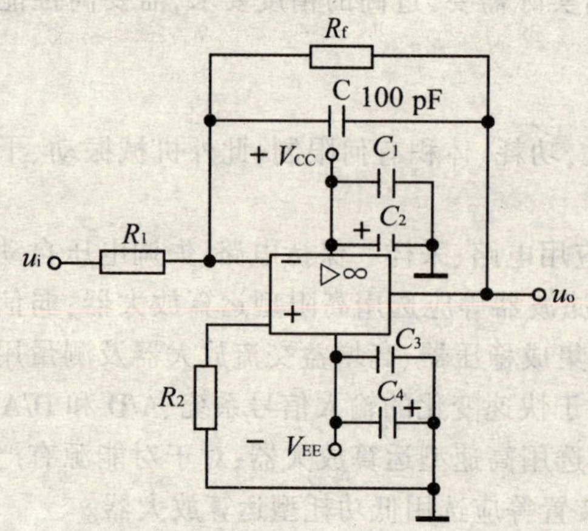

图 4-12 运算放大器的消振电路

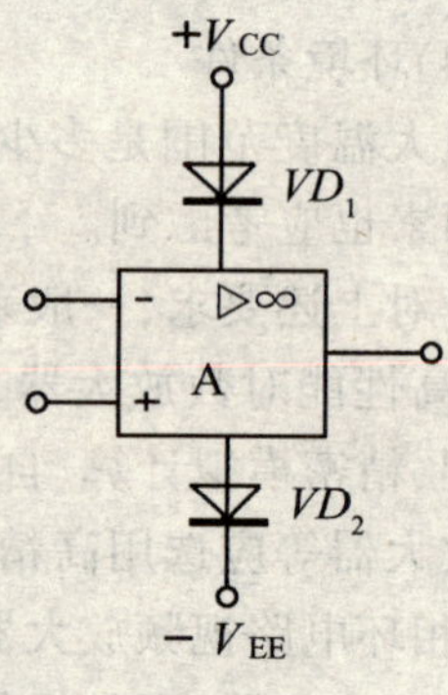

图 4-13 电源反接保护电路

(3)集成运放的保护问题

集成运放的安全保护有 3 个方面:电源保护、输入保护和输出保护。

① 电源反接保护

电路如图 4-13 所示,在正负电源连接线上分别串接二极管 VD_1 和 VD_2,当电源极性接反时二极管处于反偏状态而截止,把电源与运算放大器电路隔断,起到保护作用。显然,如果电源极性连接正确,二极管处于正向导通状态,对电路基本上没有影响。

② 输入保护

集成运放的输入差模电压过高或者输入共模电压过高（超出该集成运放的极限参数范围),集成运放也会损坏,图 4-14 所示是典型的输入保护电路。图 4-14(a)中 VD_1 和 VD_2 两个二极管将输入差模信号限制在±0.7 V 以内。图 4-14(b)利用电阻和二极管构成限幅电路。当电路输入负电压过低时,VD_2 导通，输入端电平被限制为$-V$；当电路输入正电压过高时,VD_1 导通,输入端电平被限制为$+V$。因此,运算放大器的输入电压始终不会超过$-V$~$+V$ 范围,从而达到保护输入端的目的。

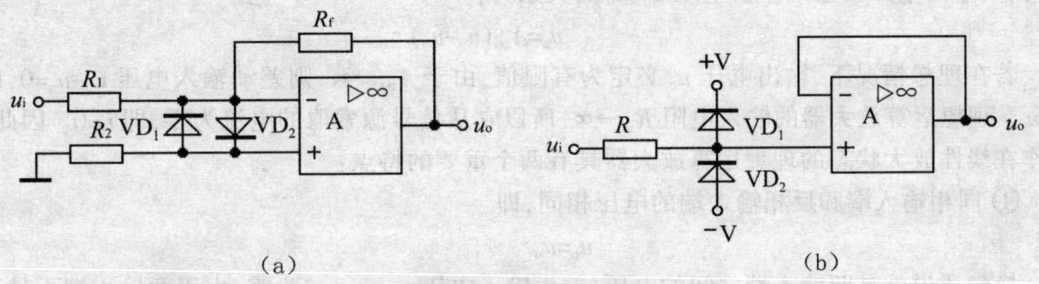

图 4-14 集成运放输入保护电路

③ 输出保护

当集成运放过载或输出端短路时，若没有保护电路,该运放就会损坏。但有些集成运放内部设置了限流保护或短路保护，使用这些器件就不需再加输出保护。对于内部没有限流或短路保护的集成运放,可以采用图 4-15 所示的输出保护电路,将输出限制在稳压管工作电压之内,电阻 R 起限流保护作用。

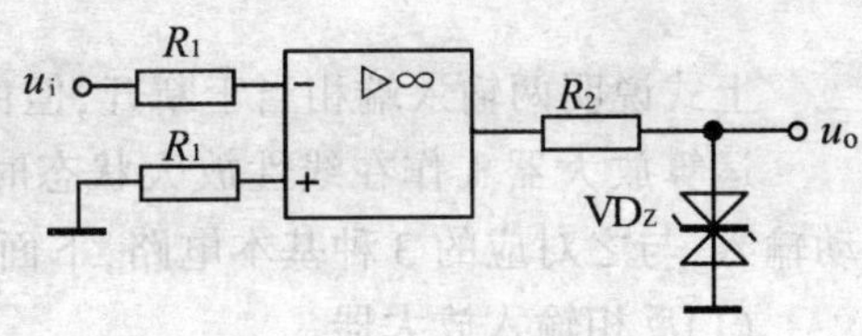

图 4-15 集成运放输出保护电路

4.3 集成运算放大器的应用

集成运算放大器作为通用性器件,它的应用十分广泛,如模拟信号的产生、放大、滤波等。就其工作状态而言,运算放大器有线性放大状态和非线性状态两种。

4.3.1 运算放大器的 3 种基本输入方式

为了简化分析，人们往往将集成运算放大器理想化。理想的集成运算放大器具有以下主要特性：

① 差模电压增益 $A_{ud}\to\infty$；

② 差模输入电阻 $R_{id}\to\infty$；

③ 输出电阻 $R_o=0$；

④ 共模抑制比 CMRR→∞；

⑤ 开环带宽 BW→∞；

⑥ 输入失调电压、输入失调电流以及温漂均为零。

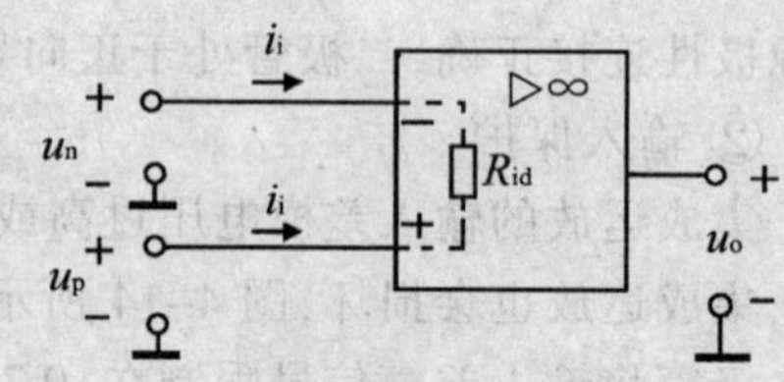

图 4-16 集成运算放大器的电压、电流示意图

图 4-16 为集成运算放大器的电压、电流示意图。当集成运算放大器工作在线性放大状态时，其输出电压和输入差动电压 u_p-u_n 的关系为：

$$u_o=A_{ud}(u_p-u_n)$$

若在理想情况下，输出电压 u_o 必定为有限值，由于 $A_{ud}\to\infty$，则差动输入电压 $u_p-u_n=0$，即 $u_p=u_n$。理想运算放大器的输入电阻 $R_{id}\to\infty$，所以它从信号源索取的电流为零，即 $i_i=0$。因此，工作在线性放大状态的理想运算放大器具有两个重要的特点：

① 同相输入端和反相输入端的电压相同，即

$$u_p=u_n$$

换句话说就是两输入端之间的电压(差模输入电压 $u_{id}=u_p-u_n$)为零，由于两输入端不是真正的短路，故称为“虚短”。

② 两输入端不取用电流，即

$$i_i=0$$

上式说明两输入端相当于断开，但由于它们并不是真正的断开，故称为“虚断”。

运算放大器工作在线性放大状态时，它的输入方式有 3 种，即反相输入、同相输入和差动输入，与之对应的 3 种基本电路，下面一一对其分析。

(1)反相输入放大器

信号从运算放大器的反相输入端加入的放大器就是反相输入放大器，如图 4-17 所示。图中同相输入端接地，R_f 为反馈电阻，R_1 为输入端电阻，R_1 与信号源相串联，其作用相当于信号源内阻 R_S，不难判断这是电压并联负反馈电路。

根据 $u_p=u_n=0$，这里反相输入端没有接地，但它对地端电压为零，因此把反相输入时的反相输入端称为“虚地”。“虚地”现象是工作在线性范围的反相输入放大器在闭环工作时的重要特征，“虚地”是虚短的一个特殊情况。由图 4-17 可得：

$$i_1=\frac{u_i-u_n}{R_1}=\frac{u_i}{R_1}$$

$$i_f=\frac{u_i-u_o}{R_f}=-\frac{u_o}{R_f}$$

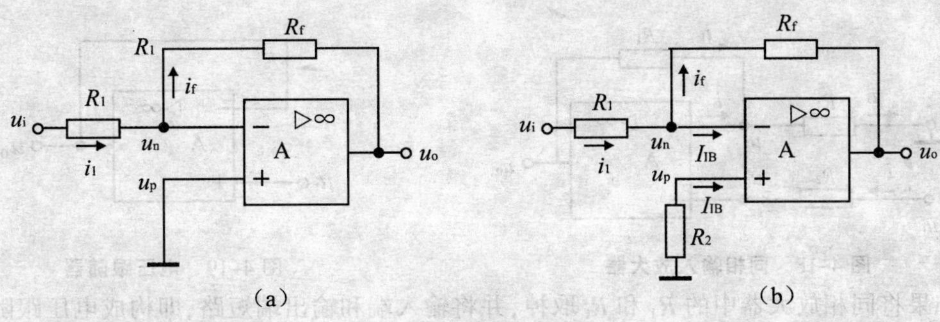

图 4-17 反相输入放大器

根据虚断的概念(i_i=0),有:

$$i_1=i_f$$

于是,可得到反相输入放大器的输出电压与输入电压之间的关系:

$$u_o=-\frac{R_f}{R_1}u_i \tag{4-1}$$

放大器的电压增益(闭环电压增益)为:

$$A_{uf}=\frac{u_o}{u_i}=-\frac{R_f}{R_1}$$

式中,负号表示输出与输入反相。

值得一提的是,实际的反相输入放大器往往在同相输入端接有电阻 R_2,如图 4-17(b)所示。其目的是为了克服运算放大器在输入端不对称情况下,输入偏置电流 I_{IB} 对电路的不利影响。电路要求:

$R_2=R_1/\!/R_f$

上式中,$R_1/\!/R_f=R_n$ 为从运算放大器反相输入端和地两点向外看的等效电阻,$R_2=R_p$ 为从运算放大器同相输入端和地两点向外看的等效电阻,它们分别为反相输入端和同相输入端的外接电阻。为了使运算放大器正常工作,要求:

$$R_n=R_p$$

(2)同相输入放大器

输入信号从同相输入端加入的放大器,称为同相输入放大器,如图 4-18 所示。图中输出电压 u_o 通过 R_f 接到运算放大器的反相输入端,构成电压串联负反馈,且 $R_2=R_1/\!/R_f$。

因为 $i_i=0$

所以 $u_p=u_i=u_n$

$i_1=i_f$

即 $\frac{u_o-u_n}{R_f}=\frac{u_o-0}{R_1}$

整理得 $$u_o=(1+\frac{R_f}{R_1})u_i \tag{4-2}$$

放大器的电压增益 $A_{uf}=\frac{u_o}{u_i}=1+\frac{R_f}{R_1}$

A_u 为正值,表明该放大器为同相放大器。

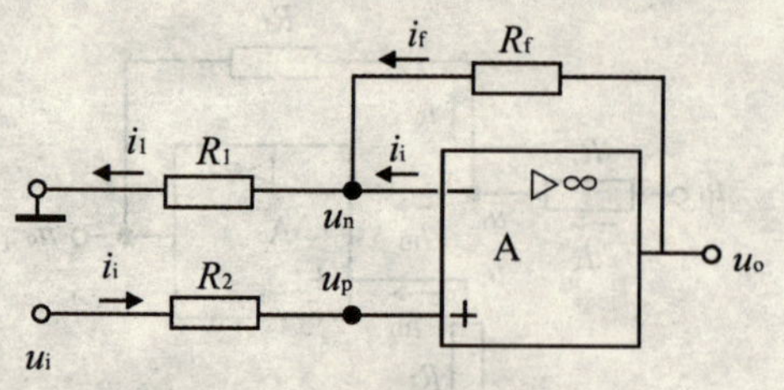

图 4–18 同相输入放大器

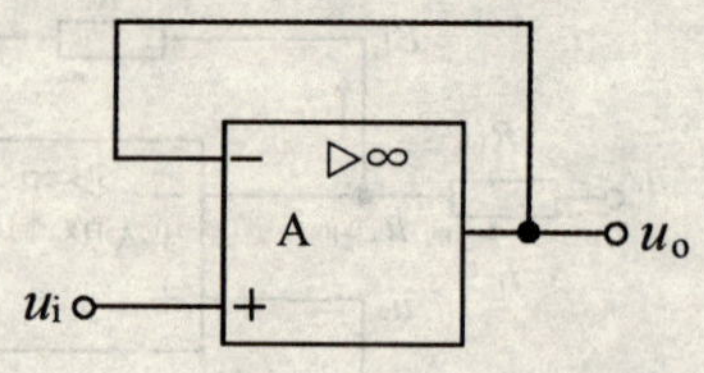

图 4–19 电压跟随器

如果将同相放大器中的 R_1 和 R_f 取掉，并将输入端和输出端短路，即构成电压跟随器，如图 4–19 所示。与图 4–18 相比，即 R_1 为无穷大，$R_f=0$，所以 $A_{uf}=1+\frac{R_f}{R_1}=1$。运算放大器构成的电压跟随器与射极跟随器、源极跟随器一样，都具有电压跟随作用，但跟随效果更好（u_o 更接近 u_i）。这是因为运算放大器构成的电压跟随器具有极高的输入电阻和极低的输出电阻，因此它不但可以把信号源与负载隔离开，而且能把输入信号几乎全部传给负载。

(3)差动输入放大器

前面介绍的反相输入放大器或同相输入放大器，都是单端输入放大器，差动输入放大器属于双端输入放大器，其电路如图 4–20 所示。根据理想运算放大器的虚短和虚断的概念，可以得到：

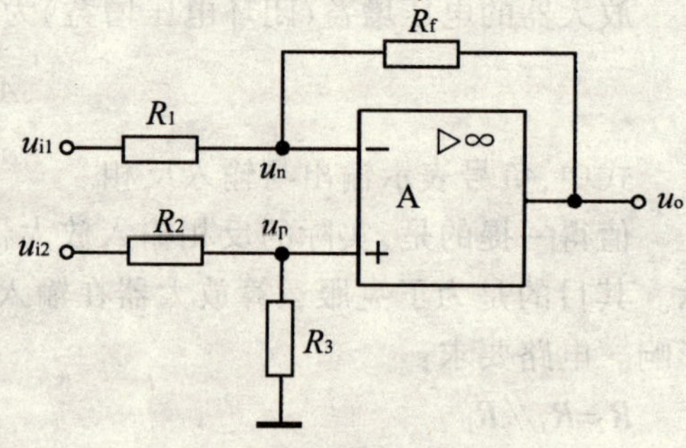

图 4–20 差动输入放大器

$$\frac{u_{i1}-u_n}{R_1}=\frac{u_n-u_o}{R_f}$$

$$u_p=\frac{R_3}{R_2+R_3}u_{i2}$$

$$u_n=u_p$$

联立求解得：

$$u_n=-\frac{R_f}{R_1}u_{i1}+\frac{R_1+R_f}{R_1}\cdot\frac{R_3}{R_2+R_3}u_{i2}$$

又因为 $R_n=R_1/\!/R_f$，$R_p=R_2/\!/R_3$，$u_n=u_p$，所以 $R_1/\!/R_f=R_2/\!/R_3$，即 $\frac{R_1+R_f}{R_1\cdot R_f}=\frac{R_2+R_3}{R_2\cdot R_3}$，代入上式得：

$$u_o=-\frac{R_f}{R_1}u_{i1}+\frac{R_f}{R_2}u_{i2}$$

若电路同时满足 $R_1=R_2$，$R_3=R_f$，上式可进一步化为：

$$u_o=\frac{R_f}{R_1}(u_{i2}-u_{i1}) \tag{4–3}$$

即此时 u_o 与输入电压差值（$u_{i2}-u_{i1}$）成正比。

4.3.2 信号运算电路

(1)加法运算电路

电路如图 4–21 所示，这是反相输入的放大器，根据理想运算放大器的虚短和虚断的概念，可以得到：

$i_1=\frac{u_{i1}}{R_1}$　　$i_2=\frac{u_{i2}}{R_2}$　　$i_3=\frac{u_{i3}}{R_3}$

$i_f=i_1+i_2+i_3$

又因为反相输入端为虚地,故有:

$$u_o=-i_f R_f=-R_f\left(\frac{u_{i1}}{R_1}+\frac{u_{i2}}{R_2}+\frac{u_{i3}}{R_3}\right)$$

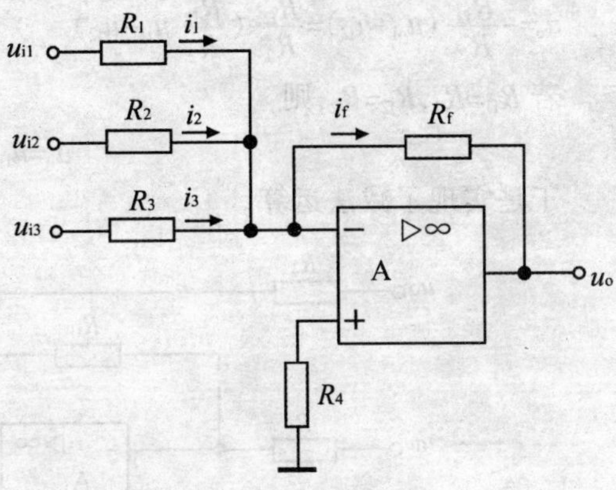

图 4–21　加法运算电路

上式为反相求和运算的表达式。图 4–21 中 $R_4=R_1/\!/R_2/\!/R_3/\!/R_f$ 为平衡电阻。当 $R_1=R_2=R_1=R_f$ 时,有:

$$u_o=-(u_{i1}+u_{i2}+u_{i3}) \tag{4–4}$$

于是实现了反相的加法运算，上式中的负号是因为反相输入所引起的。如果在图 4–21 的输出端再接一级反相器,可以消去负号,从而实现常规的加法运算。

例 1　如图 4–21 所示电路，已知 $R_1=R_2=R_3=3\ \text{k}\Omega$,$R_f=1\ \text{k}\Omega$,$u_{i1}=2\ \text{V}$,$u_{i2}=6\ \text{V}$,$u_{i3}=7\ \text{V}$,试计算其输出电压 u_o 为多少?并指出电路有什么功能？平衡电阻 R_4 应取何值?

解　此图是加法运算电路,因此其输出电压为:

$$u_o=-R_f\left(\frac{u_{i1}}{R_1}+\frac{u_{i2}}{R_2}+\frac{u_{i3}}{R_3}\right)=-(1\ \text{k}\Omega)\left(\frac{u_{i1}}{3\ \text{k}\Omega}+\frac{u_{i2}}{3\ \text{k}\Omega}+\frac{u_{i3}}{3\ \text{k}\Omega}\right)$$

$$=-\left(\frac{u_{i1}+u_{i2}+u_{i3}}{3}\right)=-\left(\frac{2\ \text{V}+6\ \text{V}+7\ \text{V}}{3}\right)=-5\ \text{V}$$

此例是利用加法运算电路计算各路输入电压的平均值,其电路特点是:所有输入电阻都相等(本例中 $R_1=R_2=R_3=3\ \text{k}\Omega$);所有输入电阻与反馈电阻 R_f 的比值等于输入信号的个数(本例中输入信号有 3 个,所以 R_f 取值为 1 kΩ,从而使 $\frac{R_1}{R_f}=\frac{R_2}{R_f}=\frac{R_3}{R_f}=3$)。平衡电阻 $R_4=R_1/\!/R_2/\!/R_3/\!/R_f=0.5\ \text{k}\Omega$。

(2)减法运算电路

减法运算电路有 2 种,分别介绍如下。

① 单运算放大器减法运算电路

单运算放大器减法运算电路就是图 4–20 所示的差动输入放大器。当 $R_1=R_2=R_3=R_f$ 时,由式(4–3)可得:

$$u_o=u_{i2}-u_{i1} \tag{4–5}$$

于是实现了减法运算。

② 双运算放大器减法运算电路

双运算放大器减法运算电路如图 4–22 所示,其中第一级为反相器电路,第二级为反相加法运算电路。

第一级的输出电压为 u_{o1} 为:

$$u_{o1}=\frac{R_{f1}}{-R_1}u_{i1}$$

u_{o1} 和 u_{i2} 作为第二级的输入电压,故第二级的输出电压 u_o 为:

$$u_o=-\frac{R_{f2}}{R_2}(u_{o1}+u_{i2})=\frac{R_{f2}}{R_2}(\frac{R_{f2}}{R_2}u_{i1}-u_{i2})$$

若 $R_{f1}=R_1, R_{f2}=R_2$，则

$$u_o=u_{i1}-u_{i2} \tag{4-6}$$

于是实现了减法运算。

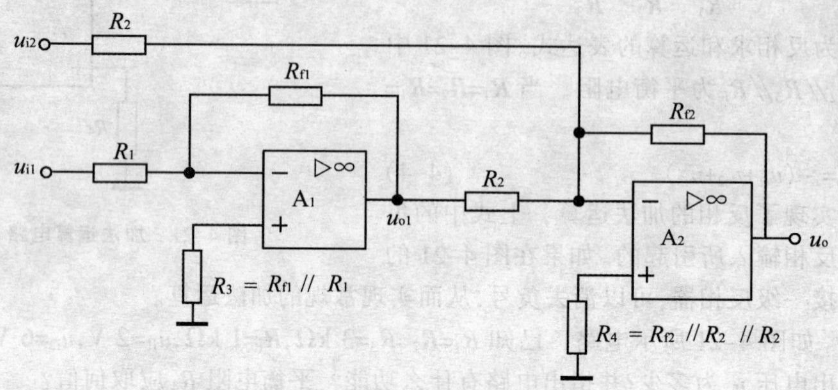

图 4-22 双运算放大器减法运算电路

(2)积分电路

积分电路如图 4-23(a)所示。由虚短和虚断的概念可得，$i_1=i_f=u_i/R$，此时反馈电流 i_f 就是流过电容器的电流 i_c，则：

$$u_o=-u_c=-\frac{1}{C}\int i_c dt=-\frac{1}{RC}\int u_i dt \tag{4-7}$$

从而实现了输入电压与输出电压之间的积分运算。

图 4-23(b)是积分电路输入输出之间的相位关系。与普通积分电路相比，运算放大器构成的积分电路中，某时间段内，当 u_i 为常数时，充放电电流也为常数，结果电容器以线性速率充电或放电。由图可见，当输入信号为正值时输出信号斜率为负，输入信号为负值时输出信号斜率为正。

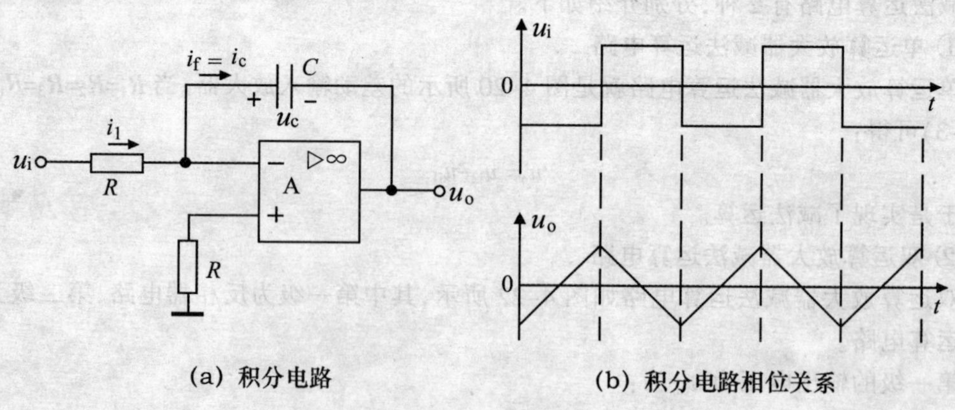

(a) 积分电路　　(b) 积分电路相位关系

图 4-23 积分电路

(3)微分电路

微分电路如图 4–24(a)所示，由虚短和虚断的概念可得，$i_f=i_1=i_c, i_c=C\frac{du_i}{dt}$，则

$$u_o=-i_fR=-i_cR=-RC\frac{du_i}{dt} \tag{4-8}$$

于是实现了微分运算。

微分电路是使输出信号与输入信号的变化率成正比的电路。微分电路的输入、输出信号之间的关系如图 4–24(b)所示，微分电路的输入信号为三角波信号，在 t_0~t_1 之间输入信号的变化率为正，反相放大器的输出电压为负常数；在 t_1~t_2 之间输入信号的变化率为负，所以输出电压为正常数。因此，输入信号是三角波，输出信号是矩形波。

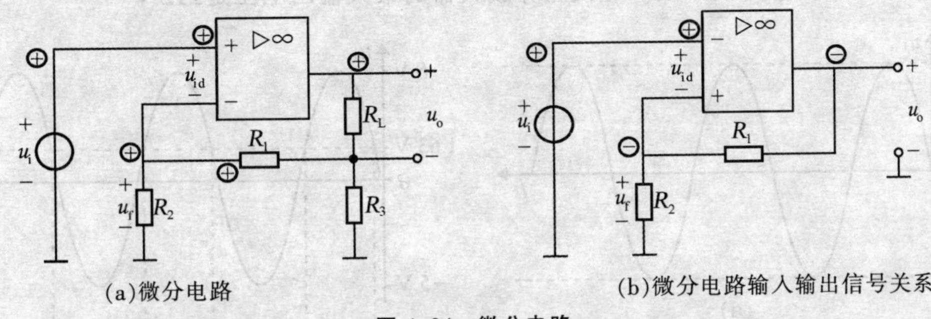

(a)微分电路　　(b)微分电路输入输出信号关系

图 4–24　微分电路

4.3.3 比较器

比较器比较两个输入电压，其输出电压表示它们之间的关系。通常比较器可用来比较：

(1)两个变化的电压(如比较两个正弦波)；

(2)一个变化的电压和一个参考电压。

图 4–25 所示比较器，输入信号为一个正弦波电压和一个+10 V 参考电压(V_{ref})。当同相输入端电压大于参考电压时，输出信号为高电平，直到输入信号小于+10 V 时，输出信号变为低电平。

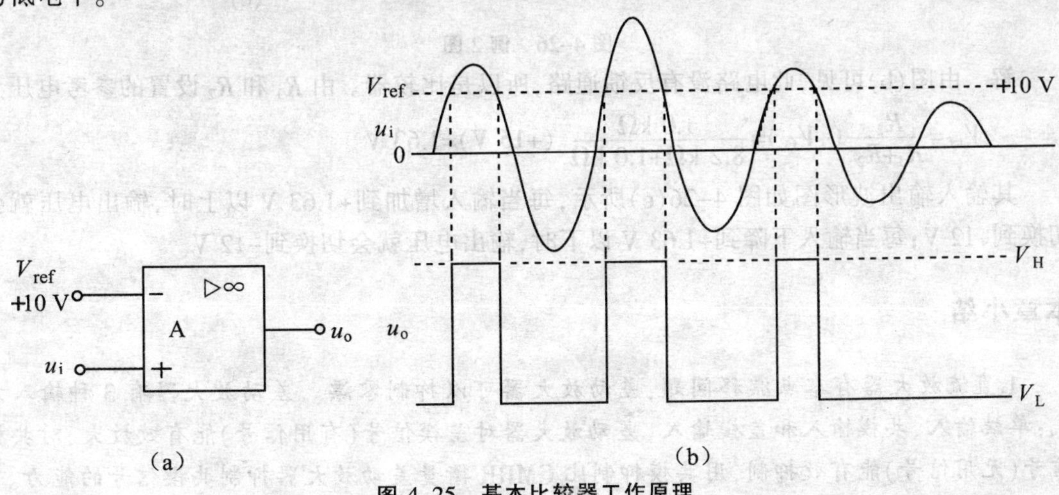

(a)　　(b)

图 4–25　基本比较器工作原理

比较器的输出通常为直流电压,它表示两个输入电压之间极性或幅值的关系。用于比较一个变化电压和一个固定直流电压的比较器称为电平检测器。

比较器最明显的特征是无负反馈电路,因此电路的电压增益为开环增益(非常高),所以输入端微小的差值,也会让它进入非线性工作状态,其输出电压为极限值。设同相输入端信号为 $V+$,反相输入端信号为 $V-$;设输出端极限值:高电平为 V_H,低电平为 V_L。则有:

$V+>V-$ 时,$u_o=V_H$

$V+<V-$ 时,$u_o=V_L$

例 2 将图 4–26(a)的输入信号加到图 4–26(b)中的比较器电路上,画出表示输出电压与输入信号正确关系的波形图。假设运算放大器的最大输出电压是±12 V。

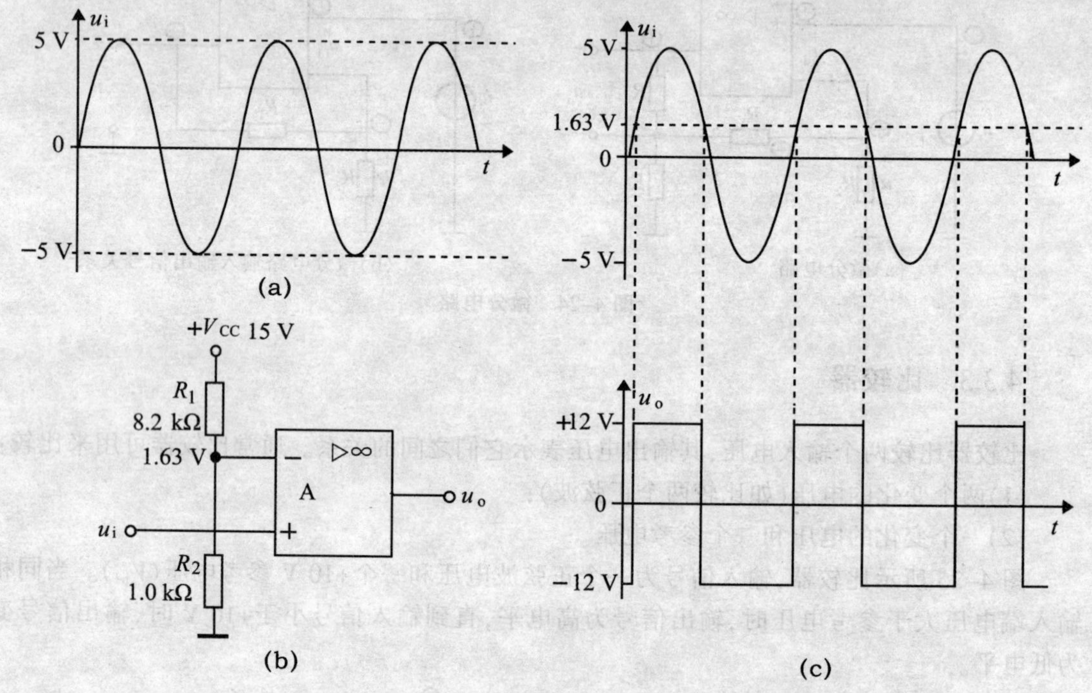

图 4–26 例 2 图

解 由图(b)可见,此电路没有反馈通路,所以是比较器。由 R_1 和 R_2 设置的参考电压为

$$V_{ref}=\frac{R_2}{R_1+R_2}(+V_{CC})=\frac{1.0\ \text{k}\Omega}{8.2\ \text{k}\Omega+1.0\ \text{k}\Omega}(+15\ \text{V})=1.63\ \text{V}$$

其输入输出波形图如图 4–26(c)所示,每当输入增加到+1.63 V 以上时,输出电压就会切换到+12 V;每当输入下降到+1.63 V 以下时,输出电压就会切换到−12 V。

本章小结

1.直流放大器有零点漂移问题,差动放大器可以抑制零漂。差动放大器有 3 种输入方式:单端输入、共模输入和差模输入。差动放大器对差模信号(有用信号)能有效放大,对共模信号(无用信号)能有效抑制,用共模抑制比 CMRR 衡量差动放大器抑制共模信号的能力。

2.集成运算放大器是一种具有高输入阻抗、低输出阻抗的高增益直流放大器，它的共模抑制比很高，失调很小。其内部由输入级、增益级、输出级组成。集成运算放大器可用于模拟信号的产生、放大、滤波等。本章介绍了其在线性状态下的应用，即加、减、积分、微分运算电路，还介绍了其在非线性状态下的应用，即比较器的原理及应用。

习 题

1.说明差模输入与单端输入的区别。

2.给出共模抑制比的定义。

3.运算放大器有哪些参数？除了带宽参数外，还有哪些参数与频率有关？

4.为什么运算放大器要加负反馈？

5.下面不适用于运算放大器的性质是(　)。

A. 高增益　B. 低功率　C. 高输入阻抗　D. 低输出阻抗

6. 在选择运算放大器时，假设已经有了几个选择。对于下面列出的CMRR，最希望的是(　)。

A. 10 dB　B. 20 dB　C. 50 dB　D. 100 dB

7. 如果仅知道某个运算放大器的开环增益，对其他一无所知，能确定下述(　)电路的闭环增益。

A. 反相放大器　B. 同相放大器

C. 电压跟随器　D. 如果没有附加条件，任何一种放大电路都不行

8.图 4-27 中，u_i=0.2 V，求 u_o=？并说明是什么电路？

9.图 4-28 中，u_i=0.1 V，求 u_o=？A_{uf}=？并说明是什么电路？

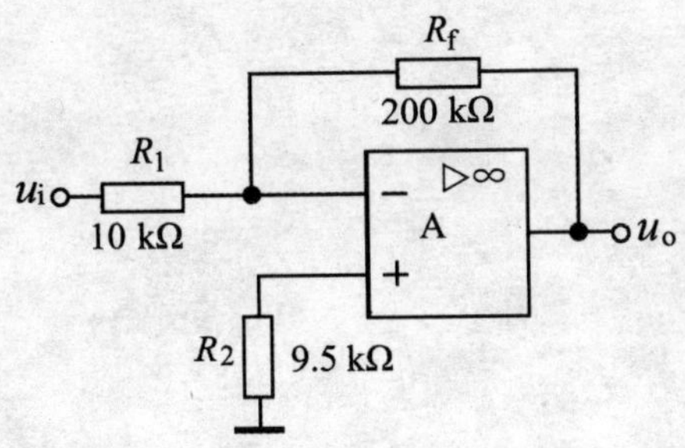

图 4-27　习题 8 图

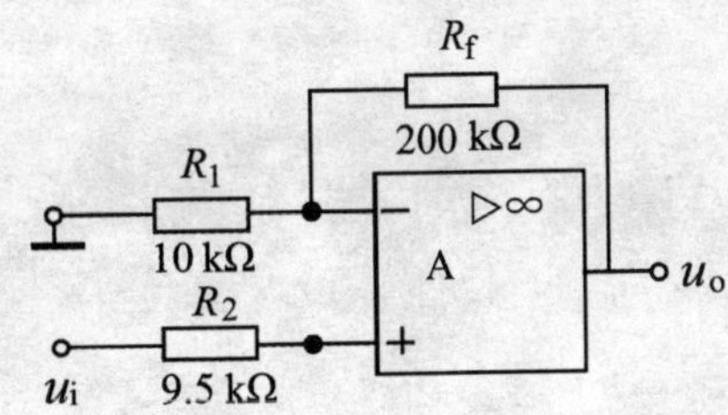

图 4-28　习题 9 图

10.图 4-29 中，u_{i1}=0.3 V，u_{i2}=−0.1 V，求 u_o=？

11.图 4-30 中，A_1 和 A_2 各是什么电路？u_{i1}=0.1 V，u_{i2}=0.2 V，求 u_{o1}=k u_o=？

12.图 4-31 中，A_1 和 A_2 各是什么电路？求 u_{o1}=？u_o=？

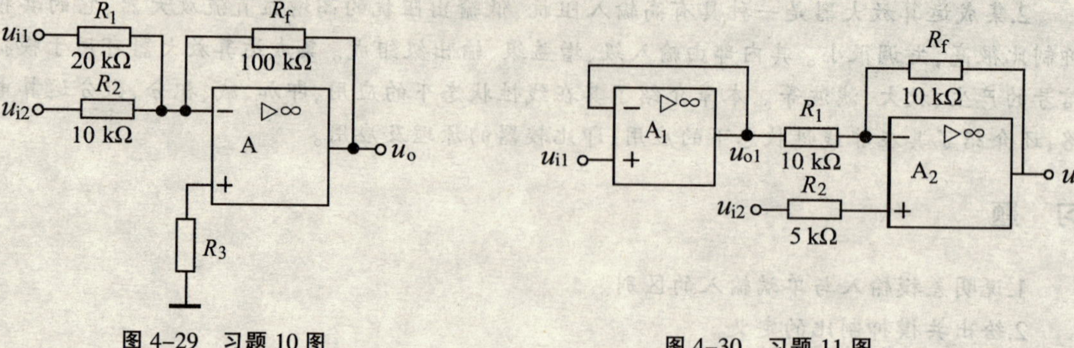

图 4–29 习题 10 图

图 4–30 习题 11 图

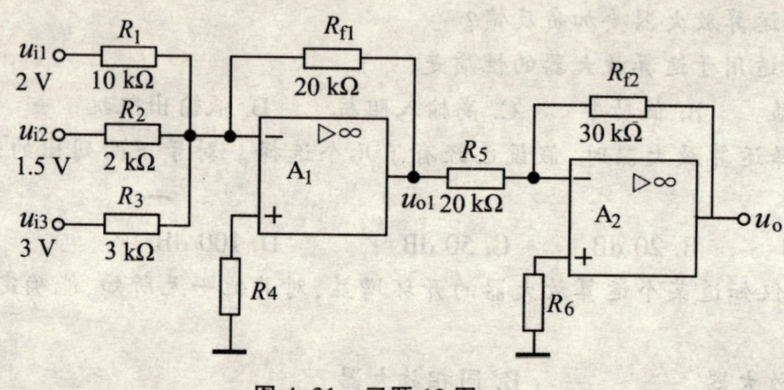

图 4–31 习题 12 图

项目实训(一)

项目任务:

用 LM324N 制作交流信号三分配放大器。

项目描述:

LM324 组成的交流信号三分配放大器,可将输入交流信号分成三路输出,三路信号可分别用作指示、控制、分析等用途,而对信号源的影响极小。

电路工作原理:

LM324N 是四运放集成电路,它采用 14 脚双列直插塑料封装,它的内部包含四组形式完全相同的运算放大器,除电源共用外,四组运放相互独立。由于 LM324 四运放电路具有电源电压范围宽,静态功耗小,可单电源使用,价格低廉等优点,因此被广泛应用在各种电路中。其管脚排列图如图 4-32(a)所示。

由 LM324N 组成的交流信号三分配放大器如图 4-32(b)所示。1A、1B、1C、1D 4 个运放都组成电压跟随器形式,放大倍数都为 1。R_1、R_2 组成运放 1A 的直流偏置电路,给输入信号提供$+V_{CC}/2$ 的静态偏置,1A 输出直接驱动 1B、1C、1D, 故运放 1B、1C、1D 的输出端亦有$+V_{CC}/2$ 的直流电压。通过输出电容 C_2、C_3、C_4 的隔直作用,取出交流信号,形成三路分配输出。因为运算放大器构成的电压跟随器具有极高的输入电阻和极低的输出电阻,因此它对信号源的影响极小,而且能把输入信号几乎全部传给负载。

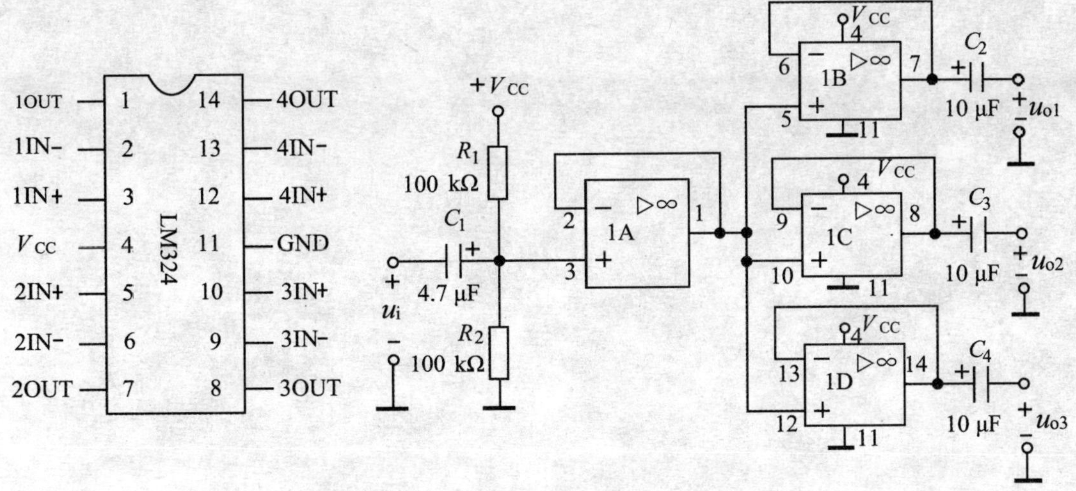

图 4-32 LM324N 组成的交流信号三分配放大器

图 4-33 是 LM324N 组成的交流信号三分配放大器电路板(这是放大两倍的电路板图)。电路板的电源、输入信号、输出信号都用接线柱接入或引出。

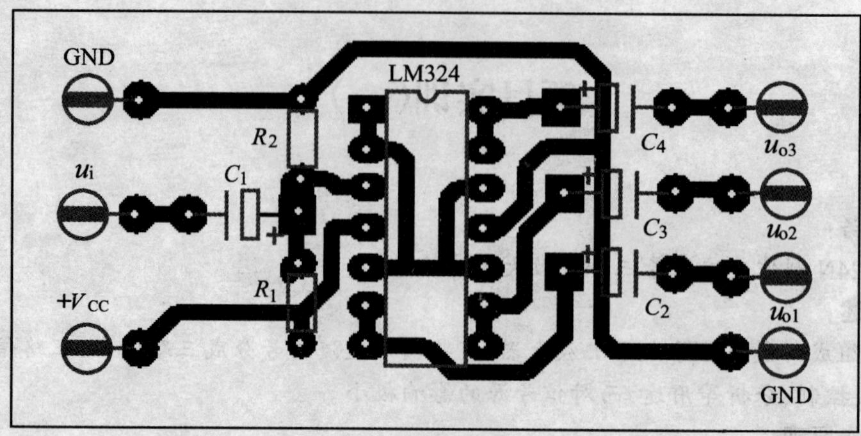

图 4-33 LM324N 组成的交流信号三分配放大器电路板

项目实训(二)

项目任务:

用 NE5532 制作高保真立体声耳机驱动电路。

项目描述:

NE5532 一般用做前置放大,性能甚佳,这里用做小功率功放驱动耳机。当然此电路还可以作为大功率功放的前置放大电路。

电路工作原理:

NE5532 是一种双运放高性能低噪声运算放大器。该器件特别适合应用在高品质专业音响设备、电话通道放大器,其引脚排列图见图 4–34。

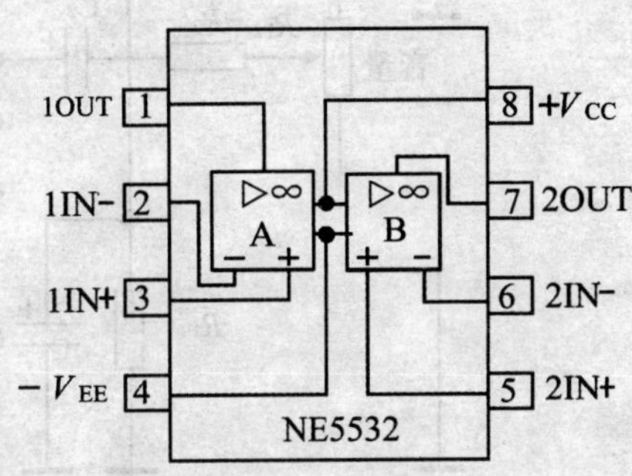

图 4–34 NE5532 引脚排列图

图 4–35 是由 NE5532 组成的高保真立体声耳机驱动电路。两路音频信号经音量电位器 R_{P1}、R_{P2} 加到 1A、1B 的反相输入端。此电路用+12 V 单电源供电,所以 R_9 和 R_{10} 对电源电压分压后得到+6 V 的电压经 R_7 和 R_8 分别加到 1A 和 1B 的同相输入端,给两个运算放大器提供+6 V 的直流偏置。C_9 为其滤波电容,保证运算放大器的静态工作点更稳定。由于输入、输出端的静态电压不为零,所以运算放大器的输入、输出端用电解电容 C_1、C_2、C_3、C_8 隔直流。R_5、R_6 为输出保护电阻,一旦负载短路,可以限制输出电流。C_{10} 为电源滤波电容。D_1 防止电源接反,保护运放。C_3、C_4、C_5、C_6 为消振电容,防止运算放大器产生自激。电位器 R_{P3}、R_{P4} 控制运算放大器的高频信号反馈深度,从而控制运算放大器的带宽,起到调节音调的作用。LED 为电源指示灯,R_{11} 是其限流电阻。

元件清单:

元件清单			
IC	NE5532	C_1、C_2	10 μF/50 V
R_1、R_2	10 kΩ	C_3、C_4	472
R_3、R_4	100 kΩ	C_5、C_6	101
R_5、R_6	47 Ω	C_7、C_8	47 μF/63 V
R_7、R_8	10 kΩ	C_9	100 μF/35 V
R_9、R_{10}	10 kΩ	C_{10}	1 000 μF/35 V
R_{11}	2.2 kΩ	R_{P1}、R_{P2}	VR 10 kΩ/A
LED	5 mm 红色	R_{P3}、R_{P4}	VR 50 kΩ/B
D_1	1N4001		

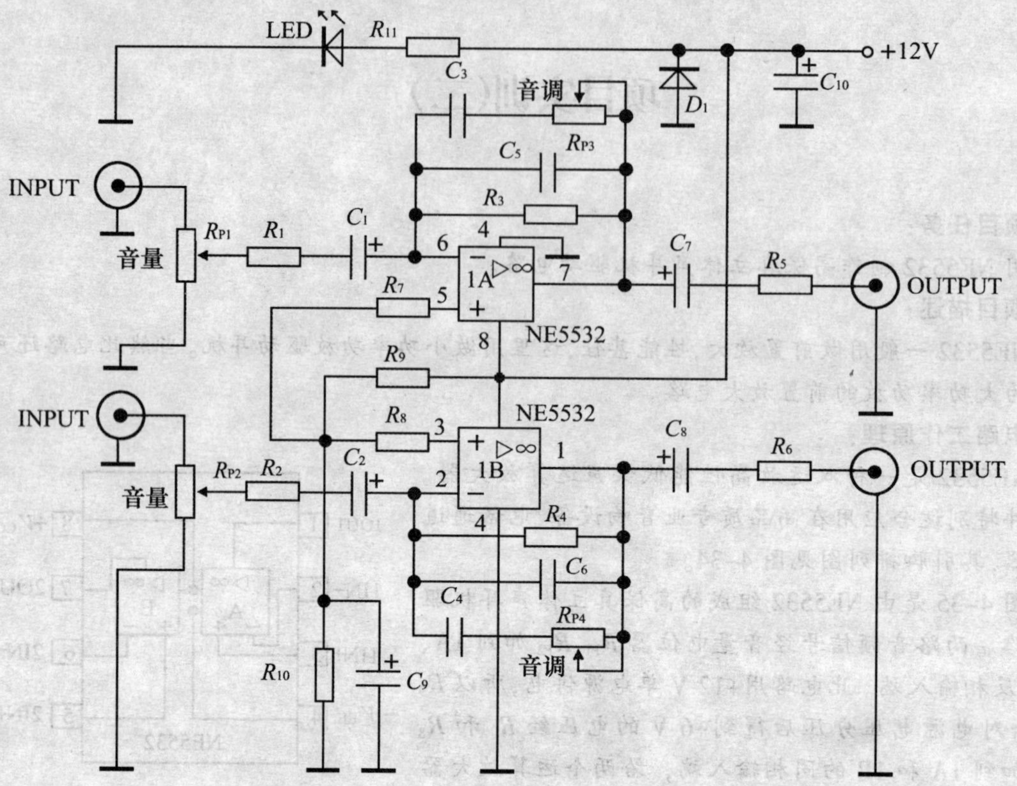

图 4-35 由 NE5532 组成的高保真立体声耳机驱动电路

图 4-36 是由 NE5532 组成的高保真立体声耳机驱动电路板(放大后的图,仅供参考)。

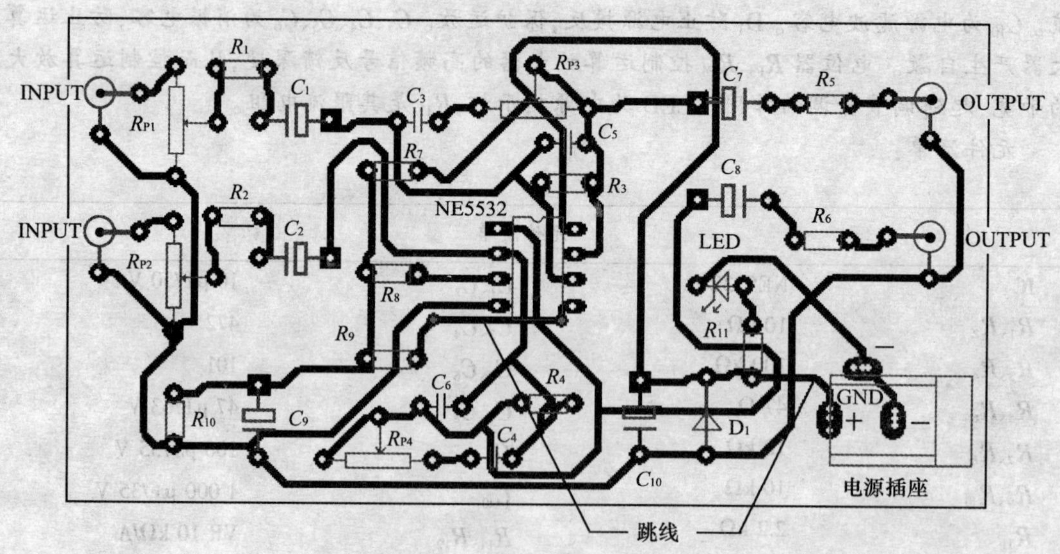

图 4-36 由 NE5532 组成的高保真立体声耳机驱动电路板

5 低频功率放大器

电子电路一般由多级放大电路组成,多级放大电路在完成工作时,一般先由低频电压放大电路对输入信号进行电压放大,再由低频功率放大电路进行功率放大,以推动负载工作。功率放大电路又称为功率放大器,简称“功放”。

5.1 功率放大器的任务与特点

5.1.1 功率放大器的任务

功率放大器一般直接驱动负载,要求带负载能力要强。因此,功率放大器和电压放大器的任务是不同的,电压放大器要使负载得到不失真的电压信号,指标是电压增益、输入阻抗、输出阻抗等,输出的功率并不一定大;而低频功率放大器主要使负载获得一定的不失真或失真较小的输出功率,通常是在大信号状态下工作。

5.1.2 功率放大器的特点

(1)输出功率要大

放大电路的输出功率定义为输出电压与输出电流的乘积,即 $P_o=U_oI_o$。

为了获得足够大的输出功率,三极管工作时的电压和电流应尽可能大,功放管往往在接近极限状态下工作,即 $P_{om}=U_{om}I_{om}$。

(2)效率要高

功率放大的过程就是三极管输出信号按照输入信号的变化规律将直流电源提供的能量转换为交流能量的过程。功率放大电路的输出功率是由直流电源提供的,因此要求直流电源提供的功率尽可能多地转化为负载的功率，即电路的效率要高。由于功率放大管有一定的内阻，所以它会有一定的功率损耗。将负载获得的有用信号功率 P_O 与电源提供的功率 P_E 之比定义为功率放大器的转换效率，用公式表示为：$\eta=\frac{P_O}{P_E}\times100\%$。显然，功率放大器的转换效率越高越好。

(3)非线性失真要小

在功率放大器中，三极管工作在大信号状态下，输入和输出信号的动态范围都很大，电压和电流可能超出特性曲线线性范围，容易产生非线性失真，所以要求电路的非线性失真小。而同一功放管输出功率越大，非线性失真往往越严重，这就使得输出功率与非线性失真成为一对主要矛盾。

在实际的功放电路中，需要根据负载的要求来规定信号失真的范围。

(4)三极管的散热和保护

在功率放大器中，功放管工作在极限应用状态，故选择功放管时，要注意不要超过管子的极限参数，并且要有一定的余量。同时为保证功率管安全工作，使用时必须安装合适的散热片，并且要考虑过电压和过电流保护措施。

5.1.3 功率放大器的分类

按三极管导通时间的不同，功率放大器可分为甲类、乙类和甲乙类。

(1)甲类功率放大器

在输入正弦信号的一个周期内三极管都导通，都有电流流过三极管，这种工作方式通常称为甲类放大。工作在甲类放大方式的功率放大器就是甲类功率放大器。甲类功率放大器的静态工作点选在三极管的放大区内、交流负载线的中点，且信号的动态范围也限定在放大区，如图 5-1 所示。甲类工作状态的非线性失真小，但静态电流大、损耗大、效率低。

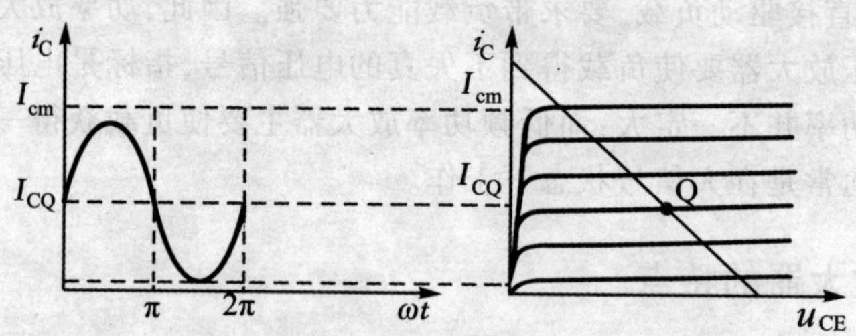

图 5-1 甲类放大器静态工作点示意图

(2)乙类功率放大器

在输入正弦信号的一个周期内，只有半个周期内三极管电流 $i_C>0$，这种工作方式称为乙类放大。工作在乙类放大方式的功率放大器称为乙类功率放大器。乙类功率放大器的静态工作点选在三极管放大区和截止区的交界处，即交流负载线和 $I_B=0$ 所对应的输出特性曲线的交点，信号的一半在放大区，一半在截止区。当输入信号为正弦波时，输出只有正弦波的半个周期，如图 5-2 所示。乙类工作状态的三极管静态电流为零，故损耗小、效率高，但非线性失真太大。

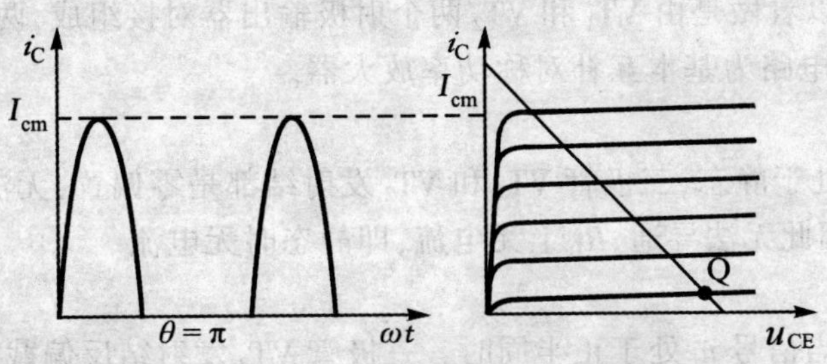

图 5-2 乙类放大器静态工作点示意图

(3)甲乙类功率放大器

在输入正弦信号的一个周期内,有半个周期以上三极管电流 $i_C>0$,这种工作方式称为甲乙类放大。工作在甲乙类放大方式的功率放大器称为甲乙类功率放大器。甲乙类功率放大器的静态工作点选在甲类和乙类之间,在交流负载线上略高于乙类工作点,无信号输入时,三极管处于微导通状态,静态电流较小,效率较高。此时若输入正弦波信号,那么输出信号为单边失真的正弦波,如图 5-3 所示。

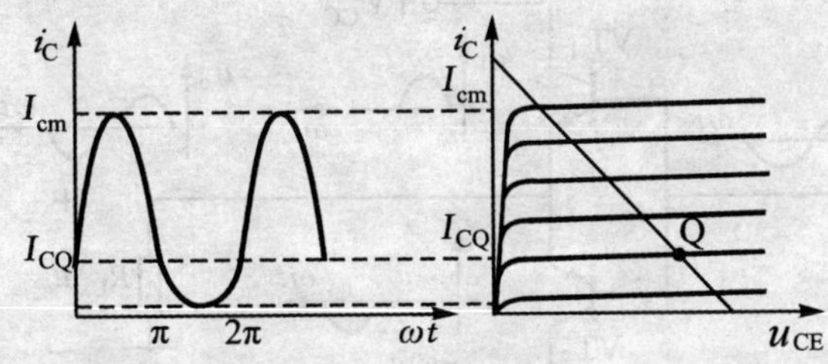

图 5-3 甲乙类放大器静态工作点示意图

5.2 直接耦合互补对称电路(OCL 电路)

5.2.1 OCL 电路的组成及工作原理

乙类放大器虽然管耗小、效率高,但存在严重的失真。可以选择两只特性相同的三极管,使它们工作在乙类放大状态。一只负担信号正半周的放大任务,另一只负担信号负半周的放大任务,在负载上再将两个半周信号合在一起得到一个完整的输出信号波形。

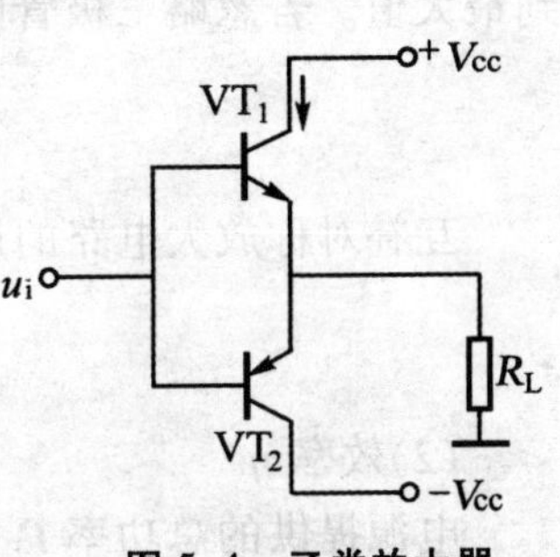

图 5-4 乙类放大器

(1)电路组成

电路连接如图 5-4 所示,VT_1 和 VT_2 分别为 NPN 型管和

PNP 型管，两管的基极和发射极分别连接在一起，信号从基极输入，从射极直接耦合输出，R_L 为负载电阻。电路可以看做是由 VT_1 和 VT_2 两个射极输出器对接组成，两个三极管的电源极性相反，一正一负，此电路为基本互补对称功率放大器。

(2)静态分析

当 $u_i=0$ 时，电路处于静态，三极管 VT_1 和 VT_2 发射结都是零偏置，无法满足发射结正偏、集电结反偏的条件，因此无法导通，R_L 上无电流，即静态时无电流。

(3)动态分析

如图 5–5 所示，当信号 u_i 处于正半周时，三极管 VT_2 发射结反偏截止，VT_1 发射结正偏导通承担放大任务，有电流通过负载 R_L，电流的路径是 $+V_{CC}$→VT_1→R_L→地。负载电阻的电流 i_L 等于三极管的电流 i_{C1}，输出电压的极性是上正下负。而当信号 u_i 处于负半周时，三极管 VT_1 发射结反偏截止，由 VT_2 承担放大任务，仍有电流通过负载 R_L，电流的路径是地→R_L→VT_2→$-V_{CC}$，负载电阻的电流 i_L 等于三极管的电流 i_{C2}，输出电压的极性是下正上负。这样两只三极管在正负半周轮流导通，输出两个半周信号，在负载上再将两个半周信号合在一起得到一个完整的正弦波输出信号，从而负载上能够得到完整的波形。

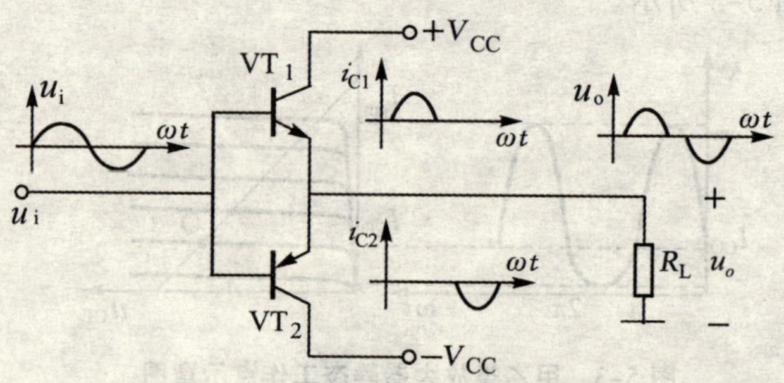

图 5–5 乙类放大电路的动态分析

三极管 VT_1 和 VT_2 工作时互补对方的不足，轮流导通，工作性能对称，组成推挽式电路。

5.2.2 性能分析

(1)输出功率 P_o

u_i 为正弦波，在正半周时，三极管 VT_1 导通，输出电压 $u_o=+V_{CC}-u_{CE1}$；在负半周时三极管 VT_2 导通，输出电压 $u_o=-V_{CC}-u_{CE2}$。假设 u_i 幅度足够大，VT_1、VT_2 导通时均能饱和，此时输出达到最大值。若忽略三极管的饱和压降，则负载(R_L)上的电压和电流的最大幅度值分别为：

$$U_{om}=V_{CC}$$

$$I_{om}=V_{CC}/R_L$$

互补对称放大电路的最大输出功率为：

$$P_{om}=U_{om}I_{om}=\frac{U_{om}}{\sqrt{2}}\cdot\frac{I_{om}}{\sqrt{2}}=\frac{U_{om}^2}{2R_L}\approx\frac{V_{CC}^2}{2R_L}$$

(2)效率 η

电源提供的总功率 P_E 为两个电源提供的功率之和：

$$P_E=P_{E1}+P_{E2}$$

由于两个三极管和两个电源是对称的，所以 P_{E1} 和 P_{E2} 相等，因此

$$P_E=2\left[\frac{1}{2\pi}\int_0^{\pi}V_{CC}i_o\mathrm{d}(\omega t)\right]=\frac{V_{CC}}{\pi}\int_0^{\pi}\frac{U_{om}\sin\omega t}{R_L}\mathrm{d}(\omega t)=\frac{2V_{CC}U_{om}}{\pi R_L}=\frac{2V_{CC}^2}{\pi R_L}$$

电源的效率为：

$$\eta=\frac{P_O}{P_E}=\frac{\pi U_{om}}{4V_{CC}}=\frac{\pi}{4}\approx 78.5\%$$

这个结论是假定互补对称电路工作在乙类，是在忽略了三极管的饱和压降和输入信号足够大的情况下得到的，实际的效率要比这个数值低一些。

(3)管耗 P_T

管耗是指三极管所消耗的功率，用 P_T 表示。如果其他的损耗可以忽略不计，则管耗应等于电源提供的功率 P_E 与输出功率 P_O 之差，即 $P_T=P_E-P_O$。在乙类推挽功率放大电路中，输出功率最大时，管耗并不是最大的。因为，输出功率最大时，输出管的直流压降最小，近似等于输出管的饱和压降值。而输出功率较小时，输出管的直流压降增加，管耗也会增加。可见，管耗的大小不能只凭输出功率的大小而定。实际上，两只输出管的最大管耗 P_{TM} 与最大输出功率 P_{om} 之间有如下关系：$P_{TM}\approx 0.4\ P_{om}$。当电路对称时，每只输出管的最大管耗等于最大输出功率的 0.2 倍。最大管耗是选用输出管的重要依据。

5.2.3 交越失真

前面讲过，在乙类互补对称电路中，两只三极管在正负半周轮流导通，输出两个半周信号，在负载上再将两个半周信号合在一起得到一个完整的正弦波输出信号。实际上这种电路并不能使输出波形很好地反映输入的变化。由于没有直流偏置，管子的 i_B 必须在 v_{BE} 大于某一个数值(死区电压，NPN 硅管约为 0.6 V，PNP 锗管约为 0.2 V)时才有显著变化。当输入信号 u_i 低于这个数值时，VT_1 和 VT_2 管都截止，i_{C1} 和 i_{C1} 基本为零，负载 R_L 上无电流通过，出现一段死区。如图 5–6 所示，输入电压 u_i 在横轴附近时，处于死区，电压值小，三极管 VT_1、VT_2 无法导通，对应的输出电压 u_o 是零。这种输入信号 u_i 在过零前后使输出信号出现的失真称为交越失真，这是由于两管交接导通过程中基极信号幅值小于死区电压时管子截止所造成的。

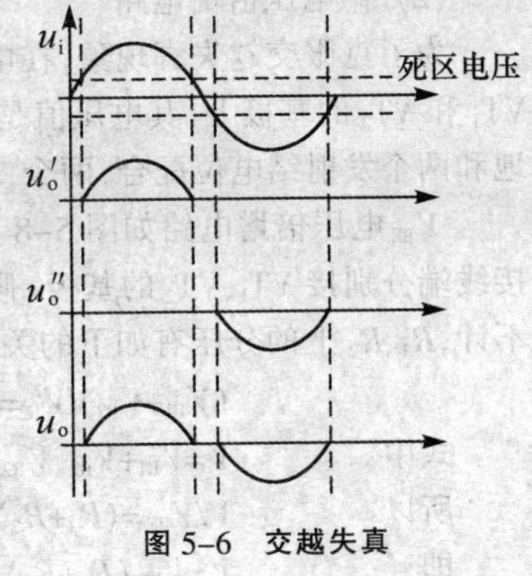

图 5–6 交越失真

5.2.4 电路的改进

(1)克服交越失真

交越失真产生的原因是由于三极管特性存在非线性，输入电压 u_i 小于死区电压时三极

管截止，无输出信号，或输出信号严重失真。

为了减小和克服交越失真，通常在两基极间加上二极管（或电阻，或二极管和电阻相结合）。如图 5-7 所示，加上 R_1、VD_1、VD_2、R_1 几个元器件，以供给 VT_1 和 VT_2 两管一定的正偏压，使两管在静态时处于微导通状态。

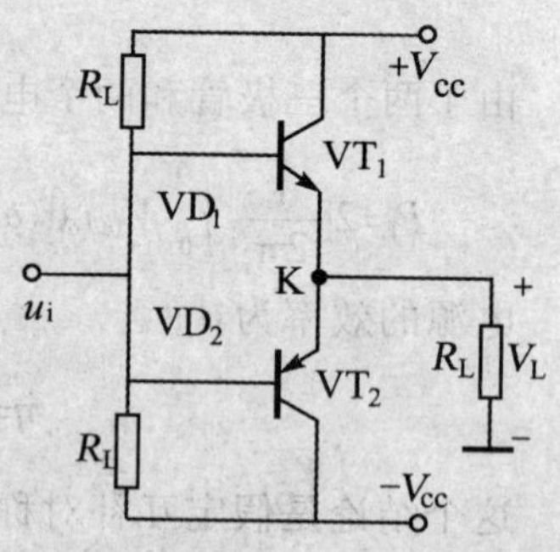

图 5-7 克服交越失真的乙类放大器

静态时，静态电流路径为 $+V_{CC}\rightarrow R_1\rightarrow VD_1\rightarrow VD_2\rightarrow R_2\rightarrow -V_{CC}$。电流流过二极管 VD_1、VD_2，产生上正下负的电压降，约为 1.4 V。这一电压的正端接在 VT_1 的基极，负端接在 VT_2 的基极，该电压就是两输出管的直流偏置电压，使两管在静态时都处于微导通状态。由于电路是上下对称的，两管静态时电流相等，两管发射极点 K 的电位是零，因而负载电阻 R_L 上无静态电流通过。动态时，输入端加入正弦信号 u_i，在 u_i 的正半周，VT_2 的发射结逐渐退出微正偏状态而截止，u_i 稍微增加，VT_1 基极电位就能同步增加到相当大的值，三极管 VT_1 进入了良好的导通状态。在 u_i 的负半周，VT_1 的发射结逐渐退出微正偏状态而截止，u_i 稍微增加，VT_2 基极电位就能同步增加到反方向相当大的值，三极管 VT_2 进入了良好的导通状态。这样，当有信号时，就可使放大器输出在零点附近仍能基本上得到线性放大，也就是 u_o 和 u_i 基本上成线性放大关系。此时，电路工作在甲乙类。但是，为了提高工作效率，在设置偏压时，应尽可能接近乙类状态。

这种克服交越失真办法的特点是，VT_1、VT_2 处于微导通状态，存在较小的静态电流 I_{CQ}、I_{BQ}。输入信号的正半周，VT_1 正偏导通，VT_2 是逐渐退出微正偏状态；输入信号的负半周，VT_2 正偏导通，VT_1 是逐渐退出微正偏状态。每个三极管的导通时间大于半个周期，基本不失真，或失真较小。

(2)V_{BE} 电压倍增电路

为了克服交越失真现象，在电路中加入了 VD_1 和 VD_2 两个二极管，所产生的电压降加在 VT_1 和 VT_2 的基极上，其电压值是固定的，既不便于增加，也不便于减少，可调性很差。为更好地和两个发射结电位配合，两个二极管可以用电压倍增电路来替代。

V_{BE} 电压倍增电路如图 5-8 所示，它由两个电阻 R_1、R_2 和一个三极管构成，B_1 和 B_2 两个接线端分别接 VT_1、VT_2 的基极。假设 $I>>I_B$，I_B 的分流作用可以忽略不计，R_1、R_2 上的分压有如下的关系：

$$(V_{R1}+V_{R2})/V_{R2}=(R_1+R_2)/R_2$$

式中 $V=V_{R1}+V_{R2}$，$V_{R2}=V_{BE}$

所以 $V/V_{BE}=(R_1+R_2)/R_2$

即 $V=V_{BE}(R_1+R_2)/R_2$

这样，利用三极管的 V_{BE} 基本为一固定值（硅管约为 0.7 V）这一特性，合理选择两个电阻 R_1、R_2 的大小及比例，B_1、B_2 间便可得到为 V_{BE} 任意倍数的电压。

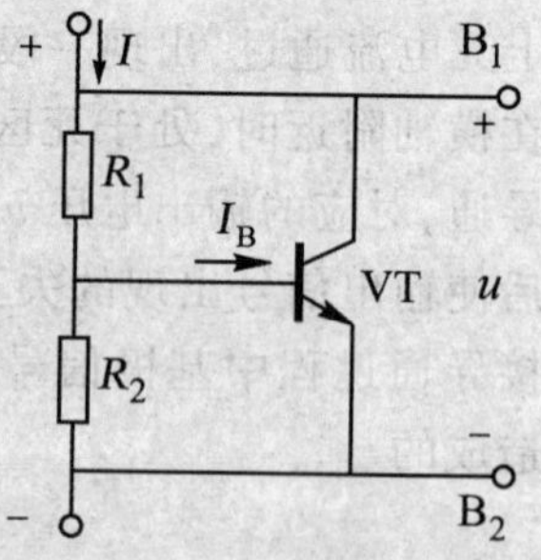

图 5-8 V_{BE} 电压倍增电路

(3)电路中增加复合管

所谓复合管，就是将一只小功率的三极管与一只大功率的三极管按一定规则连接在一起。使用复合管可以提高管子的β值(复合后的β值近似等于两只三极管的β值之积),扩大功率放大电路的电流驱动能力。当两只异极性管复合时,还可以改变大功率管的导电性。在输出功率较大的功率放大电路中,复合管得到了广泛的应用。复合的方法有4种,所得复合管的极性与小功率管的极性相同,如图5-9所示。

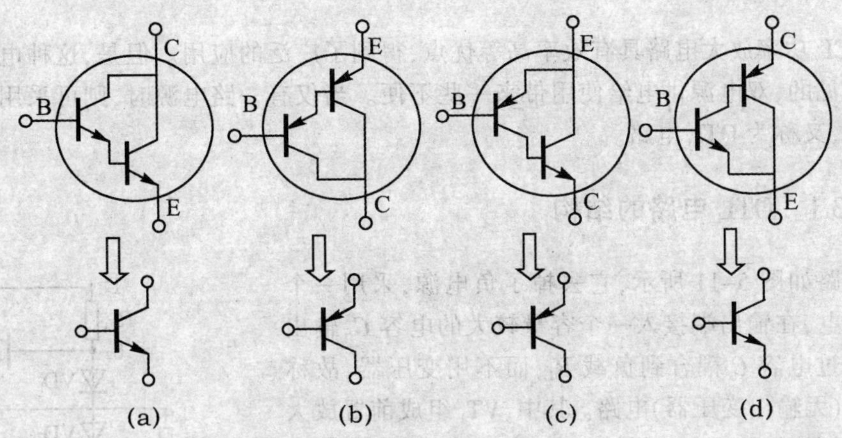

图5-9 复合管的类型

(4)改进后的OCL准互补输出功率放大电路

改进后的OCL互补输出功率放大电路如图5-10所示。

VT_1构成电压推动级,对前级耦合过来的信号进行激励放大,推动VT_3、VT_4、VT_5、VT_6复合管构成的输出级工作。

VT_2、R_1、R_2构成V_{BE}倍增电路,给后级的输出级提供合适的静态工作点。

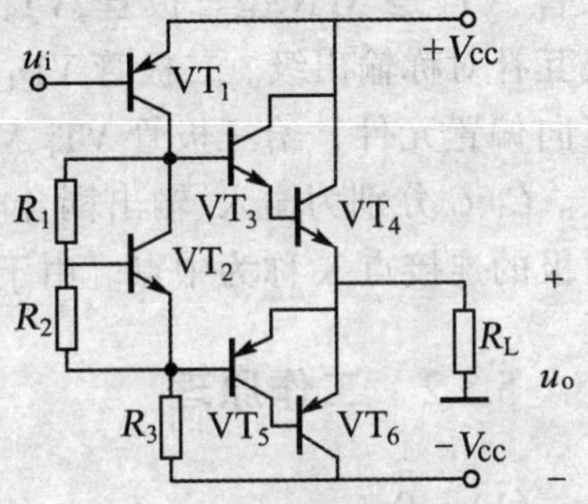

图5-10 改进后的OCL互补输出功率放大电路

VT_3、VT_4组成NPN型复合管,VT_5、VT_6组成PNP型复合管,二者组成复合互补功率输出级,从而提高了输出级的电流放大倍数,同时也减小了前级的推动电流。VT_3、VT_4、VT_5、VT_6构成的复合管并不是严格的互补,而是准互补。在图5-7中的末级功放管VT_1、VT_2要求既是互补又要性能对称,这对于NPN和PNP两种大功率管来说,一般是难以实现的。在图5-10中,输出级中的VT_4、VT_6均为NPN型三极管,两者特性容易对称,元件容易选择,这种电路就是准互补的。

当信号u_i处于正半周时,VT_5、VT_6组成的PNP型复合管截止,VT_3、VT_4组成的NPN型复合管导通,承担放大任务,输出电流通过负载R_L,输出电压u_o的方向是上正下负。当信号u_i处于负半周时,VT_3、VT_4组成的NPN型复合管截止,VT_5、VT_6组成的PNP型复合管导通,承担放大任务,输出电流通过负载R_L,输出电压u_o的方向是下正上负。

5.3 单电源互补对称电路(OTL 电路)

OCL 功率放大电路具有效率高等优点，得到了广泛的应用。但是，这种电路的缺点也是显而易见的，双电源供电给使用带来一些不便。当仅有一路电源时，则可采用单电源互补对称电路，又称为 OTL 电路。

5.3.1 OTL 电路的结构

电路如图 5–11 所示，它去掉了负电源，采用一个电源供电，在输出端接入一个容量较大的电容 C，输出信号通过电容 C 耦合到负载 R_L，而不用变压器，故称为 OTL(无输出变压器)电路。其中，VT_1 组成前置放大级，偏置电阻 R_1、R_2 和发射极电阻 R_{E1} 组成静态工作点稳定电路，R_{C1} 和二极管 VD_1、VD_2 正向电阻共同组成 VT_1 的集电极电阻。VT_2、VT_3 是两只极性相反的功率放大管，VT_2 是 NPN 型三极管，VT_3 是 PNP 型三极管，组成互补对称输出级。二极管 VD_1、VD_2 是 VT_2 和 VT_3 的正向偏置元件，给三极管 VT_1、VT_2 提供合适的静态工作点。C_1、C 分别为输入、输出耦合电容，C_E 是三极管 VT_1 的发射极旁路电容。两功率放大管发射极的连接点 K 称为中点。由于电路的对称性，该点电压为电源电压的一半。

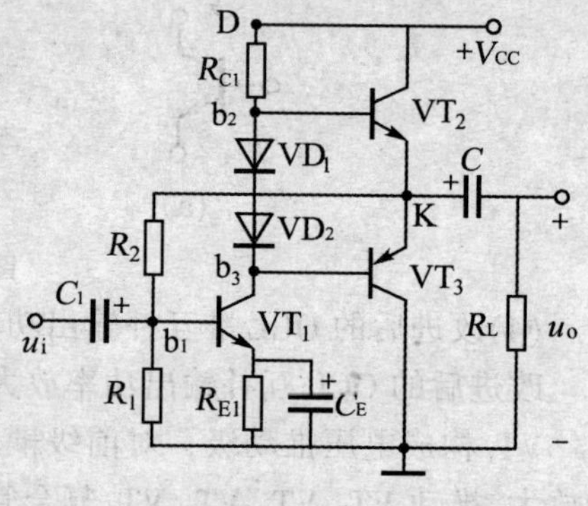

图 5–11 OTL 电路

5.3.2 工作原理

(1)$u_i=0$

当输入信号 $u_i=0$ 时，电路处于静态，V_K 的值与 R_1、R_2 有关。只要有适当的 R_1、R_2，就可以使 I_{C1}、V_{B2}、V_{B3} 的值合适，达到 $U_K=0.5V_{CC}$。I_{C1} 流过二极管 VD_1、VD_2，产生上正下负的电压降，为 VT_2、VT_3 提供适当的偏置，保证 VT_2、VT_3 工作在甲乙类放大状态。

(2)$u_i<0$

当输入信号 $u_i<0$ 时，处于负半周，u_i 经 C_1 耦合加在 VT_1 的输入端，u_{b1} 为负极性，经 VT_1 放大后由集电极输出。由于三极管的倒相放大作用，VT_1 集电极输出的是正极性信号，使 b_2、b_3 点的电位上升。根据三极管的倒相放大原理可知，此时 VT_2 导通，VT_3 截止。从 VT_2 输出的信号电流 i_{C2} 由电源 $+V_{CC}$ 提供能源；从 VT_2 的集电极出发，经发射极、输出耦合电容 C，自上而下通过负载 R_L，形成回路，并对 C 充电。由于电容很大，可视为交流短路，信号电流 i_{C2} 在 R_L 两端产生正半周的输出信号电压 u_o。

(3)$u_i>0$

当输入信号 $u_i>0$ 时，处于正半周的 u_i 经 C_1 耦合加在 VT_1 的输入端，经 VT_1 放大后由集电极输出，VT_1 集电极输出的是负极性信号，使 b_2、b_3 点的电位下降。此时 VT_3 导通，VT_2 截止。从 VT_3 输出的信号电流 i_{C3} 由耦合电容 C 提供能源，i_{C3} 从 VT_3 的发射极出发，经集电极，自下而上通过负载 R_L 形成回路。信号电流 i_{C3} 在 R_L 两端产生负半周输出信号电压 u_o。

由此可见，在输入信号的正、负半周里，VT_2 和 VT_3 轮流导通，两个半波电流以相反的方向流过负载电阻 R_L，得到完整的输出波形，从而实现了推挽放大。只要选择时间常数 R_LC 足够大(比信号的最长周期大得多)，就可以认为用电容 C 和一个电源 V_{CC} 可代替原来的 $+V_{CC}$ 和 $-V_{CC}$ 两个电源。

需要指出的是，采用一个电源的互补对称电路，由于每个管子的工作电压不是原来的 V_{CC}，而是 $V_{CC}/2$(输出电压最大也只能达到约 $V_{CC}/2$)，所以前面导出的计算 P_o、P_E 的公式必须加以修正才能使用。修正的方法很简单，只要以 $V_{CC}/2$ 代替原来公式中的 V_{CC}，便得到单电源互补对称电路的输出功率和效率的表达式。

5.3.3 单电源互补对称电路的改进

(1)自举电路

图 5-11 所示的单电源互补对称电路虽然解决了工作点的偏置和稳定问题，但在实际应用中还存在其他方面的问题，如输出电压幅值达不到 $U_{om}=V_{CC}/2$，现分析如下。

当电路工作在额定输出功率情况下时，通常输出级的三极管是处在接近充分利用的状态。例如，当 u_i 为负半周最大值时，i_{C1} 最小，u_{B2} 接近于 $+V_{CC}$，此时希望 VT_2 在接近饱和状态工作，即 $u_{CE2}=V_{CES}$，故 K 点电位 $u_K=V_{CC}-V_{CES}\approx V_{CC}$。当 u_i 为正半周最大时，VT_2 截止，VT_3 接近饱和导电，$u_K=V_{CES}\approx 0$。因此，负载电阻 R_L 两端得到的交流输出电压幅值 $U_{om}=V_{CC}/2$。

上述情况是理想的状态，实际上，图 5-11 所示电路的输出电压幅值达不到 $U_{om}=V_{CC}/2$。这是因为当 u_i 为负半周时，VT_2 导通，因而 i_{B2} 增加。由于 R_{C1} 上的压降和 u_{BE2} 的存在，当 K 点电位向 V_{CC} 接近时，VT_2 的基极电流将受限制而不能增加很多，因而也就限制了 VT_2 输向负载的电流，使 R_L 两端得不到足够的电压变化量，致使 U_{om} 明显小于 $V_{CC}/2$。

如何解决这个矛盾呢？如果把图 5-11 中 D 点的电位升高，使 $U_D>+V_{CC}$，例如将图中 D 点与 $+V_{CC}$ 的连线切断，U_D 由另一电源供给，则问题即可以得到解决。通常的办法是在电路中引入 R_3、C_2 等元件组成自举电路，如图 5-12 所示。

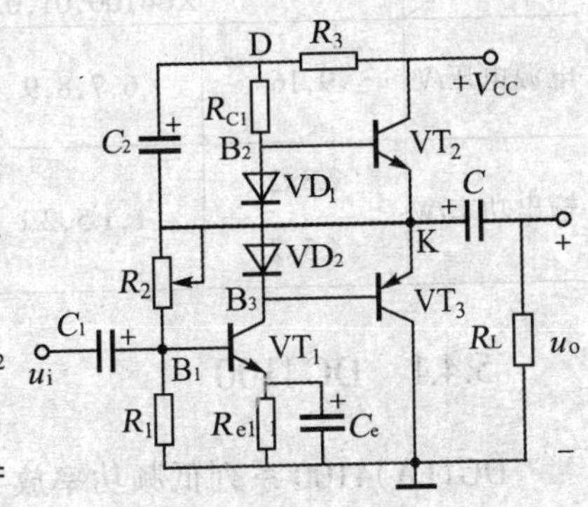

图 5-12 有自举电路的 OTL

在图 5-12 中，当 $u_i=0$ 时，$u_D=U_D=V_{CC}-I_{C1}R_3$，而 $u_K=U_K=V_{CC}/2$，因此电容 C_2 两端电压被充电到 $U_{C2}=U_D-U_K=V_{CC}/2-I_{C1}R_3$。

当时间常数 R_3C_2 足够大时，电容 C_2 两端的电压 u_{C2} 将基本为常数($u_{C2}\approx U_{C2}$)，不随 u_i 而改变。这样，当 u_i 为负时，VT_2 导电，u_K 将由 $V_{CC}/2$ 向更正方向变化，考虑到 $u_D=u_{C2}+u_K=U_{C2}+u_K$。显然，随着 K 点电位的升高，D 点电位 u_D

也自动升高。因而,即使输出电压幅度升得很高,也有足够的电流 i_{B2},使 VT_2 充分导通,这种工作方式称为自举,意思是电路自身把 u_D 提高了。

(2)中点电压的调整

图 5–12 与图 5–11 相比，除了引入 R_3、C_2 等元件组成的自举电路外，还把固定电阻 R_2 改为电位器(可变电阻器)。

两功率放大管发射极的连接点 K 称为中点,该点电压为电源电压的一半,由于调节电位器 R_2 可以改变中点电压,故 R_2 又称为中点电压调节电位器。为了保证两输出管具有均等的放大能力,就必须使它们的工作电压相等,也就是中点电压必须为电源的一半。R_2 的上端接在中点,目的就是为了调整中点电压。当 R_2 的滑动端向上移动时,VT_1 的基极电流、集电极电流减小,集电极电压升高,即 V_{b3} 升高。由于 VT_3 处于正偏状态,其基极电压的升高将使发射极电压同步升高。所以,当 R_2 的滑动端向上移动时,中点电压将升高。同理,当 R_2 的滑动端向下移动时,中点电压将降低。所以,通过对 R_2 的调节,能使中点电压等于电源电压的一半。

5.4 集成功率放大器

前面所讲的 OTL 或 OCL 电路由分立元件组成,其缺点是元件较多,组装与调试都较麻烦。随着集成电路技术的发展,集成功率放大器大量涌现,其内部电路一般为 OTL 或 OCL 电路,除了具有分立元件 OTL 或 OCL 电路的优点外,还具有体积小、工作稳定可靠、使用方便等优点,因而获得了广泛的应用。

低频集成功率放大器的种类很多,较常用的器件见表 5–1。

本节将以 DG(LA)4100 型和 LM386 为例来讨论集成功率放大器的使用方法。

表 5–1 常用低频集成功率放大器

型号 参数	AN7146M/H	LA4100,01,02 XG4100,01,02-4	LM386N–1,–3,–4 8FY386A,B,C	TDA2030 8FG2030	TDA2004 8FG2004	TA7027P TA7008P	TA8210AH
电源电压/V	9,16	6,7,8,9	6,9,16	±6~±16 ±6,±22	8~18	6,9	9~18
输出功率/W	2.3×2 4.5×2	1,1.5,2.1	0.32,0.7,1	14,18	4.5×2	0.95,2	22×2

5.4.1 DG4100

DG(LA)4100 系列低频功率放大器是单片式集成电路,适合在低电压下工作,广泛应用于收音机、盒式磁带录音机、点唱机、对讲机等的输出级中。DG4100 系列常用的型号见表 5–

2,可代用的还有 SF4100、SD4100、TB4100、N4100、CFD60、XG4100 等。

表 5-2 DG4100 系列常用集成功率放大器

名称	负载电阻(Ω)	电源电压(V)	输出功率(W)
DG4100	4	6	1.0
DG4101	4	7.5	1.5
DG4102	4	9	2.1

(1)DG4100 外形与管脚

DG4100 采用带散热片的 14 脚双列直插式塑料封装结构,结构外形与管脚如图 5-13 所示。

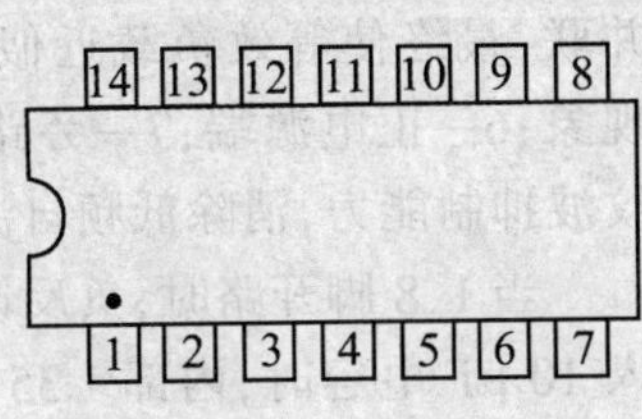

图 5-13 DG4100 外形图

其管脚功能分别是,1—输出端;2、3—接地;4、5—补偿,消振;6—反馈;7、8—空脚;9—输入端;10—纹波抑制,旁路电容;11—空脚;12—电源滤波电容;13—自举电容;14—电源。

(2)DG4100 低频功率放大器的应用电路

DG4100 型集成功率放大器共有 14 个引脚,该集成电路组成 OTL 电路的典型连接方法如图 5-14 所示。

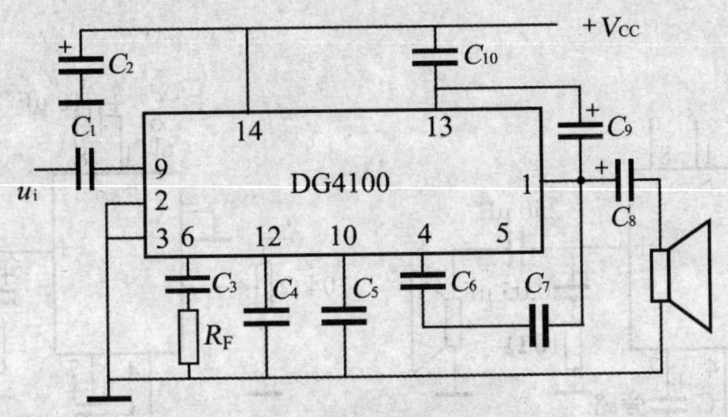

图 5-14 DG4100 的应用电路

图 5-14 中的 C_1 是输入耦合电容,C_2 是电源滤波电容;C_3、R_F 和内部电阻 R_{11} 组成串联电压交流负反馈电路,引入深度负反馈来改善电路的交流性能;C_4 是滤波电容,C_4 是去耦电容,用来保证 VT_1 管偏置电流的稳定;C_6 和 C_7 是消振电容,用来消除电路的寄生振荡,以防止高频自激,增大 C_6,C_7,工作稳定性增加,但高频增益下降;C_8 是输出电容,C_9 是自举电容,该电容的作用是将输出端的信号电位反馈到 VT_7 的集电极,使 VT_7 集电极的电位随输出端信号电位的变化而变化,以加大 VT_7 管的动态范围,提高功放电路输出信号的幅度;C_{10} 的作用是高频衰减,以改善音质。

5.4.2 LM386

LM386 是一种低电压通用型低频集成功率放大器,额定工作电压为 4~16 V。当电源电压为 6 V 时,静态工作电流只有 4 mA,非常适合用电池供电。其频率响应范围可达数百千赫，最大容许功耗为 660 mW(25℃)，不需散热片。工作电压为 4 V，负载电阻为 4 Ω 时，输出功率(失真为 10%)为 300 mW。工作电压为 6 V，负载电阻为 4 Ω、8 Ω、16 Ω 时，输出功率分别为 340 mW、325 mW、180 mW。LM386 的功耗低、容许的电源电压范围宽、通频带宽、外接元件少，广泛用于收录机、对讲机、电视伴音等系统中。

LM386 的管脚排列如图 5-15 所示。

LM386 的引脚功能如下：1—电压增益设定端；2—反相输入端；3—同相输入端；4—接地；5—输出端，外接 RC 串联网络时，可构成串联补偿网络，与呈感性的负载(扬声器)相并联，最终使等效负载近似呈纯阻，以防止高频自激和过压现象；6—正电源端；7—旁路端，外接去耦电容时，可以提高纹波抑制能力，消除低频自激；8—电压增益设定端。

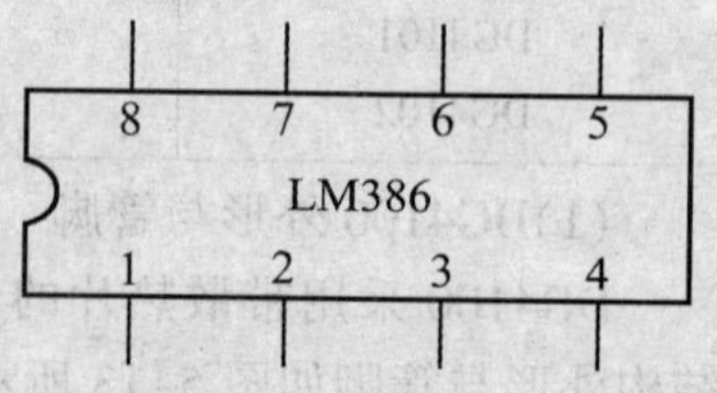

图 5-15 LM386 外形图及管脚排列

当 1、8 脚开路时，负反馈最深，电压放大倍数最小，设定为 A_{vf}=20，如图 5-16(a)所示。接入 10 μF 电容时，内部 1.35 kΩ 电阻被旁路，负反馈最弱，电压放大倍数最大，A_{vf}=200，如图 5-16(b)所示。当 1、8 脚间接入电阻 R 和 10 μF 电容串联支路时，调整 R 可使电压放大倍数 A_{vf} 在 20~200 间连续可调，且 R 越大，放大倍数越小，如图 5-16(c)所示。将上述电路稍作变动，如在 1、5 脚间接入 R、C 串联支路，则可以构成带低音提升的功率放大电路，如图 5-16(d)所示。

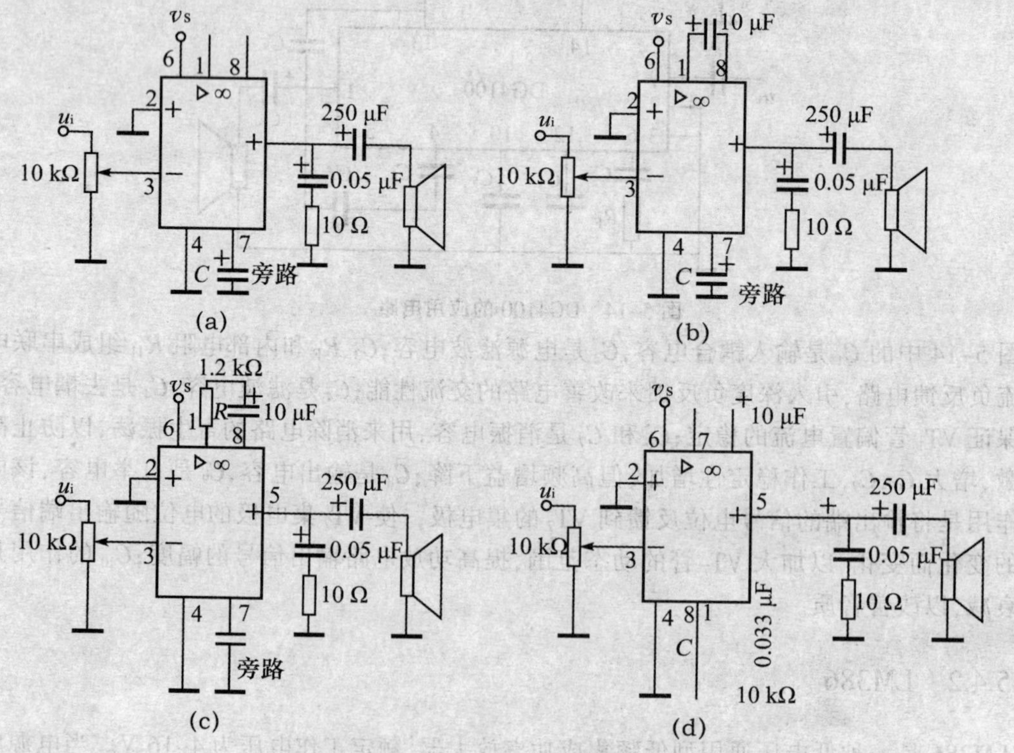

图 5-16 LM386 应用电路

本章小结

1.功率放大电路在电源电压确定的情况下，应在非线性失真允许的范围内，高效率地获得尽可能大的输出功率。因而，功放管常工作于极限应用状态。同时要考虑功放管工作的安全性，所选用的功放管的极限参数应满足 $V_{(BR)CEO}>2V_{CC}$，$I_{CM}>V_{CC}/R_L$，$P_{CM}>0.2P_{om}$。

2.功放电路根据功放管静态工作点的不同可分为甲类、乙类、甲乙类。为提高效率，避免产生交越失真，功放电路常采用甲乙类的互补对称双管推挽电路(OCL OTL)。

3.为使自行组成的复合管行之有效，必须符合电流一致性原则；复合管的导电类型取决于第一管子；$\beta\approx\beta_1\beta_2\cdots$。

4.OTL 和 OCL 电路均有不同型号、性能指标的集成电路，只需外接少量元件，便可组成实用电路。它们具有体积小、重量轻、工作稳定可靠、性能指标高、调整方便等优点，因而获得广泛应用。

5.为保证功率放大器的安全工作，必须合理选择器件，增强功率管的散热效果，防止二次击穿，并根据需要选择好保护电路。

习 题

1.判断下列说法是否正确。

(1)在功率放大器中，输出功率越大，功放管的功耗越大。(　)

(2)功率放大器的主要作用是向负载提供足够大的输出功率。(　)

(3)功率放大器所要研究的问题就是输出功率的大小问题。(　)

(4)顾名思义，功率放大器有功率放大作用，电压放大器只有电压放大作用而没有功率放大作用。(　)

(5)由于功率放大器中三极管处于大信号工作状态，所以常利用三极管的特性曲线通过图解法来进行分析计算。(　)

(6)有一乙类功放电路，其电源电压 V_{CC}=16 V，R_L=8 Ω，在理想情况下可得到最大输出功率为 16 W。(　)

(7)在乙类功放电路中，若在输出端串联两个 8 Ω 的扬声器，则输出功率将比在输出端接一个 8 Ω 的扬声器时少一半。(　)

(8)在乙类功率放大器中，输出功率最大时，功放管的功率损耗也最大。(　)

(9)乙类互补对称电路，其功放管的最大管耗出现在输出电压幅度约为 $0.6V_{CC}$ 的时候。(　)

(10)功率放大器的最大输出功率是指在基本不失真情况下，负载上可能获得的最大交流功率。(　)

(11) 当 OCL 电路的最大输出功率为 1 W 时，功放管的集电极最大耗散功率应大于 1 W。(　)

(12)功率放大电路与电压放大电路、电流放大电路的共同点是：

A.都使输出电压大于输入电压。(　　)

B.都使输出电流大于输入电流。(　　)

C.都使输出功率大于信号源提供的输入功率。(　　)

(13)功率放大器与电压放大器的区别是:

A.前者比后者电源电压高。(　　)

B.前者比后者电压放大倍数大。(　　)

C.前者比后者效率高。(　　)

D.在电源电压相同的情况下,前者比后者的最大不失真输出电压大。(　　)

2.选择正确答案。

(1)图 5-5 所示功率放大器(　　)。

A.工作在甲类状态,存在非线性失真

B.工作在乙类状态,存在交越失真

C.工作在甲类状态,存在交越失真

D.工作在乙类状态,不存在交越失真

(2)在 OCL 功率放大电路中,输入正弦波,输出波形如图 5-17(a)所示,负载上可能获得最大的(　　)。

A.饱和失真　　B.截止失真　　C.频率失真　　D.交越失真

(3)为了改善图 5-17(a)所示的波形,电路应该(　　)。

A.进行相位补偿

B.适当减小功放管的静态值,使之处于微导通状态

C.适当增大功放管的静态值,使之处于微导通状态

D.适当增加负载电阻

(4)功率放大器的最大输出功率是在输入电压为正弦波时,输出基本不失真情况下,负载上可能获得最大的(　　)。

A.交流功率　　B.直流功率　　C.平均功率

(5)功率放大器的转换效率是指(　　)。

A.输出功率与三极管所消耗的功率之比

B.最大输出功率与电源提供的平均功率之比

C.三极管所消耗的功率与电源提供的平均功率之比

(6)在 OCL 乙类功放电路中,若最大输出功率为 1 W,则电路中功放管的集电极最大功耗约为(　　)。

A.1 W　　B.0.5 W　　C.0.2 W

(7)若图 5-17(b)所示电路中三极管饱和管压降的数值为$|V_{CES}|$,则最大输出功率 P_{om}(　　)。

A.$(V_{CC}-V_{CES})^2/2R_L$　　B.$(V_{CC}/2-V_{CES})^2/R_L$　　C.$(V_{CC}/2-V_{CES})^2/2R_L$

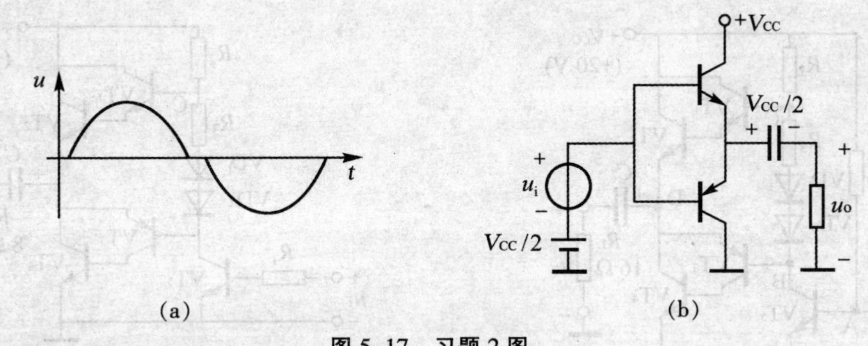

图 5-17 习题 2 图

(8) 甲类功放效率低是因为( )。

A.只有一个功放管　　B.静态电流过大　　C.管压降过大

(9) 功放电路的效率主要与( )有关。

A.电源供给的直流功率　　B.电路输出信号最大功率　　C.电路的工作状态

(10) 为了消除交越失真,应当使功率放大器工作在( )状态。

A.甲类　　B.甲乙类　　C.乙类

(11) 在甲乙类双电源互补对称功放电路中,已知 V_{CC}=12 V,R_L=8 Ω,u_i 为正弦波,则负载上可得到的最大输出功率为( )。

A.9 W　　B.4.5 W　　C.4 W　　D.18 W

(12)在甲乙类双电源互补对称功放电路中,V_{CC}=16 V,R_L= 8 Ω,则每只功放管的集电极最大电流 I_{CW} 应( )。

A.>1 A　　B.=2 A　　C.>2 A　　D.<1 A

(13)甲乙类功放电路中,二极管 VD_1 和 VD_2 的作用是( )。

A.增大输出功率　　B.消除交越失真　　C.无作用　　D.减小三极管的穿透电流

3.已知图 5-18 所示电路中 VT_1 和 VT_2 管的饱和管压降$|V_{CES}|$=2 V,导通时$|V_{BE}|$=0.7 V,输入电压足够大。

① A、B、C、D 点的静态电位各为多少?

②为了保证 VT_2 和 VT_4 管工作在放大状态,管压降$|V_{CE}|\geqslant$3 V,电路的最大输出功率 P_{om} 和效率 η 各为多少?

4.OTL 电路如图 5-19 所示。

①为了使最大不失真输出电压幅值最大,静态时 VT_2 和 VT_4 管的发射极电位为多少?若不合适,则一般应调节哪个元件参数?

②若 VT_2 和 VT_4 管的饱和管压降$|V_{CES}|$=3 V,输入电压足够大,则电路的最大输出功率 P_{om} 和效率 η 各为多少?

③VT_2 和 VT_4 管的 I_{CM}、$V_{(BR)CEO}$ 和 P_{CM} 应如何选择?

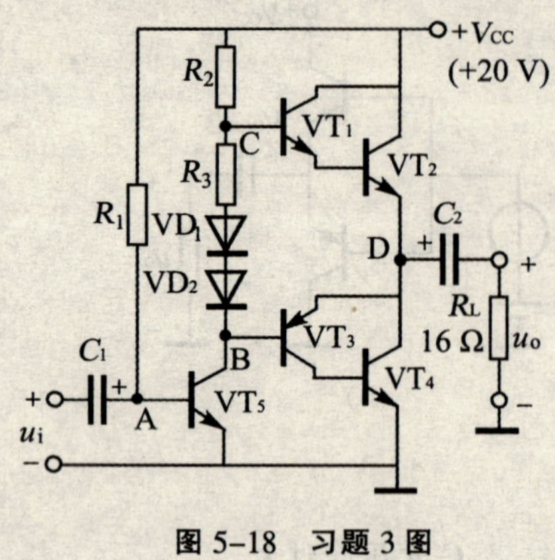

图 5–18 习题 3 图

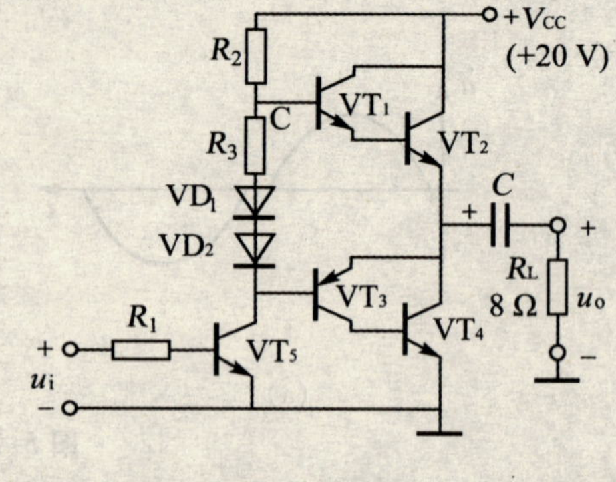

图 5–19 习题 4 图

项目实训

项目任务:

音频功放电路的安装与调试。

项目描述:

LM386是一种低电压通用型低频功率放大器,它的特点是OTL电路类型,额定工作电压为4~16 V。LM386功耗低、电源电压范围宽、外接元件少,广泛用于收音机、对讲机、电视伴音系统中。

电路工作原理:

LM386的外形及引脚如图5-20所示,信号从3脚同相输入端输入,从5脚经耦合电容(220 μF)输出。7脚所接容量为20 μF的电容为去耦滤波电容。1脚与8脚所接电容是用于调节电路的闭环电压增益,输出端5脚所接10 Ω电阻和0.047 μF电容组成阻抗校正网络,抵消负载中的感抗分量,防止电路自激,有时也可省去不用。该电路如用做收音机的功放电路,输入端接收音机检波电路的输出端即可。

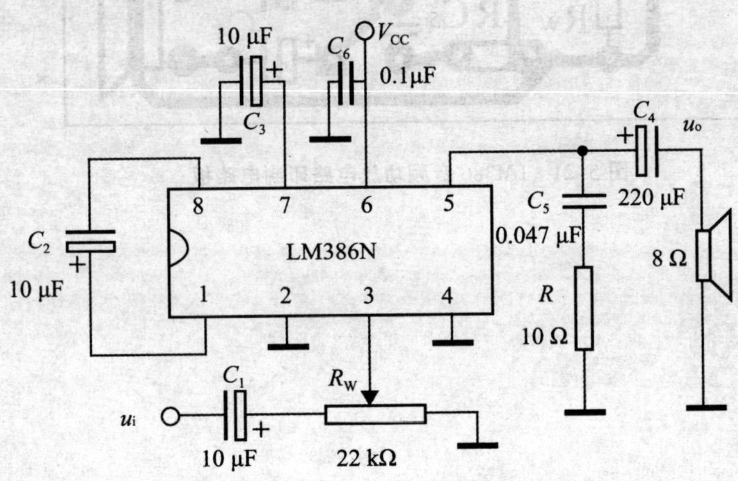

图5-20 LM386音频功放电路

元器件选择:

集成电路:LM386;

C_1:0.1 μF;

C_2、C_3:10 μF;

C_4:20 μF;

C_5:0.047 μF;

R:10 Ω普通碳膜电位器;

R_W:22 kΩ 普通碳膜电位器；

扬声器 R_L:8 Ω。

制作与调试：

图 5-21 所示为该音频功放电路的印制电路板。LA386 组成的音频功率放大器电路简单，调试也很方便，一般情况下，只要装配无误，就能一次成功。

(1) 安装完毕，首先检查装配情况，如确定无误，就可通电。

(2) 用镊子碰触负极(放大器信号输入端)，听扬声器是否随镊子的碰触发出“咕咕”声。

(3) 用音频信号送入放大器，试听扬声器发出的声音。

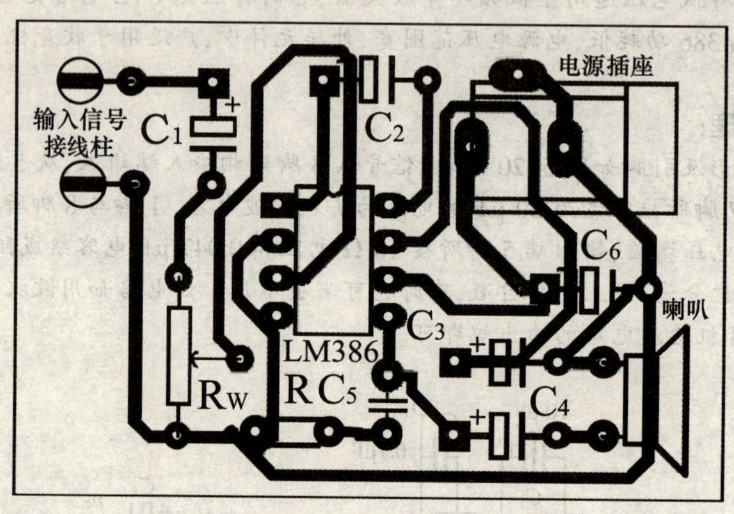

图 5-21 LM386 音频功放电路印制电路板

6 正弦波振荡电路

振荡电路是无需外加输入信号，把直流电源提供的能量转换成有一定频率和振幅的交流信号的电子电路。正弦波振荡电路是应用最广泛的一种振荡电路，如收音机和电视机的本机振荡电路、发射机中的载波振荡电路、超声波探伤、各种频率的正弦波信号发生器等。

6.1 正弦波振荡电路的组成与分类

6.1.1 正弦波振荡电路的组成

正弦波振荡电路一般由放大电路、反馈网络、选频网络、稳幅电路 4 个部分组成，其中放大电路和正反馈网络是振荡电路的主要组成部分。

(1)放大电路

用于放大反馈回来的信号，与正反馈网络配合实现起振，与稳幅电路配合实现稳幅。

(2)选频网络

用来选择某一频率的信号，使振荡电路输出单一频率的正弦波信号。它既可以设置在放大电路中，也可以设置在正反馈网络中。

(3)正反馈网络

为了使电路起振和产生正弦波，必须在放大电路中加入正反馈。

(4)稳幅电路

由以上 3 个部分构成的振荡器很难控制正反馈的量，如果正反馈量大，则增幅将使输出幅度越来越大，最后由于三极管的非线性限幅必然产生波形的非线性失真；反之，如果反馈量不足，则减幅将可能使电路停振。所以，一般得不到正弦波，而是一些非正弦波信号。为了得到正弦波信号，振荡电路必须要有一个稳幅电路。

由放大电路的知识可知，当在放大电路中引入反馈后，往往在某些条件下会产生自激振荡，使电路不能正常放大输入信号，这时振荡是需要消除的，而正弦波振荡电路则是要利用这种振荡。图 6-1 为正反馈放大电路方框图，图中$\dot{X}_a=\dot{X}_i+\dot{X}_f$，$\dot{X}_f$为反馈信号，它是信号$\dot{X}_a$经过基本放大电路 A 和反馈网络 F 所构成的闭环回路传输后得到的。如果$\dot{X}_f$与$\dot{X}_a$在大小和相位上都一致，那么就可以使输入信号$\dot{X}_i=0$，将$\dot{X}_f$直接输入$\dot{X}_a$端，形成如图 6-2 所示的闭环系统。因此，从结构上看，正弦波振荡电路就是一个没有输入信号的带选频网络的正反馈放大电路。

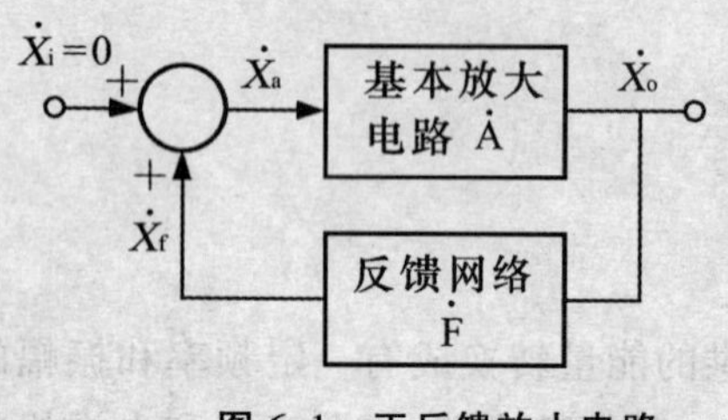

图 6-1　正反馈放大电路

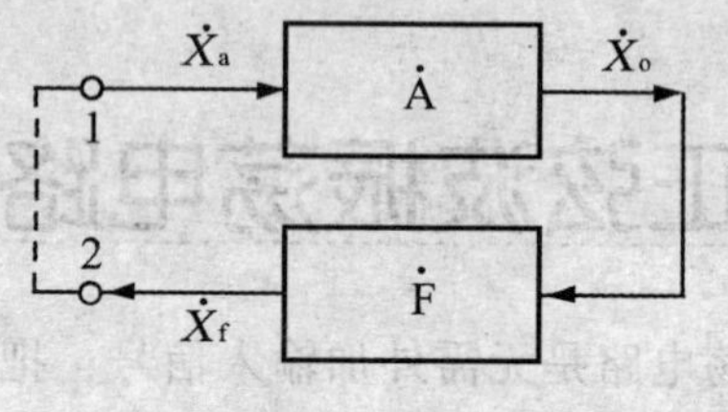

图 6-2　闭环系统

6.1.2　正弦波振荡电路的分类

正弦波振荡电路根据选频网络的不同，可分为 RC 振荡电路、LC 振荡电路和石英晶体振荡电路。其中，RC 正弦波振荡电路是利用电阻和电容器组成选频电路的振荡电路，一般用来产生频率在几赫至几百千赫的正弦波振荡信号；LC 正弦波振荡电路是利用电感和电容组成选频电路的振荡电路，一般用来产生几百千赫以上的正弦波信号，如用于超外差收音机的本机振荡电路中。石英晶体振荡电路的频率非常稳定，一般用来产生频率在几十千赫以上的正弦波信号，多用于时基电路（如石英钟、电子表）或测量设备中。

6.2　自激振荡的条件

6.2.1　振荡的形成过程

正弦波振荡器是一个信号源，根据前面的分析可知，它是不需要外加输入信号的。那么，输出信号又是从何而来呢？简而言之，在电路接通直流电源的一瞬间，放大电路中三极管将产生基极电流和集电极电流的突变，这种突变就是初始信号。由于此时的电流幅度较小，也称为扰动信号。这个电流扰动中包含了多种频率的微弱正弦波信号，统称为激励信号。激励信号经过“放大→正反馈（选频）→再放大 →再正反馈（再选频）”的循环过程，输出电压就可以由小到大地逐渐建立起来。

6.2.2 振荡条件和平衡条件

如果要完成上述振荡过程,振荡电路必须满足振荡条件(起振条件)和平衡条件。

(1)振荡条件(起振条件)

振荡电路在刚刚起振时,激励信号很弱。另外,为了克服电路中的其他损耗,往往需要正反馈强一些。这样,正反馈网络每次反馈的输入信号幅度会比前一次大,从而激励起振荡,即

$$\left|\dot{X}_f\right|>\left|\dot{X}_a\right| \tag{6-1}$$

如图 6-2 所示 $\dot{X}_o=\dot{A}\dot{X}_a$ (6-2)

$\dot{X}_f=\dot{F}\dot{X}_o$ (6-3)

由式 6-2、6-3 可得 $\dot{X}_f=\dot{A}\dot{F}\dot{X}_a$ (6-4)

从而可得到起振条件为 $\left|\dot{A}\dot{F}\right|>1$

并且 $\varphi_A+\varphi_F=2n\pi$ $(n=0、1、2、3\cdots)$

即反馈信号要与输入信号$\dot{X}_a$相位相同,并且在幅度上满足 $\left|\dot{A}\dot{F}\right|>1$。

(2)平衡条件

由于在起振的过程中$\dot{X}_f>>\dot{X}_a$,因此振荡电路中循环往复地进行“放大→正反馈→再放大→再正反馈”的过程。因三极管是非线性元件,当输入信号即$\dot{X}_a$过强时,三极管将从放大区进入非线性区(饱和区或截止区)。此时,满足$\dot{X}_f=\dot{X}_a$,正反馈系统产生自激。此时不必外加输入信号$\dot{X}_i$电路就有$\dot{X}_o$输出,即电路进入了自激振荡状态。

如图 6-2 所示 $\dot{X}_o=\dot{A}\dot{X}_a$ (6-5)

$\dot{X}_f=\dot{F}\dot{X}_o$ (6-6)

由式(6-5)、(6-6)得 $\dot{X}_f=\dot{A}\dot{F}\dot{X}_a$ (6-7)

所以$|AF|=1$,即振荡电路的振幅平衡条件。另外,如果设 $x_a=\sin(\omega t)$,则 $x_f=\sin(\omega t+\varphi)$,可得振荡电路的相位平衡条件为:

$$\varphi=\varphi_A+\varphi_F=2n\pi \quad (n=0、1、2、3\cdots)$$

这是正弦波振荡电路维持振荡的两个必要条件。

6.3 RC 振荡电路

RC 振荡电路的选频电路由电阻和电容组成,有桥式、移向式和 T 式等几种。常见的是

RC 串并联式正弦波振荡电路，它又称为文氏桥正弦波振荡电路，主要用于低频振荡，产生频率在 200 kHz 以下的正弦波信号。

6.3.1 文氏桥振荡电路的构成

文氏桥振荡电路如图 6-3 所示，RC 串并联网络是正反馈网络，起放大和选频作用，另外还增加了 R_3 和 R_4 负反馈网络。C_1、R_1 和 C_2、R_2 正反馈支路与 R_3、R_4 负反馈支路正好构成一个桥路，称为文氏桥。

当 $C_1=C_2=C$、$R_1=R_2=R$ 时，$f=f_o=\dfrac{1}{2\pi RC}$，$F=\dfrac{u_f}{u_o}=\dfrac{1}{3}$

此时满足相位条件 。为满足振荡的幅度条件$|AF|\geqslant 1$，应使 $A_f\geqslant 3$。加入 R_3、R_4 支路构成串联电压负反馈，用以减小失真、稳定输出信号，从而改善输出波形。

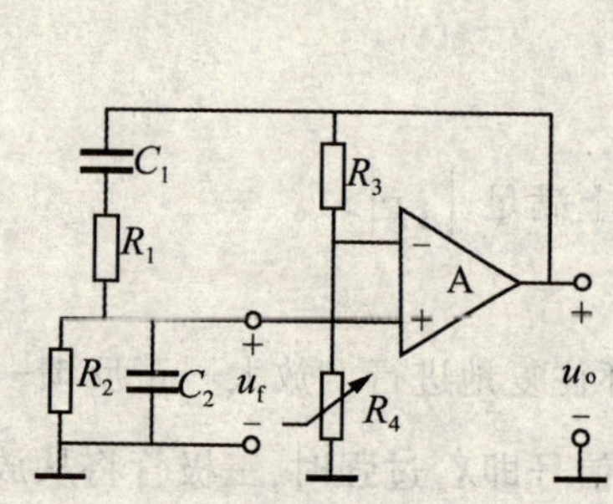

图 6-3 文氏桥振荡电路

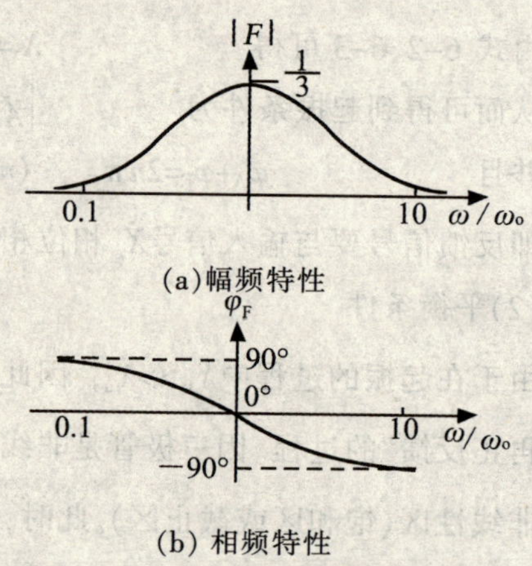

(a)幅频特性

(b) 相频特性

图 6-4 RC 串并联网络的频率响应曲线

6.3.2 文氏桥振荡电路的稳幅过程

RC 文氏桥振荡电路的稳幅作用是靠热敏电阻 R_4 来实现的。R_4 是正温度系数热敏电阻，当输出电压升高时，R_4 上所加的电压升高，即温度升高，R_4 的阻值增加，负反馈增强，输出幅度下降。反之，输出幅度增加。若热敏电阻是负温度系数，应放置在 R_3 的位置。

6.3.3 RC 串并联网络的频率响应

RC 串并联网络的频率响应包括幅频特性曲线和相频特性曲线，如图 6-4 所示。幅频特性曲线反映了输出电压 u_o、输入电压 u_i 的幅度相对大小与频率 f 的关系，相频特性曲线则反映了输出电压 u_o、输入电压 u_i 的相位差相对频率 f 的关系。

(1)幅频特性

如图 6-3 所示，由于电容具有“隔直通交”的特性，所以在输入信号频率为零的情况下，C_1、C_2 呈开路状态，RC 串联网络的输出电压 u_o 为零。随着输入信号频率的增加，C_1 与 C_2 的容

抗逐渐减小，电路中出现电流，输出电压逐渐增大。在输入信号频率为无穷大的情况下，C_1、C_2呈短路状态，输出电压又为零。当$f=f_0$时，反馈系数$|F|=\frac{1}{3}$，如图 6-4(a)所示。

(2)相频特性

当输入信号频率接近零时，输出电压超前于输入电压趋近 90°；当输入信号等于f_0时，相位角$\varphi_F=0°$，即输出电压与输入电压相位相同；输入信号频率接近无穷大时，输出电压落后于输入电压趋近 90°，如图 6-4(b)所示。

6.4 LC 正弦波振荡电路

常见的 LC 振荡电路主要用来产生高频信号，一般在 1 MHz 以上。LC 和 RC 振荡电路的工作原理基本相同，只是在电路组成方面有所区别。RC 振荡电路的选频网络由电阻和电容组成，而 LC 振荡电路的选频网络则由电感和电容组成，如图 6-5 所示。

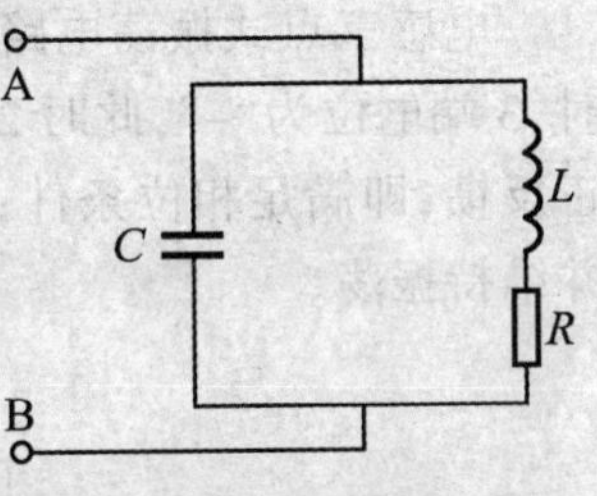

图 6-5 LC 并联谐振电路

6.4.1 LC 并联谐振回路

在图 6-5 中，当信号频率很低时，容抗很大，可以认为开路，但感抗很小，则总的阻抗主要取决于电感支路。当频率很高时，感抗很大，可以认为开路，但容抗很小，此时总的阻抗主要取决于电容支路。所以，在低频时并联阻抗等效为一个纯电感，而在高频时并联阻抗等效为一个纯电容。只有在中间某一频率$f=f_0$时，并联阻抗等效为一个纯电阻，此时阻抗最大。因此，f_0称为谐振频率，也称为固有频率。

(1)谐振的条件与特点

① LC 并联谐振的条件

在 LC 并联谐振电路中，当$f<f_0$或$f>f_0$时，电路中的电压与电流相位都不相同；只有当$f=f_0$时，电路等效为一个纯电阻，此时电路中的电压与电流相位相同，这种情况称为并联谐振，$f=f_0$即为并联谐振的条件。

② LC 并联谐振的特点

出现并联谐振时，电路中电压与电流的相位相同、阻抗最大且呈现纯电阻性，阻抗$Z_{AB}=\frac{1}{RC}$。

(2)谐振频率与谐振电阻、品质因数

① 谐振频率f_0

$f_0=\frac{1}{2\pi\sqrt{LC}}$，可以通过改变$L$或$C$的值来改变谐振频率。

② 谐振电阻

谐振时总的容抗等于感抗，两端呈现纯电阻性。

③ 谐振回路的品质因数

品质因数指谐振时电路的电抗与等效损耗电阻之比。$Q=\frac{\omega_0 L}{R}=\frac{1}{\omega_0 RC}$，其中，$\omega_0=2\pi f_0$，$\omega_0$称为谐振角频率。如果要提高 Q 值，应降低损耗电阻 R。

6.4.2 三点式 LC 振荡电路

(1)电路特点

三点式 LC 振荡电路的特点是 LC 选频振荡回路的三个端点与三极管的三个电极 B、C、E 分别对应连接。

(2)应用举例

① 电感三点式振荡电路

电感三点式振荡电路如图 6–6(a)所示，交流通路如图 6–6(b)所示。当线圈 1 端电位“+”时，3 端电位为“–”，此时 2 端电位低于 1 端而高于 3 端，即 u_f 与 u_o 反相，经倒相放大后，形成正反馈，即满足相位条件；适当选择 L_2 和 L_1 的比值，使 $AF>1$，满足振幅条件，电路就能起振并维持振荡。

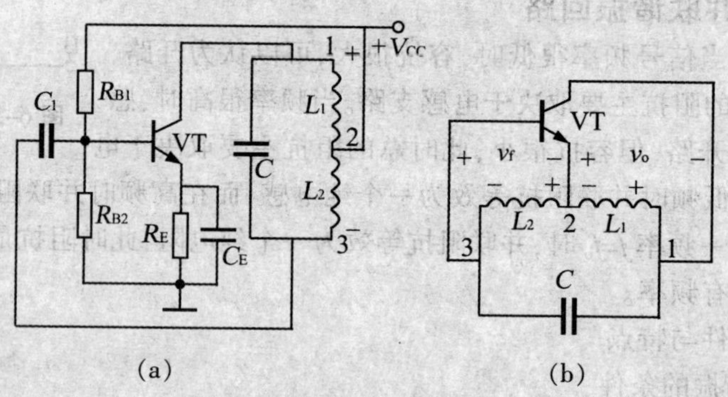

图 6–6 电感三点式振荡电路

由于反馈电压 u_f 取自 L_2 两端，故改变线圈抽头的位置，可调节振荡器的输出幅度。L_2 越大，反馈越强，振荡输出越大；反之，L_2 越小，反馈越小，不易起振，振荡输出越小。电路振荡频率为：

$$f=\frac{1}{2\pi\sqrt{LC}}=\frac{1}{2\pi\sqrt{(L_1+L_2+2M)C}}$$

其中 M 是 L_1 与 L_2 之间的互感系数。

电感三点式振荡器的优点是振荡频率很高，可达到几十兆赫，但缺点是波形失真较大，一般应用在对波形要求不高的电路中。

② 电容三点式振荡电路

电容三点式振荡电路如图 6–7(a)所示，交流通路如图 6–7(b)所示。当线圈 1 端电位为“+”，3 端电位为“–”时，此电压经 C_1、C_2 分压后，2 端电位低于 1 端而高于 3 端，即 u_f 与 u_o 反相，经 VT 倒相放大后，使 1 端获“+”电位，满足相位条件；适当的地选择 C_1、C_2 的数值，使电

路具有足够大的幅度倍数，则满足振幅条件，电路可以产生振荡。电路振荡频率为$f_0=$

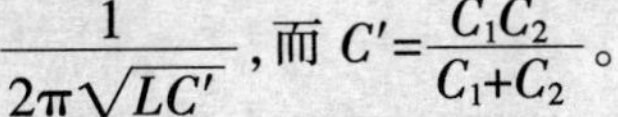

$\frac{1}{2\pi\sqrt{LC'}}$，而 $C'=\frac{C_1C_2}{C_1+C_2}$。

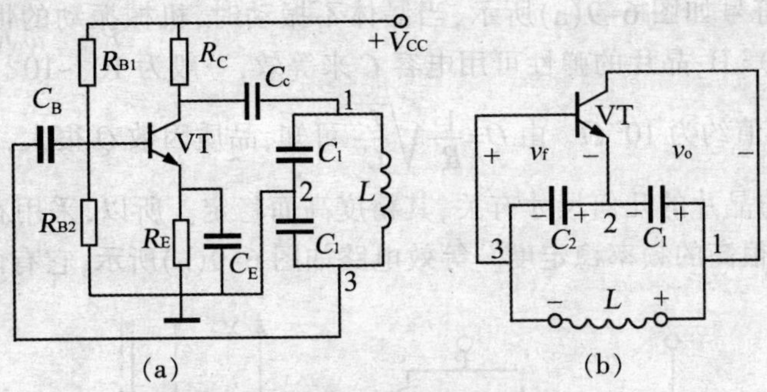

图 6-7 电容三点式振荡电路

这种电路的优点是频率较高，可以达到 100 MHz 以上。另外，输出波形好。缺点是频率调节不方便，由于三极管结电容的影响，容易引起振荡频率的不稳定。

6.5 石英晶体振荡电路

一般振荡电路的振荡频率总会受到许多因素的影响，例如温度的变化、负载的变化以及电源电压的变化等。而一些特殊电路对于频率稳定度的要求严格，所以需要一种频率稳定性高的振荡电路。石英晶体可以满足这种特殊的要求，它的频率稳定度高，可达 10^{11} 量级。

6.5.1 石英晶体的压电效应和压电谐振

(1)压电效应

对于按照一定方法切割而成的石英晶片，在外加电压的作用下将发生某种形变，而在外力的作用下又会产生一定的电压，如图 6-8(a)所示。

(2)压电谐振

当外加交流电压的频率等于晶体的固有频率时，石英晶体会产生相同频率的机械振动，即回路发生串联谐振。产生压电谐振时的振荡频率称为石英晶体谐振电路的振荡频率，如图 6-8(b)所示。

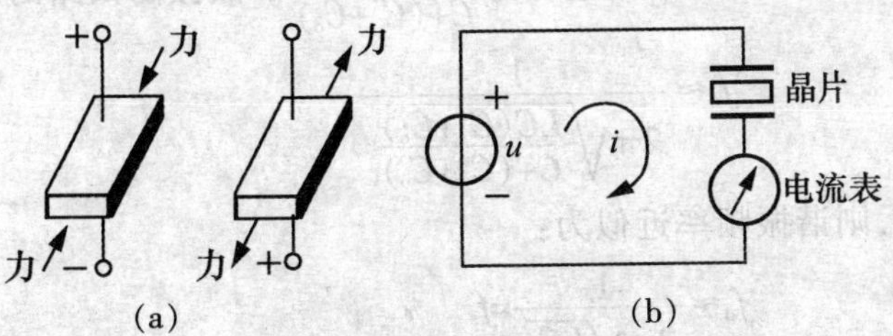

图 6-8 压电效应和谐振现象

6.5.2 石英晶体谐振电路的符号和等效电路

石英晶体的符号如图 6–9(a)所示，当晶体不振动时，机械振动的惯性可用电感 L 来等效，一般为 10^{-3}~10^{-2} H；晶片的弹性可用电容 C 来等效，一般为 10^{-2}~10^{-1} pF；晶片振动时的损耗用 R 来等效，阻值约为 10^2 Ω。由 $Q=\frac{1}{R}\sqrt{\frac{L}{C}}$ 可知，品质因数 Q 很大，可达 10^4~10^6，加之晶体的固有频率只与晶片的几何尺寸有关，其精度高而稳定。所以，采用石英晶体谐振器组成振荡电路，可获得很高的频率稳定度。等效电路如图 6–9(b)所示，它有两个谐振频率。

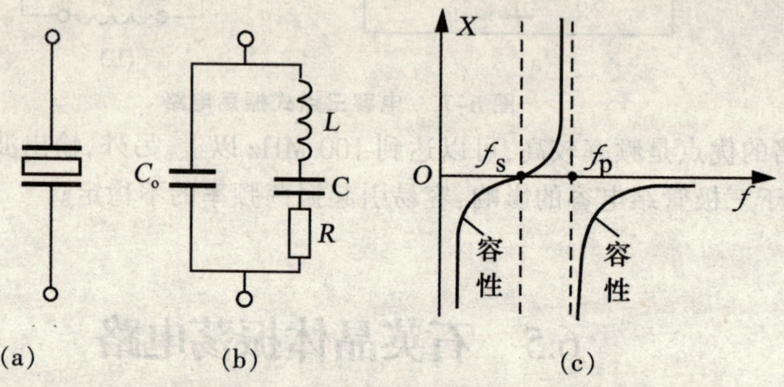

图 6–9 石英晶体谐振电路

当 L、C、R 支路串联谐振时，等效电路的阻抗最小。串联谐振频率为：

$$f_s=\frac{1}{2\pi\sqrt{LC}}$$

当 L、C、R 支路并联谐振时，等效电路的阻抗较小。并联谐振频率为：

$$f_p=\frac{1}{2\pi\sqrt{L\frac{CC_o}{C+C_o}}}\approx f_s\sqrt{1+\frac{C}{C_o}}$$

由于 $C<<C_o$，因此 f_s 和 f_p 两个频率基本相同。

6.5.3 并联型石英晶体振荡电路

如图 6–10(a)所示，振荡回路由 C_1、C_2 和晶体组成。其中，晶体起电感 L 的作用，等效电路如图 6–10(b)所示，即振荡频率在晶体谐振器的 f_s 和 f_p 之间。由于回路电容是 C_1 和 C_2 串联后与 C_o 并联，再与 C 串联，则回路电容为 $\frac{C(C'+C_o)}{C+(C'+C_o)}$。故振荡回路的谐振频率为：

$$f_o\approx\frac{1}{2\pi\sqrt{\frac{LC(C'+C_o)}{C+(C'+C_o)}}}$$

由于 $C<<C_o+C'$，则谐振频率近似为：

$$f_o\approx\frac{1}{2\pi\sqrt{LC}}=f_s$$

可见，振荡频率 f_o 基本只取决于石英晶体的固有频率 f_s，故其频率稳定度极高。

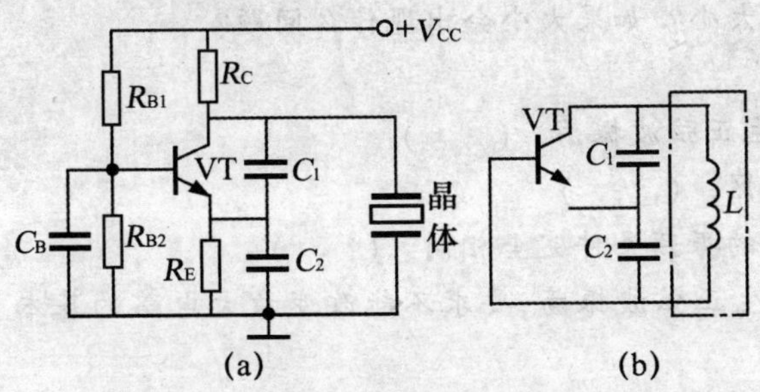

图 6-10 并联型石英晶体振荡电路

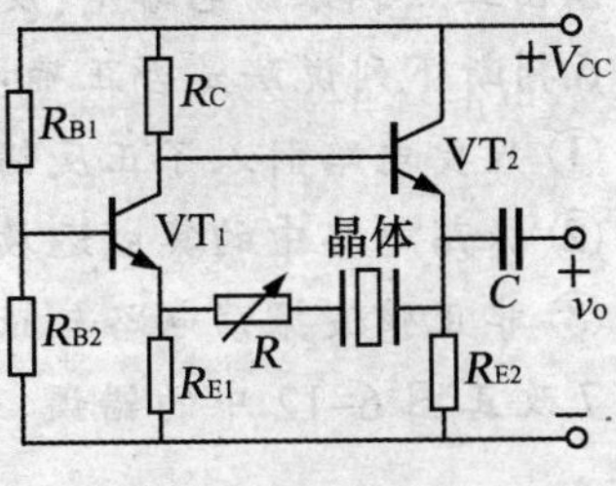

图 6-11 串联型晶体振荡电路

6.5.4 串联型石英晶体振荡电路

如图 6-11 所示，晶体与电阻 R 串联构成正反馈电路。当振荡频率等于晶体的固有频率 f_s 时，晶体阻抗最小且为纯电阻，电路满足自激振荡条件而振荡，其振荡频率为 $f_o=f_s$。当振荡频率不等于晶体的固有频率 f_s 时不能振荡。调节电阻 R 可以改善输出的正弦波波形。

本章小结

1.要使正弦波振荡电路产生振荡，既要使电路满足幅度起振条件又要满足相位起振条件。振荡时同时满足幅度平衡条件和相位平衡条件。

2.正弦波振荡器一般由放大电路、反馈网络、选频网络和稳幅环节组成。正弦波振荡电路按选频网络不同，主要分为 RC 振荡电路、LC 振荡电路和石英晶体振荡电路。改变选频网络的电参数，可以改变电路的振荡频率。

3.RC 振荡电路的振荡频率不高，通常在 1 MHz 以下，用做低频和中频正弦波发生电路 (1 Hz~1 MHz)。桥式文氏 RC 振荡电路的振荡频率为 $\frac{1}{2\pi RC}$，常用在频带较宽且要求连续可调的场合。

4. LC 振荡电路主要有电感三点式和电容三点式。电容三点式改进型电路频率稳定性高。它们的振荡频率 $f_o=\frac{1}{2\pi\sqrt{LC}}$，$f_o$ 愈大，所需 L、C 值愈小，因此常用做几十千赫以上高频信号源。

5.石英晶体振荡器是利用石英谐振器的压电效应来选频，它与 LC 振荡电路相比，Q 值要高得多，主要用于要求频率稳定度高的场合。

习 题

1.振荡器与放大器有何区别与联系？

2.正弦波振荡器电路由哪几部分组成？选频网络的作用是什么？

3.LC 振荡电路频率不稳定的原因是什么？如何解决？

4.振荡电路中引入正反馈的作用是什么？

5.在三点式振荡电路中，反馈电容能不能太小？如果太小会出现什么问题？

6.判断下列说法是否正确：

① 只要电路引入了正反馈，就一定会产生正弦波振荡。(　　)

② 振荡电路中的集成运放都工作在线性区。(　　)

③ 非正弦波振荡电路与正弦波振荡电路的振荡条件完全相同。(　　)

7.改正图 6–12 中的错误，使电路可能产生正弦波振荡，要求不能改变放大电路的基本接法。

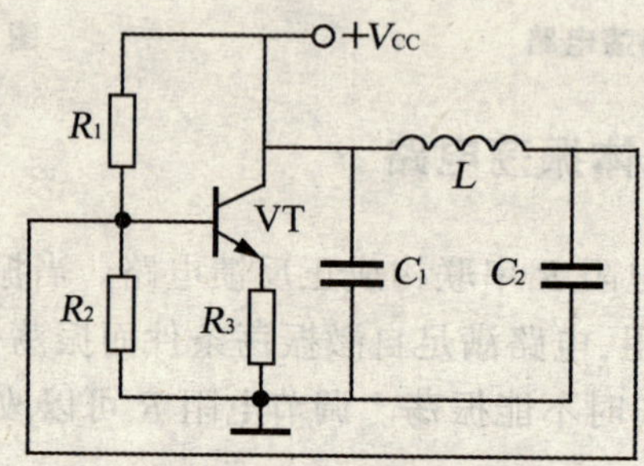

图 6–12　习题 7 图

8.在某个振荡电路中，若 L=210 μH，C_o=20/580 pF，C_2=15 pF，求振荡频率的调整范围。

9.某电视机高频头的振荡电路中，C_1=3.6 pF，C_2=9.5 pF，C=18 pF，C'=4.5 pF，L=2 μH，计算振荡频率的调整范围。

项目实训

项目任务:

制作正弦波振荡器。

电路工作原理:

电路原理如图 6–13 所示,电路由同相放大器和具有选频网络的 RC 串并联正反馈网络两部分组成,所以电路的相位平衡条件是满足的。电路的电压放大倍数是 $A_u=(R_P+R_1)/R_1$,由该电路的工作原理可知,电路的正反馈系数 $F=1/3$,只要 $AF\geqslant 1$ 电路即可起振。代入上式得电路的起振条件是 $R_P\geqslant 30\ \text{k}\Omega$,最后由稳幅电路使输出幅值恒定。振荡电路的振荡频率公式为 $f_o=1/(2\pi RC)$。

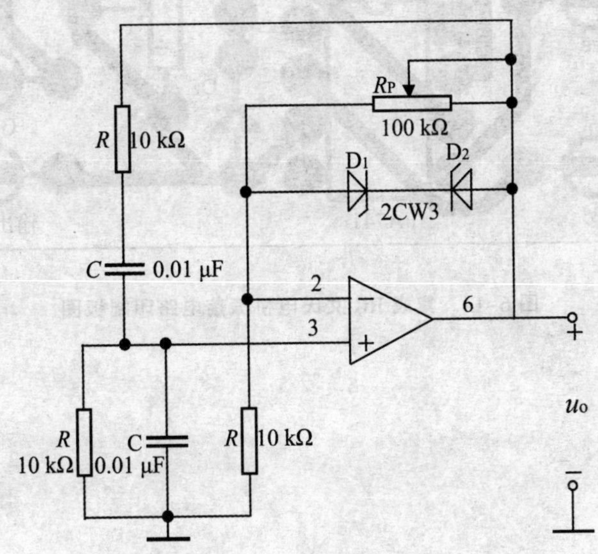

图 6–13 RC 文氏电桥振荡电路

元器件选择:

集成运放:uA741 或 LM741;

C:0.01 μF 2 只;

稳压二极管:2CW3;

R:10 kΩ 普通碳膜电阻器;

R_P:100 kΩ 普通碳膜电位器;

扬声器 R_L:8 Ω。

制作与调试:

图 6–14 所示为 RC 正弦波振荡器的印制电路板。

(1)安装完毕,首先检查装配情况,如确定无误,就可接通电源和示波器,观察电路有无输出波形。

(2)调节电位器 R_P,用示波器观察输出波形 u_o,直到出现正弦波,并测量输出电压的最大不失真电压幅度,波形的周期。

(3)将输出 u_o 接示波器 Y 轴输入端,标准信号源(正弦波)输出端接示波器 X 轴输入端,将示波器改为"$X-Y$"显示方式,用李沙育图法测量频率,即调节信号源频率,使在示波器上出现圆或椭圆图形,这时读出标准信号源的频率即是振荡器的输出频率。

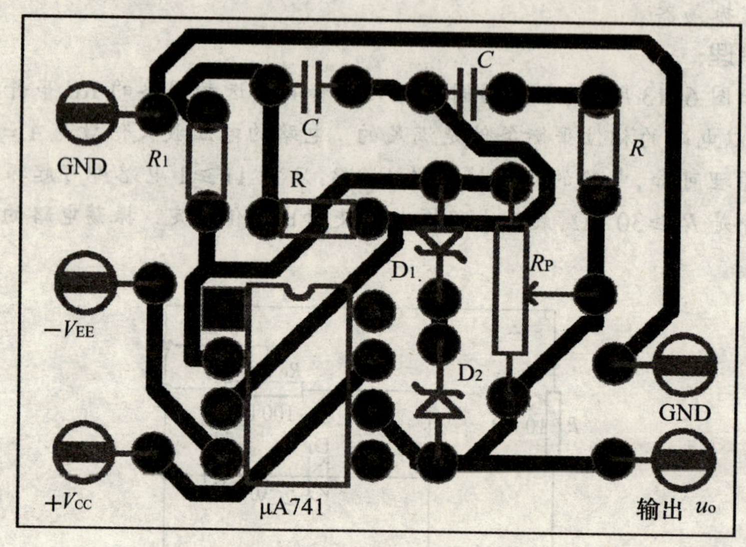

图 6-14　集成 RC 文氏电桥振荡电路印制板图

7 直流电源

电子设备中都需要有直流电源供电，而通常电子设备中的直流电源是由电网提供的交流电经过整流、滤波和稳压以后得到的。本章首先介绍直流电源中常用整流电路的组成、工作原理、各种滤波电路的原理与性能；然后介绍稳压电路的组成、稳压电路的稳压原理，对集成化稳压电路和开关型稳压电路，也作了必要的阐述；最后介绍了直流电源的检测方法，并对可控整流电路扼要地进行了介绍。

7.1 直流电源的组成

电子电路通常都要由直流电源来供电，直流电源是构成电子电路的重要组成部分。直流电源的形式很多，最常用的是干电池或将交流电源变换成直流电源。比较经济实用的方法是利用由交流电源经过变换得到的直流电源。本章主要介绍将交流电经过变换得到直流电源的方法。

常用小功率直流电源一般由电源变压器、整流电路、滤波电路和稳压电路4部分组成，如图7–1所示，现将它们的作用分别加以说明。

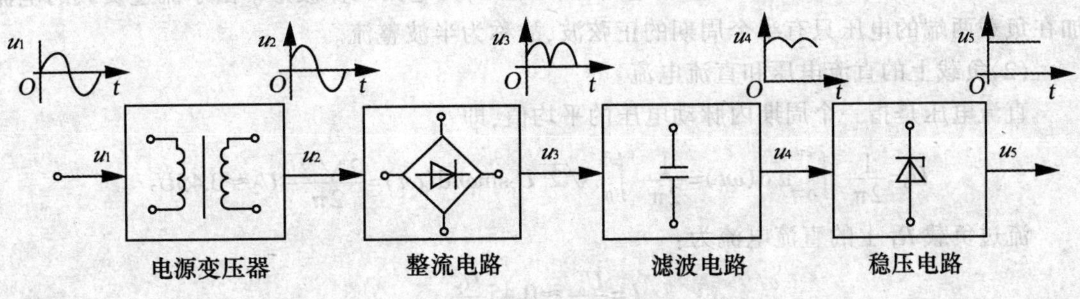

图7–1 直流电源组成框图

(1)电源变压器

电源变压器的作用是将电网提供的交流 220 V(或 380 V)电压变为所需要的交流电压,同时将电子电路与交流电网隔离。由于各种电子设备所需直流电压的大小和提供的能量各不相同,因此,需要根据具体设备选择不同变比和容量的电源变压器,为电子设备提供所需的能量。

(2)整流电路

整流电路的作用是利用具有单向导电性能的整流元件,将正负交替的正弦交流电整流成单向脉动的直流电。由于这种脉动直流电中包含着丰富的交流分量,距理想的直流电相差很远,所以需要进行滤波处理。

(3)滤波电路

滤波电路的作用是将脉动的直流电变成比较平滑的直流电。滤波电路一般由电容、电感等储能元件组成。由于电网电压波动或负载变化时,输出直流电压的值也将变化,这是滤波电路所无法解决的,在要求比较高的电子电路中,需采取稳压措施。

(4)稳压电路

稳压电路的作用是采取某些措施,使输出的直流电压在电网电压或负载发生变化时能够保持稳定。下面分别介绍各部分的具体电路和它们的工作原理。

7.2 二极管整流电路

整流电路的任务是将交流电变换成脉动的直流电。我们已经知道,半导体二极管具有单向导电性,因此可以利用二极管的这一特性组成整流电路。本节介绍常用的小功率单相整流电路,包括半波整流电路、全波整流电路和桥式整流电路。

7.2.1 单相半波整流电路

半波整流电路由电源变压器 Tr,整流二极管 VD 和负载电阻 R_L 组成。

(1)电路的组成及工作原理

图 7–2(a) 所示为单相半波整流电路,图 7–2(b)为电路工作波形。由于流过负载的电流加在负载两端的电压只有半个周期的正弦波,故称为半波整流。

(2)负载上的直流电压和直流电流

直流电压是指一个周期内脉动电压的平均值,即

$$U_o=\frac{1}{2\pi}\int_0^{2\pi}u_o\mathrm{d}(\omega t)=\frac{1}{2\pi}\int_0^{\pi}\sqrt{2}\,U_2\sin\omega t\mathrm{d}(\omega t)=\frac{2\sqrt{2}}{2\pi}U_2\approx 0.45U_2$$

流过负载 R_L 上的直流电流为:

$$I_o=\frac{U_o}{R_L}\approx 0.45\frac{U_2}{R_L}$$

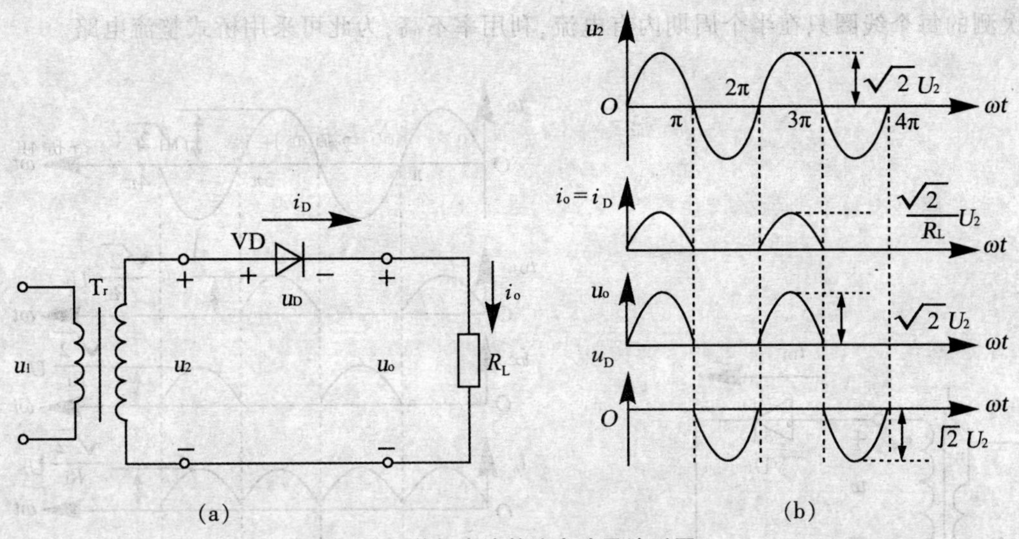

图 7–2 单相半波整流电路及波形图

(3)整流二极管参数

由图 7–2(a)可知,流过整流二极管的平均电流 I_V 与流过负载的平均电流 I_o 相等,即

$$I_V=I_o=\frac{0.45U_2}{R_L}$$

当二极管截止时,它承受的反向峰值电压 V_{RM} 是变压器二次电压的最大值,即

$$U_{RM}=\sqrt{2}\ U_2$$

7.2.2 单相全波整流电路

全波整流电路由副边绕组具有中心抽头的变压器 Tr 和两只二极管 VD_1、VD_2 及负载R_L组成,如图 7–3(a)所示。由图可知,它实际上是由两个半波整流电路组成的,变压器副边绕组与两个二极管配合,两个二极管在交流电压的正半轴和负半轴轮流导通,流过负载 R_L 的电流始终从上向下,使负载两端在交流电压的一个周期内均有电压输出。

(1)电路及工作原理

当 u_2 为正半轴时,VD_1 因承受正向电压而导通,VD_2 承受反向电压而截止,电流 i_{D1} 流过负载 R_L,输出电压 $u_o=u_2$。当 u_2 为负半轴时,u_2 的极性与图示相反,此时 VD_1 截止,VD_2 导通,电流 i_{D2} 流过负载 R_L,输出电压 $u_o=u_2$。由此可见,在交流电压的一个周期内,VD_1、VD_2 轮流导通,负载 R_L 两端总是得到上正下负的单项脉动电压。与半波整流电路相比,它有效利用了交流电的负半轴,使整流效率提高了一倍。全波整流电路的波形如图 7–3(b)。

(2)参数计算

设 $u_2=\sqrt{2}\ U_2\sin\omega t$,根据傅里叶展开式可求出全波整流电路的输出电压平均值为:

$$U_o=\frac{1}{\pi}\int_0^{\pi}\sqrt{2}\ U_2\sin\omega t\mathrm{d}(\omega t)=\frac{2\sqrt{2}}{\pi}U_2\approx 0.9U_2$$

从上面的分析可知,全波整流电路输出电压的直流成分较高,纹波成分较小,但变压器二次测的每个线圈只在半个周期内有电流，利用率不高，为此可采用桥式整流电路。

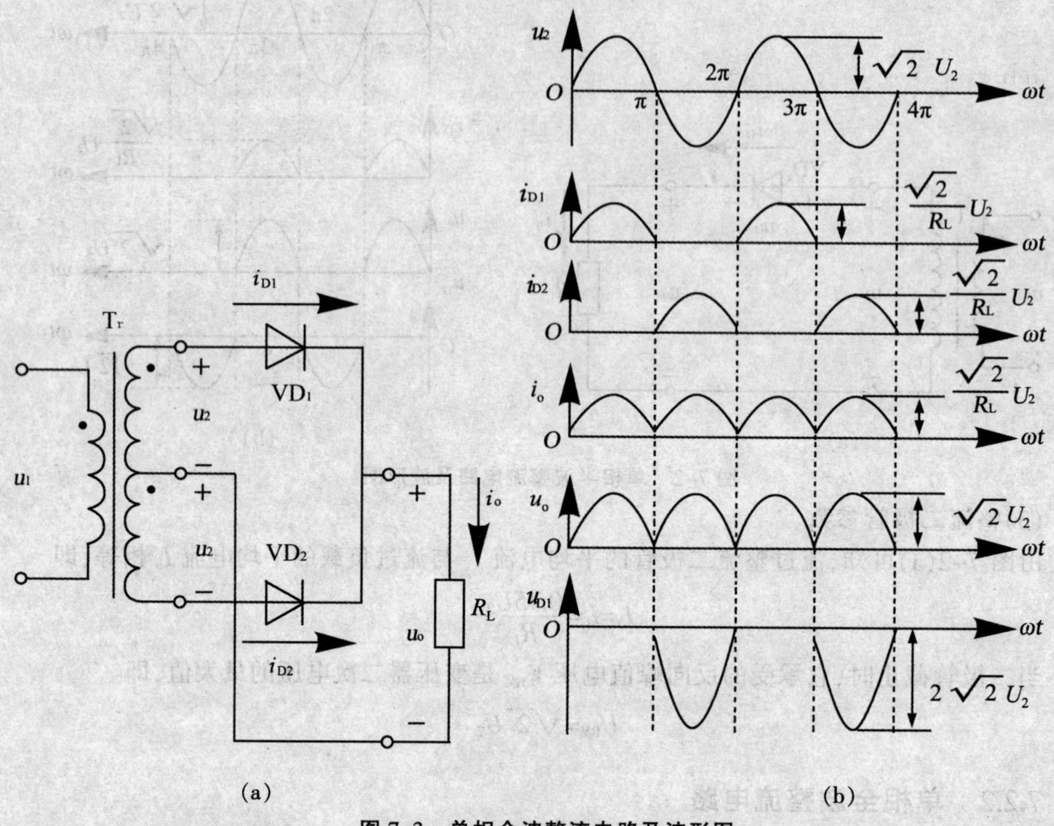

(a) (b)

图 7-3 单相全波整流电路及波形图

7.2.3 单相桥式整流电路

针对全波整流电路的缺点，希望仍然采用只是一个副边绕组的变压器，而能达到全波整流的目的。这就要用单相桥式整流电路，如图 7-4 所示。

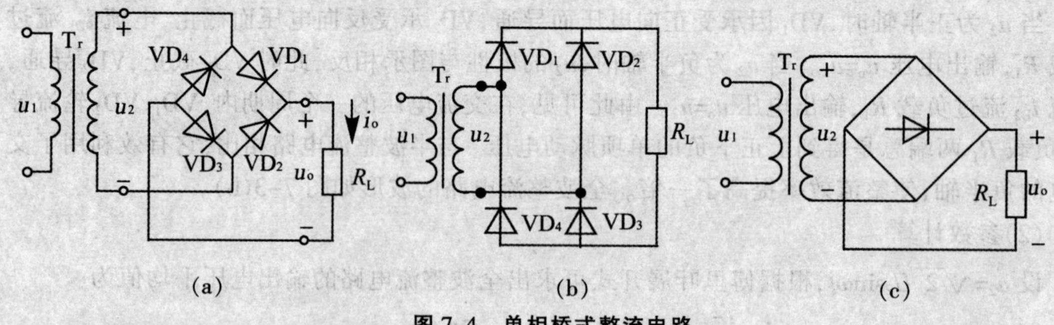

(a) (b) (c)

图 7-4 单相桥式整流电路

(1)工作原理

电路如图 7-4(a)所示，图中 Tr 为电源变压器，它的作用是将交流电网电压 u_1 变成整流电路要求的交流电压 $u_2=\sqrt{2}\ U_2\sin\omega t$。$R_L$ 是要求直流供电的负载电阻，4 只整流二极管 VD_1~VD_4 接成电桥的形式，故有桥式整流电路之称。桥式整流电路也可以画成图 7–4(b)和 7–4(c)，7–4(c)是它的简化表示法。由图 7–4 可见，在 u_2 的正半轴内，整流二极管 VD_1、VD_3 承受正向电压导通，VD_2、VD_4 承受反向电压截止；u_2 负半轴时，VD_2、VD_4 导通，VD_1、VD_3 截止。在交流电压的正、负半周均有电流流过负载 R_L，且电流方向一致，达到了全波整流的效果。桥式整流电路输出电压的波形如图 7–5 所示。

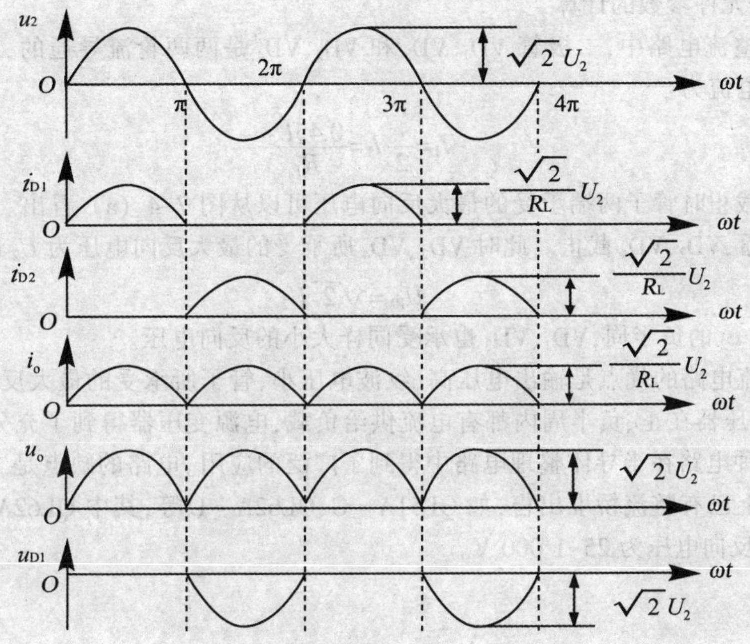

图 7–5 单相桥式整流电路波形图

(2)负载上直流电压 u_o 和直流电流 i_o 的计算

用傅里叶级数对图 7–5 中 u_o 的波形进行分解后可得：

$$u_o=\sqrt{2}\ U_2\left(\frac{2}{\pi}-\frac{4}{3\pi}\cos2\omega t-\frac{4}{15\pi}\cos4\omega t-\frac{4}{35\pi}\cos6\omega t\right)$$

式中恒定分量即为负载电压 U_o 的平均值，因此有：

$$U_o=\frac{2\sqrt{2}}{\pi}U_2=0.9\ U_2$$

直流电流为：

$$I_0=\frac{0.9U_2}{R_L}$$

由以上公式看出，最低次谐波分量的幅值为 $4\sqrt{2}\ U_2/(3\pi)$，角频率为电源频率的两倍，即 2ω。其他交流分量的角频率为 4ω、6ω 等偶次分量。这些谐波分量总称为纹波，它叠加于直流分量上。常用纹波系数 Kr 来表示直流输出电压中相对纹波电压的大小，即

$$Kr=\frac{U_{Lr}}{U_L}=\frac{\sqrt{U_2^2-U_L^2}}{U_L}$$

式中 U_{Lr} 为谐波电压总的有效值，它表示为：

$$U_{Lr}=\frac{\sqrt{U_2^2-U_L^2}}{U_L}$$

由以上两式得出桥式整流电路的纹波系数 $Kr=\sqrt{\left(\frac{1}{0.9}\right)^2-1}=0.483$。由于 U_0 中存在一定的纹波，故需用滤波电路来滤除纹波电压。

(3)整流元件参数的计算

在桥式整流电路中，二极管 VD_1、VD_3 和 VD_2、VD_4 是两两轮流导通的，所以流经每个二极管的平均电流为：

$$I_D=\frac{1}{2}I_L=\frac{0.45U_2}{R_L}$$

二极管截止时管子两端承受的最大反向电压可以从图 7-4 (a) 看出。在 u_2 正半周时，VD_1、VD_3 导通，VD_2、VD_4 截止。此时 VD_2、VD_4 所承受的最大反向电压为 U_2 最大值，即

$$U_{RM}=\sqrt{2}\,U_2$$

同理，在 u_2 的负半周，VD_1、VD_3 也承受同样大小的反向电压。

桥式整流电路的优点是输出电压高，纹波电压小，管子所承受的最大反向电压较低。同时，因电源变压器在正、负半周内都有电流供给负载，电源变压器得到了充分的利用，效率较高。因此，这种电路在半导体整理电路中得到了广泛的应用。电路的缺点是二极管用得较多，但目前市场上已有整流桥堆出售，如 QL51A—G、QL62A—L 等，其中 QL62A—L 的额定电流为 2 A，最大反向电压为 25~1 000 V。

7.3 滤波电路

在所有的整流电路的输出电压中，都不可避免地包含有较大的交流分量，前面介绍了这些交流分量总称为纹波。滤波电路就是为了滤去整流输出电压中的纹波，使负载上得到平滑的直流电压。滤波电路一般由电抗元件组成，电抗元件 L、C 都有储能作用，它是利用二极管导通时 L、C 储存一部分能量，二极管截止时 L、C 释放一部分能量，由此来得到比较平滑的输出电压。

7.3.1 电容滤波电路

电容滤波电路就是在整流电路的输出端并联一个大容量的电容器 C，使整流电路的负载呈现电容性质。为了说明电容滤波电路的工作原理，以常用的桥式整流、电容滤波电路来进行分析，电路如图 7-6(a)所示。电容 C 称为滤波电容。C 与负载 R_L 并联 $u_o=u_c$，其滤波工作原理如下。

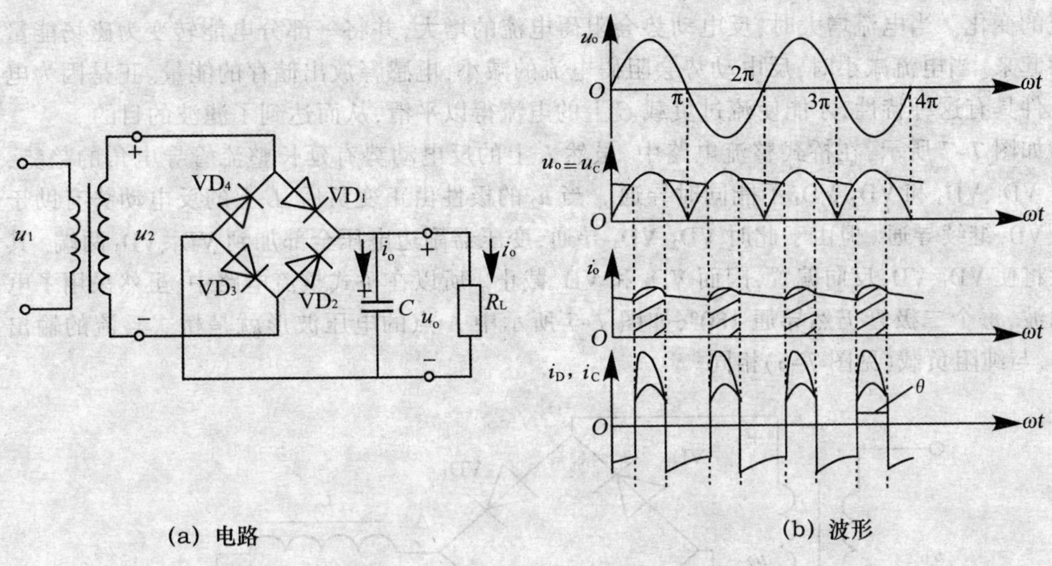

(a) 电路　　(b) 波形

图 7-6　桥式整流电容滤波电路及波形

(1)工作原理

在没有接电容时，整流二极管 VD_1、VD_3 在 u_2 的正半轴导通，VD_2、VD_4 在 u_2 的负半轴导通，输出电压的波形如图 7-5 中所示。VD_1、VD_3 在并联电容 C 以后，输入电压 u_1 为正半轴时，整流二极管 VD_1、VD_3 导通。当电压 $u_2> u_C$ 时，u_2 经 VD_1、VD_3 对电容 C 充电，充电电流为 i_C，同时电流 i_o 流经负载，电容两端电压 u_C 的极性为上正下负，如图 7-6(b)所示。当 u_2 到达峰值 U_{2M} 时，由于充电回路的时间常数很小，电容 C 所充的电压 $u_C(u_o)$ 已经接近峰值 U_{2M}。当 u_2 从峰值开始下降时，由于这时电容 C 上所充的电压 u_C 高于 u_2，二极管 VD_1、VD_3 承受反向电压而截止，此时电容 C 向负载 R_L 提供电流。输入电压 u_1 为负半轴时，整流二极管 VD_2、VD_4 导通。当电压 $u_2> u_C$ 时，u_2 经 VD_2、VD_4 对电容 C 充电。在 u_C 又上升到接近 U_{2M} 时，二极管 VD_2、VD_4 截止，电容 C 向负载 R_L 提供电流。如此周期性，波形如图 7-6(b)所示。

(2)电容滤波电路的特点

① 整流二极管的导通角很小，其导通时间远远小于交流电源周期 T 的一半。

② 输出直流电压得到了提高。

③ 随着负载电流 I_0 的增长，电压 U_0 将减小。一般在工程估算中，对于全波整流电容滤波电路，$U_0\approx 1.2U_2$。

7.3.2　电感滤波电路

由于电感具有阻止电流变化的特点，即电感对交流分量所生产的感抗很大。在整流电路的输出端与负载 R_L 之间串联一个电感元件 L 就组成了电感滤波电路。带有电感滤波的桥式整流电路如图 7-7 所示。

(1)工作原理

电感线圈是储能元件，当电感中通过变化的电流时，电流两端产生反电动势来阻碍这种电流的变化。当电流增大时,反电动势会阻碍电流的增大,并将一部分电能转变为磁场能量储存起来。当电流减小时,反电动势会阻碍电流的减小,电感释放出储存的能量。正是因为电感元件具有这种特性,才能使流过负载 C 上的电流得以平滑,从而达到了滤波的目的。

如图 7–7 所示,在桥式整流电路中,虽然 L 上的反电动势有延长整流管导电角的趋势,但是 VD_1、VD_3 和 VD_2、VD_4 不能同时导通。当 u_2 的极性由正变负后,L 上的反电动势有助于 VD_1、VD_3 继续导通。但由于此时 VD_2、VD_4 导通,变压器副边电压全部加到 VD_1、VD_3 两端。其极性将使 VD_1、VD_3 反向偏置,因而 VD_1 和 VD_3 截止。所以在桥式整流电路中,虽然采用了电感滤波,每个二极管仍然导通 180°,如图 7–7 所示中 A 点的电压波形就是桥式整流的输出波形,与纯阻负载(见图 7–6)相同。

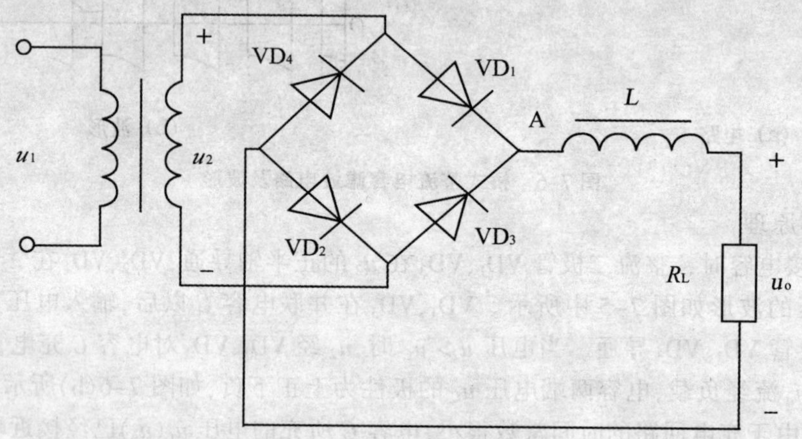

图 7–7 电感滤波电路

由于电感的直流电阻很小,交流阻抗很大,因此直流分量经过电感后基本上没有损失。对于交流分量,在 jwL 和 R_L 上分压以后,很大一部分交流分量降落在电感上,因而降低了输出电压的脉动成分。L 愈大、R_L 愈小,则滤波效果愈好,所以电感滤波适用于负载电流比较大的场合。采用电感滤波以后,有延长二极管导电角的趋势,因此电流的波形比较平滑,避免了过大的冲击电流。

(2)电感滤波电路的特点

① 电感滤波的外特性较为平坦,U_0 随 I_0 的增大略有下降。

② 整流二极管的导通角 $\theta=\pi$,对整流二极管产生的冲击不大。

由此可知,电感线圈的电感量愈大,负载电阻愈小,滤波效果就愈好。所以,电感滤波器适用于负载电流较大的场合。其缺点是电感量大、体积大、成本高。

7.3.3 复式滤波电路

电容和电感是基本的滤波元件,当单独使用电容和电感进行滤波而效果并不理想时,可采用复式滤波电路,常用的复式电路如图 7–8 所示。其中 7–8(a)图为 Γ 型 LC 滤波电路,7–8(b)图和 7–8(c)图分别为 Π 型 LC 滤波电路和 Π 型 RC 滤波电路。

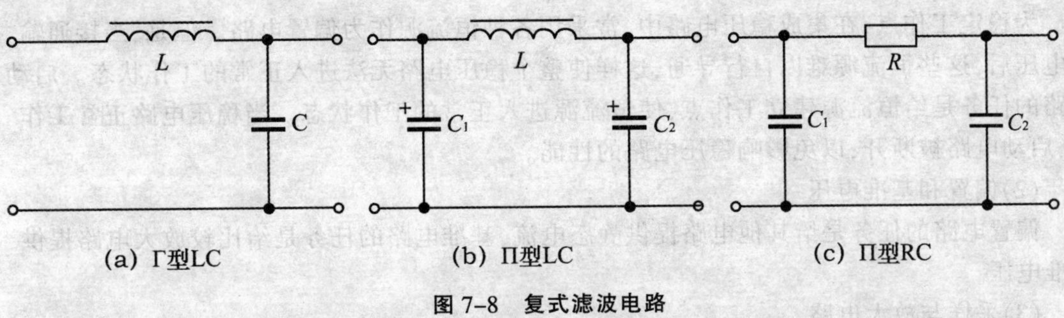

图 7-8 复式滤波电路

7.4 集成稳压电源

稳压电路具有体积小、可靠性高、性能指标好、使用灵活简单、价格低廉等优点，因此在仪器、仪表及其他各种电子设备中得到了广泛的应用。

集成稳压电路的种类很多，按结构可分为单片式和混合式；按工作原理可分为串联调整式、并联调整式和开关调整式；按输出电压的形式又可分为固定输出式和可调输出式等。其使用的三端集成稳压器，芯片只引出三个端子，基本上不需外接元件。而且内部有限流保护、过热保护和过压保护电路，使用更加安全、方便。本节将简单介绍有关集成稳压电路的相关理论知识。

7.4.1 三端集成稳压器的组成

三端集成稳压器的组成如图 7-9 所示。由图可见，电路内部实际上包括了串联型直流稳压电路的各个组成部分，另外加上了保护电路和启动电路。现对各部分简单地进行介绍。

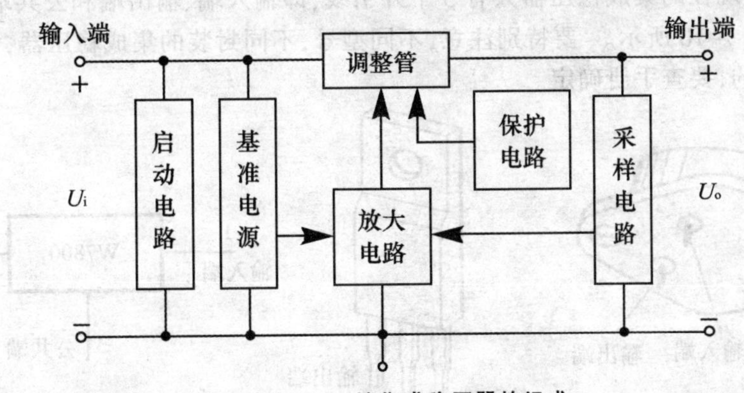

图 7-9 三端集成稳压器的组成

(1)启动电压

为稳定工作点,在集成稳压电路中,常采用各种恒流源作为偏置电路。但是,当接通输入电压后,这些恒流源难以自行导通,这样使整个稳压电路无法进入正常的工作状态。启动电路的任务是给恒流源建立工作点,使恒流源进入正常的工作状态。当稳压电路正常工作时,启动电路被断开,以免影响稳压电路的性能。

(2)偏置和基准电压

偏置电路的任务是给其他电路提供静态电流,基准电路的任务是给比较放大电路提供基准电压。

(3)采样与放大电路

采样电路由 2 个分压电阻组成,它将输出电压变化量的一部分送到放大电路的输入端。放大电路将基准电压与采样电压进行比较并放大,放大电路放大倍数愈大,则稳压性能愈好。

(4)调整管

当电网电压或负载电流发生波动时,调整自身的管压降使输出电压基本保持不变。调整管采用复合管结构提高了调整管的输入电阻,并且能够输出较大的电流。

(5)保护电路

在三端集成稳压器中,已将限流保护电路、过热保护电路和过压保护电路集成在芯片内部。

7.4.2 三端集成稳压器的主要参数

国产的三端固定集成稳压器有 CW78XX 系列(正电压输出)和 CW79XX 系列(负电压输出),其输出电压有±5 V、±6 V、±8 V、±9 V、±12 V、±15 V、±18 V、±24 V,最大输出电流有 0.1 A、0.5 A、1 A、1.5 A、2.0 A 等。

(1)三端固定式稳压器

将线性串联稳压电源和各种保护电路集成在一起就得到了集成稳压器。早期的集成稳压器外引线较多,现在的集成稳压器只有 3 个外引线,即输入端、输出端和公共端。它的电路符号、外形如图 7-10 所示。 要特别注意,不同型号,不同封装的集成稳压器,它们 3 个电极的位置是不同的,要查手册确定。

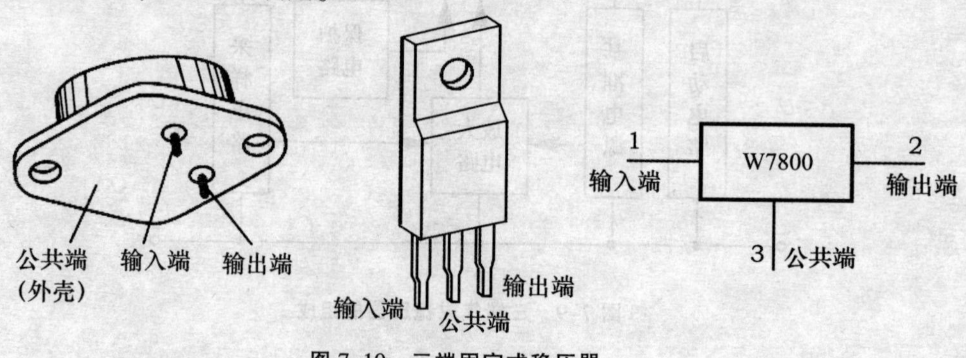

图 7-10 三端固定式稳压器

W7800 系列

输出电压:5 V、6 V、9 V、12 V、15 V、18 V、24 V。

输出电流:1.5 A(W7800)、0.5 A (W78M00)、0.1 A(W78L00)。

(2)基本应用(如图 7–11、7–12)

将输入端接整流滤波电路的输出,将输出端接负载电阻,构成串联型稳压电路。二极管 D 使 C_o 不通过稳压器放电,C_i 抵消长线电感效应,消除自激振荡,C_o 消除高频噪声。

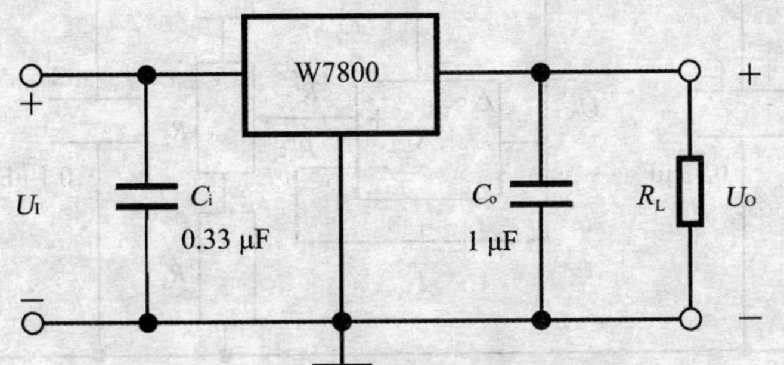

图 7–11 78 系列三端稳压器基本应用电路

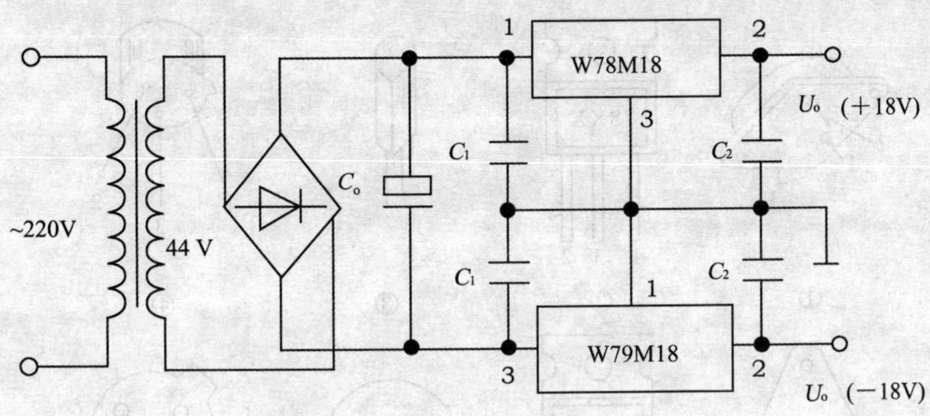

图 7–12 具有正负两路输出稳压电路

(3)输出电压可调稳压电路(如图 7–13)

(4)可调式三端稳压器

三端可调式集成稳压器输出电压可调,稳压精度高,输出纹波小,只需外接两只不同的电阻,即可获得各种输出电压。

其中,CW317 系列稳压器输出连续可调的正电压,CW337 系列稳压器输出连续可调的负电压。稳压器内部含有过流、过热保护电路。R_1 与 R_{P1} 组成电压输出调节电路,输出电压 $U_o \approx 1.25(1+R_{P1}/R_1)$,$R_1$ 的值为 120 ~240 Ω,流经 R_1 的泄放电流为 5~10 mA。R_{P1} 为精密可调电位器。电容 C_2 与 R_{P1} 并联组成滤波电路,以减小输出的纹波电压。二极管 D 的作用是防止输出端与地短路时,损坏稳压器。集成稳压器的输出电压 U_o 与稳压电源的输出电压相同。稳压器的最大允许电流 $I_{CM}<I_{omax}$,输入电压 U_i 的范围为 $U_{omax}+(U_i-U_o)_{min} \leqslant U_i \leqslant U_{omin}+(U_i-U_o)_{max}$。式

中，U_{omax} 为最大输出电压，U_{omin} 为最小输出电压，$(U_i-U_o)_{min}$ 为稳压器的最小输入、输出压差，$(U_i-U_o)_{max}$ 为稳压器的最大输入、输出压差。

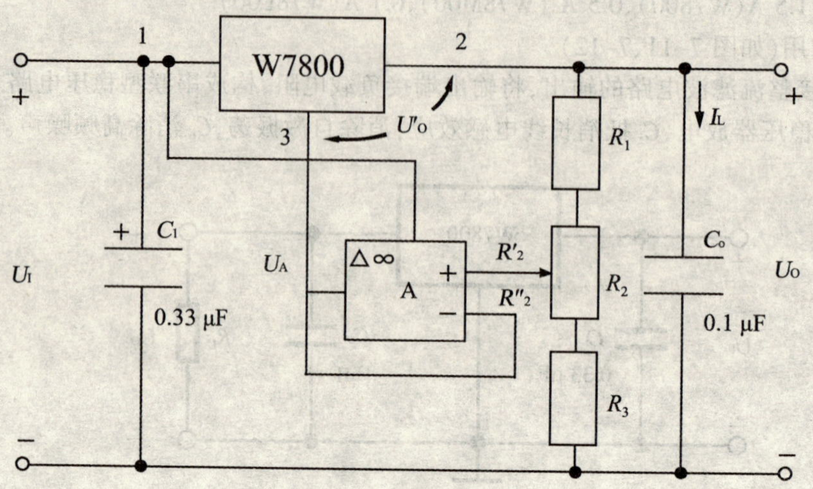

图 7-13 使输出电压可调稳压电路

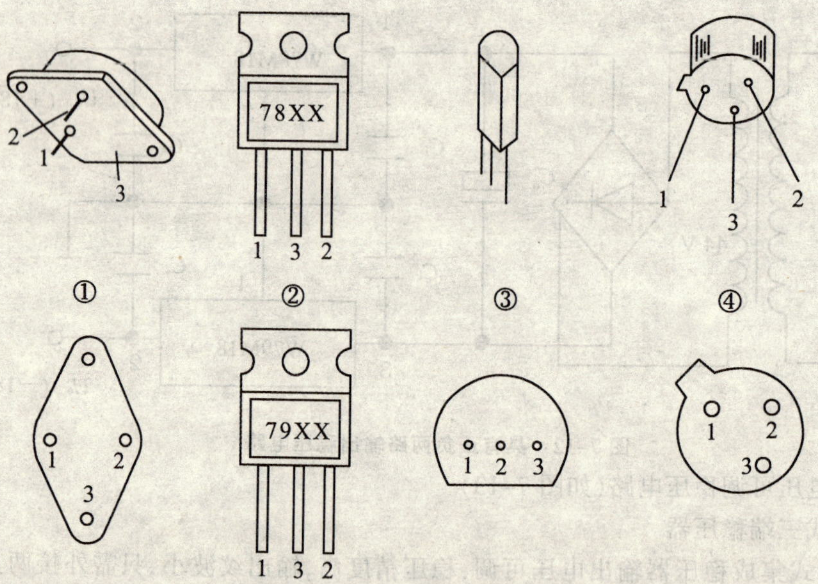

图 7-14 三端可调式集成稳压器引脚排列图

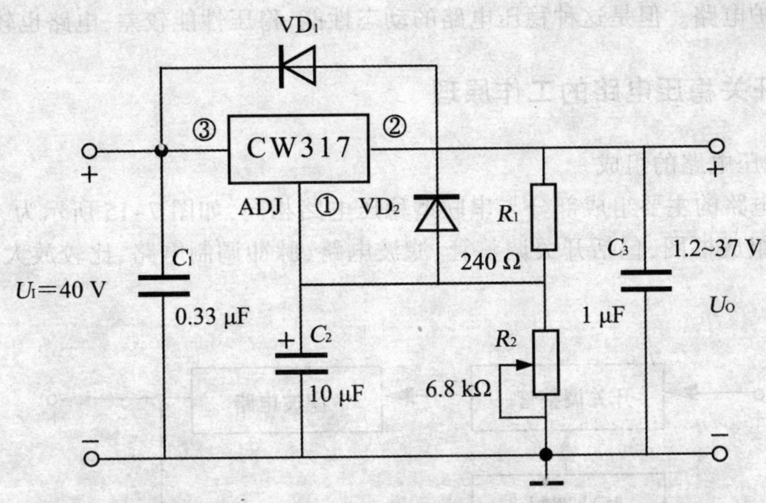

图 7-14 三端可调式集成稳压电路

7.5 开关式稳压电源

前面介绍的稳压电路调整管都工作在放大区，电路简单，稳压性能好。但这种稳压电路的主要缺点是效率低，一般只有 20%~40%。调整管消耗的功率大，需安装散热器，致使电源的体积和重量增大，比较笨重。而开关型稳压电路使调整管工作在饱和区和截止区，即开关状态，并控制开关时间以实现输出电压的调整和稳定。当调整管饱和导通时，集电极电流很大，管压降却很小；截止时，管压降很大，集电极电流却近似为零，开关转换的时间很短。因此，调整管的平均功耗很小，因而效率较高。开关型稳压电源目前广泛应用于计算机、通讯及音像设备中。

7.5.1 开关稳压电源的特点

(1)管耗小、效率高

这是开关型稳压电源的突出优点，使调整管工作在饱和与截止两种状态。饱和时管压降趋于零，截止时集电极电流趋于零，故管耗很小，电源效率可提高到 80%~90%。

(2)稳压范围宽

若额定输入电压为 220 V 的稳压电源，当输入电压从 130~260 V 变化时，都有良好的输出，输出电压的变化一般可小于 2%。

(3)滤波电容的容量小

开关型稳压电源中，开关管的开关频率一般在 20 kHz 左右，滤波电容的容量可相对减小。此外，还可以省去电源变压器，整个电源体积小、重量轻、成本低、可靠性和稳定性高，容易加入各种保护电路。但是这种稳压电路的动态性能、稳压性能较差，电路也较复杂。

7.5.2 开关稳压电路的工作原理

(1)开关稳压电路的组成

开关稳压电路的主要组成部分与串联型稳压电路相同，如图 7-15 所示为一串联式开关型稳压电路的组成框图，包括开关调整管、滤波电路、脉冲调制电路、比较放大器、基准电压和采样电路等。

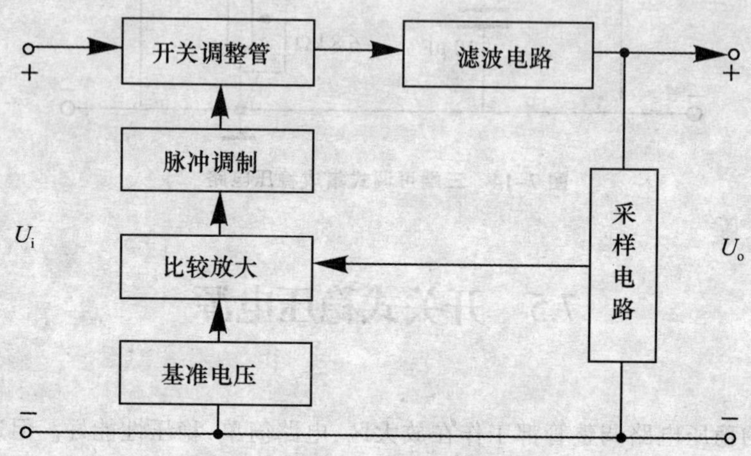

图 7-15 开关型稳压电路的组成

由图 7-15 可见，串联式开关型稳压电路与串联型稳压电路的不同之处在于，增加了脉冲调制和滤波两部分电路，并且调整管工作在开关状态。

(2)工作原理

由开关型稳压电路的组成可知，开关稳压电路就是把串联型稳压电路调整管的工作状态由线性放大状态变为开关工作状态，其工作原理可用图 7-16 示意。

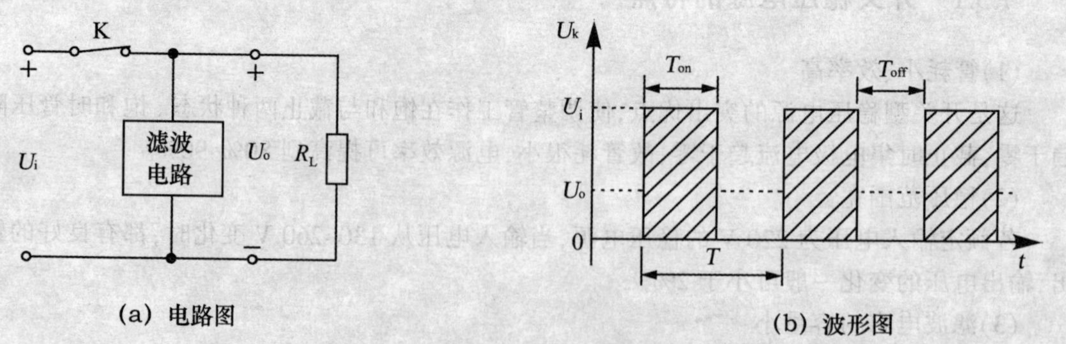

图 7-16 开关稳压电路工作原理示意图

图 7-16(a)中，K 是一个周期性导通和截止的调整开关，开关 K 周期性连续工作，于是

就把输入的直流电压 U_i 变成了高频矩形脉冲电压 U_K，经过 LC 滤波电路后，就得到稳定的直流输出电压 U_o。如图 7-16(b)所示，设 K 闭合时间为 T_{on}，断开时间为 T_{off}，则工作周期为 $T=T_{on}+T_{off}$。负载上得到的平均电压为：

$$U_o=\frac{U_i\times T_{on}+0\times T_{off}}{T_{on}+T_{off}}=\frac{T_{on}}{T}U_i$$

式中，T_{on}/T 称为占空比，用 δ 表示，即在一个通断周期 T 内，脉冲持续时间 T_{on} 与周期 T 之比值。改变占空比的大小就可改变输出电压 U_o 的大小。由于调节的是脉冲的宽度，也就是占空比 δ，故又称为调宽型开关电源。

(3)串联型与并联型开关稳压电路

串联型开关电路如图 7-17(a)所示。串联型开关电路由开关管 VT、储能电路(包括电感 L、电容 C 和续流二极管 VD)及控制器组成。当 VT 饱和导通时，由于电感 L 的存在，流过 VT 的电流线性增加，线性增加的电流给负载 R_L 供电的同时也让 L 储能(L 上产生左正右负的感应电势)，二极管 VD 截止。

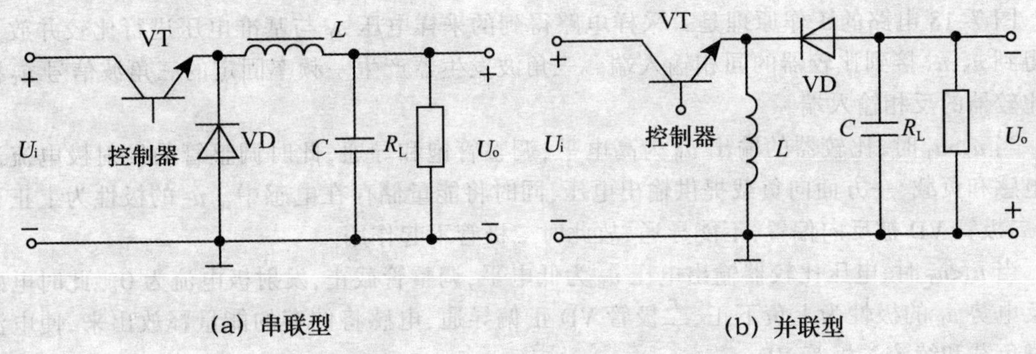

图 7-17 开关稳压电路

当 VT 截止时，由于电感 L 中的电流不能突变(L 中产生左负右正的感应电势)，二极管 VD 导通，于是储存在电感 L 上的能量逐渐释放并提供给负载，使负载继续有电流流过，因而 VD 称为续流二极管。电容 C 起滤波作用，当电感 L 中电流增大或减小时，电容储存过剩电荷或补充负载中缺少的电荷，从而使输出电压 U_0 更加平滑。

如果将电感 L 和续流二极管 VD 的位置互换，使储能电感 L 与输入电压 U_i 和负载 R_L 并联，就构成了并联型开关稳压电路，如图 7-17(b)所示。它的工作原理与串联型开关稳压电路基本一致。

通过以上分析，可以归纳出开关稳压电路的工作原理：调整管导通期间，电感储能，由储能电容向负载供电；调整管截止期间，储能电感释放能量对电容充电，同时向负载供电。电感、电容同时具有滤波作用，使输出得到平滑。

图 7-18 是一个最简单的开关型稳压电路的原理示意图，电路的控制方式采用脉冲宽度调制式。图 7-18 中三极管 VT 是工作在开关状态的调整管。电感 L 和电容 C 组成滤波电路，二极管 VD 称为续流二极管。脉冲宽度调制电路由一个比较器和一个产生三角波的振荡器组成。运算放大器 A 作为比较放大电路，基准电源产生一个基准电压 U_{REF}，R_1 和 R_2 组成取样

电路。

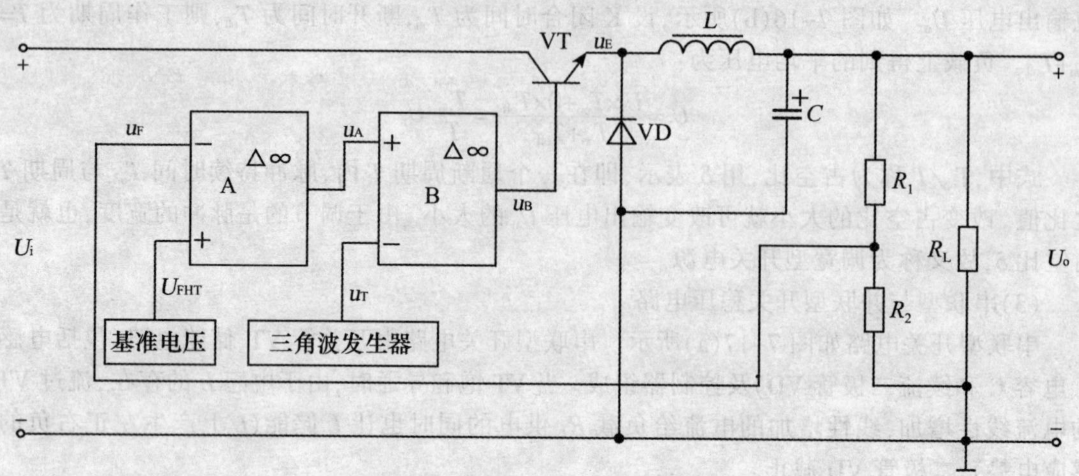

图 7–18 典型的串联型开关稳压电路

图 7–18 电路的工作原理是，采样电路得到的采样电压 u_F 与基准电压进行比较并放大后得到 u_A，u_A 接到比较器的同相输入端。三角波发生器产生一频率固定的三角波信号 u_T 接在比较器的反相输入端。

当 $u_A>u_T$ 时，比较器的输出 u_B 为高电平，调整管饱和导通，此时调整管的发射极电流流过电感和负载，一方面向负载提供输出电压，同时将能量储存在电感中。u_E 的极性为上正下负，二极管 VD 被反向偏置，不能导通，故此时二极管不起作用。

当 $u_A<u_T$ 时，电压比较器输出电压 u_B 为低电平，调整管截止，发射极电流为 0。此时电感的反电势 u_E 的极性为上负下正，二极管 VD 正偏导通，电感将储存的能量释放出来，使电流流过负载和续流二极管 VD。

电压比较器 B 输出电压 u_B 为高电平时，调整管 VT 饱和导通，若忽略饱和压降，则 VT 导通时间内 $u_E\approx u_i$。u_A、u_T、u_B、u_E 的波形如图 7–19 所示。

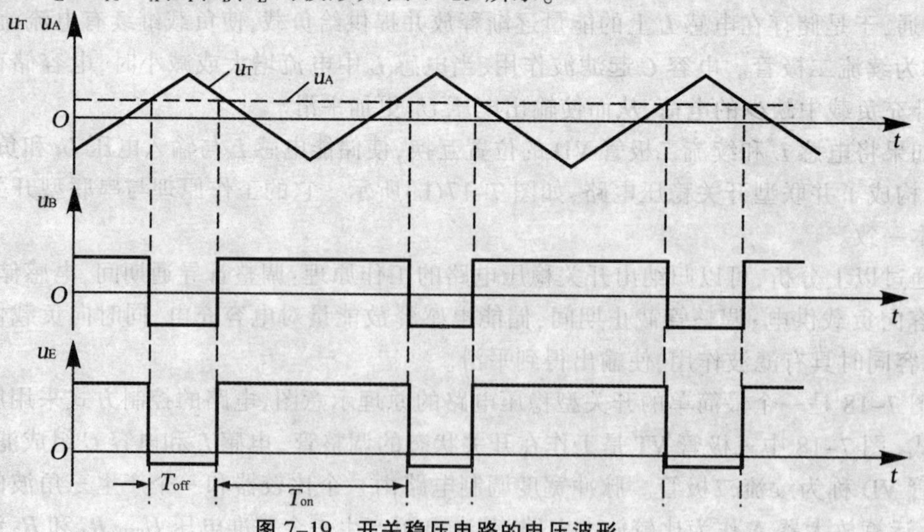

图 7–19 开关稳压电路的电压波形

本章小结

1.常用的直流稳压电源是由电源变压器、整流电路、滤波电路和稳压电路 4 部分组成，输出的电压不受电网、负载及温度变化的影响，为各中精密电子仪表和家用电器正常工作提供能源保证。

2. 二极管的单向导电性，单个二极管可以组成单相半波整流电路，2 个二极管可以组成单相全波整流电路，4 个二极管可以组成单相桥式整流电路，它们可将交流电路转换成直流电。

3.为了抑制输出直流电压中的纹波，通常在整流电路之后接有滤波环节。常见的滤波元件有电容、电感和复式滤波。

4.经过整流滤波后的电压采取稳压措施。利用稳压管和限流电阻构成的稳压电路，其中利用稳压管提供基准电压再引入放大环节和负反馈，使输出的直流电压稳定，即构成了串联型稳压电路。在小功率供电系统中，多采用串联反馈式稳压电路，而中大功率稳压电源一般采用开关稳压电路。串联型稳压电路的主要质量指标为稳压系数、电流调整率、输出电阻等，这些质量指标越小，说明电路的稳压性越好。

5.随着集成电路的发展，三端集成稳压器因其使用简便、性能稳定、价格低而受到广泛的应用。

习　题

1.简述单相半波整流电路的工作原理，并画出其负载上的输出电压波形。

2.简述单相全波整流电路的工作原理，并画出其输出电压的波形。

3.简述单相桥式整流电路的工作原理，并画出其输出电压的波形。

4.说明单向半波、全波和桥式整流电路的区别和联系及其特点。

5.简述滤波电路的工作原理。

6.直流稳压电源的主要性能指标有哪些？

7.并联稳压电路中的稳压二极管应工作在什么状态？

8.串联型稳压电源由哪几部分组成？简述其稳压过程。

9.若用一个集成稳压器 CW7805，怎么能得到一个 6 V 的电压？

10.如图 7–20 所示电路中，$u_2=14\sin\omega t$ V，$R_L=1$ kΩ，试求其输出电压的平均值和负载上电流的平均值。

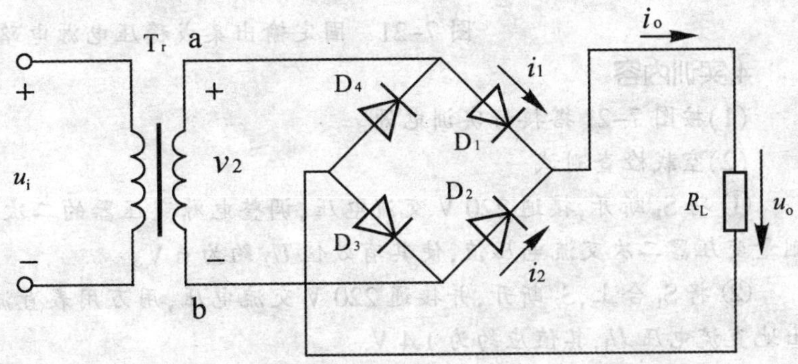

图 7–20　习题 10 图

实验与技能操作训练

三端集成可调稳压器构成的直流电源的组装与调试。

1.实训目的

(1)加深对直流稳压电源的工作原理的理解。

(2)熟悉三端固定输出集成稳压器的型号、参数及其应用。

(3)掌握直流稳压电源的调整与测试的方法。

2.实训设备与器材

(1)万用表

(2)示波器

(3)标准直流电源

(4)自耦变压器

3.实训原理

图 7-21 所示为采用 CW7805 构成的直流稳压电源电路，各元器件的参数值为 R_P=470 Ω,R_L=51 Ω,C_1=470 μF,C_2=220 μF。图中 CW7805 为三端固定式输出电压稳压器,输出为+5 V,最大输出电流 I_{omax}≤1.5 A,最小电压差为 2 V。本实验采用 CW7805 组成一个直流稳压电源,电源输出电压为 U_O=5 V,输出电流 I_{omax}≤100 mA。

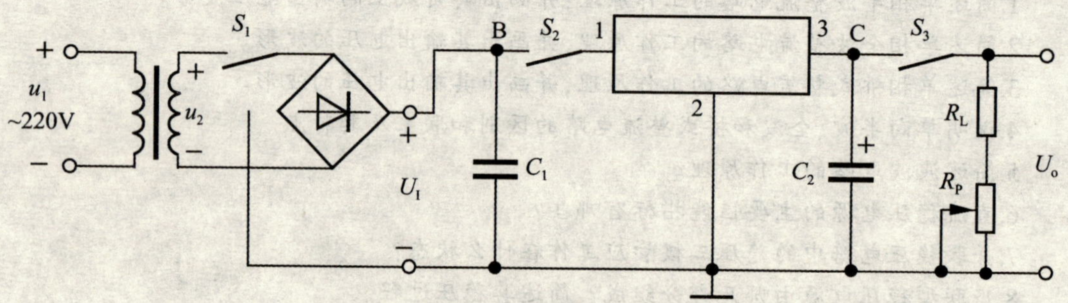

图 7-21　固定输出集成稳压电源电路

4.实训内容

(1)按图 7-21 搭接好实训电源。

(2)空载检查测试

① 将 S_1 断开,接通 220 V 交流电压,调整电源变压器的二次抽头,用万用表交流电压档测量变压器二次交流电压值,使其有效值 U_2 约为 6 V。

② 将 S_1 合上,S_2 断开,并接通 220 V 交流电压,用万用表直流电压档测整流滤波电路输出地直流电压 U_I,其值应约为 1.4 V。

③ 将 S_3 断开,S_2 合上,并接通 220 V 交流电压,测量集成稳压器的输出端 C 点的电压

U_C,其值应为 5 V。最后检查稳压器的输入、输出端的电压差,其值应大于最小电压差。

(3)加载检查测试

① 上述检查的符号要求后,稳压电路工作基本正常。此时合上 S_3。测量 U_2、U_I、U_O 的大小,观察其值是否符合设计值。(此时 U_2、U_I 的测量值要比空载测量值略小,且 $U_I \approx 1.2U_2$,而 U_O 基本不变)

② 用示波器观察 B 点和 C 点的纹波电压。

(4)质量指标测试

① 电压调整率 S_V 的测量

由于集成直流稳压电源的电压调整率比较小,若要准确调整测量输出电压的变化量,则可采用差值法测量。如图 7–22 示,图中 U_R 为稳定度高的基准电压,调节 U_R 使之与集成直流稳压电源的输出电压 U_O 值近似相等,然后用万用表直流电压小量程档(例如 1 V 档),即可测出 U_O 的变化量 ΔU_O。

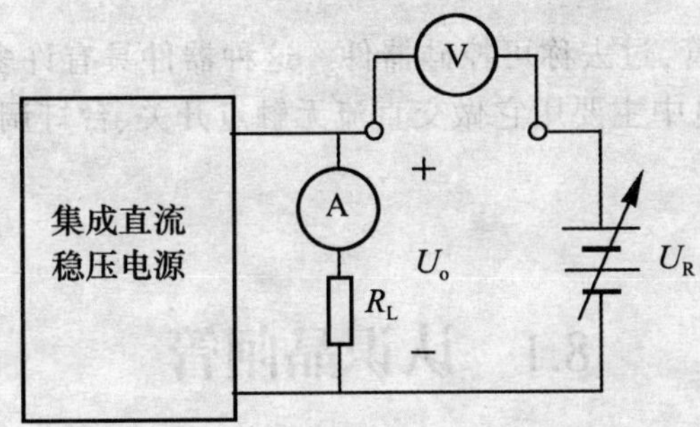

图 7–22　用差值法测量 ΔU_O 电路

为了调节交流输入电压,在集成稳压器的输入端可接入一自耦变压器,如图 7–33 所示。调节自耦变压器使 U_I 等于 220 V,并调节集成稳压电源及负载 R_L,使 I_O、U_O 为额定值。然后调节自耦变压器,使 U_I 分别为 242 V(增加 10%)、198 V(减小 10%)。并测量出两者对应的输出电压 U_O,即可求出变化量 ΔU_O。根据电压调整率(S_V)的定义,将其中较大者代入式 $S_V=(\Delta U_O/U_O)/\Delta U_I$(其中 $\Delta I_O=0$),可得到该电路的电压调整率。

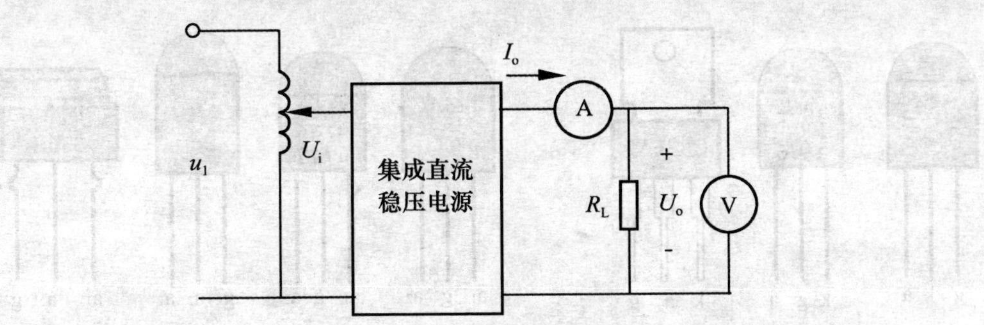

图 7–33　S_V 的测量电路

② 电流调整率 S_I 及输出电阻 R_O 的测量

使 U_I 为 220 V 并保持不变,分别测量负载电流为零和额定值时的输出电压。将对应的电压变化量 ΔU_O 和负载电流变化量 ΔI_O 分别代入公式,即可求出 S_I 和 R_O。

8 晶闸管及其应用电路

晶体闸流管简称晶闸管,过去称可控硅器件。这种器件具有许多独特的优越性,已在各个领域得到广泛应用。家电中主要用它做交直流无触点开关、台灯调光、电扇调速、彩色电视机过压保护等。

8.1 认识晶闸管

图 8-1 所示是几种常见晶闸管的实物图形,从外表上看,有各种形状,都有 3 个引脚,看上去很像三极管,却与三极管有本质区别。晶闸管有单向和双向 2 种,就 3 个引脚的名称来说,在单向晶闸管中,三个引脚分别叫做阳极(用 a 表示)、控制极(也叫门极或触发极,用 g 表示)、阴极(用 k 表示),如图 8-1(a)所示。在双向晶闸管中 3 个引脚分别叫做主电极 1(用 a_1 表示)、控制极(用 g 表示)、主电极 2(用 a_2 表示),如图 8-1(b)所示。

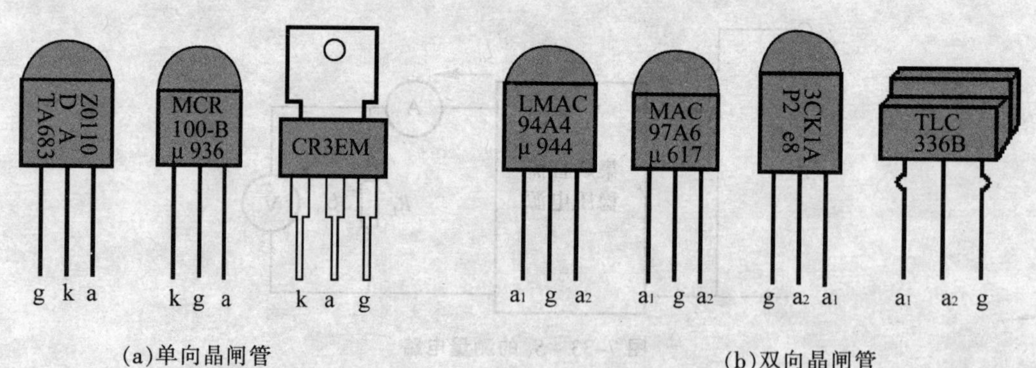

(a)单向晶闸管 (b)双向晶闸管

图 8-1 几种常见晶闸管的实物图形

从图 8-1 中还可以看出,晶闸管外表都标写有字符,是晶闸管的型号、参数、序号等。另外,在图 8-1(a)中 CR3EM 型晶闸管上还装有散热片,表明这种晶闸管的功率较大。图 8-2

所示是晶闸管的电路符号。

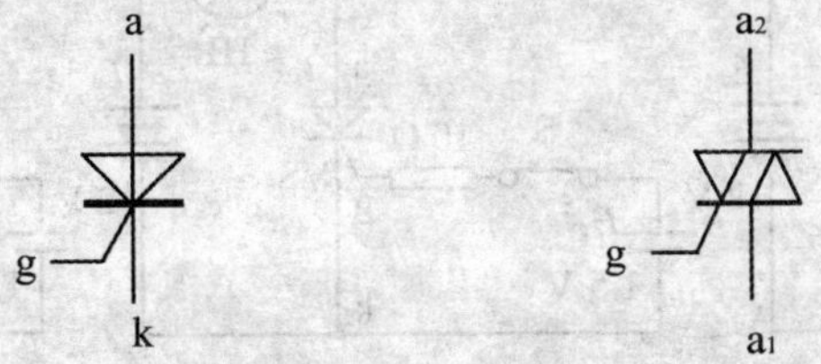

(a)单向晶闸管符号　　(b)双向晶闸管符号

图 8-2　晶闸管的电路符号

8.2　单向晶闸管的工作原理

8.2.1　在直流电路中的导电情况

(1)可以导通直流电流

如图 8-3,做一个实验,便能认识单向晶闸管可以导通直流电流的特性。按图 8-3(a)把单向晶闸管 VS、灯泡 HL、电源 E_g、电源 E_a、开关 S、电阻 R 连接起来。E_a 正极通过灯泡连接到 a 极,E_a 负极与 k 极相连,通常称 E_a 为阳极电压。再把 E_g 正极通过开关 S 和电阻 R 与 g 极相连,E_g 负极与 k 极相连,常称 E_g 为控制极电压。

图 8-3(a)中开关 S 不闭合时,灯泡不发光。这表明 g 极不加正向电压时,单向晶闸管 a-k 极不导通电流。

开关 S 闭合后,灯泡便发光,表明 g 极加正向电压后,单向晶闸管 a-k 极已导通电流,如图 8-3(b)所示。控制极加正向电压引起 a-k 极导通电流,常称为控制极触发晶闸管导通。因此也常将控制极称为触发极,将控制极加的电压 E_g 称为触发电压。

(2)能够保持导通的电流

图 8-3(b)中晶闸管导通电流时,电路可以看成由以下两部分组成。

① 由电源 E_g+→灯泡 HL→阳极 a→阴极 k→电源 E_a-构成的闭合电路,常称为主电路。晶闸管触发使主电路导通,灯泡才发光。

② 由电源 E_g+→开关 S→限流电阻 R→控制极 g→阴极 k→电源 E_g-构成的闭合电路常称为控制电路或触发电路。开关 S 闭合产生控制极电流后,才能触发主电路导通电流,控制极电流也称为触发电流,用 I_g 表示。任何复杂的晶闸管电路,都少不了这两个基本组成部分。

图 8-3(b)中单向晶闸管导通电流使灯泡发光之后,若再断开开关 S,撤销加在 g 极的正向电压,可以看到灯泡仍然亮着并不熄灭,如图 8-3(c)所示。这一结果表明,单向晶闸管一旦导通,控制极就失去了控制作用。同时表明,晶闸管触发导通后,能够保持已导通的电流。

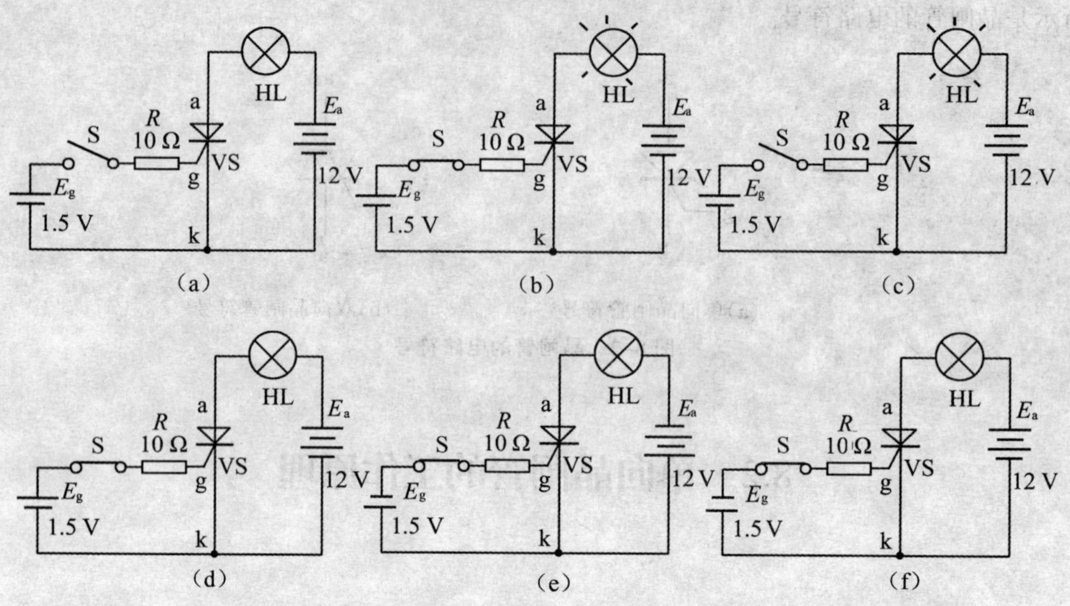

图 8-3 单向晶闸管导电实验示意图

(3)能够关断导通的电流

怎样才能关断单向晶闸管已经导通的电流呢？实践表明，单向晶闸管触发导通后，虽然控制极失去了作用，但可以通过主电路断开一瞬间来关断已导通的电流。另外，还可以在以下两种条件下继续实验。

① 仅改变图 8-3(a)中电源 E_a 的方向，用电源 E_a 负极连接阳极 a，用电源 E_a 正极连接阴极 k，常称为 a-k 极加反向电压。这时，无论控制极电压是正是负，是有是无，灯泡始终不发光，如图 8-3(d)、(e)。这表明单向晶闸管在 a-k 极间加反向电压时，不导通电流。

② 仅改变图 8-3(a)中控制极电压 E_g 的方向，E_g 负极通过开关 S、电阻 R 与 g 极连接，用 E_g 正极与 k 极连接。如图 8-3(e)、(f)。无论 a-k 极间加正向电压还是反向电压，灯泡都不发光。这表明控制极加反向触发电压时，单向晶闸管也不导通电流。

(4)导通与关断电流的条件

上述实验结果表明，单向晶闸管有单向导电能力，导通与否受控制极控制。更重要的是，单向晶闸管导通电流时，必须满足 a-k 极和 g-k 极同时加正向电压这个条件。要关断单向晶闸管已导通的电流，必须将主电流撤销才能实现。

8.2.2 在交流电路中的导电情况

单向晶闸管导通交流电是通过一定形式的电路进行的。通过图 8-4 的实验介绍其导电原理。

(1)电路结构

在交流电路中讨论单向晶闸管的导电原理，常分为主电路和控制电路。图 8-4(a)中主电路由电源 u_a、灯泡 HL 和晶闸管 a-k 极构成，电源 u_a 为 a-k 极工作电压，本实验中 u_a 是通过变压器对 220 V 交流电降压取得的 12 V、50 Hz 交流电压。图中未画出变压器，只画出其波形。晶闸管导通时，灯泡两端的电压用 u_{HL} 表示。图 8-4(a)中控制电路(也称为触发电路)由电源 u_g、开关 S、电阻 R、晶闸管 VS 的 g-k 极组成。电阻 R 串联在控制极上，可防止触发电流过大而烧毁控制极。开关 S 用于人工控制触发电流通断。晶闸管控制电路形式很多，图 8-4(a)只是一种最简单的控制电路。

(2)交流电压下的工作原理

① 不加触发电压时的工作情况

在图 8-4(a)中，若只在 a-k 极加交流电压 u_a，g 极不加脉冲电压 u_g，则当电压为 o~p~q 段波形时，单向晶闸管加正向电压。因控制极无触发电压，故不导通。当交流电压为 o、q、s 等过零点时，相当于未加电源电压，晶闸管不导通。当电压为 q~r~s 段波形时，是加反向电压，晶闸管也不导通。

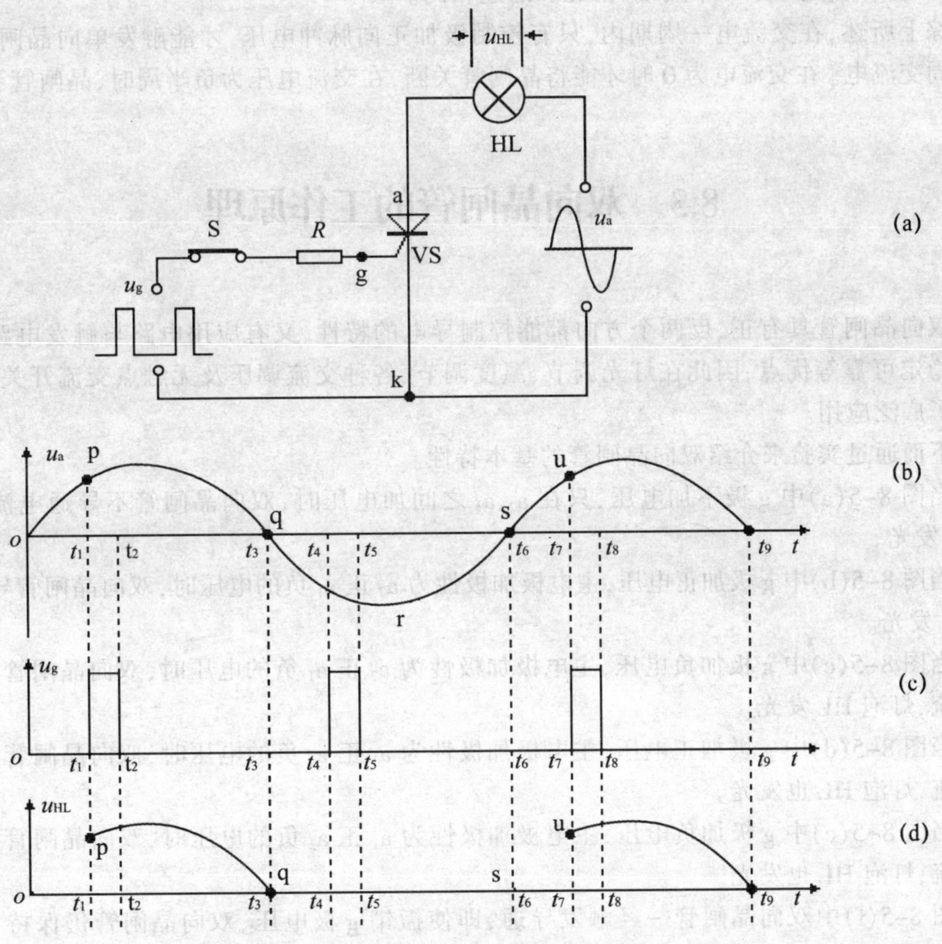

图 8-4 单向晶闸管在交流电路中的工作原理

上述表明，g 极不加正向触发电压，a-k 极电压无论是正值、负值或零值，单向晶闸管都不导通。

② 控制极加脉冲电压时的情况

图 8–4(c)中脉冲电压随时间变化。0~t_1 期间,g 极的触发电压为 0 V,所以尽管 a–k 极电压为 o~p 段的正电压,但晶闸管并不导通。灯泡两端不产生电压,因此图 8–4(d)中 0~t_1 期间,u_{HL} 为 0。

t_1 时刻,g 极电压 u_g 从 0 突变为高电平,产生了正向触发电压,且同时 a–k 极也为正电压,所以晶闸管开始正向导通。到 t_2 时刻,虽然 g 极电压又变为 0 V,但是 a–k 极电压继续保持在 0 V 之上,所以晶闸管保持导通,直到 t_3 时刻 a–k 极电压降为 0 V,晶闸管由导通变为截止。可见在 t_1 到 t_3 这段时间,晶闸管导通,p~q 段电压几乎全部加在灯泡上,形成 8–4(d)中 u_{HL} 的 p~q 段的电压波形。

在 t_3~t_6 期间,a–k 极电压为负值,虽然这段时间里有过正向触发电压(t_4~t_5 段,u_g 为正电压),但晶闸管一直为关断状态,灯泡两端电压 u_{HL} 为 0。

从 t_6 开始,进入下一个周期,情况和前述相同。

综上所述,在交流电一周期内,只有控制极加正向脉冲电压,才能触发单向晶闸管导通正半周交流电。在交流电为 0 时才能将晶闸管关断,在交流电压为负半周时,晶闸管不导通。

8.3 双向晶闸管的工作原理

双向晶闸管具有正、反两个方向都能控制导电的特性,又有应用电路与触发电路简单、工作稳定可靠等优点,因此在灯光调节、温度调节、各种交流调压及无触点交流开关电路中等得了广泛应用。

下面通过实验来介绍双向晶闸管的基本特性。

当图 8–5(a)中 g 极不加电压,只在 a_2、a_1 之间加电压时,双向晶闸管不导通电流,灯泡 HL 不发光。

当图 8–5(b)中 g 极加正电压,主电极加极性为 a_2 正 a_1 负的电压时,双向晶闸管导通,灯泡 HL 发光。

当图 8–5(c)中 g 极加负电压,主电极加极性为 a_2 正 a_1 负的电压时,双向晶闸管也能导通电流,灯泡 HL 发光。

当图 8–5(d)中 g 极加正电压,主电极加极性为 a_1 正 a_2 负的电压时,双向晶闸管仍能导通电流,灯泡 HL 也发光。

当图 8–5(e)中 g 极加负电压,主电极加极性为 a_1 正 a_2 负的电压时,双向晶闸管仍能导通电流,灯泡 HL 也发光。

图 8–5(f)中双向晶闸管一经触发导通,即使撤销 g 极电压,双向晶闸管仍保持导通状态,灯泡 HL 仍不熄灭。

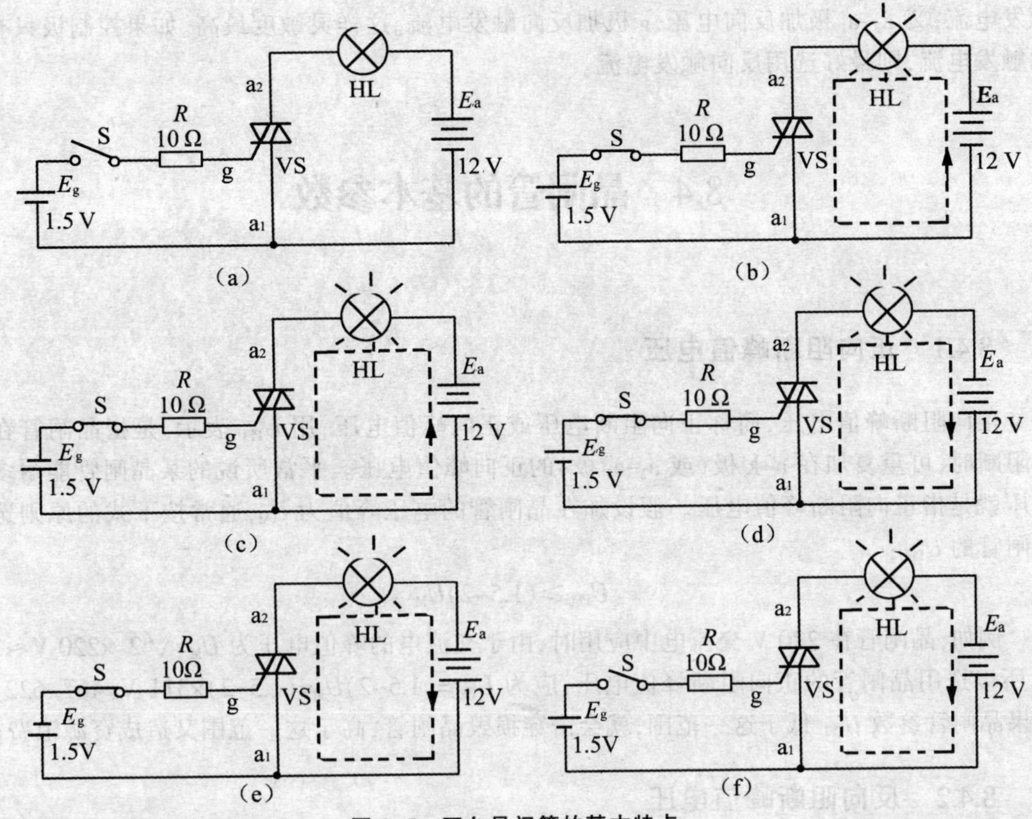

图 8-5　双向晶闸管的基本特点

综上所述,双向晶闸管具有如下特点。

(1)图 8-5 中,由电源 E_a、主电极 a_2-a_1、灯泡 HL 组成的电路称为主电路,由电源 E_g、控制极 g、开关 S、电阻 R 组成的电路称为控制电路。

(2)能由阻断变为导通状态,表明双向晶闸管具有开关性能。

(3)只在主电极加电压,而控制极不加电压时,双向晶闸管不导通电流。这表明双向晶闸管导电与否受控制极控制。

(4)无论主电极电压极性如何,控制极电压是正是负,均能触发双向晶闸管导通。这表明双向晶闸管主电路导通电流的方向由主电压 E_a 的方向来确定。

(5)双向晶闸管导通后,即使撤销控制极触发电压,仍能继续保持导通状态。但当主电极电压降到接近 0 或主电路中电阻大到某一较大数值时,主电路的电流太小,不足以维持其导通状态,晶闸管就会由导通状态转变为阻断状态,这与单向晶闸管的关断特性相同。

(6)双向晶闸管在触发导通时,采用负极性触发比采用正极性触发所需的触发电流小,工作也可靠。所以,在可以选择的情况下,常采用负极性触发方式。

由图 8-5 可知,双向晶闸管 a_2-a_1 极不管是加正向还是反向电压,只要控制极加了触发电流,两个方向就都能导通电流。在控制极,不论加正向还是反向触发电流,都能使管子触发导通。与单向晶闸管只在正向触发下才能导通电流相比,双向晶闸管具有多种触发方式可供选择。在设计电路时,最好使管子在下面两种状态下工作:① a_2-a_1 极加正向电压,g 极加正向触发电流；② a_2–a_1 极加反向电压，g 极加反向触发电流。这样灵敏度最高。如果控制极只有单向触发电流，则最好选用反向触发电流。

8.4 晶闸管的基本参数

8.4.1 正向阻断峰值电压

正向阻断峰值电压，简称正向阻断电压或正向峰值电压，用 U_{PFU} 表示，是指晶闸管在正向阻断时，可重复加在 a–k 极（或 a_2–a_1 极）的正向峰值电压。平常所说的某晶闸管能耐多大电压就是指正向阻断峰值电压。假设加在晶闸管的电压峰值为 U_M，通常按下式的原则选择晶闸管的 U_{PFU}：

$$U_{PFU} \geqslant (1.5\text{~}2)U_M$$

例如，晶闸管在 220 V 交流电中应用时，由于交流电的峰值电压为 $U_M=\sqrt{2}\times 220\ \text{V}\approx 311\ \text{V}$，所以选用晶闸管的正向阻断峰值电压，应为 $U_{PFU}=(1.5\text{~}2)U_M=(1.5\text{~}2)\times 311\ \text{V}=467\text{~}622\ \text{V}$。如果晶闸管参数 U_{PFU} 低于这一范围，就会击穿损毁晶闸管，高于这一范围又造成资源浪费。

8.4.2 反向阻断峰值电压

反向阻断峰值电压，简称反向阻断电压或反向峰值电压，用 U_{PRU} 表示，它是指反向阻断时，可重复加在晶闸管上的反向峰值电压。在实际使用中，必须根据反向阻断峰值电压 U_{PRU} 来合理选择晶闸管，原则上一定要保证晶闸管的反向峰值电压 U_{PRU} 大于实际电路中交流电压的峰值 U_M。具体是按下式来选择，即

$$U_{PRU} \geqslant (1.5\text{~}2)U_M$$

8.4.3 额定正向平均电流

在规定环境温度和标准散热条件下，能连续导通正半周电流的平均值，就叫晶闸管的额定正向平均电流，简称额定电流，用 I_F 表示。通常所说的 1 A 晶闸管、5 A 晶闸管，就是指额定正向平均电流。

晶闸管导通电流过大会烧毁，因此在应用中要合理选择电流参数，主要是考虑额定正向平均电流参数 I_F。原则上要使额定电流 I_F 比它实际导通的电流大，以保证晶闸管能够长期、稳定、安全地工作。

例如，某电路中交流电流是 6.28 A（指有效值），它的平均值就是：

$$I_F=\frac{2}{\pi}\times I=\frac{2}{\pi}\times 6.28=4\ \text{A}$$

在这种电流条件下，就应选择额定正向平均电流参数为 4 A 或大于 4 A 的晶闸管。

8.4.4 控制极触发电压

控制极电压 U_g 不能太小，太小了难以触发导通，但也不能太大，太大了就会误触发或损毁控制极。

控制极电压 U_g 与温度有很大关系，温度越高，需要的触发电压越低，温度越低，需要的触发电压越高。

控制极电压 U_g 还与 a–k 极正向电压有关，电压越高，控制极所需要的触发电压 U_g 就越小，电压越低，控制极所需要的触发电压 U_g 就越大。因此对触发极电压作了具体规定：在规定的环境温度下，a–k 极加一定正向电压(由制造厂统一规定)时，能使单向晶闸管从阻断转变为导通所需要的最小控制极电压。通常控制极电压 U_g 为 5~10 V。

8.4.5 控制极触发电流

每种晶闸管，都有一定的触发电流范围，例如一个 1 A 的晶闸管，控制极触发电流 I_g 范围为 0.4~20 mA 范围。若触发电流大于 20 mA，将损坏控制极。

控制极电流 I_g 还与 a–k 极正向电压有关，电压越高，控制极所需要的触发电流 I_g 就越小，电压越低，控制极所需要的触发电流 I_g 就越大。因此，对触发极电流 I_g 作了具体规定：在规定的环境温度下，a–k 极加一定正向电压(由制造厂统一规定)时，能使单向晶闸管从阻断转变为导通所需要的最小控制极电流。

此外，晶闸管还有其他参数，如维持电流、开启时间、电流上升率、电压上升率、关断时间、额定工作结温等，这里就不一一赘述了。

8.5 晶闸管的基本应用电路举例

晶闸管是一种开关电路，以其体积小、质量轻、反应快、效率高、应用线路简单、可控导通电流、工作稳定可靠、能在高电压、强电流条件下工作等特点，被广泛应用在各个领域。

晶闸管有三大功能。① 单向可控整流，能在控制下将交流电变成脉动直流电，这是二极管办不到的。② 作无触点开关，能快速接通或关断电路，这是普通开关无法相比的。③可将直流电变成交流电或将一种频率的交流电变成另一种频率的交流电。下面对晶闸管的前两种应用进行介绍。

8.5.1 单向桥式可控整流电路

图 8–6(a)是单向桥式可控整流电路，它有多种形式，这是最常用的一种。图中 T 为变压

器；VD_1、VD_2、VD_3、VD_4 为 4 个整流二极管，组成一个桥式整流电路；VS 为单向晶闸管；HL 为灯泡；220 V 为交流电源；U 是变压器次级产生的有效值为 12 V 的交流电压；u_a 是 12 V 电压经整流后形成的电压，它将由晶闸管导通加到灯泡上。

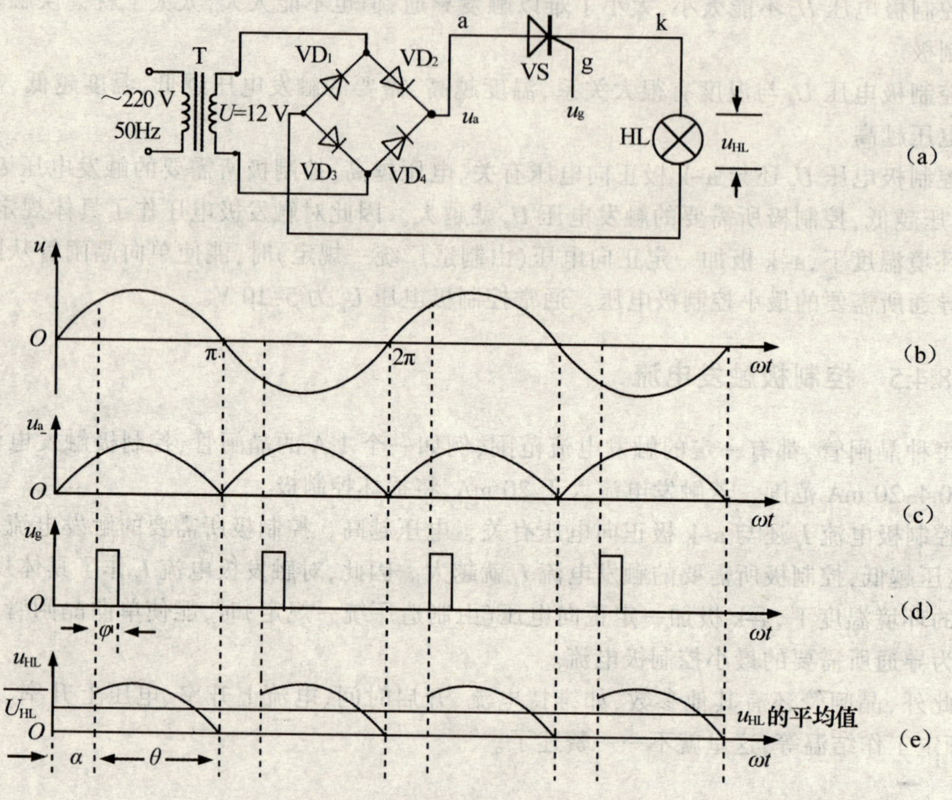

图 8-6 单向桥式可控整流电路

图 8-6(b)是有效值 U=12 V 的交流电压 u 的波形，最大值为 $U_M=\sqrt{2}\times 12\approx 16.8$ V。

图 8-6(c)是 12 V 交流电压经整流后产生的电压 u_a。波形中没有负电压，体现出桥式整流电路的作用和特点。

图 8-6(d)是触发信号 u_g 的电压波形。

图 8-6(e)是晶闸管触发导通后，灯泡上产生的 u_{HL} 的波形，只占图 8-6(c)中电压波形的一部分。

从图中可以看出，在 θ 表示的范围内，晶闸管是导通的，电压 u_a 通过晶闸管加到灯泡上，$u_{HL}\approx u_a$，所以把 θ 称为导通角；而在 α 表示的范围内，晶闸管是阻断的，u_{HL}=0，所以把 α 称为控制角。而且

$$\alpha+\theta=\pi$$

显然，控制角 α 越大，导通角 θ 越小；控制角 α 越小，导通角 θ 越大。

通过调整触发信号 u_g 加入的时刻，来改变晶闸管的控制角 α 和导通角 θ，从而控制输出电压的平均值，即改变加到灯泡上的电压平均值 $\overline{U_{HL}}$，达到调节灯泡亮度的目的。

8.5.2 双向晶闸管的典型调压电路

图 8–7 是一个多用大功率调压器，它由主电路、触发电路、保护电路、抗干扰电路 4 个部分构成，可用于电灯调光、电烤箱调温、电吹风调速等。

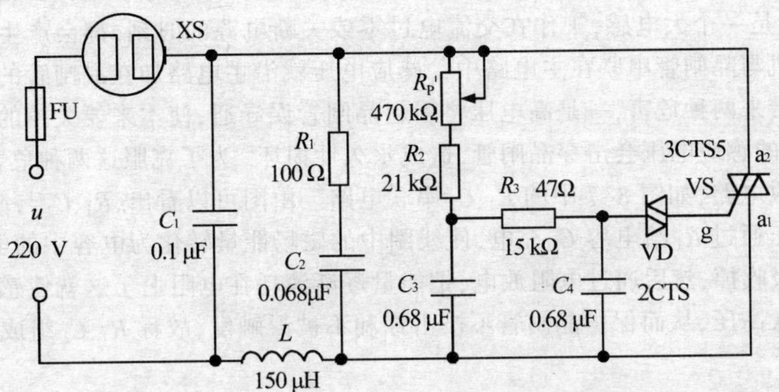

图 8–7 多用大功率调压器

主电路由保险管 FU、插座 XS、双向晶闸管 VS、电感 L 组成。由于应用功率较大，除要求 XS 能承受大电流外，VS 选用额定电流为 5 A，耐压为 400 V 的晶闸管，L 也用线径较粗的线圈。触发电路由变阻器 R_P，电阻 R_2、R_3，电容 C_3、C_4 以及双向二极管 VD 组成。抗干扰电路由 C_1、L 组成。保护电路由 R_1、C_2 组成。

u 在正半周时通过 XS、R_P、R_2 对 C_3 正向充电。随着 C_3 上端正电压逐渐升高，又通过 R_3 向 C_4 正向充电。当 C_4 上端正电压高到双向二极管 VD 的转折电压时，双向二极管 VD 导通，触发双向晶闸管 VS 导通，此时双向晶闸管导通正半周电流，方向为 u 上端→FU→XS→a_2→a_1→L→u 下端，由插座 XS 接入的负载中流过电源正半周电流。

u 在负半周时通过 XS、R_P、R_2 对 C_3 反向充电，随着 C_3 上端负电压增加又通过 R_3 向 C_4 反向充电。当 C_4 上端负电压高到双向二极管 VD 的转折电压时，双向二极管 VD 导通，触发双向晶闸管 VS 也导通，此时双向晶闸管导通负半周电流，方向为 u 下端→L→a_1→a_2→XS→FU→u 上端，由插座 XS 接入的负载中流过电源负半周电流。

电源过零瞬间，触发信号消失，双向晶闸管就在这一瞬间截止。然后，重复上述工作过程。

除了上述一般导电原理外，电路还有一个重要特点，调节变阻器 R_P，可改变 C_4 上建立触发电压 U_g 的时刻，即能调整双向晶闸管的控制角 α 与导通角 θ，从而改变晶闸管输送给负载的电压平均值。如果插座 XS 接入的负载是灯泡时，这就是一个调光台灯电路，调节变阻器 R_P，就可以改变其亮度。

抗干扰电路由 C_1、L 组成。交流电中使用的晶闸管，其输出的电压和电流不是平滑的正弦波，而是间断的脉冲波，这种波形的电压或电流会产生电磁辐射波，干扰无线电接收机。为了减轻或消除这种干扰，在图 8–7 中设计了由 C_1、L 组成的抗干扰电路。电感线圈 L 具有通低频、阻高频的特性，对高频辐射加以阻挡，不让它进入电源线，从而大大地减弱了这种干扰。50 Hz 低频电流却能很容易通过电感 L。电容 C_1 从另一方面削弱或消除干扰，C_1 和晶闸管是并联的关系，利用电容 C_1 通高频阻低频的特性，将晶闸管产生的高频干扰短路吸收。这样，晶闸管产生的高频干扰经电感阻挡后，若有残余部分漏过电感线圈，将会由电容对它进一步短路，使干扰不能沿电源线向外界辐射。

如果插座 XS 上插入的负载是电机等感性负载，就一定要给电路加上保护电路。像电机等感性负载，就是一个大电感，工作在交流电过零或关断电源的时刻，都会产生很大的感应电压。由于电机与晶闸管串联在主电路中，感应电压就沿主电路加在晶闸管的两个主电极上。这样就会带来两种危害，一是高电压将引起晶闸管误导通，使本来要关掉的电机又转动起来；二是较高的感应电压会击穿晶闸管，造成永久性损坏。为了克服这两种危害的发生，常在电路中加吸收电路，如图 8-7 中的 R_1、C_2 串联电路。由图可以看出，R_1、C_2 与晶闸管并联，较高的感应电压通过 R_1 给电容 C_1 充电，使线圈中的磁场能量转化为电容中的电场能量，从而将感应电压吸收掉，然后通过电阻放电，把能量逐渐消耗在电阻上。这就使感应电动势幅值不能形成长久高压，从而保护晶闸管不被击穿和不被误触发，故称 R_1、C_2 组成的电路为吸收电路。

当负载短路或过载时，流过晶闸管的电流会很大，甚至远远大于晶闸管允许的电流值，这就是过电流。过电流会将晶闸管烧毁，所以必须设法采取措施加以保护。图 8-7 中的保险管 FU 起过电流保护作用，把它安装在主电流回路中，一旦有过电流发生，保险管先熔断，切断电流，使晶闸管得到保护。必须注意，这里使用的保险管 FU 一定要用快速熔断器。

元件制作和选择：L 可选择直径为 6 mm×29 mm 的 MX（锰锌）-400 型磁棒，在上面用 φ 0.67 mm 的高强度漆包线绕 80 匝，就制得电感量为 150 mH 的电感。要求 C_1 的电容值为 0.1 μF，耐压在 400 V 以上。VD 选用 2CTS 型双向二极管。对于一般纯电阻性负载，VS 可选用耐压 400 V 的晶闸管，对感性负载最好选用耐压为 700 V 的晶闸管（本例选用的 3CTS5，其额定电流为 5 A，耐压为 100~2 000 V）。

8.6 使用晶闸管注意事项

(1)仔细检测晶闸管

使用晶闸管之前，应该全面检测晶闸管的性能是否良好，如果发现有短路、漏电、断路故障绝对不可应用。

(2)合理选择晶闸管

主要是选择晶闸管的参数容量，如果选择过大，会使成本提高，选得过小又可能引起元件损坏。为了保证晶闸管安全可靠工作，应考虑足够的安全系数。原则上可用耐压高的晶闸管代替耐压低的晶闸管，可用额定电流大的代替额定电流小的晶闸管。

(3)注意环境温度与散热条件

晶闸管在使用时，对于大功率晶闸管，要按规定加装散热片，并且保证晶闸管与散热片有良好接触。

(4)必须加装保护装置

主要是过压、过流保护装置,以防止过压、过流损坏晶闸管。如图 8–7 中的 R_1、C_2 组成的串联电路,起过压保护作用,快速熔断器 FU 起过流保护作用。

(5)应该保护控制极

主要是控制极上不能加过大的电压和电流,一般正向电压不能超过 10 V,反向电压不能超过 5 V,以免控制极电流过大烧毁晶闸管或反向电压过大击穿晶闸管。

(6)正确安装电极

在应用或组装晶闸管电路时,不能只注重控制极的辨别,而忽略对主电极的辨认。如果单向晶闸管的 a、k 极或双向晶闸管的 a_2、a_1 极安错了,不仅会损坏晶闸管的控制极而且有时会连其他电路元件一起烧坏。因此,安装电极时绝不能搞错。

本章小结

1.单向晶闸管有单向导电能力,导通与否受控制极控制。更重要的是,单向晶闸管导通电流时,必须满足 a–k 极和 g–k 极同时加正向电压这个条件。要关断单向晶闸管已导通的电流,必须将主电流撤销才能实现。

2.双向晶闸管 a_2–a_1 极不管是加正向或是反向电压,只要控制极加了触发电流,两个方向就都能导通电流。在控制极,不论加正向或反向触发电流,都能使管子触发导通。与单向晶闸管只在正向触发下才能导通电流相比,双向晶闸管具有多种触发方式可供选择。双向晶闸管导通后,即使撤销控制极触发电压,仍能继续保持导通状态,但当主电极电压降到接近 0 或主电路中电阻大到某一较大数值时,主电路的电流太小,不足以维持其导通状态,晶闸管就会由导通状态转变为阻断状态。这与单向晶闸管的关断特性相同。

3.晶闸管是一种开关电路,以其体积小、质量轻、反应快、效率高、应用线路简单、可控导通电流、工作稳定可靠、能在高电压、强电流条件下工作等特点,被广泛应用在各个领域。

习 题

1.简述单向晶闸管的工作特点。

2.简述双向晶闸管的工作特点。

3.说出图 8–7 所示电路由几部分组成?各部分的作用是什么?

项目实训

项目任务：

制作家用调光台灯电路。

项目描述：

调光台灯电路是通过调整晶闸管的导通角使灯泡两端的电压能在0~220 V之间变化，从而控制灯泡的发光强度。

电路工作原理：

图8-8是一个简单实用的调光台灯电路。主电路由电源u，灯泡HL，整流二极管VD_1、VD_2、VD_3、VD_4，晶闸管VS组成；触发电路由变阻器R_P，电阻R_1、R_2，电容C组成。

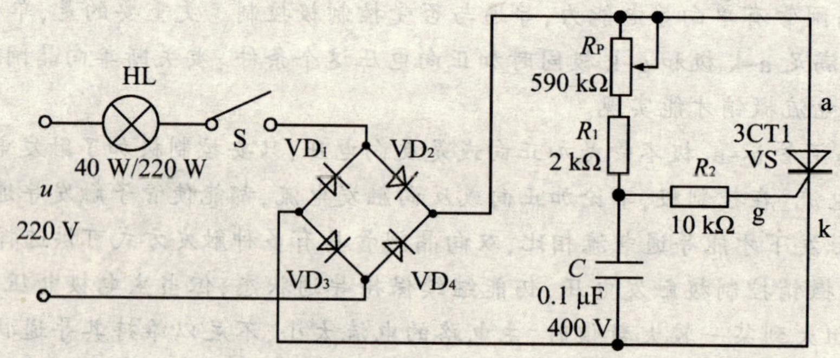

图8-8　调光台灯电路

u在正半周时，电源沿u上端→HL→S→VD_2→R_P→R_1→C→VD_3→u下端给C正向充电，建立上正下负的电压u_c，并通过R_2加到晶闸管的g极，u_c低时不产生触发电流。当u_c高到等于VS的触发电压U_g时，u_c沿C上端→R_2→g→k→C下端放电产生触发电流I_g，触发晶闸管导通。根据桥式整流原理，当u为负半周时，也能触发晶闸管导通。u过零时，因放电u_c也接近为0，晶闸管不能导通电流。

调节R_P阻值，可改变C充电达到U_g值的时间，即调整晶闸管的导通角，使晶闸管早一点或迟一点触发导通，从而调节晶闸管的输出电压，使灯泡两端电压能在0~220 V之间变化。电压高时灯泡发光亮，电压低时灯泡发光暗。因此，称之为调光台灯电路。

元件参数：

HL：40 W/220 V；

VD_1~VD_4：2CZ54E（额定电流为0.3 A，最高反向工作电压为300 V）；

VS：3CT1A（正、反向阻断峰值电压为500 V）；

C：0.1 μF/400 V；

R_1：2 kΩ；

R_2:10 kΩ;

R_P:590 kΩ 带开关电位器,见图 8-9,①、⑤之间为开关,②、③、④为电位器,其中③为动触点。

制作与调试:

图 8-10 为调光台灯电路板。实际电路板可做得小一些。按图示位置插装、焊接元件,焊接要仔细,不能错焊、连焊。带开关电位器不是装在电路板上,是用导线引出来,装在台灯底座的面板上,具体连接方法是把图 8-9 和图 8-10 对应的点用导线连接起来就可以了。

如果调整电位器 R_P,能改变灯泡的亮度,说明电路装配是成功的。

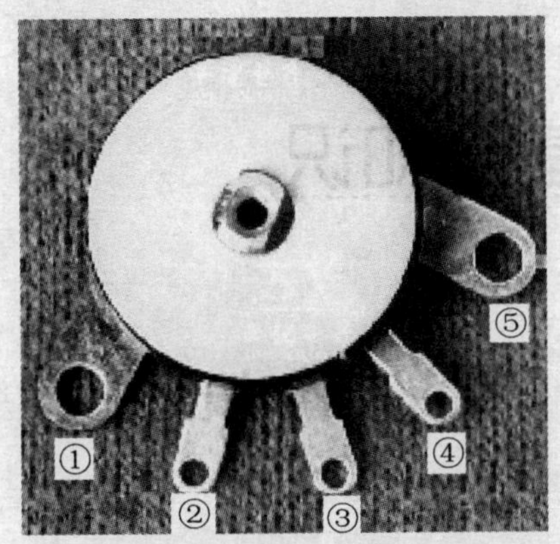

图 8-9 带开关电位器

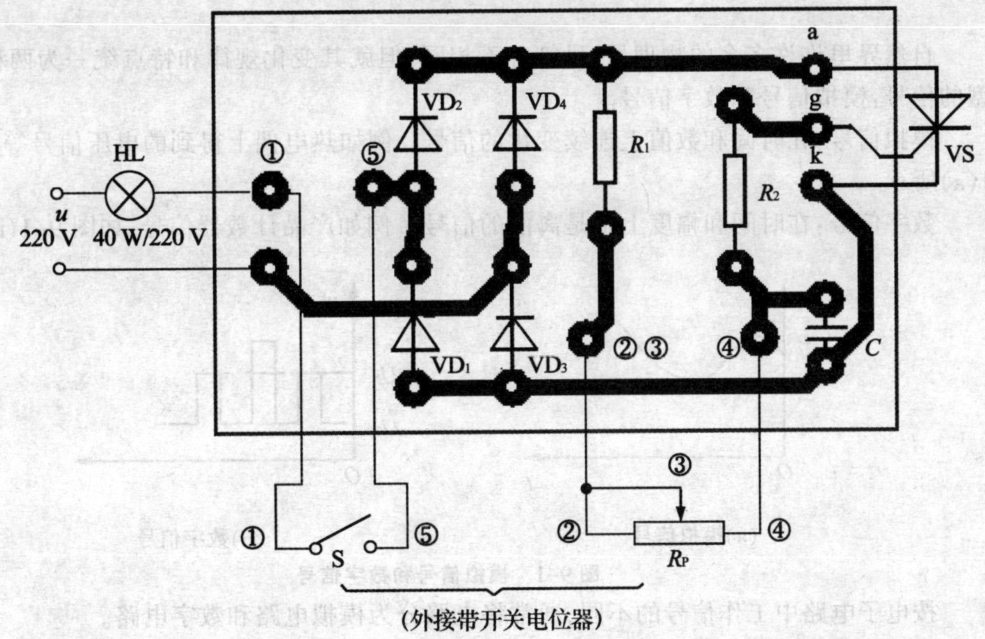

图 8-10 调光台灯电路板

9 数字电路基础知识

9.1 概述

9.1.1 数字信号、数字电路

自然界里许许多多的物理量,尽管各不相同,但就其变化规律和特点统一为两种不同类型的信号:模拟信号和数字信号。

模拟信号:在时间和数值上连续变化的信号。例如热电偶上得到的电压信号等,如图 9-1(a)所示。

数字信号:在时间和幅度上都是离散的信号。例如产品计数器信号,如图 9-1(b)所示。

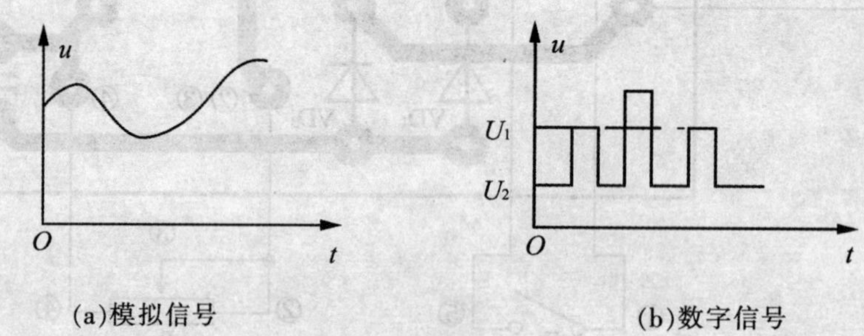

图 9-1 模拟信号和数字信号

按电子电路中工作信号的不同,通常将电路分为模拟电路和数字电路。

模拟电路:处理模拟信号的电路。

数字电路:处理数字信号的电路。

9.1.2 数字电路研究的对象

数字电路研究的对象非常广泛,它包括脉冲信号的产生、放大、整形、寄存、计数、译码、显示等数字部件的组成、工作原理及其逻辑功能。

9.1.3 数字电路的特点

(1)便于集成化

由于数字信号简单,只需两种不同状态分别表示二值信息 1 和 0,通常用晶体管的截止和饱和两种截然不同的状态来表示。因此,构成数字电路的基本单元电路也比较简单,而且允许元器件参数有比较大的分散性,只要能区分 0 和 1 就够了。从而可以把为数众多的基本单元电路集成到一块芯片上,获得集成度高、成品率高、价格便宜的数字集成电路的功能块。它为数字电路的发展提供了极为有利的物质基础。

(2)抗干扰能力强

数字电路是利用数字信号的有无来代表和传输 1、0 二值信息的, 只有环境干扰相当强才能改变信号的有无。因此,数字电路的抗干扰能力强,电路工作可靠。

(3)精度高

通过增加二进制位数, 可使数字电路处理数字的结果达到人们所希望得到的精度。因此,由数字电路组成的数字系统工作精确、精度高。

(4)分析数字电路的数学工具是逻辑代数

数字电路研究的主要问题是电路输出与输入的逻辑关系,即电路的逻辑功能。而描述逻辑功能的主要方式是真值表、逻辑表达式、卡诺图、逻辑图和时序图。

(5)数字电路能对数字信号进行各种逻辑运算

所谓逻辑运算,就是按照逻辑规则进行逻辑推理和逻辑判断。可见数字电路不仅具有运算功能,还具有逻辑思维能力。从而人们制造出各种数控装置、智能仪表以及数字电子计算机等现代科技产品。

9.1.4 数字电路的分类

(1)数字电路主要由集成电路组成

按集成度分为小、中、大和超大规模集成电路。

小规模集成电路(SSI),每片有 1~10 门(10~100 元件/片)逻辑单元电路:逻辑门、触发器。

中规模集成电路(MSI),每片有 10~100 门(100~1 000 元件/片)逻辑功能产品件:编码器、译码器、选择器、运算器、计数器、寄存器、比较器、转换器。

大规模集成电路(LSI),每片超过 100 门(大于 1 000 元件/片)数字逻辑系统:存储器、中央控制器、串并行接口电路。

(2)按电路所用器件分为

双极型:DTL、TTL、HTL、ECL、IIL;

单极型:NMOS、PMOS、CMOS。

(3)按电路逻辑功能分为

组合逻辑电路;

时序逻辑电路。

随着大规模集成电路的发展,成本不断降低,使用大规模功能块已成为现实。数字电路随着新技术的发展也在不断变化,所以数字电子技术是一门发展很快的学科。

9.2 几种常用的数制和码制

9.2.1 数制

用数字量表示物理量的大小时,仅用一位数码还不够用,因而必须用进位计数的方法组成多位数码使用。我们把多位数码中每一位的构成方法以及从低位到高位的进位规则称为数制。常用的数制有十进制、二进制、八进制、十六进制。

(1)各种数制及表示方法

通常,十进制数用$(N)_{10}$或$(N)_D$表示,二进制数用$(N)_2$或$(N)_B$表示,十六进制数用$(N)_{16}$或$(N)_H$表示。

① 十进制数(decimal)

十进制有如下特点:

a. 它的数码K共有10个,为0,1,2,3,4,5,6,7,8,9。

b. 相邻位的关系,高位为低位的十倍,逢十进一,借一当十,即十进制的基数R等于10。

c. 任何一个十进制数都可以写成以10为底的幂之和的形式:

$$(N)_{10}=\sum_{i=-\infty}^{\infty} K_i\times R^i=\sum_{i=-\infty}^{\infty} K_i\times 10^i$$

式中i为数字中各数码K的位置号,为正负整数,小数点前第一位i=0(0号位),第二位i=1(1号位),依此类推;小数点后第一位i=−1(−1号位),第二位i=−2(−2号位),依此类推。

10^i为第i位的位权。

例如, $(246.134)_{10}=2\times10^2+4\times10^1+6\times10^0+1\times10^{-1}+3\times10^{-2}+4\times10^{-3}$

式$(N)_{10}=\sum_{i=-\infty}^{\infty} K_i\times R^i=\sum_{i=-\infty}^{\infty} K_i\times 10^i$称为数的按权展开式。一个数由数码$K$、基数$R$和位权这三个要素构成的。一个数的数值等于数码乘位权的集合。

十进制的位权关系列于表9–1。

表 9-1 十进制的位权

位号	$n-1$	$n-2$	…	2	1	0	小数点	-1	-2	…	$-m$
位权	10^{n-1}	10^{n-2}	…	10^2	10^1	10^0	·	10^{-1}	10^{-2}	…	10^{-m}

② 二进制(binary)

二进制的数码 K 为 0、1,基数 $R=2$,相邻位的关系为逢二进一,借一当二,位权为 2 的整数幂,其按权展开式为 $(N)_2=\sum_{i=-\infty}^{\infty}K_i\times2^i$。

例如,$(1011)_2=1\times2^3+0\times2^2+1\times2^1+1\times2^0$

再如,$(10011.01)_2=1\times2^4+0\times2^3+0\times2^2+1\times2^1+1\times2^0+0\times2^{-1}+1\times2^{-2}$

因为二进制的两个数码 0 和 1 能够与电路的两个状态(饱和与截止)直接对应,所以二进制是数字电路中经常采用的。

表 9-2 列出了二进制各位的位权。

表 9-2 二进制的位权

位号	i	0	1	2	3	4	5	6	7	8	9	10	11	12	13
位权	2^i	1	2	4	8	16	32	64	128	256	512	1024	2046	4096	8192

③ 十六进制(hexadecimal)

十六进制是以 16 为基数的计数体制,它采用的数码 K 为 0、1、2、3、4、5、6、7、8、9、A、B、C、D、E、F。符号 A~F 分别代表十进制的 10~15。各位的位权是 16 的整数幂,其计数规律是逢十六进一,借一当十六。其按权展开式为:

$$(N)_{16}=\sum_{i=-m}^{n-1}K_i\times(16)^i$$

例如,$(4E6)_{16}=4\times16^2+E\times16^1+6\times16^0$

$=4\times16^2+14\times16^1+6\times16^0=(1254)_{10}$

上述几种数制各有其优缺点,应用场合也不相同。以十进制和二进制作比较,十进制在日常生活中应用最多,是人们最熟悉和习惯的计数体制,但其十个数码在数字电路中难于找到 10 个状态与之相对应。数字电路的两个状态可用两个数码表示,故采用二进制。二进制计算规则简单,但人们对其不习惯,另外其位数较多,不易读写。利用二进制与十进制和十六进制的对应关系对十进制、十六进制进行二进制编码,用起来就很方便了。

(2)几种数制之间的相互转换

① 非十进制转换为十进制

可以将非十进制数写为按权展开式,得出其相加的结果,就是与其对应的十进制数。

例 1 $(11010)_2=1\times2^4+1\times2^3+0\times2^2+1\times2^1+0\times2^0$

$=2^4+2^3+2^2+2^1=(26)_{10}$

例 2 $(1001.01)_2=1\times2^3+0\times2^2+0\times2^1+1\times2^0+0\times2^{-1}+0\times2^{-2}$

$=2^3+2^0+2^{-2}=(9.25)_{10}$

例 3 $(174)_{16}=1\times16^2+7\times16^1+4\times16^0$

$=256+112+4=(372)_{10}$

② 十进制转换为非十进制

整数部分可用"除基取余法",即将原十进制数连续除以要转换的计数体制的基数,每次除完所得余数就作为要转换数的系数(数码)。先得到的余数为转换数的低位,后得到的为高位,直到除得的商为0为止。这种方法概括起来可说成"除基数,得余数,作系数,从低位到高位"。符号 LSB 表示最低位,符号 MSB 表示最高位。

例 4 $(26)_{10}=(\quad)_2=(\quad)_{16}$

商	0	1	3	6	13	26
余数	1	1	0	1	0	÷ 2

上算式中右侧表示原十进制数26,欲转换为二进制数,需将26连除2。左侧上方表示每次除得的商,左侧下方表示每次所得的余数。从右至左,先得的余数为二进制数的最低位LSB,最后得的余数为二进制数的最高位MSB。所以,$(26)_{10}=(11010)_2$。

同理,欲将$(26)_{10}$转换为十六进制数,将有:

商	0	1	26
余数	1	A	÷ 16

所以,$(26)_{10}=(1A)_{16}$。

例 5 将$(81)_{10}$转换为二进制、十六进制数

解 a. 先将$(81)_{10}$用"除基取余法"转化为二进制数

商	0	1	2	5	10	20	40	26
余数	1	0	1	0	0	0	1	÷ 2
	MSB						LSB	

得 $(81)_{10}=(1010001)_2$

b. 可用"除基取余法"直接求十六进制数,也可以利用十六进制数码与二进制数码的对应关系,由二进制数转化为十六进制数。因为每一个十六进制数码都可以用4位二进制数来表示,所以可将二进制数从低位向高位每4位一组写出各组的值,从左到右读写,就是十六进制数。在将二进制数按4位一组划分字节时,最高位一组位数不够可用0补齐。

$$(81)_{10}=(1010001)_2=(0101\ 0001)_2=(51)_{16}$$

小数点以后的二进制数转化为十六进制数在划分字节时是从高位到低位进行的。

上述方法是可逆的,将十六进制数的每1位写成4位二进制数,左右顺序不变,就能从十六进制直接转化为二进制。

表 9–3 数制对照表

计数体制基数 R	数码表示方法																
R=16	0	1	2	3	4	5	6	7	8	9	A	B	C	D	E	F	10
R=2	0	1	10	11	100	101	110	111	1000	1001	1010	1011	1100	1101	1110	1111	10000
R=10	0	1	2	3	4	5	6	7	8	9	10	11	12	13	14	15	16
R=8	0	1	2	3	4	5	6	7	10	11	12	13	14	15	16	17	20

表 9–3 中也给出了八进制与其他几种进制的对应关系，请读者确认其基数、位权和数码,验证其转换关系。

十进制小数部分转换为其他进制小数可采用“乘基取整法”,即将原十进制纯小数乘以要转换出的数制的基数,取其积的整数部分作系数,剩余的纯小数部分为 0 或到一定精度为止。这种方法可概括地说成“乘基数,取整数,作系数,从高位,到低位”。

例 6 将$(0.875)_{10}$转换为二进制数

$0.875\times2=1.750\cdots\cdots1$ MSB

$0.750\times2=1.500\cdots\cdots1$

$0.500\times2=1.000\cdots\cdots1$ LSB

所以 $(0.875)_{10}=(0.111)_2$

例 7 $(0.78125)_{10}=(\quad)_2$

$0.78125\times2=1.5625\cdots\cdots1$ MSB

$0.5625\times2=1.1250\cdots\cdots1$

$0.1250\times2=0.25\cdots\cdots0$

$0.25\times2=0.5\cdots\cdots0$

$0.5\times2=1.0\cdots\cdots0$ LSB

所以 $(0.78125)_{10}=(0.11001)_2$

如要求转换为八进制和十六进制，可利用八进制和十六进制与二进制的关系将二进制划分字节获得。对本例有：

$$(0.78125)_{10}=(0.11001)_2$$

$$=(0.\overparen{110}\ \overparen{010})=(0.62)_8$$

9.2.2 码制

不同数码不仅可以表示出数量的大小，而且还能用来表示不同的事物。在后一种情况下,这些数码将不再表示数量大小的差别,而只是不同事物的代号而已,我们将这些数码称为代码。例如,运动员号码布编号,它代表不同运动员,失去了数量大小的含义。

为了便于记忆和查找,在编制代码时要遵循一定的规则,这些规则就叫做码制,在数字电路中是指用二进制代码表示数字或符号的编码方法。

十进制数码(0~9)是不能在数字电路中运行的,必须将其转换为二进制数。用四位二进制数表示十进制编码的方法称为二—十进制码,即 BCD 码。四位二进制数码有十六种组合,从中任取十种组合代表 0~9 十个数,因此四位二进制码可编出很多种 BCD 码。

(1)有权码

有权码指这种编码中各位分别代表固定不变的权。

① 8421 码

8421 码是最常用的一种自然加权 BCD 码,其各位的权分别是 8、4、2、1,故称 8421 码。每个代码的各位之和就是它所表示的十进制数。

② 2421 和 5421 码

它们从高位到低位各位的权分别是 2、4、2、1 和 5、4、2、1,其中 2421 码又分为(A)和(B)两种代码。

(2)无权码

① 余三码

这种代码所组成的四位二进制数,正好比它代表的十进制数多 3,故称余三码。

② 格雷码

格雷码的特点是,相邻两个代码之间仅有一位不同,其余各位均相同。

表 9-4 列出几种常用的二—十进制码。

表 9-4 几种常用的二—十进制码

	8421	2421(A)	2421(B)	5421	余三码	格雷码
0	0000	0000	0000	0000	0011	0000
1	0001	0001	0001	0001	0100	0001
2	0010	0010	0010	0010	0101	0011
3	0011	0011	0011	0011	0110	0010
4	0100	0100	0100	0100	0111	0110
5	0101	0101	1011	1000	1000	0111
6	0110	0110	1100	1001	1001	0101
7	0111	0111	1101	1010	1010	0100
8	1000	1110	1110	1011	1011	1100
9	1001	1111	1111	1100	1100	1000
	8,4,2,1	2,4,2,1	2,4,2,1	5,4,2,1		

二—十进制是介于二进制和十进制之间的计数方法,转换非常方便。例如,将十进制数 369 转换成二—十进制(用 8421 码)

3	6	9
↓	↓	↓
0011	0110	1001

即 $[369]_{10}=[001101101001]_{8421BCD}$

二—十进制数转换成十进制数,也是采用分组的方法,自右向左每 4 个数码分别为一组,若最后不足 4 位可在左边补零。

例如,$[001101101001]_{8421BCD}$ 分组后为:

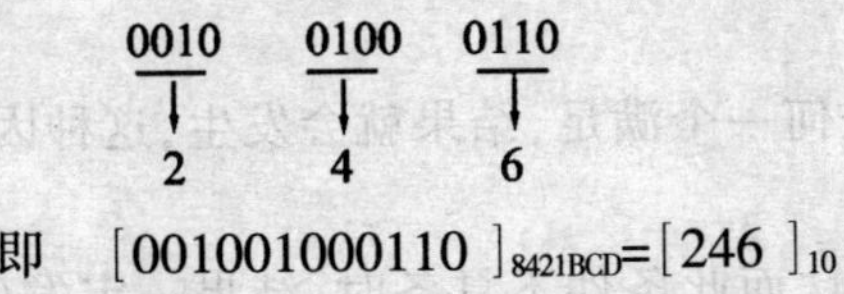

即 $[001001000110]_{8421BCD}=[246]_{10}$

9.3 逻辑代数的基本运算

9.3.1 算术运算和逻辑运算

在数字电路中,一位二进制码的 0 和 1 不仅可以表示数量的大小,而且还可以表示两种不同的逻辑状态。例如用 1 和 0 分别表示某一事物的是、非,有、无,好、坏;或表示电路的通断,电灯的亮和暗等。这种只有两种对立逻辑状态的逻辑关系称为二值逻辑。

当两个二进制数码表示两个数量大小时,它们之间可以进行数值运算,我们称这种为算术运算。

当两个二进制数码表示不同的逻辑状态时,它们之间可以按照指定的某种因果关系进行所谓逻辑运算,它与算术运算有本质的区别。

9.3.2 逻辑函数中的三种基本运算

1849 英国数学家乔治·布尔(George Boole)首先提出了描述客观事物的逻辑关系的数学方法——布尔代数。后来由于布尔代数被广泛应用在解决开关电路和数字逻辑电路的分析与设计上,所以把布尔代数叫做开关代数或逻辑代数。

逻辑代数中也用字母表示变量,它仅有两个取值 1 和 0,分别表示对应的两种状态,这种变量称为逻辑变量。表示事物因果关系的数学形式称为逻辑函数。

逻辑代数的基本运算有与、或、非 3 种。为了理解其含义,看下面例子。

图示 9-2 所示电路,如果把按下按钮作为条件(或导致事物结果的原因),把灯的亮作为结果,3 个电路代表了 3 种不同的因果关系。

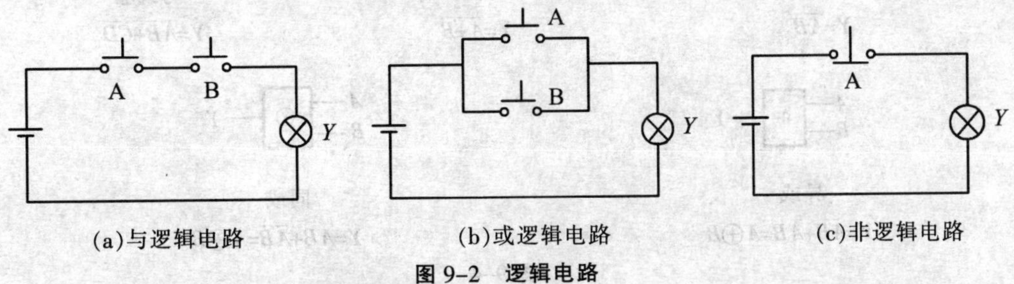

(a)与逻辑电路　(b)或逻辑电路　(c)非逻辑电路

图 9-2 逻辑电路

9-2(a)图,只有决定事物结果的全部条件同时具备时,结果才会发生,这种逻辑关系叫做逻辑与。开关 A、B 同时按下灯亮。

9-2(b)图,决定事物结果的诸条件中,只要有任何一个满足,结果就会发生,这种因果关系叫做逻辑或。开关 A、B 只要有一个按下灯亮。

9-2(c)图,只要某一条件具备了,结果便不发生,而此条件不具备时,结果一定发生,这种因果关系叫做逻辑非(或逻辑求反)。开关 A 按下灯不亮,不按灯亮。

若以 A、B 表示按钮状态,0 表示不按,1 表示按下;Y 表示指示灯状态,0 表示不亮,1 表示亮。列出以 1、0 表示的逻辑关系图表即真值表,见表 9-5、9-6、9-7。

表 9-5 与逻辑真值表

A	B	Y
0	0	0
0	1	0
1	0	0
1	1	1

与逻辑表达式 $Y=A\cdot B$

表 9-6 或逻辑真值表

A	B	Y
0	0	0
0	1	1
1	0	1
1	1	1

或逻辑表达式 $Y=A+B$

表 9-7 非逻辑真值表

A	Y
0	1
1	0

非逻辑表达式 $Y=\overline{A}$

同时把实现以上与、或、非逻辑的基本单元电路叫做与门、或门、非门(或称反相器),其逻辑符号图 9-3 所示。

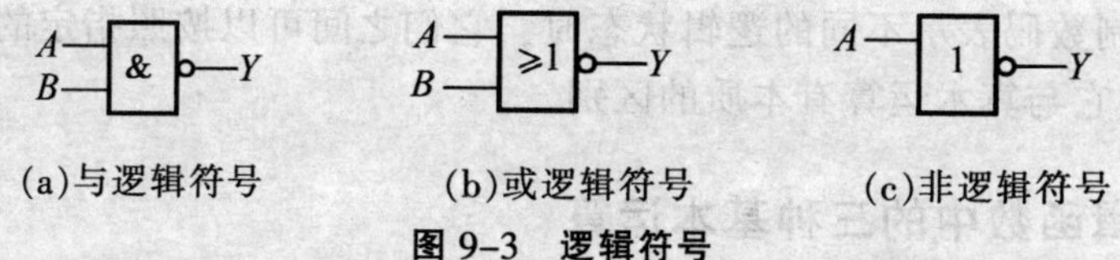

图 9-3 逻辑符号

9.3.3 复合逻辑函数

实际的逻辑关系往往要比与、或、非复杂得多,不过它们都可以用与、或、非的组合来实现,见图 9-4。

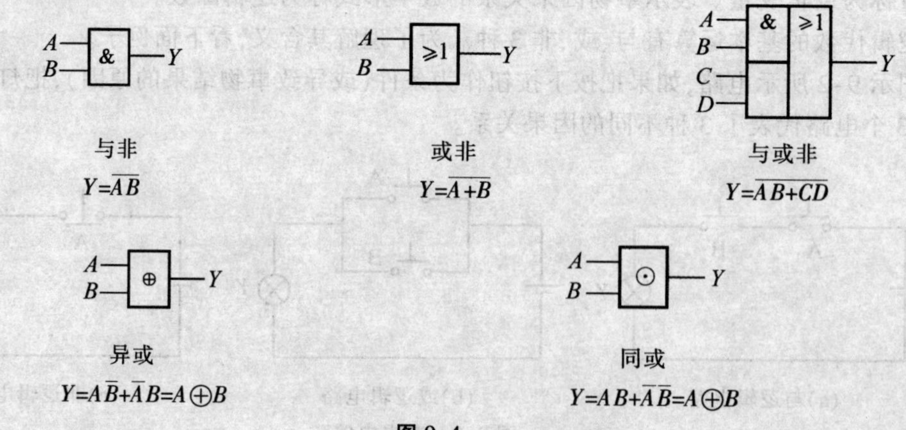

图 9-4

9.4 逻辑代数的基本公式和基本定理

9.4.1 基本公式(利用真值表验证)

名称	公式		
0–1 律	$0\cdot 0=0$	$0+0=0$	$\overline{0}=1$
	$0\cdot 1=0$	$0+1=1$	$\overline{1}=0$
	$1\cdot 1=1$	$1+1=1$	
	$0\cdot A=0$	$0+A=A$	
	$1\cdot A=A$	$1+A=1$	
重叠律	$A\cdot A=A$		
(自等律)	$A+A=A$		
互补律	$A\cdot\overline{A}=0$	$A+\overline{A}=1$	
还原律	$\overline{\overline{A}}=A$		
交换律	$A\cdot B=B\cdot A$	$A+B=B+A$	
结合律	$(A\cdot B)\cdot C=A\cdot(B\cdot C)$	$(A+B)+C=A+(B+C)$	
分配律	$A\cdot(B+C)=AB+AC$	$A+BC=(A+B)(A+C)$	
反演律	$\overline{A\cdot B\cdot C}=\overline{A}+\overline{B}+\overline{C}$	D.Morgan 定理	
德·摩根定理	$\overline{A+B+C}=\overline{A}\cdot\overline{B}\cdot\overline{C}$		
吸收律	$A+AB=A$	$AB+A\overline{B}=A$	
	$A\cdot(A+B)=A$	$A+\overline{A}B=A+B$	
	$(A+B)(A+C)=A+BC$		
	$AB+\overline{A}C+BC=AB+\overline{A}C$		
	$AB+\overline{A}C+BCD=AB+\overline{A}C$		

9.4.2 逻辑代数的基本定理

(1)代入定理

在任何一个包含变量 A 的逻辑式中，若以另外一个逻辑式带入式中所有 A 的位置，则等式仍然成立——代入定理。

因为任意变量 A 仅有 0 和 1 两种可能的状态，所以无论将 $A=0$，还是 $A=1$ 代入逻辑式等式都成立。而任何一个逻辑式的取值也不外 0 和 1 两种，所以用它取代式中的 A 时，等式自然也成立。因此，把代入定理看做无须证明的定理。

利用代入定理很容易把基本公式推广为多变量的形式。

例 8 已知两变量摩根定理 $\overline{A+B}=\overline{A}\,\overline{B}$ $\overline{AB}=\overline{A}+\overline{B}$

令以 $B+C$ 代入前式 B 位置,同时以 BC 代入后式中 B 的位置,于是得到:

$\overline{A+(B+C)}=\overline{A}\cdot\overline{B+C}=\overline{A}\,\overline{B}\,\overline{C}$

$\overline{A(BC)}=\overline{A}+\overline{BC}=\overline{A}+\overline{B}+\overline{C}$

(2)反演定理

对于任意一个逻辑式 Y,如果把其中原有的"·"换成"+","+"换成"·",1 换成 0,0 换成 1,则得到一个新的逻辑式 Y',这个 Y'就叫做 Y 的对偶式,或者是 Y 和 Y'互为对偶式。

例如,$Y=A(B+C)$, 则 $Y'=A+BC$

$Y=\overline{AB+CD}$,则 $Y'=\overline{(A+B)}\,\overline{(C+D)}$

$Y=AB+\overline{C+D}$,则 $Y'=(A+B)\overline{(CD)}$

9.5 逻辑函数及其表示方法

9.5.1 逻辑函数

当输入变量取值确定之后,输出变量的取值随之而定,因而输入输出之间乃是一种函数关系,我们将这种函数关系称之为逻辑函数,写做

$$Y=F(A,B,C\cdots)$$

例如,举重裁判电路图 9-5 中按钮 A 主裁掌握,按钮 B、C 副裁掌握,灯亮举重通过,则它们之间的状态关系写成逻辑函数:

$$Y=F(A,B,C)$$

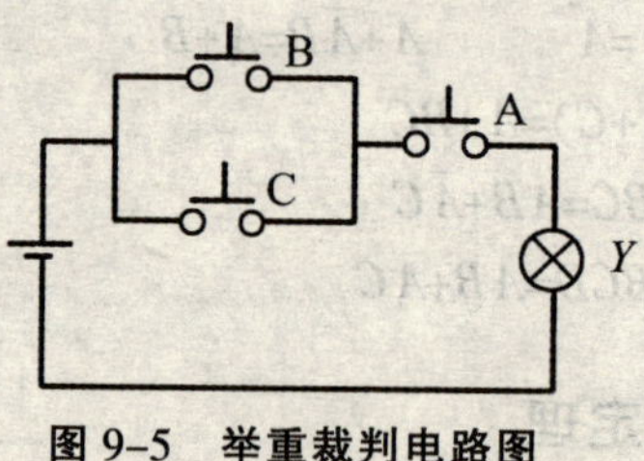

图 9-5 举重裁判电路图

9.5.2 逻辑函数的表示方法

逻辑函数的表示方法有:真值表、逻辑函数式、逻辑图、卡诺图和时序图等。

(1)逻辑真值表

图 9-5 中 A、B、C 3 个按钮为不同状态配合下指示灯对应的状态,以 0、1 分别表示这些状态,即可列出表示输入与输出间的逻辑关系真值表。

表 9–8 图 9–5 真值表

A	*B*	*C*	*Y*
0	0	0	0
0	0	1	0
0	1	0	0
0	1	1	0
1	0	0	0
1	0	1	1
1	1	0	1
1	1	1	1

(2)逻辑表达式

逻辑函数表达式就是由 3 种基本运算把各个变量联系起来组成逻辑关系的数学表达式。用它表示逻辑关系,既简洁、书写方便、便于推演变换,又便于用逻辑图实现。

根据真值表写逻辑表达式的方法是：将真值表中每一组函数值为 1 的输入变量都写成一个乘积项。在这个乘积项中,取值为 1 的变量,将该因子写成原变量,取值为 0 的变量,则该因子写成反变量,最后将这些乘积项相加,得该逻辑函数的逻辑表达式。

真值表 9–8 的逻辑表达式为：

$$Y=A\overline{B}C+AB\overline{C}+ABC$$

(3)逻辑图

将逻辑表达式的运算关系用对应的逻辑符号表示出来,这就是函数的逻辑图,如图 9–6 所示。

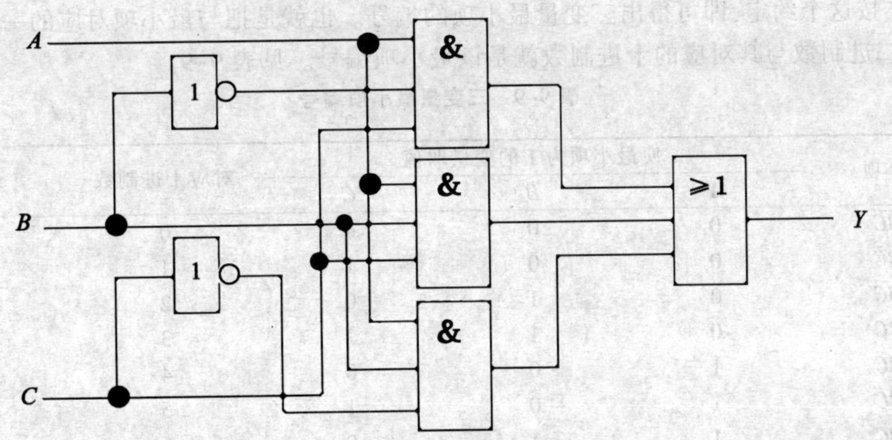

图 9–6 举重裁判电路图的逻辑图

此逻辑图同样能表示前面电路的逻辑关系，而且只要用相应的器件代替图中的逻辑符号,并将它们的输入、输出端按图连接,即可得到实际电路装置。

将 $Y=A\overline{B}C+AB\overline{C}+ABC$ 化简得 $Y=A\overline{B}C+AB$，表达式 $Y=A\overline{B}C+AB$ 的逻辑图如图 9-7 所示，该逻辑图与图 9-6 能实现同样的逻辑关系，但所用的门电路减少了。所以，逻辑函数的化简有非常重要的经济和现实意义。

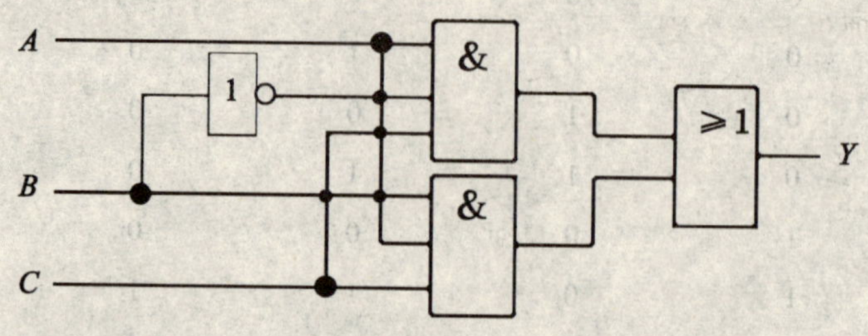

图 9-7 表达式 $Y=A\overline{B}C+AB$ 的逻辑图

9.5.3 逻辑函数的标准形式

(1)最小项的概念

① 最小项的定义

在 n 变量逻辑函数中，若 m 为包含 n 个因子的乘积项，而且这 n 个变量均以原变量或反变量的形式在 m 中出现一次，则称 m 为函数的一个最小项。

例如，A、B、C 三变量的最小项有 $\overline{A}\overline{B}\overline{C}$、$\overline{A}\overline{B}C$、$\overline{A}B\overline{C}$、$\overline{A}BC$、$A\overline{B}\overline{C}$、$A\overline{B}C$、$AB\overline{C}$、$ABC$ 共 8 个(2^3 个)。同理，四变量最小项有 2^4 个，依此类推，n 变量最小项有 2^n 个。

② 最小项编号

输入变量的每一组取值都使一个对应的最小项数值等于 1。例如，在三变量 A、B、C 的最小项中，当 $A=1$，$B=0$，$C=1$ 时，只有 $A\overline{B}C=1$，其余最小项均为零。如果把 A、B、C 的取值 101 看做一个二进制数，那么它表示的十进制数就是 5。为了书写方便，有时就把 $A\overline{B}C$ 这个最小项记做 m_5，按这个约定，即可得出三变量最小项的编号。也就是把与最小项对应的一组变量取值当做二进制数与其对应的十进制数就是该最小项编号。见表 9-9。

表 9-9 三变量最小项编号

最小项	使最小项为 1 的变量取值			对应十进制数	编号
	A	B	C		
$\overline{A}\overline{B}\overline{C}$	0	0	0	0	m_0
$\overline{A}\overline{B}C$	0	0	1	1	m_1
$\overline{A}B\overline{C}$	0	1	0	2	m_2
$\overline{A}BC$	0	1	1	3	m_3
$A\overline{B}\overline{C}$	1	0	0	4	m_4
$A\overline{B}C$	1	0	1	5	m_5
$AB\overline{C}$	1	1	0	6	m_6
ABC	1	1	1	7	m_7

③ 最小项的性质

a. 在输入变量的任何取值下，必有一个最小项，而且仅有一个最小项的值为 1。

b. 任意两个最小项乘积为零。

c. 全体最小项之和为 1。

d. 具有相邻性的两个最小项之和可以合并成一项,并消去一个因子。

若两个最小项仅有一个因子不同,则称这两个最小项具有相邻性。例如:

$$\overline{A}B\overline{C}+AB\overline{C}=(A+\overline{A})B\overline{C}=B\overline{C}$$

(2)最小项是构成逻辑函数的基本单元

任何一个逻辑函数都可展开成最小项之和的形式——标准与或式,而且是唯一的,即一个逻辑函数只有一个标准与或式。

例 9 将函数 $Y=AB+BC+CA$ 展开成标准与或式

$Y=AB+BC+CA$

$=AB(C+\overline{C})+(A+\overline{A})BC+CA(B+\overline{B})$

$=ABC+AB\overline{C}+\overline{A}BC+A\overline{B}C$

$=m_7+m_6+m_3+m_5$

$=\sum m(3,5,6,7)$

例 10 将函数 $Y=\overline{(A+B+C)(\overline{A}+\overline{B}+\overline{C})}$ 写成标准形式

$Y=\overline{(A+B+C)(\overline{A}+\overline{B}+\overline{C})}$

$=\overline{A+B+C}+\overline{\overline{A}+\overline{B}+\overline{C}}$

$=\overline{A}\,\overline{B}\,\overline{C}+ABC$

$=m_0+m_7$

$=\sum m(0,7)$

9.6 逻辑函数的公式化简法

9.6.1 逻辑函数的最简形式

(1)表达式的类型

一个逻辑函数表达式的类型是多种多样的,人们常按结构特点不同,把表达式分成 5 类。

例如,
$Y=AB+\overline{A}C$ 与或式

$Y=(A+C)(\overline{A}+B)$ 或与式

$Y=\overline{\overline{A\cdot B}\cdot\overline{\overline{A}\,C}}$ 与非与非式

$Y=\overline{\overline{A+C}+\overline{\overline{A}+B}}$ 或非或非式

$Y=\overline{A\cdot\overline{B}+\overline{A}\cdot\overline{C}}$ 　　与或非式

5 种表达式是相通的,可以利用逻辑代数公式和定理进行转换。

实际上,即便是一种类型的表达式,形式也不是唯一的,繁简程度可以差别很大。例如,

$Y=AB+\overline{A}C$

$=AB+\overline{A}C+BC$

$=ABC+AB\overline{C}+\overline{A}BC+\overline{A}\,\overline{B}C$

……

一般来说,表达式越简单,实现起来电路也越简单。

不同类型的表达式,简单的标准是不一样的。下面以与或表达式为例进行具体说明。

(2)最简与或表达式

① 定义

首先乘积项的个数应该是最少的;其次在满足乘积项个数最少的条件下,每一个乘积项中变量的个数也最少。这样的与或表达式就叫最简与或表达式。

② 意义

有了最简与或表达式就不难得到其他类型的最简表达式。因为,第一,任何表达式都不难展开成与或表达式;第二,由最简与或表达式可以比较容易地得到与非与非、与或非等类型的最简表达式。

9.6.2 常用的化简方法

(1)并项法

$AB+A\overline{B}=A$ 　　A、B 可以是任何复杂的逻辑式

例 11 　$Y=\overline{A\overline{B}CD}+A\overline{B}CD=A(\overline{\overline{B}CD}+\overline{B}CD)=A$

(2)吸收法

$A+AB=A$ 　　A、B 可以是任何复杂的逻辑式

例 12 　$Y=AB+AB\overline{C}+ABD+AB(\overline{C}+\overline{D})$

$=AB+AB[\overline{C}+D+(\overline{C}+\overline{D})]=AB$

(3)消项法

$AB+\overline{A}C+BC=AB+\overline{A}C$ 　　A、B、C 可以是任何复杂的逻辑式

例 13 　$Y=A\overline{B}C\overline{D}+\overline{A}E+BE+C\overline{D}E$

$=A\overline{B}C\overline{D}+(\overline{A}+B)E+C\overline{D}E$

$=(A\overline{B})C\overline{D}+\overline{A\overline{B}}E+C\overline{D}E$

$=A\overline{B}C\overline{D}+\overline{A\overline{B}}E$

(4)消因子法

$A+\overline{A}B=A+B$ 　A、B 可以是任何复杂的逻辑式

例 14 　$Y=A+\overline{A}CD+\overline{A}B\overline{C}$

$=A+\bar{A}(CD+B\bar{C})$

$=A+CD+B\bar{C}$

(5)配项法

① 根据基本公式 $A+A=A$,可以在函数式中重复写入某一项,以获得更加简单的化简结果。

例 15 $Y=\bar{A}B\bar{C}+\bar{A}BC+ABC$

$=(\bar{A}B\bar{C}+\bar{A}BC)+(\bar{A}BC+ABC)$

$=\bar{A}B+BC$

② 根据基本公式 $A+\bar{A}=1$,有时可将式中的某一项乘以 $A+\bar{A}$,然后拆成两项分别与其他项合并,以求得更简单的化简结果。

例 16 $Y=A\bar{B}+\bar{A}B+B\bar{C}+\bar{B}C$

$=A\bar{B}+\bar{A}B(C+\bar{C})+B\bar{C}+(A+\bar{A})\bar{B}C$

$=A\bar{B}+B\bar{C}+\bar{A}C$

9.7 逻辑函数卡诺图的化简

9.7.1 逻辑函数的卡诺图表示法

(1)用卡诺图表示最小项

将 n 变量的全部最小项各用一个小方块表示，并使具有逻辑相邻性的最小项在几何位置上也相邻地排列起，所得到的图形叫做 n 变量卡诺图。这种方法是由美国工程师卡诺(Karnaugh)首先提出来的,所以这种图称卡诺图。

图 9-8 给出二到四变量的卡诺图。

A \ B	0	1
0	$\bar{A}\bar{B}$ m_0	$\bar{A}B$ m_1
1	$A\bar{B}$ m_2	AB m_3

(a)

A \ BC	00	01	11	10
0	m_0	m_1	m_3	m_2
1	m_4	m_5	m_7	m_6

(b)

AB \ CD	00	01	11	10
00	m_0	m_1	m_3	m_2
01	m_4	m_5	m_7	m_6
11	m_{12}	m_{13}	m_{15}	m_{14}
10	m_8	m_8	m_{11}	m_{10}

(c)

图 9-8 卡诺图画法规则

为保证几何位置相邻的最小项在逻辑上也具有相邻性，这些权码不能按自然二进制数顺序排列,必须排成循环码(这是格雷码中最常用的一种。在格雷码中,相邻两个代码之间只有一位状态不同,因此格雷码的形式有多种)。

从卡诺图中可以看到,处在任何一行或一列两端的最小项也具有逻辑相邻性。因此,从几何位置上应当把卡诺图看成是上下、左右闭合的图形。

(2)用卡诺图表示逻辑函数

既然任何一个逻辑函数都能表示成若干最小项之和的形式，那么自然也就可以用卡诺图来表示逻辑函数了。具体的做法是,首先把逻辑函数化成最小项之和的形式,然后在卡诺图与这些最小项对应的位置上填入 1,在其余位置上填入 0,这样就得到了表示该逻辑函数的卡诺图。因此可以说,任何一个逻辑函数都等于它的卡诺图中填入 1 的那些最小项之和。

例 17 用卡诺图表示逻辑函数 $Y=\bar{A}\bar{B}\bar{C}D+\bar{A}B\bar{D}+ADC+A\bar{B}$,卡诺图见图 9-9

解 首先把 Y 化成最小项之和的形式

$$Y=\bar{A}\bar{B}\bar{C}D+\bar{A}B\bar{D}(C+\bar{C})+ADC(B+\bar{B})+A\bar{B}(C+\bar{C})$$
$$=\bar{A}\bar{B}\bar{C}D+\bar{A}B\bar{D}C+\bar{A}B\bar{D}\bar{C}+ADCB+ADC\bar{B}+A\bar{B}C(D+\bar{D})+A\bar{B}\bar{C}(D+\bar{D})$$
$$=\bar{A}\bar{B}\bar{C}D+\bar{A}B\bar{D}C+\bar{A}B\bar{D}\bar{C}+ADCB+ADC\bar{B}+A\bar{B}CD+A\bar{B}C\bar{D}+A\bar{B}\bar{C}D+A\bar{B}\bar{C}\bar{D}$$
$$=m_1+m_4+m_6+m_8+m_9+m_{10}+m_{11}+m_{15}$$
$$=\sum m(1,4,6,8,9,10,11,15)$$

AB \ CD	00	01	11	10
00	0	1	0	0
01	1	0	0	1
11	0	0	1	0
10	0	0	1	0

(有时零可以不填)

熟练情况下可以不写成最小项和的形式直接画出卡诺图

图 9-9 例 17 图

例 18 已知逻辑函数 Y 的卡诺图如图 9-10,试写出 Y 的逻辑函数式

A \ BC	00	01	11	10
0		1		1
1	1		1	

图 9-10 例 18 图

解 $Y=\bar{A}\bar{B}C+\bar{A}B\bar{C}+A\bar{B}\bar{C}+ABC$

9.7.2 用卡诺图化简逻辑函数

(1)最小项合并的规律

在变量卡诺图中，凡是几何相邻的最小项均可合并，合并时可以消去有关变量。两个最小项合并成一项时可以消去一个变量；四个并成一项时可以消去两个变量；八个并成一项时可以消去三个变量。一般来说，2^n 个最小项合并成一项时可以消去 n 个变量。图 9-11 画出了各相邻最小项画包围圈合并情况。

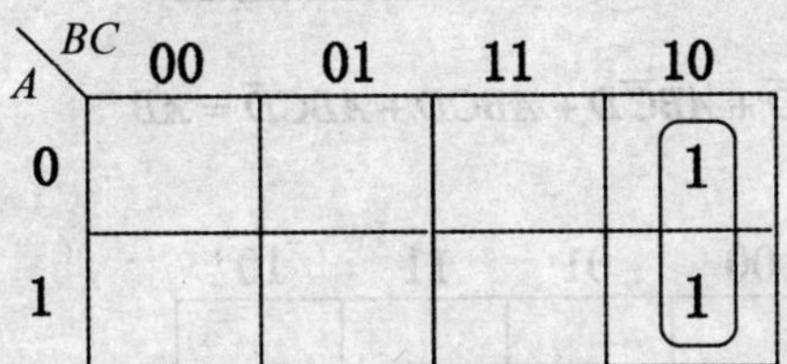

(a) $\overline{A}B\overline{C}+AB\overline{C}=B\overline{C}$

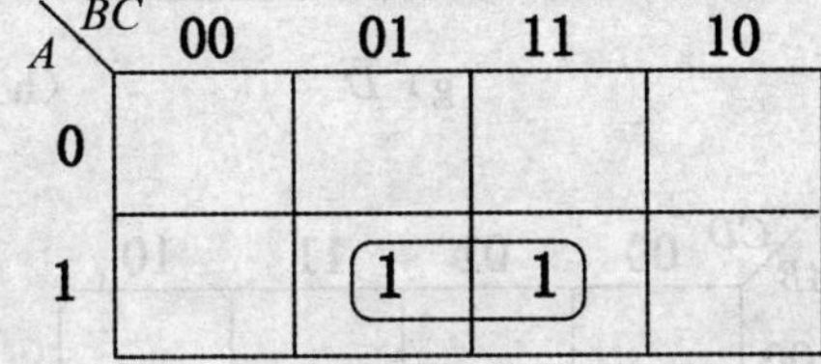

(b) $A\overline{B}C+ABC=AC$

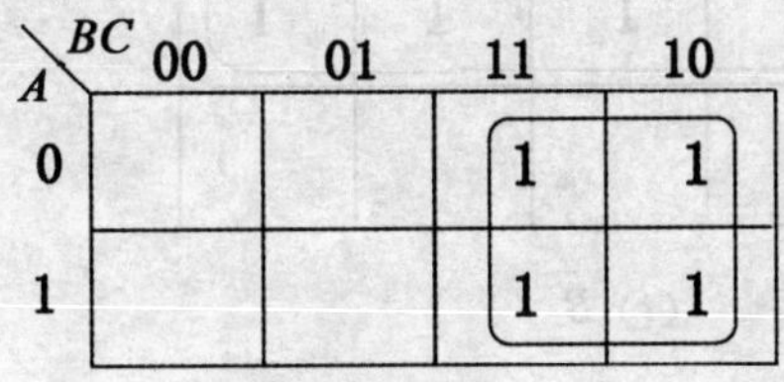

(c) $\overline{A}BC+\overline{A}B\overline{C}+ABC+AB\overline{C}=B$

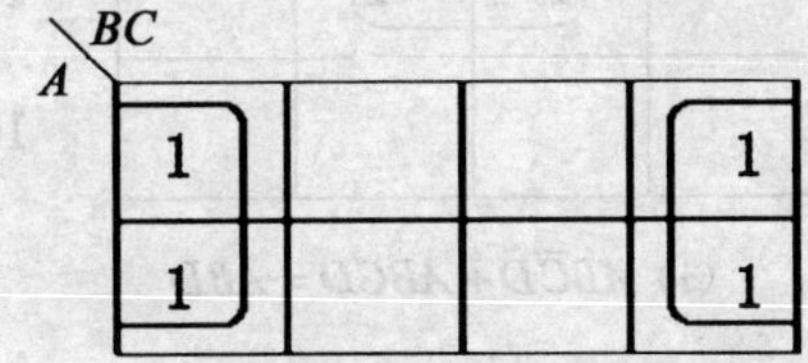

(d) $\overline{A}\overline{B}\overline{C}+\overline{A}B\overline{C}+A\overline{B}\overline{C}+AB\overline{C}=\overline{C}$

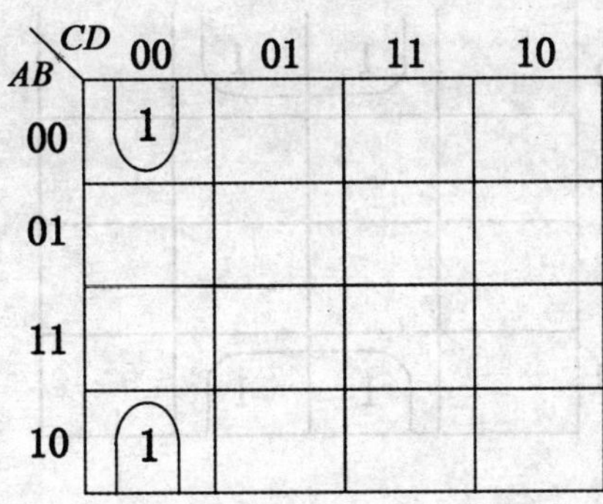

(e) $\overline{A}\overline{B}\overline{C}\overline{D}+A\overline{B}\overline{C}\overline{D}=\overline{B}\overline{C}\overline{D}$

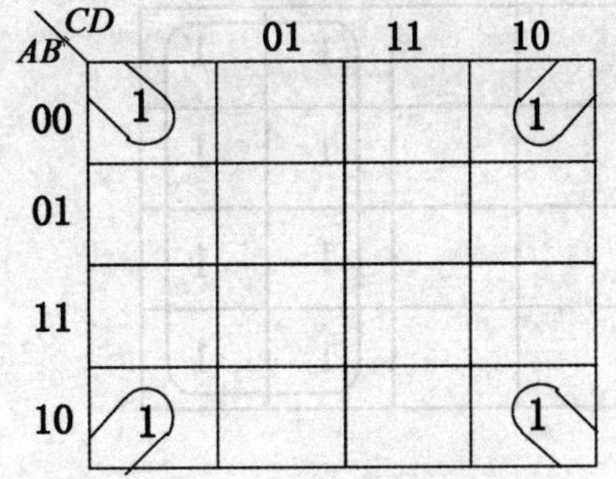

(f) $\overline{A}\overline{B}\overline{C}\overline{D}+\overline{A}\overline{B}C\overline{D}+A\overline{B}\overline{C}\overline{D}+A\overline{B}C\overline{D}=\overline{B}\overline{D}$

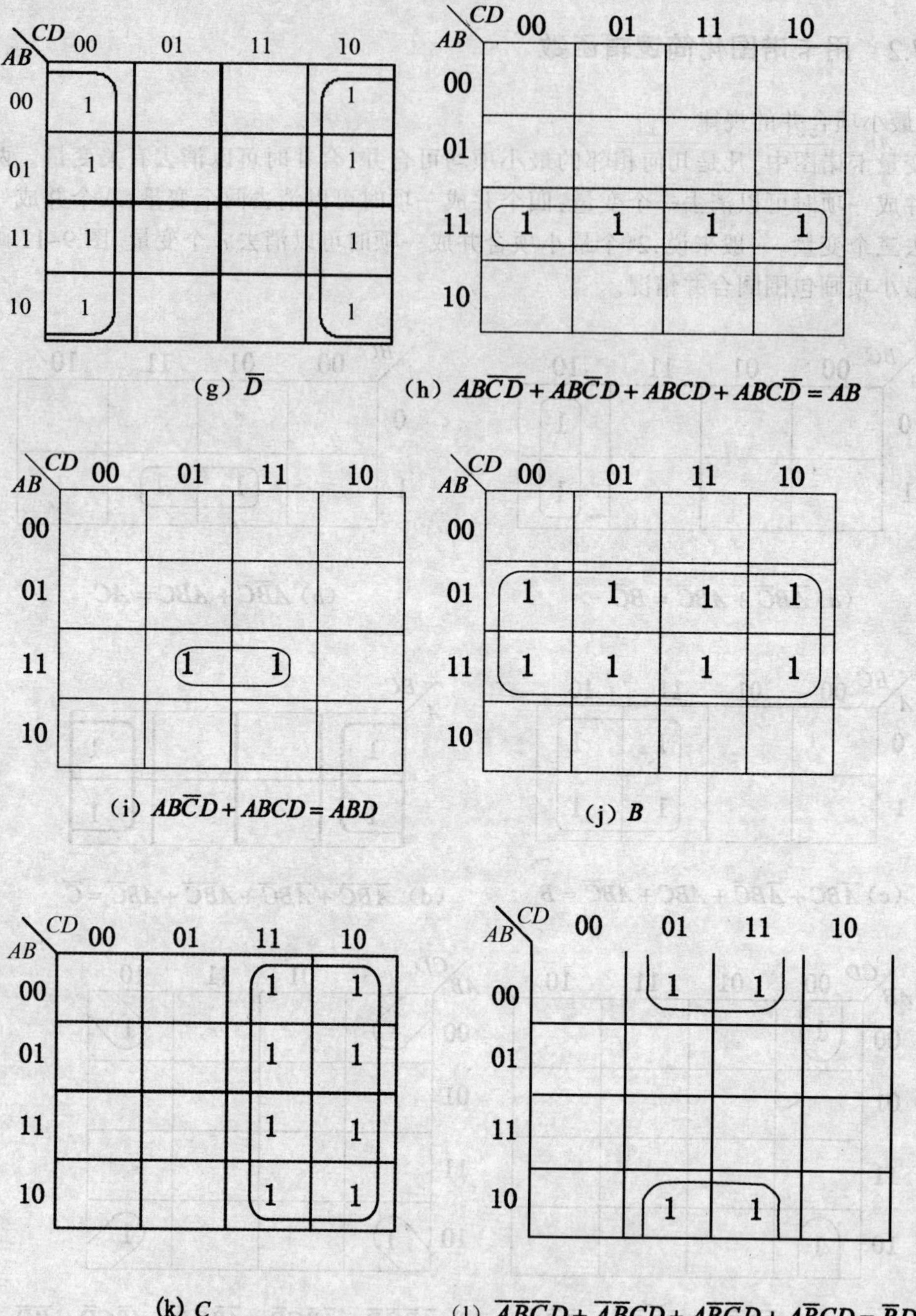

图 9-11 各相邻最小项画包围圈合并的情况

(2)卡诺图化简的步骤

① 一般步骤

a. 画出逻辑函数的卡诺图;b. 合并最小项;c. 选择乘积项写出最简逻辑表达式。

例 19 用图形法化简函数 $Y=\bar{B}CD+B\bar{C}+\bar{A}\bar{C}D+A\bar{B}C$

解 卡诺图 9-12 所示 $Y=B\bar{C}+\bar{A}\bar{B}D+A\bar{B}C$

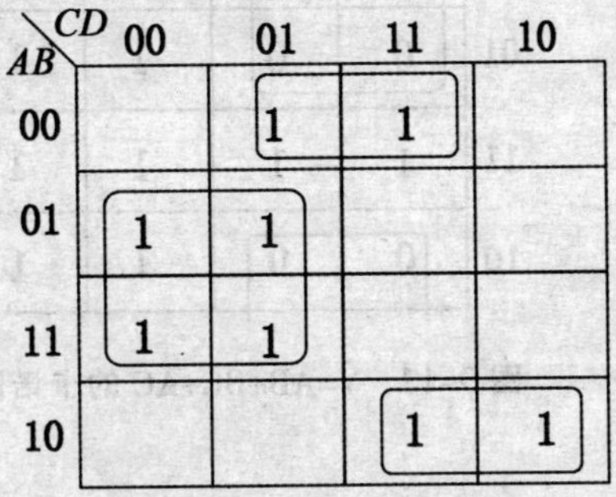

图 9-12 例 19 图

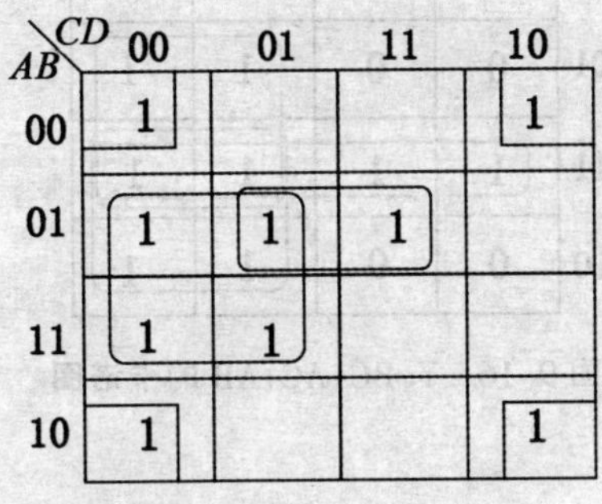

图 9-13 例 20 图

例 20 用图形法化简函数 $Y=\sum m(0,2,4,5,7,8,10,12,13)$

解 卡诺图如图 9-13 所示 $Y=\sum m(0,2,4,5,7,8,10,12,13)=B\bar{C}+\bar{B}\bar{D}+\bar{A}BD$

② 应注意的问题

a. 圈越大越好。圈越大,圈的最小项越多,消去的变量越多。

b. 每个圈应至少包含一个新的最小项,任何一个最小项可以重复使用。

c. 必须把构成函数的最小项都圈完,即覆盖函数的全部最小项。

d. 画圈时四个角上的最小项是可以合并的。

例 21 利用图形法化简 $Y=\sum m(0,2,3,5,7,11)$

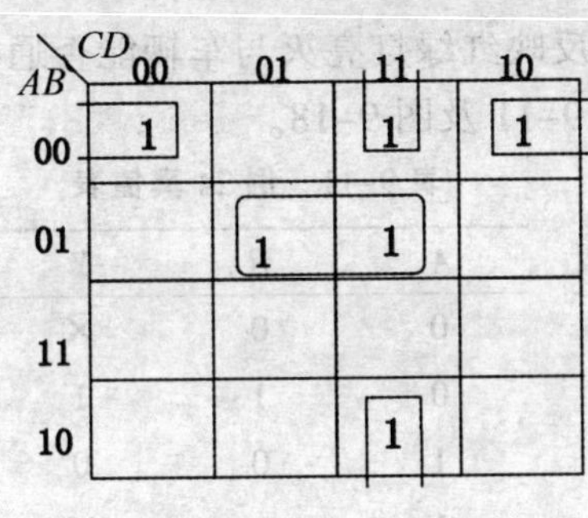

图 9-14 例 21 图

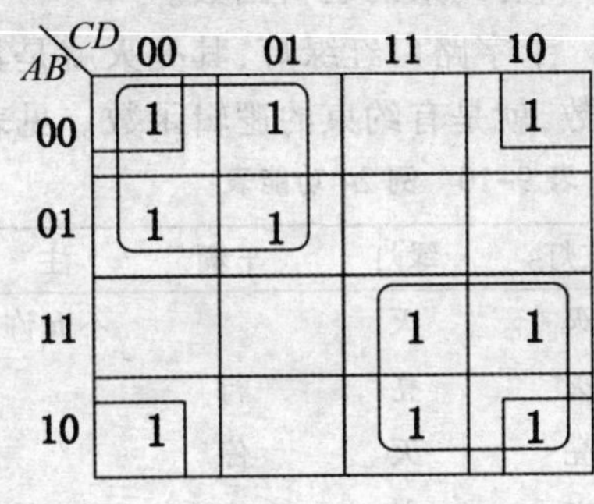

图 9-15 例 22 图

解 $Y=\sum m(0,2,3,5,7,11)=\bar{A}\bar{B}\bar{D}+\bar{A}BD+\bar{B}CD$

例 22 利用图形法化简 $Y=\overline{(A\oplus C)\overline{\overline{B}(A\overline{C}\,\overline{D}+\overline{A}\,\overline{CD})}}$

解 卡诺图如图 9-15 所示 $Y=\overline{(A\oplus C)}+\bar{B}(A\bar{C}\bar{D}+\bar{A}C\bar{D})$

$=\bar{A}\bar{C}+AC+A\bar{B}\bar{C}\bar{D}+\bar{A}\bar{B}C\bar{D}$

最简式 $Y=\bar{A}\bar{C}+\bar{B}\bar{D}+AC$

例 23 函数 $Y=(A\oplus B)C+AB$,用图形法求 Y 和 $\overline{Y}$ 的最简与或表达式

解 合并填上了 1 的最小项可得 Y 的最简与或表达式;合并填上了 0 的最小项得到的是 $\overline{Y}$ 的最简与或表达式。见图 9-16 和图 9-17。

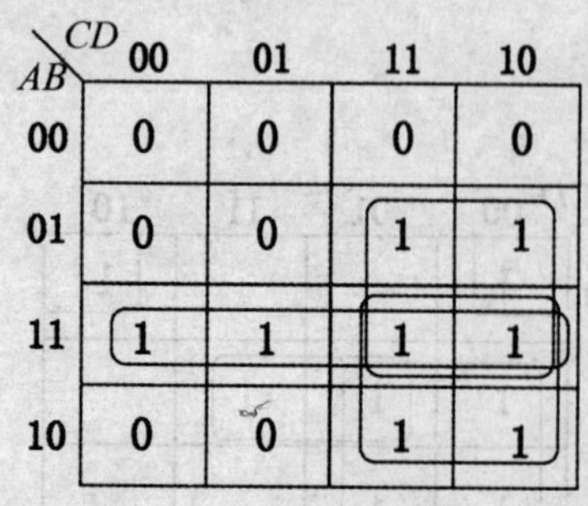

图 9-16 Y=BC+AC+AB 的卡诺图

AB \ CD	00	01	11	10
00	0	0	0	0
01	0	0	1	1
11	1	1	1	1
10	0	0	1	1

图 9-17 $\overline{Y}=\overline{A}\,\overline{B}+\overline{B}\,\overline{C}+\overline{A}\,\overline{C}$ 的卡诺图

9.8 具有约束的逻辑函数的化简

实际的逻辑函数相当大部分都是有约束的。掌握具有约束的逻辑函数的化简方法，不仅有助于对许多逻辑函数的理解，而且使用价值也十分大。

9.8.1 约束的概念和约束的条件

(1)约束

约束是说明逻辑函数变量间相互制约关系的一个重要概念。凡是变量取值有限制的逻辑函数，都叫有约束的逻辑函数。

例 24 十字路口红绿灯，其亮灭就是具有约束的，反映红绿灯亮灭与车辆能否通行关系的逻辑函数，就是有约束的逻辑函数。见表 9-10 和表 9-11 及图 9-18。

表 9-10 例 24 功能表

红灯	绿灯	车辆	注
灭	灭		不允许
灭	亮	行	
亮	灭	停	
亮	亮		不允许

表 9-11 例 24 真值表

A	B	Y
0	0	×
0	1	1
1	0	0
1	1	×

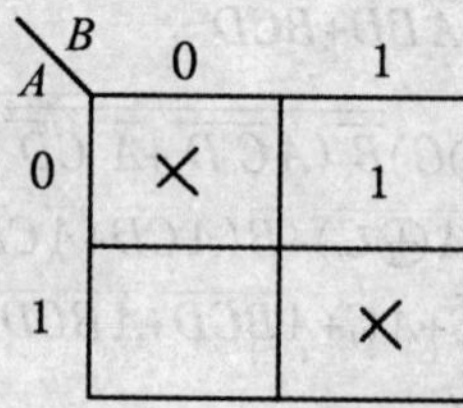

图 9-18 例 24 卡诺图

(2)约束项

不含或不允许出现的变量取值组合所对应的最小项叫做约束项，上例中 $\overline{A}\,\overline{B}$、$AB$ 就是约束项。

由最小项的性质知道,只有对应的一组变量取值出现时,相应最小项的值才会为 1,而约束项所对应的却是一组不会出现的变量取值,所以其值总等于零。

(3)约束条件

表示逻辑函数变量之间约束关系的值恒等于 0 的条件等式叫做约束条件。其实把约束项加起来所得到的或者说由约束项所构成的逻辑表达式就是约束条件。因为约束项的值是恒为 0,无论多少个 0 加起来值还是为 0。

约束条件在真值表和卡诺图中均用“×”表示,即在对应约束项的变量取值组合所决定的函数数值处,记上“×”(图 9–18 所示)。在逻辑表达式中用等于 0 的条件等式表示,即将约束项加起来令其等于零,可以是最小项(约束项)之和,也可以是经过化简之后所得到的最简与或表达式。上式中 $\overline{A}\overline{B}+AB=0$ 是最小项之和的形式,也是最简与或式。

9.8.2 具有约束的逻辑函数的化简

关键是要充分利用约束条件。

(1)约束条件在公式化简法中的应用

在公式化简法中,可以根据化简的需要加上或去掉约束条件。因为在逻辑表达式中,加上或去掉 0,函数不会受影响,而约束条件的值是恒等于零的。

例 25 约束条件 $\overline{A}\overline{B}+AB=0$,如果不利用约束条件只能得到 $Y=\overline{A}B$,若利用约束条件,那么结果会更简单。

$Y=\overline{A}B+AB=B$ 或 $Y=\overline{A}B+\overline{A}\overline{B}=\overline{A}$

完整地将函数写成:

$$\begin{cases}Y=B\\ \overline{A}\overline{B}+AB=0\end{cases} \quad 或 \quad \begin{cases}Y=\overline{A}\\ \overline{A}\overline{B}+AB=0\end{cases}$$

即在写出 Y 的表达式的同时,把约束条件也写上,以便全面地表达逻辑函数的性质。

(2)约束条件在图形化简法中的应用

在逻辑函数的卡诺图中,合并最小项时,可以根据化简的需要包含或去掉约束项。因为如果图中包含了约束项,则相当于在相应的乘积项中加上了该约束项——其值恒为零,显然不会影响函数。

图 9–18 中,如果利用约束项,那么结果就成为:

$$\begin{cases}Y=B\\ \overline{A}\overline{B}+AB=0\end{cases} \quad 或 \quad \begin{cases}Y=\overline{A}\\ \overline{A}\overline{B}+AB=0\end{cases}$$

与公式法所得的结果相同。

需要特别指出的是,一旦利用了约束条件化简逻辑函数,就应该如实遵守约束条件,否则就可能出现不堪设想的结果。如 $Y=\overline{A}B$ 表示司机一定既要看到绿灯亮,又要看到红灯灭,才能通过十字路口,否则就应把车停放在停车线外。而 $Y=B$ 表示只要绿灯亮,司机可以放心大胆地开车走。$Y=\overline{A}$ 表示只要红灯灭,就可以通过十字路口。可以设想一下,如果红绿灯真的出现了全灭或全亮的情况,而东南西北大道开车的司机又都按 $Y=\overline{A}$ 或 $Y=B$ 行动,那么在十字路口显然就有可能发生撞车事故。

例 26 表 9-12 给出了用 8421BCD 码表示的十进制数 0~9。其中 1010~1111 不可能出现为无关项。当十进制数为 1、3、5、7、9 时,输出变量 Y 为 1,其余为 0。求实现此逻辑函数的最简与或表达式。

表 9-12

十进制数 X	输入变量 A	B	C	D	输出变量 Y
0	0	0	0	0	0
1	0	0	0	1	1
2	0	0	1	0	0
3	0	0	1	1	1
4	0	1	0	0	0
5	0	1	0	1	1
6	0	1	1	0	0
7	0	1	1	1	1
8	1	0	0	0	0
9	1	0	0	1	1
约束项	1	0	1	0	×
	1	0	1	1	×
	1	1	0	0	×
	1	1	0	1	×
	1	1	1	0	×
	1	1	1	1	×

解 ① 不考虑无关项,如图 9-19 所示卡诺图,可得:

$Y=\overline{A}D+\overline{B}\,\overline{C}D$

图 9-20 是 Y 的逻辑图。

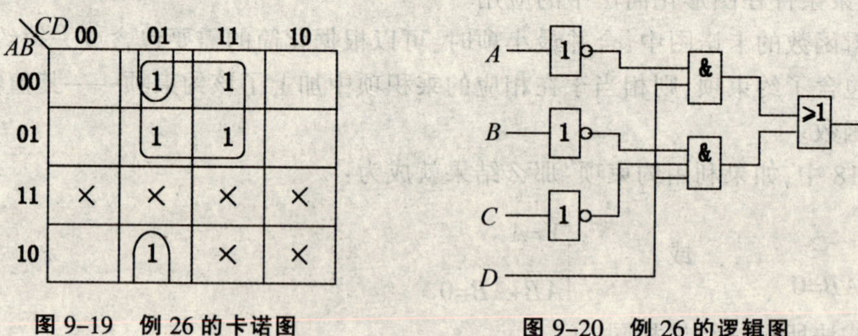

图 9-19 例 26 的卡诺图

(不考虑无关项)

图 9-20 例 26 的逻辑图

② 考虑无关项,并利用无关项化简逻辑函数,由图 9-21 可得 $Y=D$。其逻辑图见图 9-22 所示。

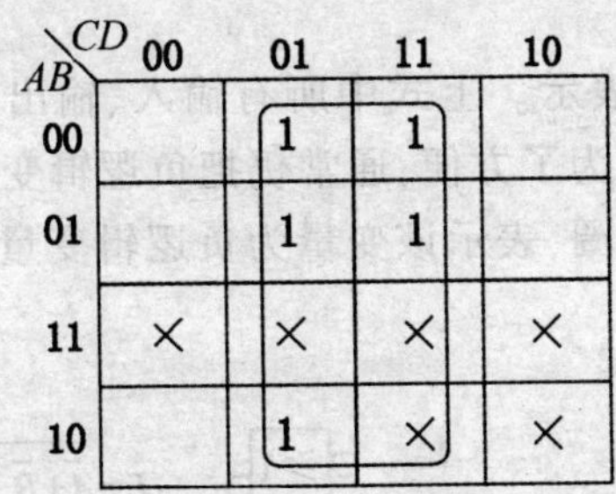

图 9-21 例 26 的卡诺图

（考虑无关项）

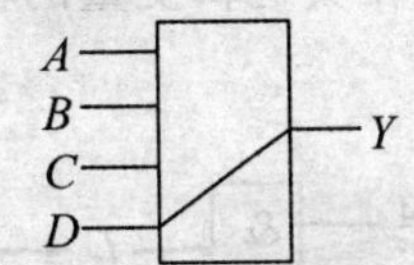

图 9-22 例 26 的逻辑图

很明显，利用无关项可以使化简结果进一步简化。其正确性可以二进制特点得以证明，因为二进制数的奇偶性是看最低一位，若是 0，则为偶数，若是 1，则是奇数。即 $D=1$，$Y=1$ 说明是奇数。另外，在利用无关项简化函数时，无关项是可圈可不圈的，是根据简化的需要来决定是圈还是不圈，而且无关项也可以多次被利用。

图 9-23 中给出几个利用无关项化简逻辑函数的例子。

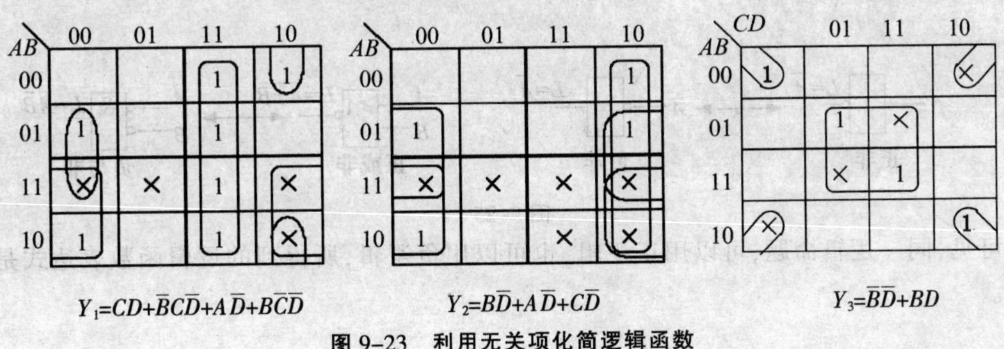

图 9-23 利用无关项化简逻辑函数

9.9 正负逻辑

(1)正负逻辑的概念

前述逻辑电路中的高电平(H)用逻辑 1 表示，低电平(L)用逻辑 0 表示，称之为正逻辑。反之，用逻辑 1 表示低电平，而用逻辑 0 表示高电平，则称之为负逻辑。

在实际应用中，许多中、大规模集成电路以及一些数字系统的逻辑图中，常常同时采用两种逻辑，这样做有助于减少实现该系统所需逻辑门的数量。

(2)负逻辑的符号表示方法

用摩根定律来说明，例如正与门表达式：

$$L=AB$$

根据摩根定律则有：

$$\overline{L}=\overline{A}+\overline{B}$$

由于同一电平正逻辑用 A 表示，而负逻辑用 $\overline{A}$ 表示。上式中所有输入、输出变量都取非，因此正逻辑变成了负逻辑，正与门变成了负或门。为了方便，通常仍把负逻辑变量写成原变量形式，而在负逻辑变量的输入和输出端加一小圆圈，表示该变量为负逻辑变量，如图 9-24 所示。

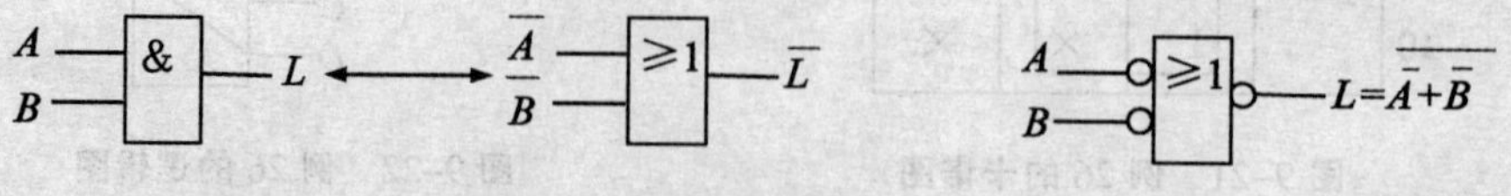

图 9-24

按照上述原理，也可以把其他正逻辑门变换为相应的负逻辑门，几种常用的逻辑符号变换关系如图 9-25 所示。

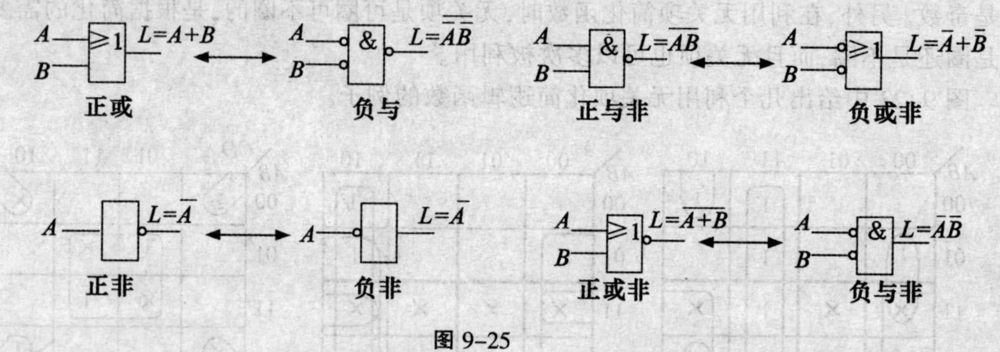

图 9-25

可见，同一逻辑命题，可以用正逻辑，也可以用负逻辑，所得到的逻辑函数表达式是不同的。

本章小结

本章开头介绍了常用十进制、二进制、八进制、十六进制及二—十进制相互转换方法，然后罗列了几种常用编码及其主要特点，它们是进一步研究数字电路的基本知识。

逻辑代数是研究数字电路的重要工具，利用逻辑代数可以把一个电路的逻辑关系抽象成数学表达式，并可以利用逻辑代数运算法则解决复杂逻辑电路的分析与设计问题。要特别注意逻辑代数和普通代数的区别。

在逻辑门电路一章中，建立了逻辑函数的基本概念，并且学习了逻辑函数真值表、表达式和时序图 3 种表示方法。在逻辑函数 3 种表示方法的基础上，本章又学习了逻辑函数的逻辑图和卡诺图两种表示方法。由于 5 种表示方法是描述同一逻辑函数的，故它们之间可以相互转换。根据具体情况，可以选择一种最适当的方法表示所研究的逻辑函数。

逻辑函数的卡诺图化简方法主要优点是简单而直观，初学者容易掌握，而且在化简过程中比较容易避免差错。实际逻辑函数中，有相当一部分都是有约束条件的，充分利用约束条件进行化简，常常可以得到十分简单的结果。

习 题

1.什么是数字信号？数字电路有什么特点？

2.写出下列各数的按权展开式。

$(11010)_2$；$(72.3)_8$；$(256)_{10}$；$(C95.A)_{16}$

3.将下列各数转换为二进制数。

$(175)_8$；$(0.875)_{10}$；$(81)_{10}$；$(EC4)_{16}$

4.将下面的8421BCD码和十进制数互相转换。

$[0110\ 0101\ 0000]_{8421BCD}$；$[1001\ 0111.0100]_{8421BCD}$；$(258)_{10}$；$(139)_{10}$

5.已知逻辑函数 Y 的真值表如表9–13所示，试写出 Y 的逻辑函数式。

表 9–13

A	B	C	Y
0	0	0	0
0	0	1	0
0	1	0	0
0	1	1	1
1	0	0	0
1	0	1	1
1	1	0	1
1	1	1	0

6.已知逻辑函数式 $Y=A+\overline{B}C+\overline{A}\,\overline{C}$，求与它对应的真值表和逻辑图。

7.试写出如图9–26所示逻辑图的逻辑表达式。

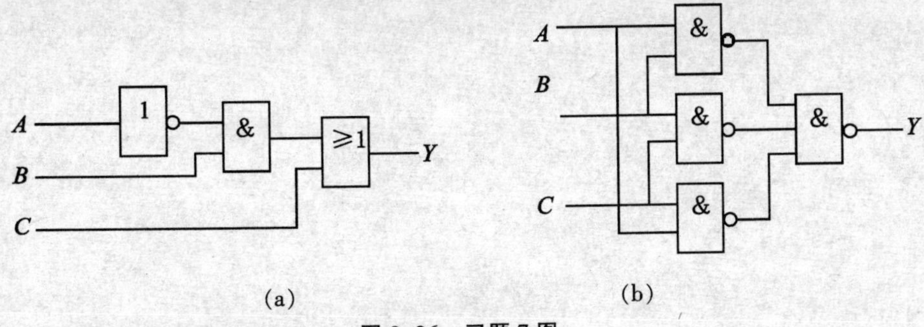

图 9–26 习题 7 图

8.用代数法化简下列逻辑函数。

(1)$Y=AB+\overline{A}B+AC+B\overline{C}$

(2)$Y=ABC+A\overline{B}C+AB\overline{C}+A\overline{B}\overline{C}$

(3)$Y=A+\overline{\bar{A}\,\overline{BC}}\,(B+\overline{\bar{C}D+E})+BC$

(4)$Y=(\bar{A}+B)(\bar{B}+C)(\bar{C}+D)(A+\bar{D})$

(5)$Y=\overline{A\oplus B}(B\oplus\bar{C})$

9.将下列各函数写成最小项表达式。

(1)$Y=A\bar{B}+B\bar{C}+\bar{A}C$

(2)$Y=A+B+CD$

10.用卡诺图化简法将下列函数化为最简与或表达式。

(1)$Y=\bar{A}\bar{B}C+A\bar{B}C+\bar{A}BC+ABC$

(2)$Y=\overline{AB}+B\bar{C}+\bar{A}+\bar{B}+ABC$

(3)$Y=ABC+ABD+\overline{CD}+A\bar{B}C+\bar{A}C\bar{D}+A\bar{C}D$

(4)$Y(A,B,C)=\sum m(1,2,4,5,6,7)$

(5)$Y(A,B,C,D)=\sum m(0,1,2,3,5,8,9,10,12,13)$

11.用卡诺图将下列具有约束项的逻辑函数化为最简与或表达式。

(1)$Y(A,B,C)=\sum m(0,1,2,4)+\sum d(3,5,6,7)$

(2)$Y(A,B,C,D)=\sum m(0,1,2,3,6,8)+\sum d(10,11,12,13,14,15)$

(3)$Y(A,B,C,D)=\sum m(2,4,6,7,12,15)+\sum d(0,1,3,8,9,11)$

(4)$Y(A,B,C,D)=\sum m(0,2,4,5,7,13)+\sum d(8,9,10,11,14,15)$

(5)$Y=(A,B,C,D)=AB\bar{C}+\bar{A}BD$,约束条件为$A\bar{B}+AC=0$

12.有一个交通报警控制电路,交通信号灯有红、绿、黄3种,3种灯分别单独工作或黄、绿灯同时工作属正常情况,其他情况均属故障。试建立真值表,写出逻辑函数式。

10 组合逻辑电路

10.1 概述

组合逻辑电路的特点是，输出与输入的关系具有即时性，即电路在任意时刻的输出状态只取决于该时刻的输入状态，而与该时刻前的电路状态无关。这种数字电路称为组合逻辑电路，简称组合电路。本章还将介绍一些常用的具有特定功能的组合电路。

组合逻辑电路可以有一个或多个输入端，也可以有一个或多个输出端，其一般示意框图如图 10–1 所示。在组合电路中，数字信号是单向传递的，即只有从输入到输出的传递，没有从输出到输入的反传递，所有各输出只与各输入的即时状态有关，没有存储记忆功能。其函数表达式的形式用下式表示：

$$Z_1=f_1(X_1,X_2,\cdots,X_n)$$
$$Z_2=f_2(X_1,X_2,\cdots,X_n)$$
$$\vdots$$
$$Z_{m1}=f_m(X_1,X_2,\cdots,X_n)$$

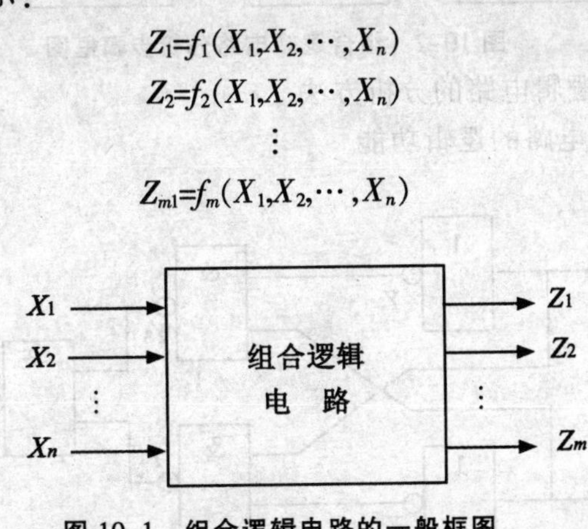

图 10–1 组合逻辑电路的一般框图

研究组合电路的任务有 3 个方面：

(1)对已给定的组合电路分析其逻辑功能。

(2)根据逻辑命题的需要,设计组合电路。

(3)掌握常用组合单元电路(一些中规模器件)的逻辑功能,选择和应用到工程实际中去。

10.2 组合逻辑电路的分析

10.2.1 组合逻辑电路的分析

分析组合电路的目的就是为了确定电路的逻辑功能,即根据已知逻辑电路,找出其输入和输出之间的逻辑关系,并写出逻辑表达式。

一般分析步骤如下:

(1)写出已知逻辑电路的函数表达式,方法是直接从输入到输出逐级写出逻辑函数表达式。

(2)化简逻辑函数,得到最简逻辑表达式。

(3)列出真值表。

(4)根据真值表或最简表达式确定电路功能。组合电路分析的一般步骤,可用图 10-2 所示框图表示。

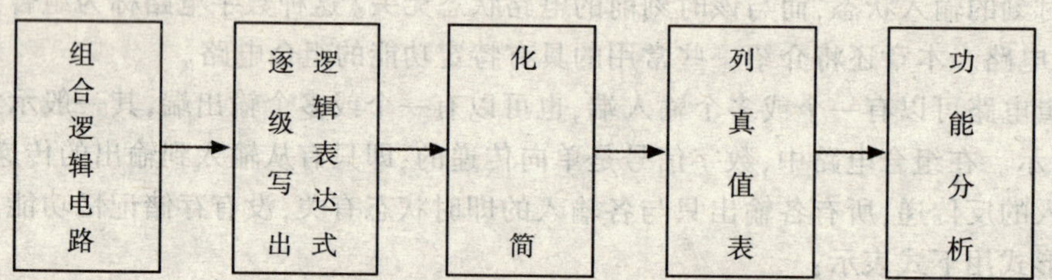

图 10-2 组合逻辑电路分析步骤框图

下面举例说明组合逻辑电路的分析方法。

例 1 分析图 10-3 电路的逻辑功能

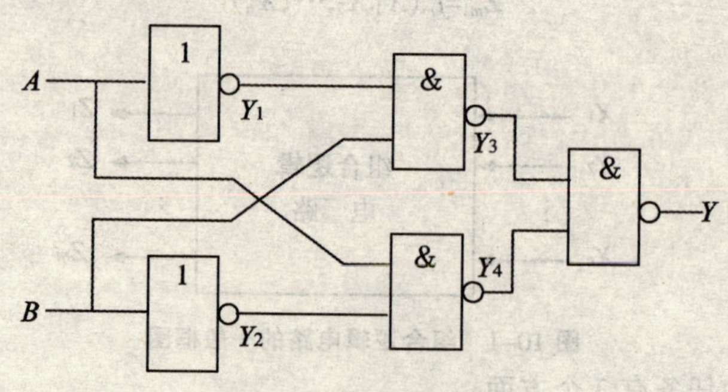

图 10-3 例 1 的逻辑图

解 第一步，逐级写出函数表达式，最后得到输出函数 Z 的表达式：

$Y_1=\overline{A}$，$Y_1=\overline{B}$，$Y_3=\overline{\overline{A}\ B}$，$Y_4=\overline{A\overline{B}}$，$Y=\overline{\overline{\overline{A}\ B}\cdot\overline{A\overline{B}}}$

第二步，对上式进行整理化简：

$Y=\overline{\overline{\overline{A}\ B}\cdot\overline{A\overline{B}}}=\overline{A}B+A\overline{B}=A\oplus B$

第三步，列出函数真值表，如表 10–1。

表10–1 例 1 的真值表

A	B	Y
0	0	0
0	1	1
1	0	1
1	1	0

第四步，确定电路的功能。

图 10–3 所示电路是由 5 个与非门构成的异或门。

10.2.2 组合逻辑电路的设计

根据给出的实际逻辑问题，求出实现这一逻辑功能的最简单逻辑电路，这就是设计组合逻辑电路时要完成的工作。

组合逻辑电路的设计，通常可按如下步骤进行。

① 将给出的实际逻辑问题进行逻辑抽象。根据命题要求对逻辑功能进行分析，确定哪些是输入变量，哪些是输出变量，以及它们之间的逻辑关系。并进行逻辑赋值，即确定什么情况下为逻辑 1，什么情况下为逻辑 0。

② 根据给定的因果关系列出真值表。值得提出的是，状态赋值不同，得到的真值表也不一样。

③ 根据真值表写出相应的与或逻辑表达式，然后用公式法或卡诺图法进行化简，并转换成命题所要求的逻辑函数表达式。

④ 根据化简或变换后的逻辑函数表达式，画出逻辑电路图。

组合逻辑电路设计的一般步骤，可用图 10–4 所示框图表示。

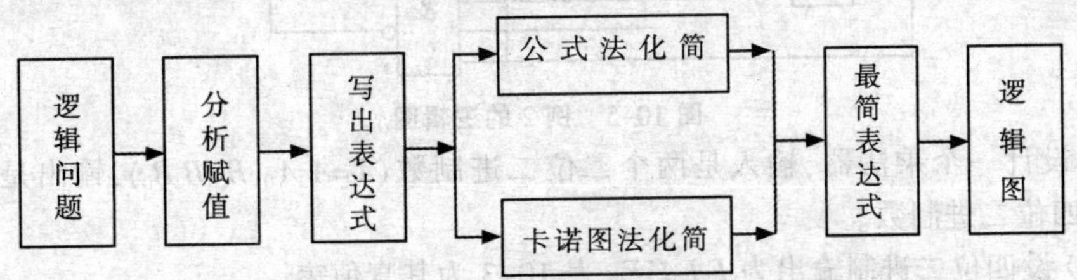

图 10–4 组合逻辑电路设计步骤框图

应当指出，上述这些设计步骤并不是固定不变的程序，在实际设计中，应根据具体情况灵活应用。

在生产实践中遇到的逻辑问题非常多，现通过一些具体例子来进一步阐明组合逻辑电路的一般设计方法。

例 2 试用与非门设计一个在 3 个地方均可对同一盏灯进行控制的组合逻辑电路，并要求当灯泡亮时，改变任何一个输入可把灯熄灭；相反，若灯不亮时，改变任何一个输入也可使灯亮。

解 ① 因要求 3 个地方控制一盏灯，所以设 A、B、C 分别为 3 个开关，作为输入变量，并设开关向上为 1，开关向下为 0。Y 为输出变量，灯亮为 1，灯灭为 0。

② 根据逻辑要求，列真值表，见表 10–2 所示。

表 10–2 例 2 的真值表

A	B	C	Y	A	B	C	Y
0	0	0	0	1	0	0	1
0	0	1	1	1	0	1	0
0	1	0	1	1	1	0	0
0	1	1	0	1	1	1	1

③ 写表达式并化简：

上式已不能化简，该式即为最简与或表达式。

$Y=\overline{A}\,\overline{B}C+\overline{A}B\overline{C}+A\overline{B}\,\overline{C}+ABC$

④ 画逻辑电路图

先将上式变换为与非—与非表达式，然后根据与非—与非表达式再画逻辑图，见图 10–5 所示。

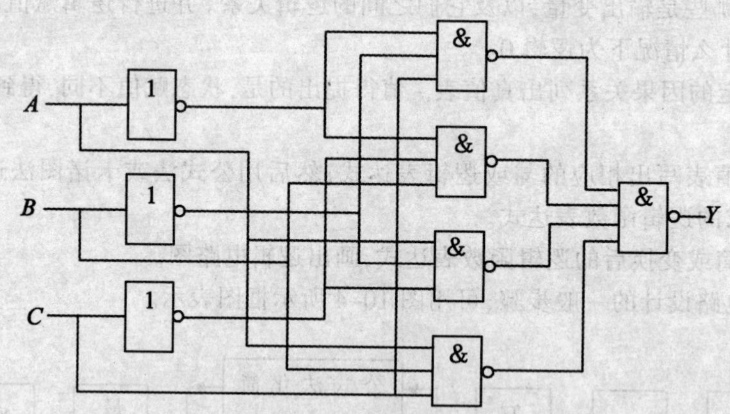

图 10–5 例 2 的逻辑图

例 3 设计一个乘法器，输入是两个二位二进制数（$A=A_1A_0$，$B=B_1B_0$），输出是两者的乘积，为一个四位二进制数。

解 ① 设四位二进制输出为 $F_3F_2F_1F_0$，表 10–3 为其真值表。

表 10-3 例 3 的真值表

A_1	A_0	B_1	B_0	F_3	F_2	F_1	F_0
0	0	0	0	0	0	0	0
0	0	0	1	0	0	0	0
0	0	1	0	0	0	0	0
0	0	1	1	0	0	0	0
0	1	0	0	0	0	0	0
0	1	0	1	0	0	0	1
0	1	1	0	0	0	1	0
0	1	1	1	0	0	1	1
1	0	0	0	0	0	0	0
1	0	0	1	0	0	1	0
1	0	1	0	0	1	0	0
1	0	1	1	0	1	1	0
1	1	0	0	0	0	0	0
1	1	0	1	0	0	1	1
1	1	1	0	0	1	1	0
1	1	1	1	1	0	0	1

② 根据卡诺图如图 10-6(a)、(b)、(c)所示写出表达式：

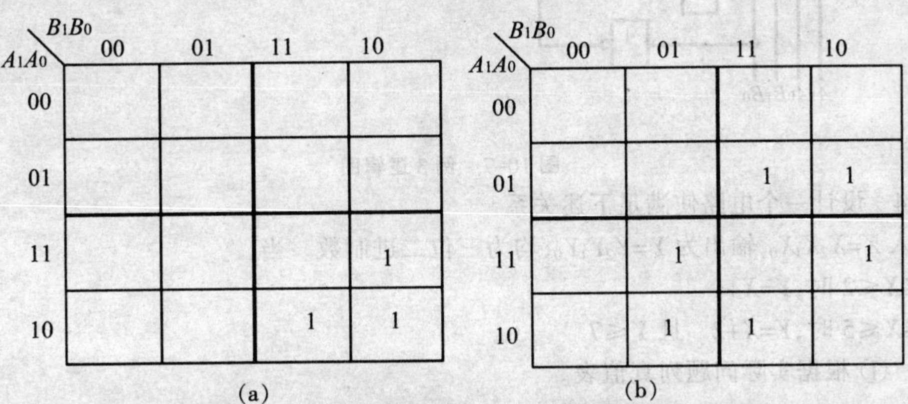

(a)

$F_2=A_1\bar{A}_0B_1+A_1B_1\bar{B}_0$

(b)

$F_1=\bar{A}_1A_0B_1+A_0B_1\bar{B}_0+A_1\bar{B}_1B_0+A_1\bar{A}_0B_0$

A_1A_0 \ B_1B_0	00	01	11	10
00				
01		1	1	
11		1	1	
10				

(c)

图 10-6 卡诺图

$F_0=A_0B_0$

$F_3=A_1A_0B_1B_0$

③ 根据表达式画出其逻辑图如图 10-7 所示。

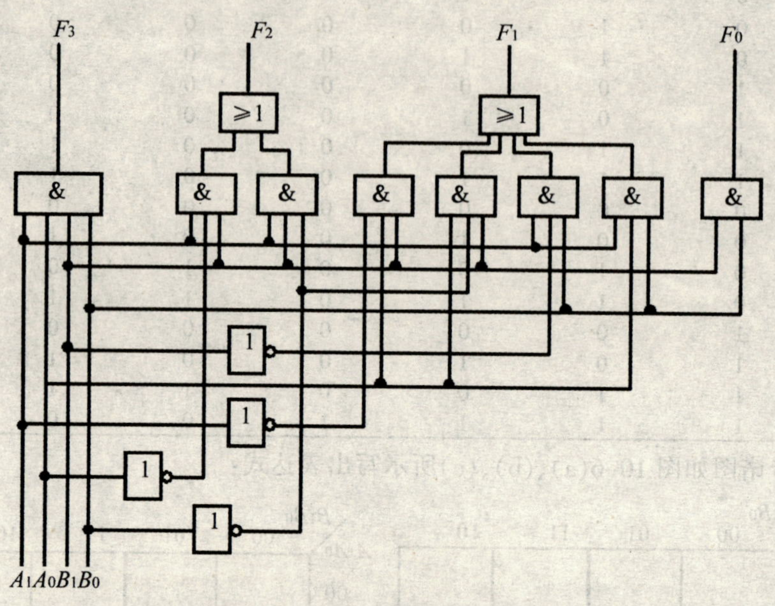

图 10-7 例 3 逻辑图

例 4 设计一个电路使满足下述关系

输入 $X=X_2X_1X_0$，输出为 $Y=Y_2Y_1Y_0$，均为三位二进制数。当

$0\leqslant X\leqslant 2$ 时，$Y=X+1$

$3\leqslant X\leqslant 5$ 时，$Y=X+2$ 且 $Y\leqslant 7$

解 ① 根据实际问题列真值表。

表 10-4 例 4 的真值表

X_2	X_1	X_0	Y_2	Y_1	Y_0
0	0	0	0	0	1
0	0	1	0	1	0
0	1	0	0	1	1
0	1	1	1	0	1
1	0	0	1	1	0
1	0	1	1	1	1
1	1	0	×	×	×
1	1	1	×	×	×

② 用如图 10-8(a)、(b)、(c)所示卡诺图化简得简化逻辑表达式。

X_2 \ X_1X_0	00	01	11	10
0			1	
1	1	1	×	×

(a)

$Y_2=X_1+X_1X_0$

X_2 \ X_1X_0	00	01	11	10
0	0	1	0	1
1	1	1	×	×

(b)

$Y_1=X_2+X_1\overline{X}_0+\overline{X}_1X_0=X_2+(X_1\oplus X_0)$

X_2 \ X_1X_0	00	01	11	10
0	1	0	1	1
1	0	1	×	×

(c)

$Y_0=X_1+\overline{X_2X_0}+X_2X_0=X_1+\overline{X_2\oplus X_0}$

图 10-8 卡诺图

③ 由逻辑表达式画出逻辑图如图 10-9 所示。

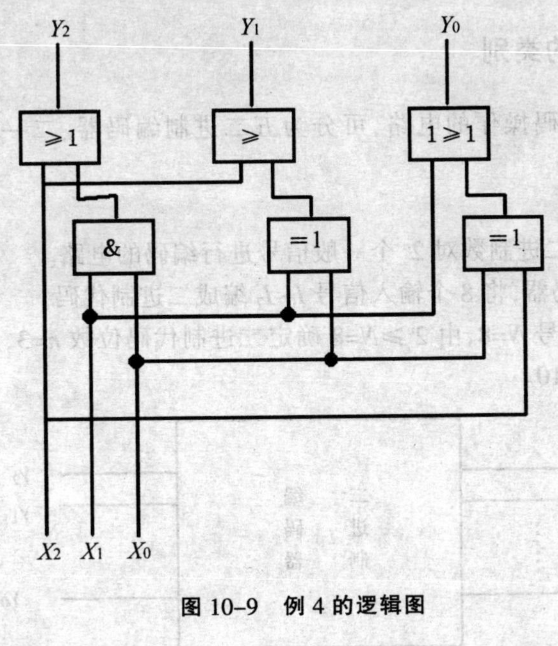

图 10-9 例 4 的逻辑图

10.3 编码器

10.3.1 编码的概念

编码就是用文字、符号或数码表示特定信息的过程。在日常生活中，经常遇到编码的问题，例如给孩子取名，给运动员编号。不过孩子取名用汉字，运动员编号用的是十进制数，汉字、十进制数用电路实现起来比较困难，所以在数字电路中一般不采用。

二进制编码，就是用 n 位二进制数表示 2^n 个信号的编码电路。在数字电路中大量使用二进制编码，因二进制只有 0 和 1 两个数字，电路易实现。如果表示的信息多了，用增加代码位数方法解决。例如，

一位二进制代码有 0、1 两种状态，可表示两个信号。

二位二进制代码有 00、01、10、11 四种状态，可表示四个信号。

三位二进制代码有 000、001、010、011、100、101、110、111 八种状态，可表示八个信号。

n 位二进制代码有 2^n 种状态，可表示 2^n 个信号。

对 N 个信号进行编码时可用公式 $2^n \geqslant N$ 来确定代码位数 n。

10.3.2 编码器的类别

编码器就是实现编码操作的电路，可分为五二进制编码器、二—十进制编码器、优先编码器。

(1)二进制编码器

该编码器是用 n 位二进制数对 2^n 个一般信号进行编码的电路。

例 5 设计一个编码器，将 8 个输入信号 I_0~I_7 编成二进制代码。

解 ① 分析输入信号 N=8，由 $2^n \geqslant N$=8 确定二进制代码位数 n=3，所以输出是一组 n=3 的二进制代码，如图 10–10。

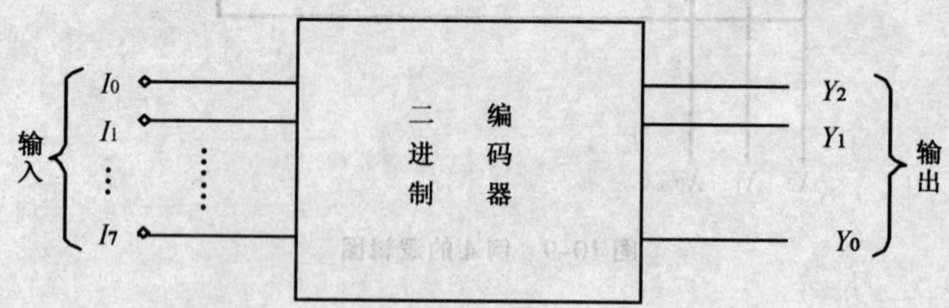

图 10–10

② 列真值表

编码器在某一时刻只能对一个输入信号进行编码，而不能同时对两个或两个以上信号进行编码，即输入信号是相互排斥的。因此，输入、输出之间的逻辑真值表如表 10-5 所示。

表 10-5

I	Y_2	Y_1	Y_0
I_0	0	0	0
I_1	0	0	1
I_2	0	1	0
I_3	0	1	1
I_4	1	0	0
I_5	1	0	1
I_6	1	1	0
I_7	1	1	1

③ 由真值表写出逻辑表达式，即将输出函数为 1 的输入变量加起来。

$Y_2=I_4+I_5+I_6+I_7$

$Y_1=I_2+I_3+I_6+I_7$

$Y_0=I_1+I_3+I_5+I_7$

④ 按要求化简：

$Y_2=\overline{\bar{I}_4\bar{I}_5\bar{I}_6\bar{I}_7}$

$Y_1=\overline{\bar{I}_2\bar{I}_3\bar{I}_6\bar{I}_7}$

$Y_0=\overline{\bar{I}_1\bar{I}_3\bar{I}_5\bar{I}_7}$

⑤ 根据最简式画出对应逻辑图，见图 10-11。

(2)二—十进制编码器

二—十进制编码器就是将输入的十进制数 0~9 编成二进制代码的电路。要对 10 个信号进行编码，至少需要 4 位二进制代码。由于 $2^4>10$，所以该编码器有 10 个输入端，4 个输出端，其框图如图 10-12 所示。

设计该编码器的步骤如下：

① 列真值表，见表 10-6 所示。

② 写函数表达式。

$Y_3= I_8+I_9=\overline{\bar{I}_8\bar{I}_9}$

$Y_2= I_4+I_5+I_6+I_7=\overline{\bar{I}_4\bar{I}_5\bar{I}_6\bar{I}_7}$

$Y_1= I_2+I_3+I_6+I_7=\overline{\bar{I}_2\bar{I}_3\bar{I}_6\bar{I}_7}$

$Y_0= I_1+I_3+I_5+I_7+I_9=\overline{\bar{I}_1\bar{I}_3\bar{I}_5\bar{I}_7\bar{I}_9}$

③ 画逻辑图，如图 10-13 所示。

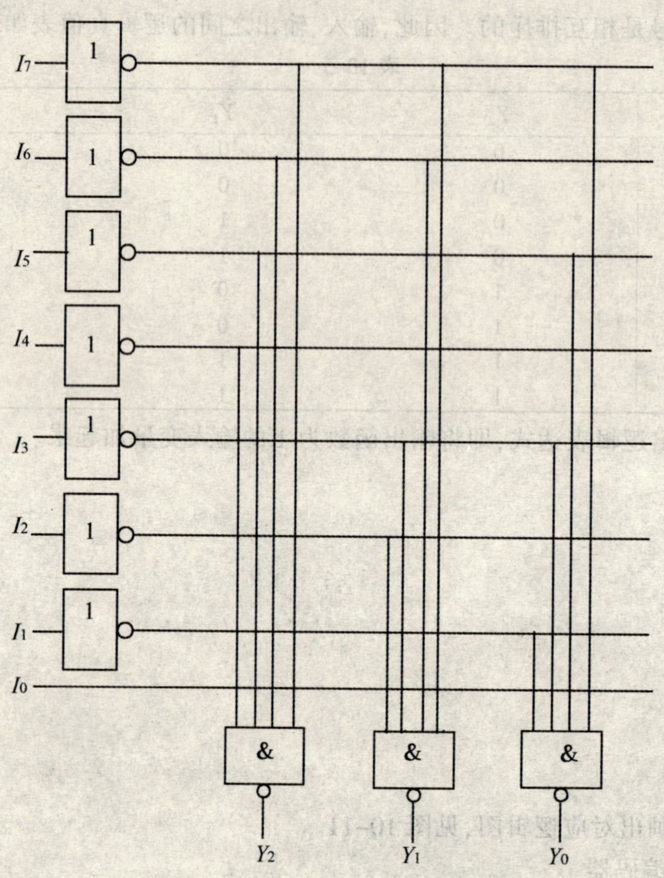

图 10-11 三位二进制编码器

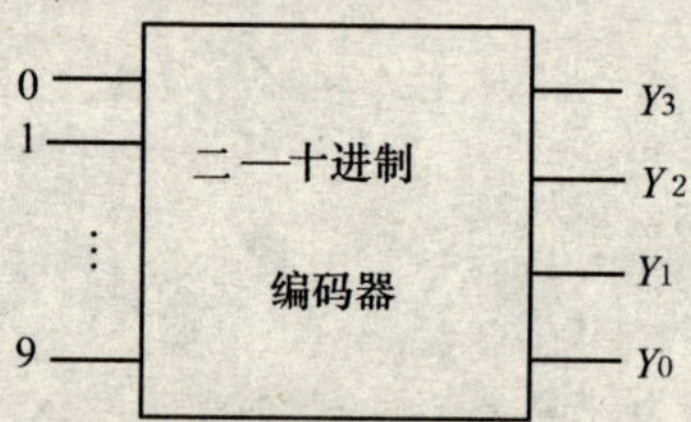

图 10-12 二—十进制编码器框图

表 10-6 8421BCD 码编码器真值表

十进制数	输入变量	8421BCD 码			
		Y_3	Y_2	Y_1	Y_0
0	I_0	0	0	0	0
1	I_1	0	0	0	1
2	I_2	0	0	1	0
3	I_3	0	0	1	1
4	I_4	0	1	0	0
5	I_5	0	1	0	1
6	I_6	0	1	1	0
7	I_7	0	1	1	1
8	I_8	1	0	0	0
9	I_9	1	0	0	1

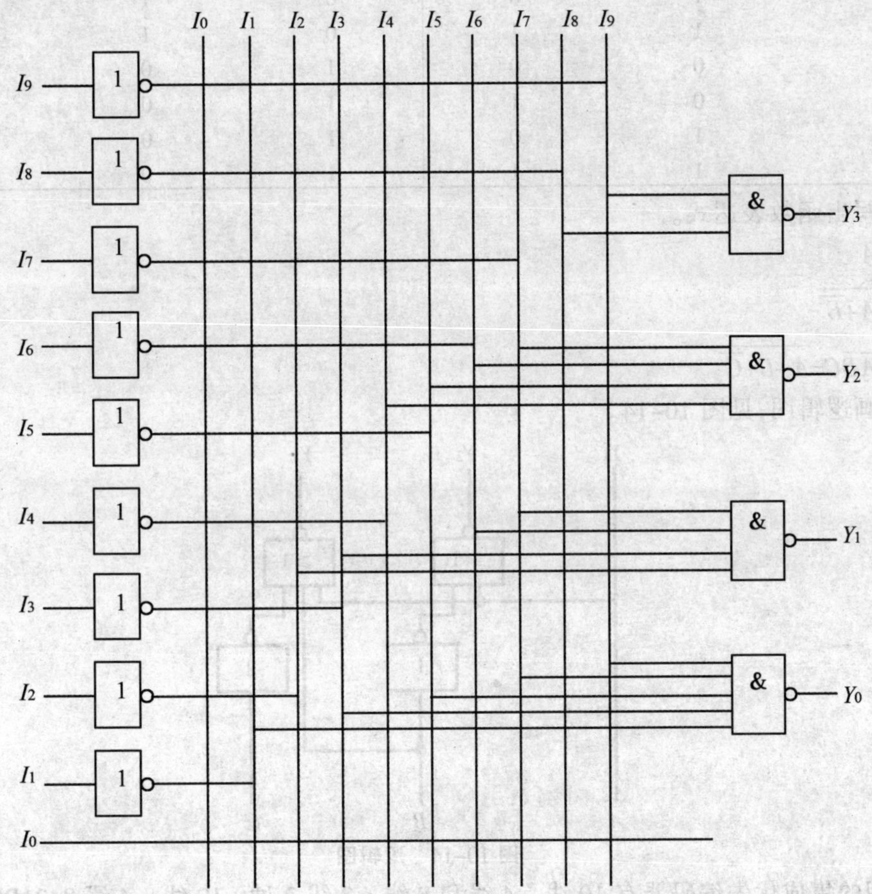

图 10-13 二一十进制编码器

(3)优先编码器

前面讲的编码器,输入信号都是互相排斥的,在优先编码器中则不同,允许几个信号同时输入，但是电路只对其中优先级别最高的进行编码，不理睬级别低的信号，这样的电路叫优先编码器。

例如，旅客列车分特快、普快和慢车 3 种，优先顺序是特快最高，普快次之，最低级慢车。在同一时间里只有一趟从车站开出，即只能给出一个开车信号，设计一个优先编码器，来满足上述要求。

设 A、B、C 代表特快、普快、慢车。请求开出为 1，不请求开出为 0，Y_1、Y_2、Y_3 表示特快、普快、慢车开出信号，且用 1 表示允许开出，0 表示不允许开出。

① 列真值表

表 10–7

A	B	C	Y_1	Y_2	Y_3
0	0	0	0	0	0
0	0	1	0	0	1
0	1	0	0	1	0
0	1	1	0	1	0
1	0	0	1	0	0
1	0	1	1	0	0
1	1	0	1	0	0
1	1	1	1	0	0

② 写出函数表达式。

$Y_1=A$

$Y_2=\overline{A+\overline{B}}$

$Y_3=\overline{A}\,\overline{B}C=\overline{A+B+\overline{C}}$

③ 画逻辑图，见图 10–14。

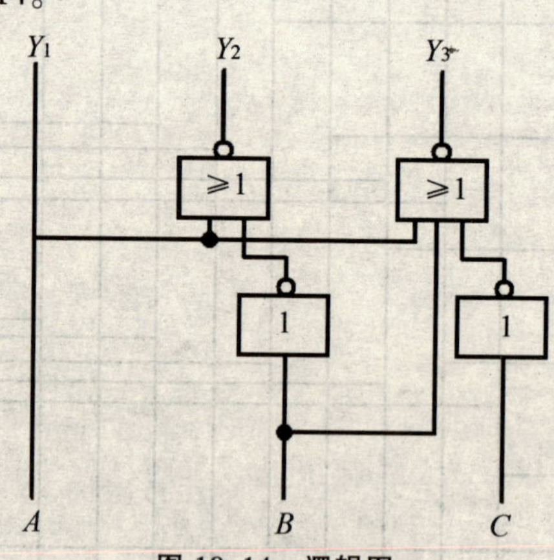

图 10–14　逻辑图

常用的集成优先编码器有 10 线—4 线和 8 线—3 线 2 种。10 线—4 线 8421BCD 优先编码器常见型号为 74LS147、CC40147，而 8 线—3 线优先编码器常见型号为 74LS148。

现对 74LS148 优先编码器工作原理及使用方法作简单介绍。

图 10–15 给出了 74LS148 的逻辑图和逻辑符号。

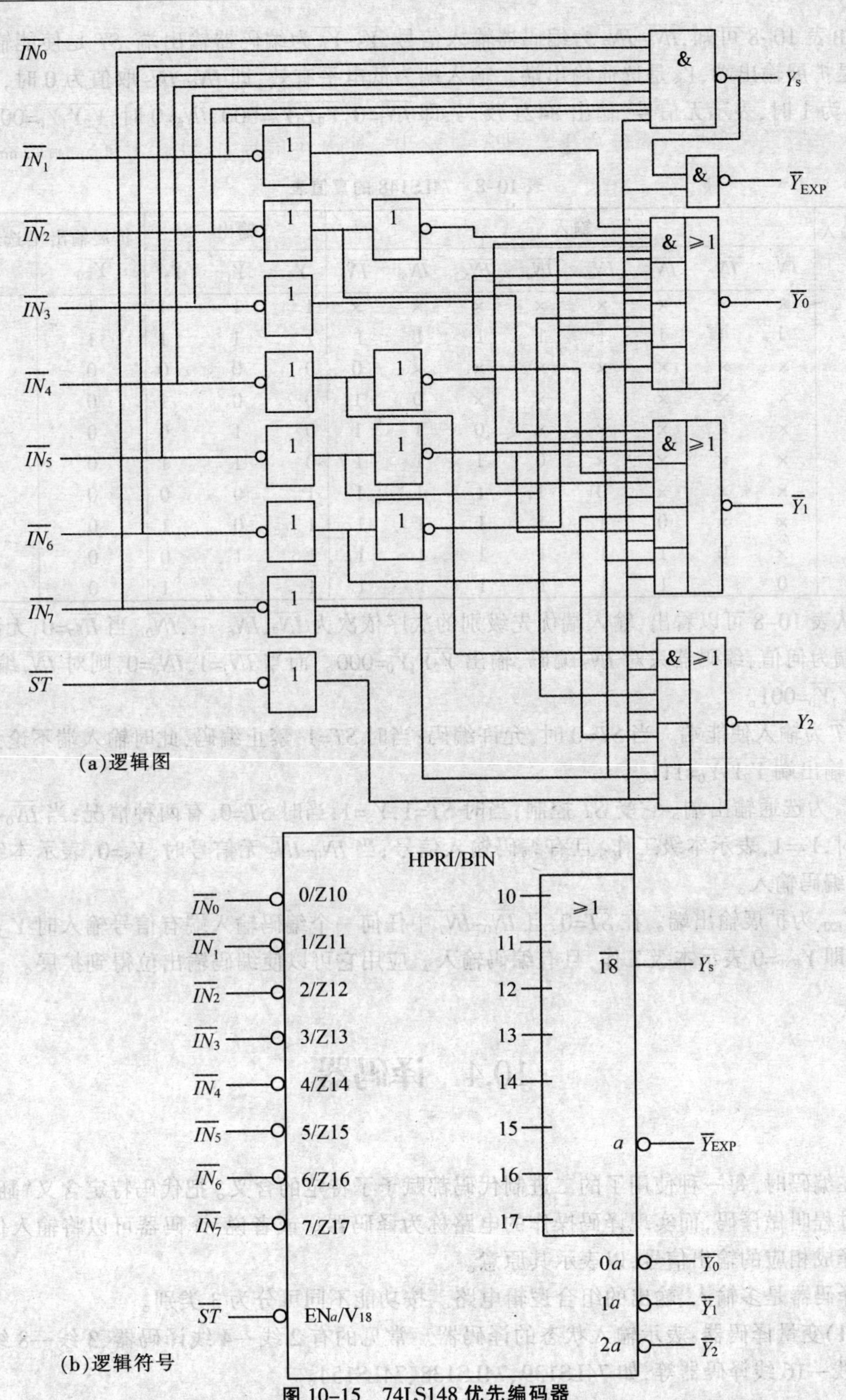

(a)逻辑图

(b)逻辑符号

图 10–15 74LS148 优先编码器

由表 10-8 可知，$\overline{IN_0}$~$\overline{IN_7}$ 为编码器输入信号，$\overline{Y_2}$~$\overline{Y_0}$ 为编码器输出端，$\overline{ST}$ 是使能输入端，$\overline{Y}_{EXP}$ 是扩展输出端，Y_S 是选通输出端。输入端为低电平有效，即 $\overline{IN_0}$~$\overline{IN_7}$ 取值为 0 时，表示有信号，为 1 时，表示无信号。输出 8421 反码，即 $\overline{IN_7}$=0，$\overline{Y_2Y_1Y_0}$=000，$\overline{IN_6}$=0 时，$\overline{Y_2Y_1Y_0}$=001，依此类推。

表 10-8 74LS148 的真值表

使能输入	输入								输出			扩展输出	选通输出
$\overline{ST}$	$\overline{IN_1}$	$\overline{IN_1}$	$\overline{IN_2}$	$\overline{IN_3}$	$\overline{IN_4}$	$\overline{IN_5}$	$\overline{IN_6}$	$\overline{IN_7}$	$\overline{Y}_2$	$\overline{Y}_1$	$\overline{Y}_2$	$\overline{Y}_{EXP}$	Y_S
1	×	×	×	×	×	×	×	×	1	1	1	1	1
0	1	1	1	1	1	1	1	1	1	1	1	1	0
0	×	×	×	×	×	×	×	0	0	0	0	0	1
0	×	×	×	×	×	×	0	1	0	0	1	0	1
0	×	×	×	×	×	0	1	1	0	1	0	0	1
0	×	×	×	×	0	1	1	1	0	1	1	0	1
0	×	×	×	0	1	1	1	1	1	0	0	0	1
0	×	×	0	1	1	1	1	1	1	0	1	0	1
0	×	0	1	1	1	1	1	1	1	1	0	0	1
0	0	1	1	1	1	1	1	1	1	1	1	0	1

从表 10-8 可以看出，输入端优先级别的次序依次为 $\overline{IN_7}$，$\overline{IN_6}$，…，$\overline{IN_0}$。当 $\overline{IN_7}$=0，无论其他输入端为何值，编码器只对 $\overline{IN_7}$ 编码，输出 $\overline{Y_2Y_1Y_0}$=000。而当 $\overline{IN_7}$=1，$\overline{IN_6}$=0，则对 $\overline{IN_6}$ 编码，输出 $\overline{Y_2Y_1Y_0}$=001。

$\overline{ST}$ 为输入使能端。当 $\overline{ST}$=0 时，允许编码；当时 $\overline{ST}$=1，禁止编码，此时输入端不论为何种状态，输出端 $\overline{Y_2Y_1Y_0}$=111。

Y_S 为选通输出端。它受 $\overline{ST}$ 控制，当时 $\overline{ST}$=1，Y_S=1；当时 $\overline{ST}$=0，有两种情况；当 $\overline{IN_0}$~$\overline{IN_7}$ 有信号时，Y_S=1，表示本级工作，且有编码输入信号；当 $\overline{IN_0}$~$\overline{IN_7}$ 无信号时，Y_S=0，表示本级不工作，无编码输入。

$\overline{Y}_{EXP}$ 为扩展输出端。在 $\overline{ST}$=0，且 $\overline{IN_0}$~$\overline{IN_7}$ 中任何一个编码输入端有信号输入时 $\overline{Y}_{EXP}$ 为低电平，即 $\overline{Y}_{EXP}$=0 表示本级工作，且有编码输入。应用它可以使编码输出位得到扩展。

10.4 译码器

在编码时，每一种使用了的二进制代码都赋予了特定的含义。把代码特定含义“翻译”出来的过程叫做译码，而实现译码操作的电路称为译码器。或者说，译码器可以将输入代码的含义译成相应的输出信号，以表示其原意。

译码器是多输入、输出的组合逻辑电路。按功能不同可分为 3 类别。

(1)变量译码器：表示输入状态的译码器。常见的有 2 线—4 线译码器、3 线—8 线译码器、4 线—16 线译码器等，如 74LS139、74LS138、74LS154。

(2)码制变换译码器:用于同一个数据的不同代码之间的变换。常见的有 BCD—十进制译码器,余三码—十进制译码器,格雷码—十进制译码器等,如 74LS42、CC4028 等型号。

(3)显示译码器:是将数字、文字或符号的代码翻译出它们的原意的逻辑电路,用以驱动各类显示器件,如发光二极管、液晶数码管等。如 4 线—7 段译码器/驱动器 74LS148。

10.4.1 变量译码器

若输入变量为 n 个,则有 2^n 个变量代码的组合状态,因此变量译码器的输出状态就有 2^n 个,每个用一条输出线对应一个输入变量代码的组合状态,对应地等于输入变量的一个最小项。

(1)二变量译码器

① 设二变量输入为 A、B,输入变量的最小项组合为 $\overline{A}\overline{B}$、$\overline{A}B$、$A\overline{B}$、AB。输出有 4 条线 $\overline{Y_0}$~$\overline{Y_3}$,设控制端为 E,当 E=0 时,译码器工作,否则,译码器禁止。

② 列真值表,见表 10-9 所示(设输出低电平有效)。

表 10-9 二变量译码器真值表

输入			输出			
E	A	B	$\overline{Y}_3$	$\overline{Y}_2$	$\overline{Y}_1$	$\overline{Y}_0$
0	0	0	1	1	1	0
0	0	1	1	1	0	1
0	1	0	1	0	1	1
0	1	1	0	1	1	1
1	×	×	1	1	1	1

③ 写表达式。

$\overline{Y}_0=\overline{\overline{E}\,\overline{A}\,\overline{B}}$　　$\overline{Y}_1=\overline{\overline{E}\,\overline{A}B}$　　$\overline{Y}_2=\overline{\overline{E}A\overline{B}}$　　$\overline{Y}_3=\overline{\overline{E}AB}$

④ 画逻辑图,见图 10-16 所示。

(2)三变量译码器

现以中规模集成片 74LS138 为例说明译码器的工作原理、特点、功能及应用。74LS138 逻辑图见图 10-17(a)所示,图 10-17(b)是它的逻辑符号,真值表见表 10-10。

表 10-10 74LS138 译码器真值表

输入					输出							
ST_A	$\overline{ST}_B+\overline{ST}_C$	A_2	A_1	A_0	$\overline{Y}_0$	$\overline{Y}_1$	$\overline{Y}_2$	$\overline{Y}_3$	$\overline{Y}_4$	$\overline{Y}_5$	$\overline{Y}_6$	$\overline{Y}_7$
×	1	×	×	×	1	1	1	1	1	1	1	1
0	×	×	×	×	1	1	1	1	1	1	1	1
1	0	0	0	0	0	1	1	1	1	1	1	1
1	0	0	0	1	1	0	1	1	1	1	1	1
1	0	0	1	0	1	1	0	1	1	1	1	1
1	0	0	1	1	1	1	1	0	1	1	1	1
1	0	1	0	0	1	1	1	1	0	1	1	1
1	0	1	0	1	1	1	1	1	1	0	1	1
1	0	1	1	0	1	1	1	1	1	1	0	1
1	0	1	1	1	1	1	1	1	1	1	1	0

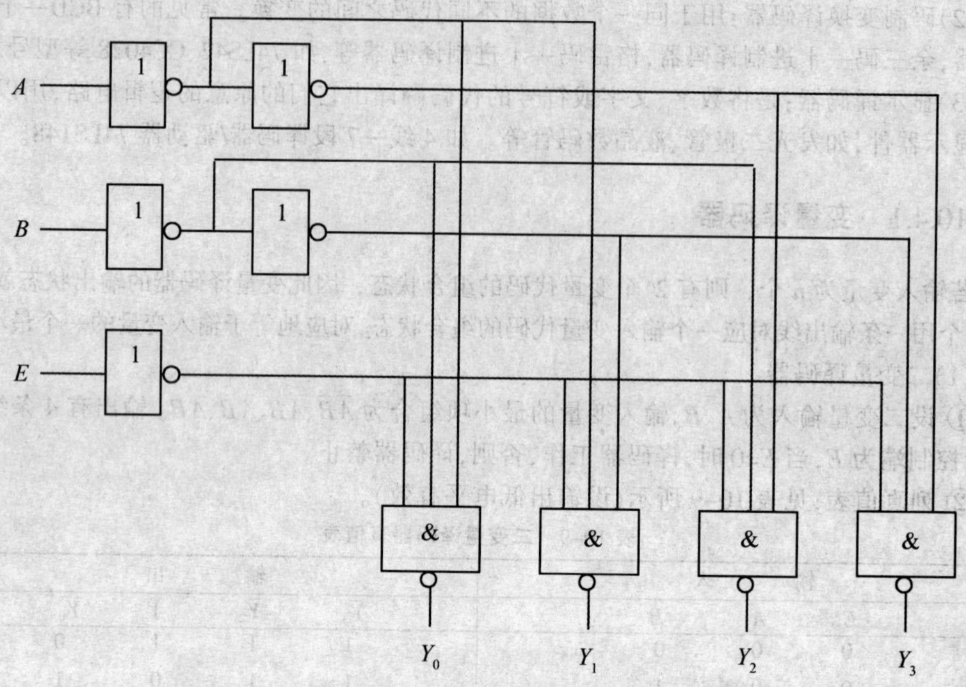

图 10-16 二变量译码器

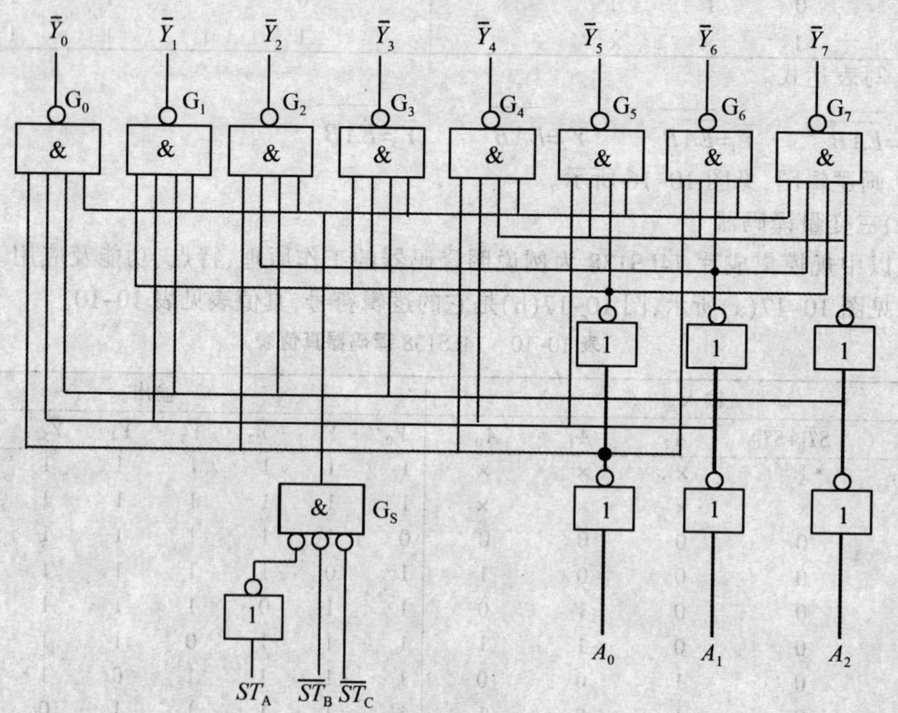

(a)逻辑图

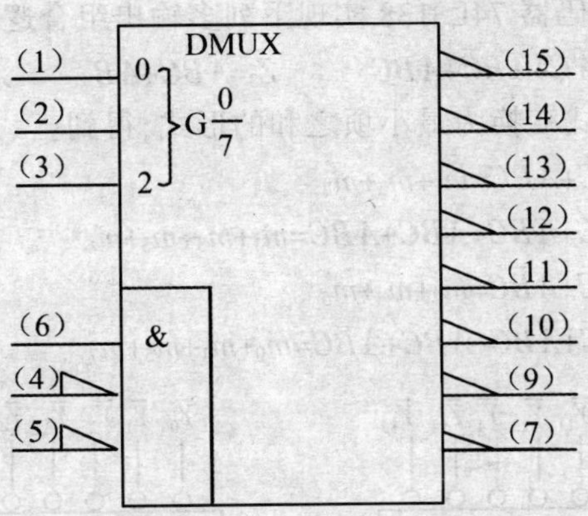

(b)逻辑符号

图 10-17　74LS138 译码器

由逻辑图和真值表可知，74LS138 是一个三位二进制译码器，A_2~A_0 是 3 个输入端，$\overline{Y}_0$~$\overline{Y}_7$ 是 8 个输出端且为低电平有效，"0"表示有信号，"1"表示无信号。另设 3 个使能端 ST_A、$\overline{ST_B}$、$\overline{ST_C}$，用以控制译码器工作与否以及扩展功能。

当 ST_A=1 时，$\overline{ST_B}=\overline{ST_C}$=0 时，即 $ST_A \cdot \overline{\overline{ST_B}+\overline{ST_C}}$=1 时，译码器工作。这时输出端 $\overline{Y}_0$~$\overline{Y}_7$ 的状态由输入端 A_2、A_1、A_0 决定。

$\overline{Y}_0=\overline{\overline{A}_2\overline{A}_1\overline{A}_0}$　　$\overline{Y}_1=\overline{\overline{A}_2\overline{A}_1A_0}$　　$\overline{Y}_2=\overline{\overline{A}_2A_1\overline{A}_0}$　　$\overline{Y}_3=\overline{\overline{A}_2A_1A_0}$

$\overline{Y}_4=\overline{A_2\overline{A}_1\overline{A}_0}$　　$\overline{Y}_5=\overline{A_2\overline{A}_1A_0}$　　$\overline{Y}_6=\overline{A_2A_1\overline{A}_0}$　　$\overline{Y}_7=\overline{A_2A_1A_0}$

当 ST_A=0 或 $\overline{ST_B}$=1，或$\overline{ST_C}$=1 时，即 $ST_A \cdot \overline{\overline{ST}\text{B}+\overline{ST}\text{C}}$=0，译码器处于"禁止"译码状态。输出端 $\overline{Y}_0$~$\overline{Y}_7$ 均为 1。

(3)应用

① 用于译码的功能扩展

用规模相对较小的译码器可以实现规模相对较大的译码，进行输出位数的扩展。例如，用两片 54LS138 的 8 位输出通过级联实现 4 线—16 线译码的 16 位输出，如图 10-18 所示。4 线—16 线译码器有 16 个输出端，4 为地址码输入端。54LS138 每片有 8 个输出，两片可以满足要求，但 54LS138 只有 3 位地址输入端，要输入 4 位地址码必须利用片选输入端。两片的级联方法如下：2# 芯片的 ST_A 端和 1# 芯片的 $\overline{ST_B}$、$\overline{ST_C}$ 端均由地址码的最高位 D_3 控制，2# 芯片的 $\overline{ST_B}=\overline{ST_C}$=0，1# 芯片的 ST_A=1 满足译码的功能要求，两片的地址输入 $A_2A_1A_0$ 端分别并联，由地址码的后三位 $D_3D_2D_0$ 控制。这样，当"0~7"的代码输入时，D_3=0，2# 片不工作，1# 片正常译码，"$\overline{Y}_0$~$\overline{Y}_7$"中有一个与代码对应的输出端为低电平。当"8~15"的代码输入时，D_3=1，1# 片不工作，2# 片正常译码，"$\overline{Y}_8$~$\overline{Y}_{15}$"中有一个为低电平。

同理，也可以用两个带控制端的 4 线—16 线译码器成一个 5 线—32 线译码器。

② 用做逻辑函数发生器

因为一个二进制译码器可提供 2^n 个最小项输出，而任何逻辑函数都可用最小项之和表示，因此，可利用译码器产生最小项，再外接门电路取得最小项之和，从而得到某逻辑函数。

例 6 用 3 线—8 线译码器 74LS138 实现下列多输出组合逻辑函数。输出的逻辑函数式为 $Z_1=\overline{A}\,\overline{B}C+BC$　　$Z_2=\overline{A}C+AB\overline{C}+A\overline{B}C$　　$Z_3=\overline{A}B\overline{C}+A\overline{B}$　　$Z_4=\overline{A}\,\overline{B}\,\overline{C}+\overline{B}C+ABC$

解 首先将给定函数各式变换为最小项之和的形式,得到:

$$Z_1=\overline{A}\,\overline{B}C+BC=\overline{A}\,\overline{B}C+\overline{A}BC+ABC=m_1+m_3+m_7$$

$$Z_2=\overline{A}C+AB\overline{C}+A\overline{B}C=\overline{A}\,\overline{B}C+\overline{A}BC+AB\overline{C}+A\overline{B}C=m_1+m_3+m_5+m_6$$

$$Z_3=\overline{A}B\overline{C}+A\overline{B}=\overline{A}B\overline{C}+A\overline{B}\,\overline{C}+A\overline{B}C=m_2+m_4+m_5$$

$$Z_4=\overline{A}\,\overline{B}\,\overline{C}+\overline{B}C+ABC=\overline{A}\,\overline{B}\,\overline{C}+\overline{A}\,\overline{B}C+A\overline{B}C+ABC=m_0+m_1+m_5+m_7$$

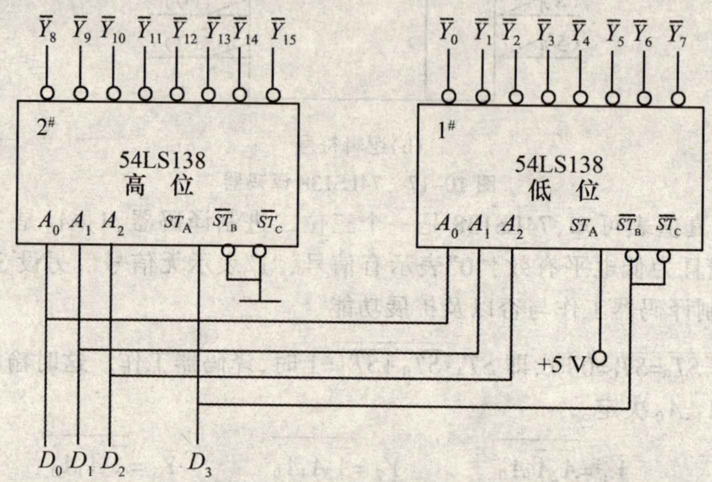

图 10-18 两片 74LS138 组成的 4 线—16 线译码器

由图 10-18 可知,只要令 74LS138 的地址输入端 $A_2=A$、$A_1=B$、$A_0=C$,则它的各输出端就是各输入变量最小项的反函数形式,即 $\overline{Y}_0$~$\overline{Y}_7$ 分别对应的 $\overline{m_0}$~$\overline{m_7}$。运用还原律和摩根定理即可将以上各函数变换为:

$$Z_1=\overline{\overline{m_1}\,\overline{m_3}\,\overline{m_7}}\qquad Z_2=\overline{\overline{m_1}\,\overline{m_3}\,\overline{m_5}\,\overline{m_6}}\qquad Z_3=\overline{\overline{m_2}\,\overline{m_4}\,\overline{m_5}}\qquad Z_4=\overline{\overline{m_0}\,\overline{m_1}\,\overline{m_5}\,\overline{m_7}}$$

这样,在 74LS138 之后再加 4 个与非门就可以实现这些函数了,具体接法如图 10-19 所示。

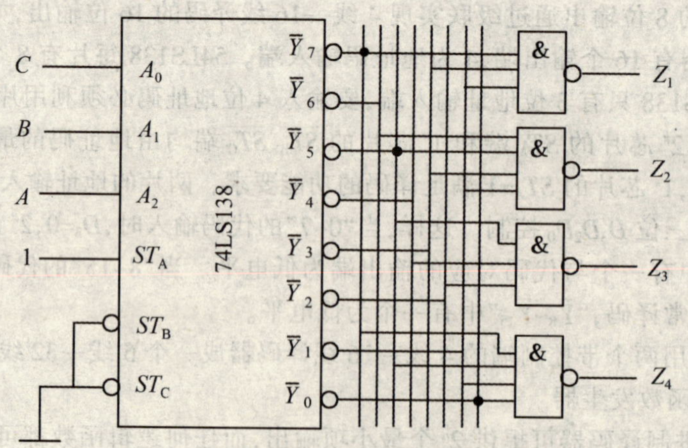

图 10-19 例 6 的电路

10.4.2 码制变换译码器——4 线—10 线译码器

所谓 4 线—10 线译码器，就是能把某种二—十进制代码变换为相对应的十进制数的译码器，以 74LS42 为例说明其工作原理。

这种译码器输入是 BCD 码，是 4 位二进制数 A_3、A_2、A_1、A_0 的 10 种组合，输出是十进制数相应的10 条线 $\overline{Y}_0$~$\overline{Y}_9$，且低电平有效。

(1)根据二—十进制译码器的逻辑功能列出真值表，如表 10-11 所示。

表 10-11 二—十进制译码器真值表

序号	输入				输出									
	A_3	A_2	A_1	A_0	$\overline{Y}_0$	$\overline{Y}_1$	$\overline{Y}_2$	$\overline{Y}_3$	$\overline{Y}_4$	$\overline{Y}_5$	$\overline{Y}_6$	$\overline{Y}_7$	$\overline{Y}_8$	$\overline{Y}_9$
0	0	0	0	0	0	1	1	1	1	1	1	1	1	1
1	0	0	0	1	1	0	1	1	1	1	1	1	1	1
2	0	0	1	0	1	1	0	1	1	1	1	1	1	1
3	0	0	1	1	1	1	1	0	1	1	1	1	1	1
4	0	1	0	0	1	1	1	1	0	1	1	1	1	1
5	0	1	0	1	1	1	1	1	1	0	1	1	1	1
6	0	1	1	0	1	1	1	1	1	1	0	1	1	1
7	0	1	1	1	1	1	1	1	1	1	1	0	1	1
8	1	0	0	0	1	1	1	1	1	1	1	1	0	1
9	1	0	0	1	1	1	1	1	1	1	1	1	1	0
	1	0	1	0	1	1	1	1	1	1	1	1	1	1
	1	0	1	1	1	1	1	1	1	1	1	1	1	1
	1	1	0	0	1	1	1	1	1	1	1	1	1	1
	1	1	0	1	1	1	1	1	1	1	1	1	1	1
	1	1	1	0	1	1	1	1	1	1	1	1	1	1
	1	1	1	1	1	1	1	1	1	1	1	1	1	1

(2)根据真值表可写出 $\overline{Y}_0$~$\overline{Y}_9$ 10 个输出逻辑函数表达式

$\overline{Y}_0=\overline{\overline{A}_3\overline{A}_2\overline{A}_1\overline{A}_0}$ $\overline{Y}_1=\overline{\overline{A}_3\overline{A}_2\overline{A}_1A_0}$ $\overline{Y}_2=\overline{\overline{A}_3\overline{A}_2A_1\overline{A}_0}$ $\overline{Y}_3=\overline{\overline{A}_3\overline{A}_2A_1A_0}$

$\overline{Y}_4=\overline{\overline{A}_3A_2\overline{A}_1\overline{A}_0}$ $\overline{Y}_5=\overline{\overline{A}_3A_2\overline{A}_1A_0}$ $\overline{Y}_6=\overline{\overline{A}_3A_2A_1\overline{A}_0}$ $\overline{Y}_7=\overline{\overline{A}_3A_2A_1A_0}$

$\overline{Y}_8=\overline{A_3\overline{A}_2\overline{A}_1\overline{A}_0}$ $\overline{Y}_9=\overline{A_3\overline{A}_2\overline{A}_1A_0}$

(3)根据表达式可画出逻辑电路图

逻辑电路图如图 10-20(a)所示，图 10-20(b)是它的逻辑符号。由真值表知，当输入数码为 $A_3A_2A_1A_0$=0000 时，只有 $\overline{Y}_0$ =0，其余 9 个输出端都为 1，即只有 $\overline{Y}_0$ 输出端有信号，其余 9 个输出端均无信号。当 $A_3A_2A_1A_0$=1001 时，只有 $\overline{Y}_9$=0，其余 9 个输出都为 1，依此类推。

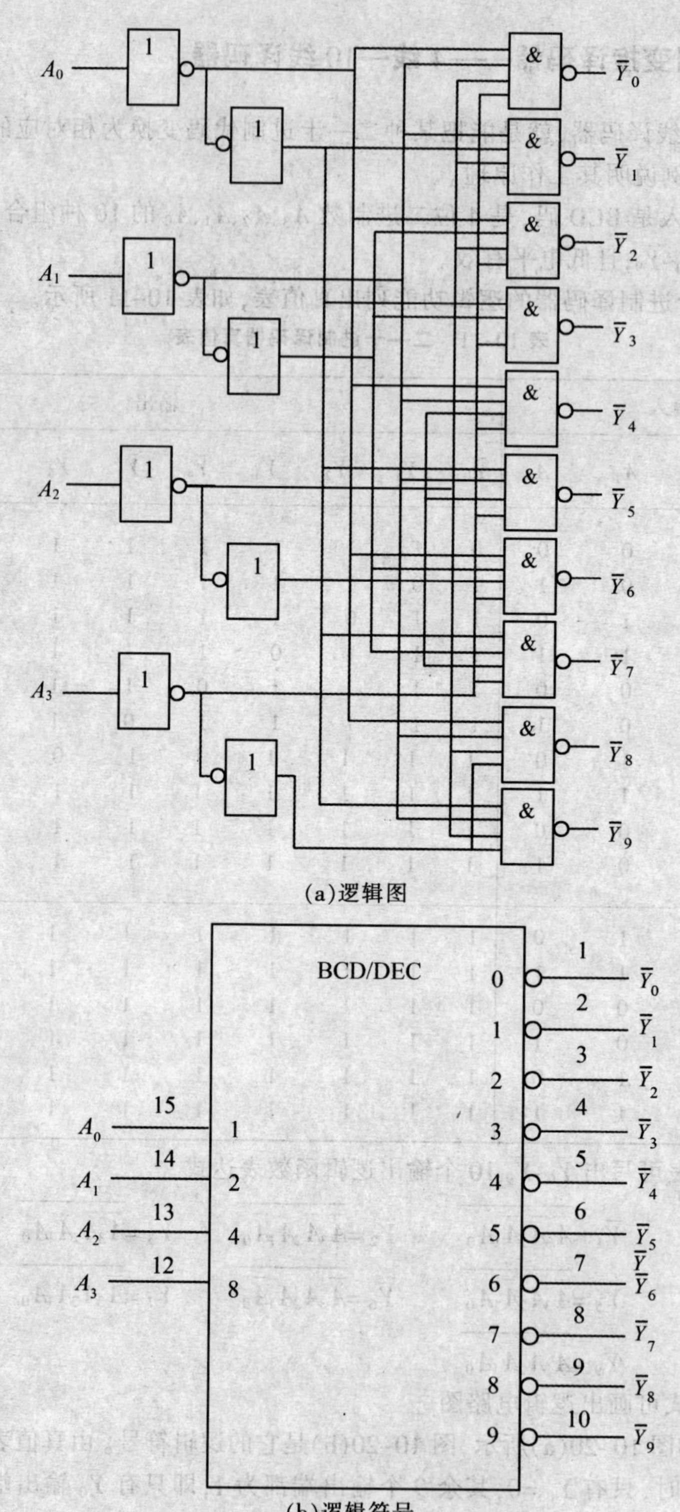

(b)逻辑符号

图 10-20 二—十进制译码器 74LS42

当输入出现 1010~1111 六个无效伪码中任何一个时,$\overline{Y}_0$~$\overline{Y}_9$ 均为 1,即无信号输出,所以这种电路结构具有拒绝伪码的功能。

若将输出 $\overline{Y}_8$ 和 $\overline{Y}_9$ 闲置不用,且将输入 A_3 作为使能端 ST_A,则此二—十进制译码器可作为 3 线—8 线二进制译码器使用。

10.4.3 显示译码器

在数字系统中,经常需要将数字、文字和符号的二进制编码翻译成人们习惯的形式直观地显示出来以便记录和查看。显示译码器是由译码器、驱动器和显示器组成。

(1)数字显示器件

数字显示器件按发光物质的不同可分为 4 类:

第一类:气体放电显示器,如辉光数码管、等离子体显示板等;

第二类:荧光数字显示器,如荧光数码管、发光数字板等;

第三类:半导体显示器,亦称为发光二极管(LED)显示器;

第四类:液体数字显示器,如液晶显示器、电泳显示器等。

因目前第一、二类显示器件已极少采用,这里只对第三、四类显示器件作简略介绍。

① 半导体数码管

这是当前用得最广泛的显示器之一,它是用发光二极管(简称 LED)来组成字形显示数字、文字和符号。

发光二极管与普通二极管不同,它是在半导体中掺入浓度很高的杂质二制成的,所用材料有砷化镓、磷化镓、磷砷化镓等。在二极管正向导通时,电子和空穴大量复合,把多余的能量以光的形式释放出来,便发出一定波长的可见光,所含磷、砷的比例不同、发出光的波长(颜色)也不同,有绿、黄、红、橙及其中色等。

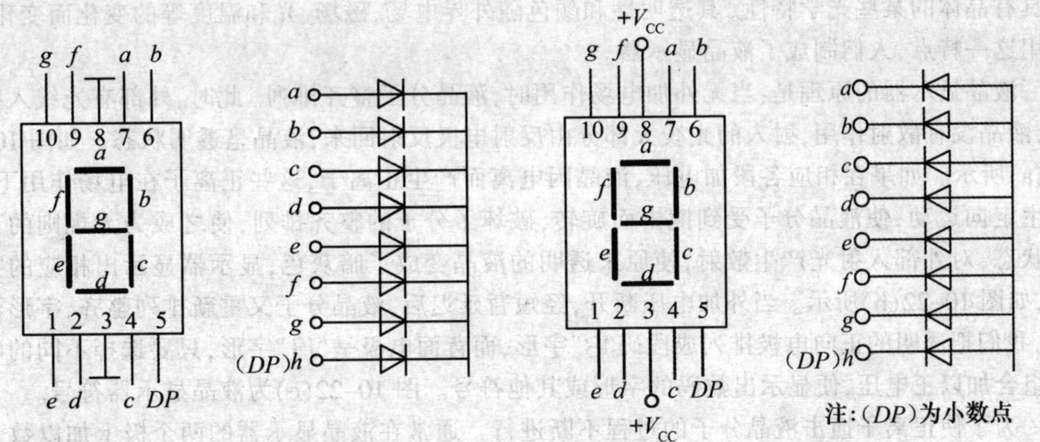

(a)共阴 LED 引脚排列图 (b)共阴 LED 的内部接线图 (c)共阳 LED 引脚排列图 (d)共阳 LED 的内部接线图

图 10-21 LED 数码管

磷砷化镓七段数码管分共阴极、共阳极两类,其外形图和内部接线图如图 10-21 所示。

七段笔画 a、b、c、d、e、f、g 是用条形发光二极管做成的。共阴数码管是将各发光二极管阴极连在一起接低电平，阳极分别由译码器输出端来驱动。当译码输出某段码为高电平时，相应的发光二极管就导通发光，显示相应的数码。这种显示器可用输出高电平有效的译码器(5448)来驱动。共阳数码管是将各发光二极管阳极连在一起，接高电平，而阴极分别由译码器输出端来驱动。当译码输出某段为低电平时，二极管导通发光。共阳极显示器由输出低电平有效的译码器（如 5446、5447）来驱动。常用的共阴显示器有 BS201、BS202、BS207、LCS011-11 等；常用的共阳显示器有 BS204、BS206、LA5011-11 等。为了将显示器电流限制在允许范围内，在译码器每一个输出端与显示器输入端之间应接入合适的限流电阻，其计算公式为：

$$R=\frac{V_{CC}-U_D}{I_D} \text{ 或 } R=\frac{V_{OH}-U_D}{I_D}$$

以上两式，前式适合于共阳 LED，后式适合于共阴 LED。

式中 V_{CC}——电源电压

V_{OH}——译码器输出高电平的值

U_D——LED 发光时额定电压

I_D——LED 发光时的额定电流

如 BS201A 共阴七段数码管，其 U_D=2 V、I_D≈10 mA。当 V_{OH}=5 V 时，则 R 取 300 Ω。一般 R 的取值范围在几百欧姆到一千欧姆左右。

半导体数码管的主要优点是工作电压低、体积小、寿命长、响应时间短、可靠性高、亮度也较高，主要缺点是工作电流比较大。

② 液晶显示器(LCD)

液晶显示器是一种平板座型显示器件。由于它所需电压低，工作电流极小，功耗极小，故广泛用于电子钟表、计算器以及各种便携式仪器仪表中。

液晶是一种介于晶体和液体之间的有机化合物。常温下既具有液体的流动性和连续性，又具有晶体的某些光学特性。其透明性和颜色随外界电场、磁场、光和温度等的变化而变化。利用这一特点，人们制成了液晶显示器。

液晶显示器的原理是：当无外加电场作用时，液晶分子整齐排列。此时，外部有光线入射时，液晶没有散射作用，射入的光线大部分由反射电极反射回来，液晶呈透明状态。如图 10-22(a)所示。如果在相应各段加电压，液晶因电离而产生正离子，这些正离子在电场作用下，产生定向运动，使液晶分子受到撞击而旋转，破坏了分子的整齐排列，使之成为无规则的紊乱状态，对外部入射光产生散射，使原来透明的液晶变成了暗灰色，显示器显示出相应的字形，如图 10-22(b)所示。当外加电压断开，经短暂延迟后，液晶分子又重新排列整齐，字形消失。我们把透明的正向电极排列成段码“日”字形，而背面电极呈“日”字形，只要选择不同的电极组合加以正电压，便显示出数码的字形或其他符号。图 10-22(c)为液晶显示器符号。

为了使正离子撞击液晶分子的过程不断进行，通常在液晶显示器的两个极上加以数十至数百赫兹的交变电压，此交变电压的产生是通过异或门来实现的，如图 10-23(a)所示。u_I 为外加方波，A 端接译码器输出。当 A=0 时，$u_S=u_I$，LCD 两端电压 u_L=0，显示器不工作；当 A=1 时，$u_S=\overline{u_I}$，$u_L=u_I-u_S$，当 u_I 为高电平，u_S 为低电平，则 $u_L=u_I$；当 u_I 为低电平时，u_S 为高电平，则

$u_L=-u_S$,所以 u_L 为幅度等于两倍 u_I 的对称方波,显示器工作,呈暗灰色。各点电压波形如图 10-23(b)所示。

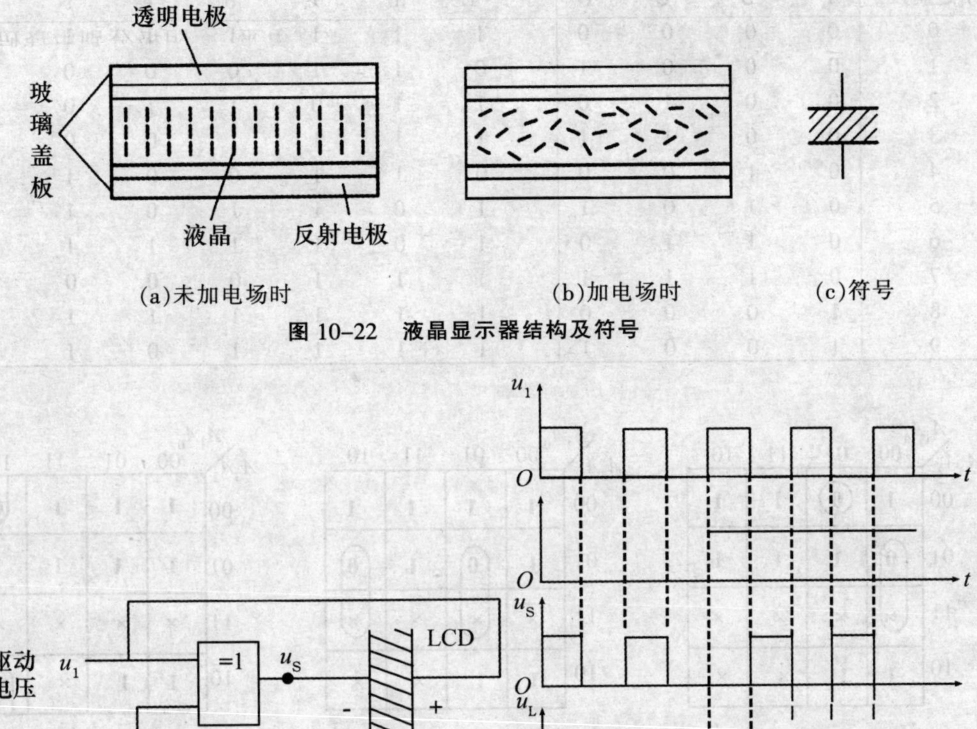

(a)未加电场时　(b)加电场时　(c)符号

图 10-22　液晶显示器结构及符号

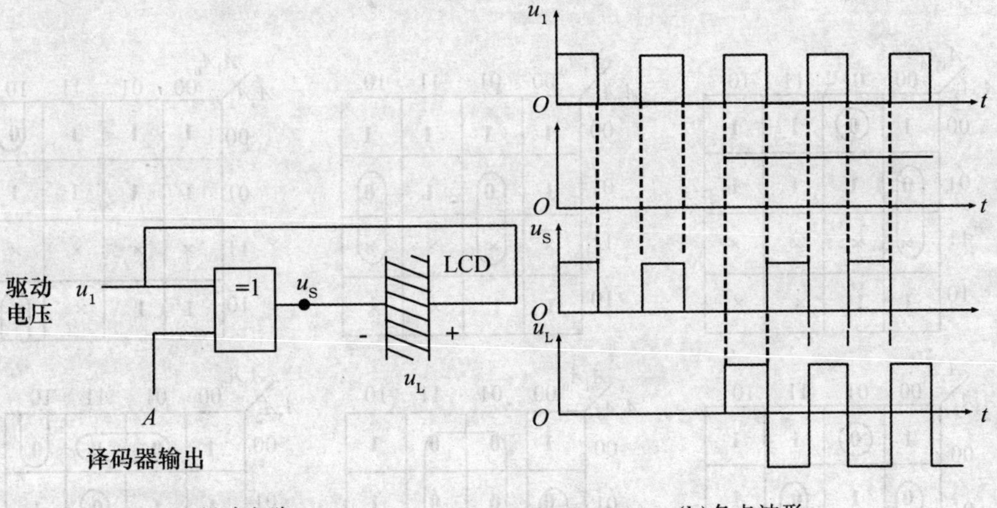

(a)驱动电路　(b)各点波形

图 10-23　液晶显示器驱动电路及各点波形

(2)BCD 七段显示译码器

① 显示译码原理

分段式数码管(如 LED 等)是利用不同发光段组合来显示不同的数字。因此,为了使用数码管能将数码所代表的数显示出来,必须首先将数码译出,然后驱动电路“点亮”对应的显示段。例如,对于 8421BCD 码的 0011 状态,对应的十进制数为“3”,则译码器应使图 10-23(a)所示数码管的 a、b、c、d、g 各段为高电平,e、f 为低电平。即对应某一组数码,译码器应有确定的几个输出端由规定信号输出(高电平或低电平)。这就是分段式数码器显示译码器电路的显示原理。所以,根据组合,可列出分段式译码器的真值表,如表 10-12 所示。

根据真值表直接用卡诺图化简,见图 10-24 所示。因为卡诺图中 0 的项数少于 1 的项数,因此用圈 0 项求反函数化简较简单,只要将结果求反即可得到原函数。每段卡诺图化简时,要考虑与其他段卡诺图的配合,尽量利用公式乘积项,以便使整体获得最佳化简的逻辑电路。这个原则对于多输出端,并用二级以上门电路实现的组合逻辑图的卡诺图化简,是十分重要的。

表 10-12 七段数码管真值表

十进制数	*A*	*B*	*C*	*D*	a	b	c	d	e	f	g
0	0	0	0	0	1	1	1	1	1	1	0
1	0	0	0	1	0	1	1	0	0	0	0
2	0	0	1	0	1	1	0	1	1	0	1
3	0	0	1	1	1	1	1	1	0	0	1
4	0	1	0	0	0	1	1	0	0	1	1
5	0	1	0	1	1	0	1	1	0	1	1
6	0	1	1	0	1	0	1	1	1	1	1
7	0	1	1	1	1	1	1	0	0	0	0
8	1	0	0	0	1	1	1	1	1	1	1
9	1	0	0	1	1	1	1	1	0	1	1

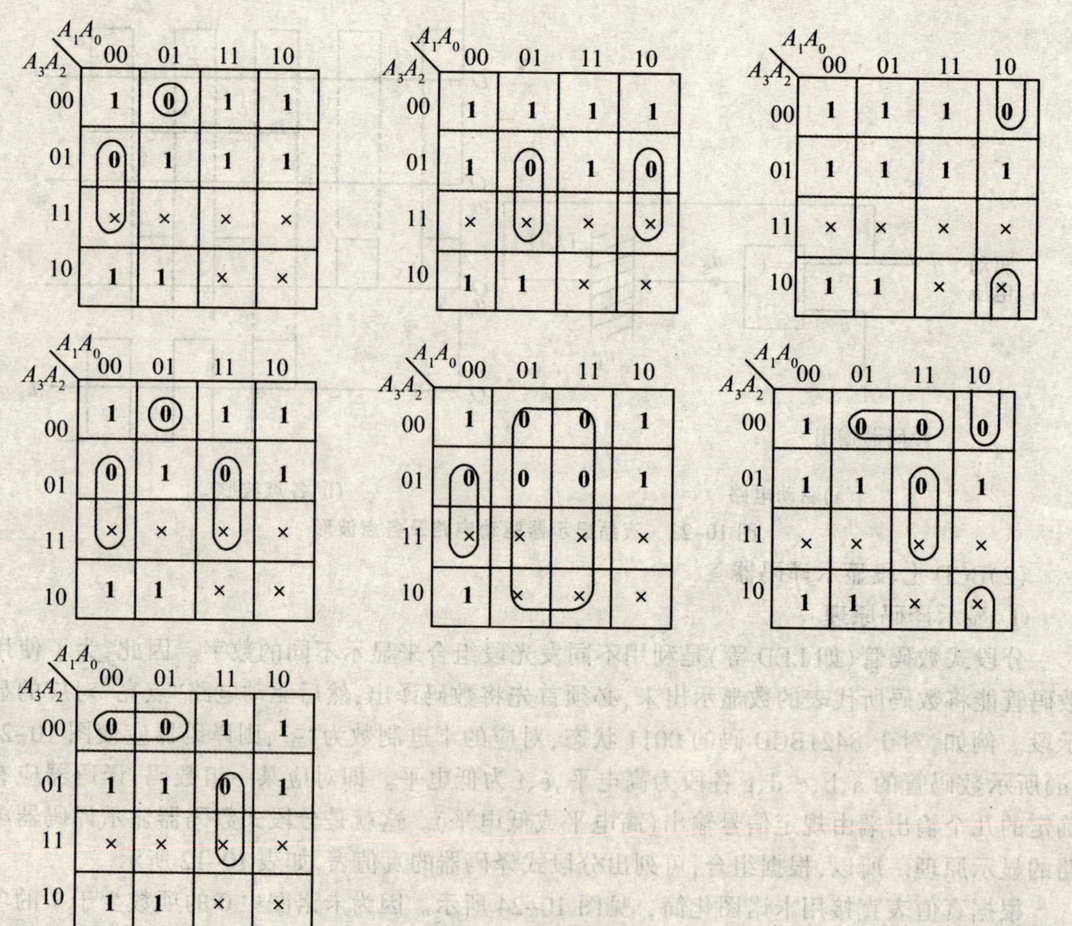

图 10-24 8421BCD 七段译码器各段的卡诺图

由卡诺图得各输出端相应的与或乘积项。

$\bar{a}=\bar{A}\bar{A}_2\bar{A}_1A_0+A_2\bar{A}_1\bar{A}_0$

$\bar{b}=A_2\bar{A}_1A_0+A_2A_1\bar{A}_0$

$\bar{c}=\bar{A}_2A_1\bar{A}_0$

$\bar{d}=\bar{A}\bar{A}_2\bar{A}_1A_0+A_2\bar{A}_1\bar{A}_0+A_2A_1A_0$

$\bar{e}=A_2\bar{A}_1\bar{A}_0+A_0$

$\bar{f}=\bar{A}\bar{A}_2A_0+\bar{A}_2A_1\bar{A}_0+A_2A_1A_0$

$\bar{g}=\bar{A}\bar{A}_2\bar{A}_1+A_2A_1A_0$

若用与非门构成译码器,则上式可转换成:

$\bar{a}=\overline{\overline{\bar{A}\bar{A}_2\bar{A}_1A_0}\cdot\overline{A_2\bar{A}_1\bar{A}_0}}$

$\bar{b}=\overline{\overline{A_2\bar{A}_1A_0}\cdot\overline{A_2A_1\bar{A}_0}}$

$\bar{c}=\overline{\overline{\bar{A}_2A_1\bar{A}_0}}$

$\bar{d}=\overline{\overline{\bar{A}\bar{A}_2\bar{A}_1A_0}\cdot\overline{A_2\bar{A}_1\bar{A}_0}\cdot\overline{A_2A_1A_0}}$

$\bar{e}=\overline{\overline{A_2\bar{A}_1\bar{A}_0}\cdot\bar{A}_0}$

$\bar{f}=\overline{\overline{\bar{A}_2\bar{A}_1A_0}\cdot\overline{\bar{A}_2A_1\bar{A}_0}\cdot\overline{A_2A_1A_0}}$

$\bar{g}=\overline{\overline{\bar{A}\bar{A}_2\bar{A}_1}\cdot\overline{A_2A_1A_0}}$

最后根据简化的函数表达式画出译码器逻辑图,见图 10-25 所示。

② 中规模集成译码器

a. 共阴 LED 数码管显示译码器

常用的共阴极七段显示译码器有 54/74HC4511、14513、54/74 47、54/74 48 等,其功能大同小异。现以 14513 为例加以介绍,表 10-13 为其功能表。

表 10-13　14513 的功能表

输入								输出								显示
RBI	EN	$\overline{BI}$	$\overline{LT}$	A_3	A_2	A_1	A_0	RBO	Y_a	Y_b	Y_c	Y_d	Y_e	Y_f	Y_g	
×	×	×	0	×	×	×	×	△	1	1	1	1	1	1	1	8
×	×	0	1	×	×	×	×	△	0	0	0	0	0	0	0	
1	0	1	1	0	0	0	0	1	0	0	0	0	0	0	0	
0	0	1	1	0	0	0	0	0	1	1	1	1	1	1	0	0
×	0	1	1	0	0	0	1	0	0	1	1	0	0	0	0	1
×	0	1	1	0	0	1	0	0	1	1	0	1	1	0	1	2
×	0	1	1	0	0	1	1	0	1	1	1	1	0	0	1	3
×	0	1	1	0	1	0	0	0	0	1	1	0	0	1	1	4
×	0	1	1	0	1	0	1	0	1	0	1	1	0	1	1	5
×	0	1	1	0	1	1	0	0	1	0	1	1	1	1	1	6
×	0	1	1	0	1	1	1	0	1	1	1	0	0	0	0	7
×	0	1	1	1	0	0	0	0	1	1	1	1	1	1	1	8
×	0	1	1	1	0	0	1	0	1	1	1	1	0	1	1	9
×	0	1	1	1 1	0 1	1 1	0 1	0	0	0	0	0	0	0	0	
×	1	1	1	×	×	×	×	△	×	×	×	×	×	×	×	*

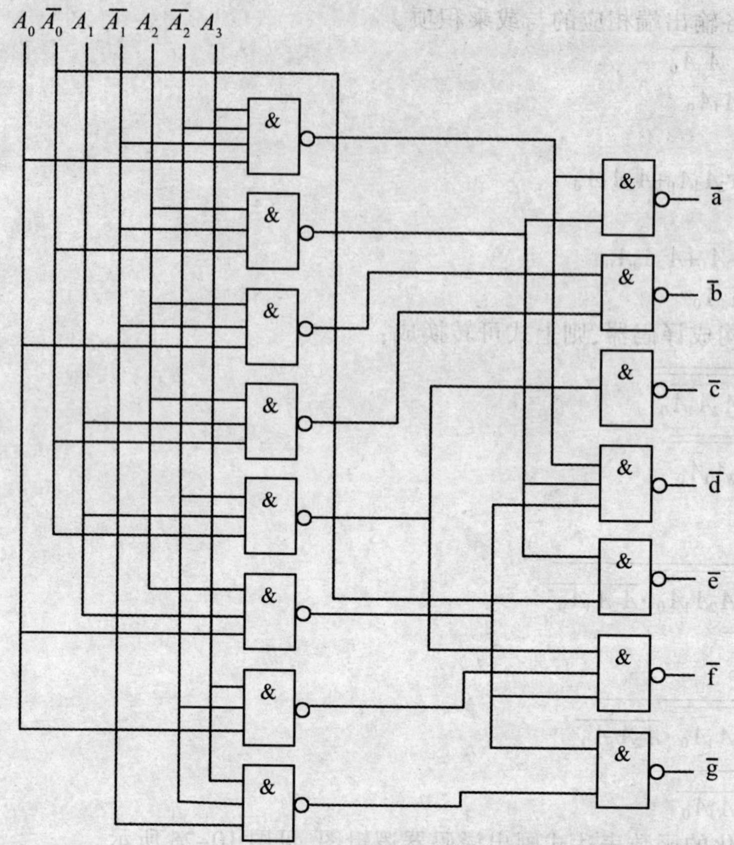

图 10-25 用与非门组成的 BCD 七段译码器

14513 为二—十进制七段锁存/译码/驱动器，其功能如表 10-13，逻辑符号和与数码管的连接如图 10-26。该译码器地址输入端 $A_3A_2A_1A_0$ 输入 BCD 码“0000~1001”时，对应输出 Y_a~Y_g 显示阿拉伯数字“0~9”；在输入“1010~1111”这 6 个代码时，Y_a~Y_g 均为低电平，不显示字形(有的译码器在这 6 个代码下有特定符号字形)。

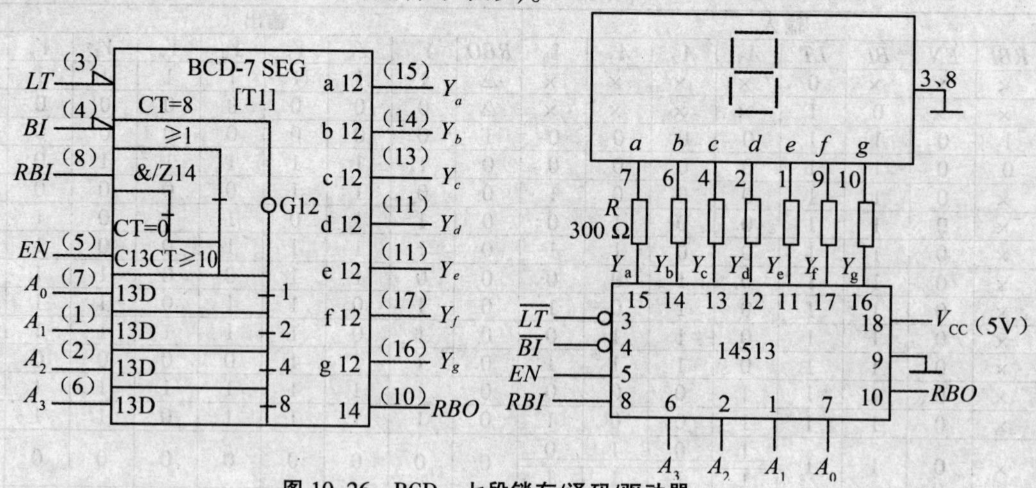

图 10-26 BCD—七段锁存/译码/驱动器

此外为了完善其功能，该译码器还设置了一些使能端和输出端，它们的作用是：

$\overline{LT}$：为灯测试输入端，具有最高优先权，当 $\overline{LT}=0$ 时，无论其他输入端为什么状态，输出"Y_a~Y_g"均为高电平，显示字形"8"，以测试码段有无损坏。

$\overline{BI}$：为消隐输入端，具有第二位的优先权，当 $\overline{LT}$ 为高电平，而 $\overline{BI}=0$ 时，无论其他输入端为什么状态，输出"Y_a~Y_g"均为低电平，不显示字形。

EN：数组锁存输入端，当 $\overline{LT}=\overline{BI}=1$ 时，如果 $EN=1$，输入数据"$A_3A_2A_1A_0$"被锁存，不能传至译码器，输出"Y_a~Y_g"保持以前的状态。当 $EN=0$ 时，数据可以传至译码器，进行正常译码和显示。EN 的优先权仅次于 $\overline{LT}$ 和 $\overline{BI}$。

RBI：为灭零输入端，当 $\overline{LT}=\overline{BI}=1$，$EN=0$，而 $RBI=1$ 时，则当输入 $A_3A_2A_1A_0=0000$ 时，输出的"0"不显示，即"Y_a~Y_g"全部为低电平。遇其他数码则正常显示。

RBO：称灭零输出端，当 $RBI=1$（$\overline{LT}=\overline{BI}=1$，$EN=0$）时，在输出的"0"不被显示（被熄灭）的同时，输出端 $RBO=1$。可级联到相邻位的 RBI，实现对邻位的灭零控制。

RBI 和 RBO 的设置为熄掉多位显示数字中不必显示的"0"提供了方便。在图 10-27 所示的 8 位数字显示系统中，只要在整数部分将高位的 RBO 与低位的 RBI 相连，在小数部分将低位的 RBO 与高位的 RBI 相连，同时将整数最高位和小数最低位的 RBI 端接高电平，而将小数点前后各 1 位的 RBI 接地，低位才有灭零输入信号。同理，小数部分只有在低位是 0，而且被熄灭时，高位才有灭零输入信号。如果各位均为 0，则只有小数点的前一位和后一位的 0 被显示出来。

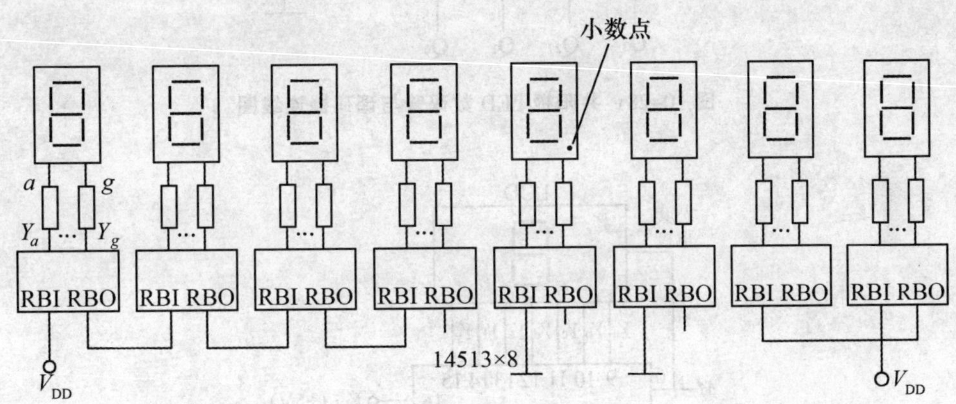

图 10-27 有灭零控制功能的 8 位数码显示系统

在 14513 的功能表中，RBO 栏下所标"△"号表明其状态与 RBI 及当时的地址码 $A_3A_2A_1A_0$ 和 EN 的取值有关。

b. 阳极 LED 数码管显示译码器

共阳极数码管译码器也很多，以 5447 为例，其功能与 14513 相似，但稍少。由于灭零输入端 $\overline{RBI}$ 接低电平时灭零，故正常显示时需将 $\overline{RBI}$ 接+V_{CC}，其接线如图 10-28 所示。

c. 七段数码显示译码器

常用液晶七段数码显示译码器有 14543、4055B、54/74HC/HCT4543 等，这些器件也可用于共阳极或共阴极 LED 七段数码管的译码显示。图 10-29 为 14543BCD—七段数码液晶驱动与液晶数码显示器的连接图。14543 的功能如表 10–14 所列，从表中功能可知与前述数码译码驱动器功能大同小异。不同的是 M 为显示方式控制端，当 M=0，用于驱动共阴极 LED 数码管，这时译码输出 Y_i 为高电平；当 M=1，用于驱动共阳极 LED 数码管，Y_i 输出为低电平；当用于液晶显示器时，应从 M 端加 30~200 Hz 方波，则 Y_i 输出为反相的方波，且 M 端方波与 LCD 公共电极相连，因而能驱动其段码显示。

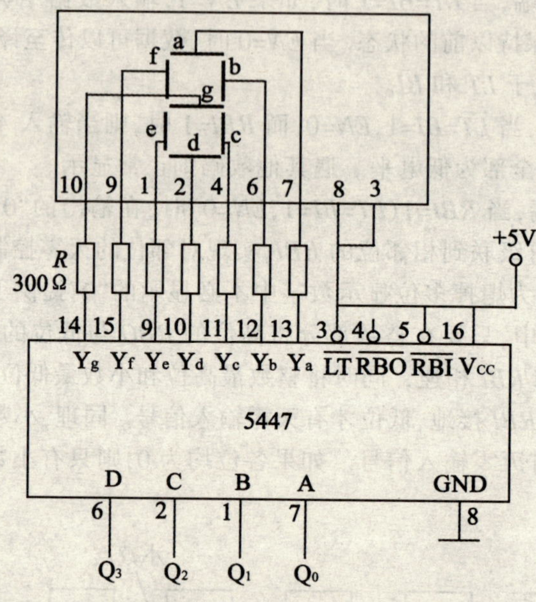

图 10–28 共阳极 LED 数码管与译码器连线图

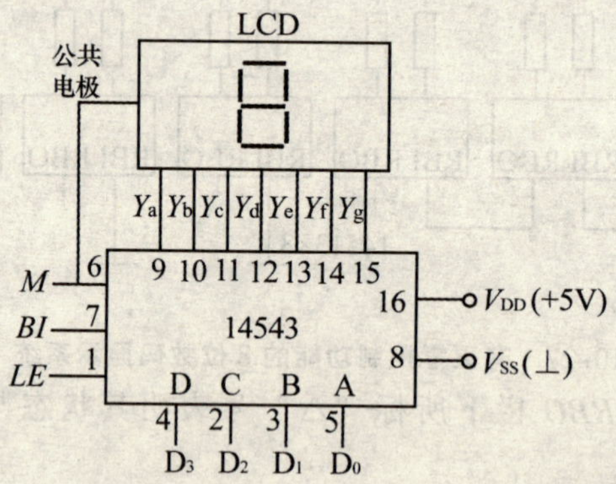

图 10–29 液晶七段数码显示译码器

表 10-14 1453BCD—七段液晶驱动器功能表

BI	LE	M	$D_3D_2D_1D_0$	功能(Y_a~Y_g)
1	×	*	×	消 隐
0	1	*	0000~1001	显示 0~9
0	1	*	1010~1111	不显示
0	0	*	×	锁 存

10.5 加法器

在电子计算机和数字系统中往往要对数进行加减乘除等算术运算。加法运算是算术运算中最基本的运算,而减法运算可采用反码或补码做加法运算来实现,乘法和除法也可以用连续加法、减法和移位来实现。因此,加法运算电路十分重要。

10.5.1 半加器

两个 1 位二进制数相加称为半加,能实现半加的逻辑电路称为半加器。

设两个 1 位二进制数位 A、B,半加本位和为 S,向高位进位为 C。根据二进制加法法则,列半加器真值表,见表 10-15。

表 10-15 半加器真值表

输入		输出	
A	B	S	C
0	0	0	0
0	1	1	0
1	0	1	0
1	1	0	1

由真值表得到逻辑表达式:

$S=\bar{A}B+A\bar{B}$

$C=AB$

用异或门和与门实现半加器的电路如图 10-30 所示。

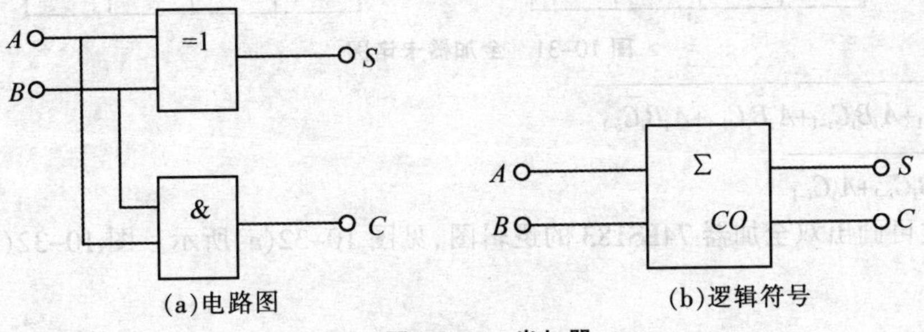

图 10-30 半加器

10.5.2 全加器

半加器只解决了两个一位二进制数相加的问题，没有考虑来自低位的进位，而实际问题中遇到的大多是多位二进制数相加运算，往往必须同时考虑低位来的进位，显然半加器不能实现多位二进制的加法运算。

所谓全加运算，就是指两个二进制数相加时，第 i 位的被加数 A_i 和加数 B_i 及来自相邻低位的进位数 C_{i-1} 三者相加，其结果得到本位和数 S_i 及向相邻高位的进位数 C_i。能够实现全加运算的电路称为全加器。

根据全加运算的含义和二进制运算法则，可列全加器真值表，如表 10-16 所示。

表 10-16 全加器真值表

输入			输出	
A_i	B_i	C_{i-1}	S_i	C_i
0	0	0	0	0
0	0	1	1	0
0	1	0	1	0
0	1	1	0	1
1	0	0	1	0
1	0	1	0	1
1	1	0	0	1
1	1	1	1	1

由真值表可写出逻辑表达式：

$$S_i=\overline{A}_i\overline{B}_iC_{i-1}+\overline{A}_iB_i\overline{C}_{i-1}+A_i\overline{B}_i\overline{C}_{i-1}+A_iB_iC_{i-1}$$

$$C_i=\overline{A}_iB_iC_{i-1}+A_i\overline{B}_iC_{i-1}+A_iB_i\overline{C}_{i-1}+A_iB_iC_{i-1}$$

图 10-31 是全加器的卡诺图，采用合并 0 项，再求反得化简方法，得双全加器 74LS183 的逻辑表达式。

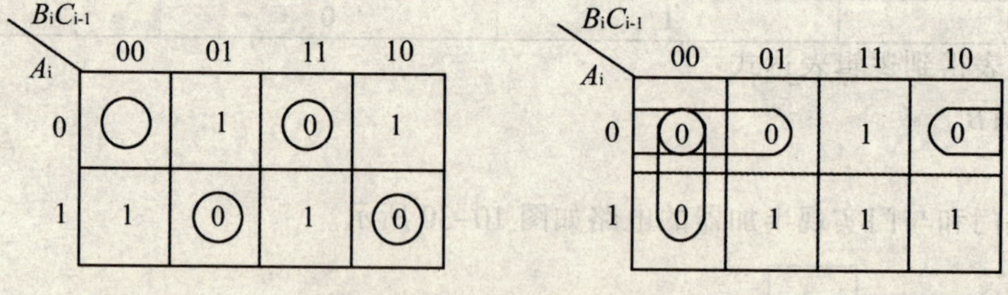

图 10-31 全加器卡诺图

$$S_i=\overline{\overline{A}_i\overline{B}_i\overline{C}_{i-1}+\overline{A}_iB_iC_{i-1}+A_i\overline{B}_iC_{i-1}+A_iB_i\overline{C}_{i-1}}$$

$$C_i=\overline{\overline{A}_i\overline{B}_i+\overline{B}_i\overline{C}_{i-1}+\overline{A}_i\overline{C}_{i-1}}$$

根据上式可画出双全加器 74LS183 的逻辑图，见图 10-32(a)所示。图 10-32(b)为逻辑符号。

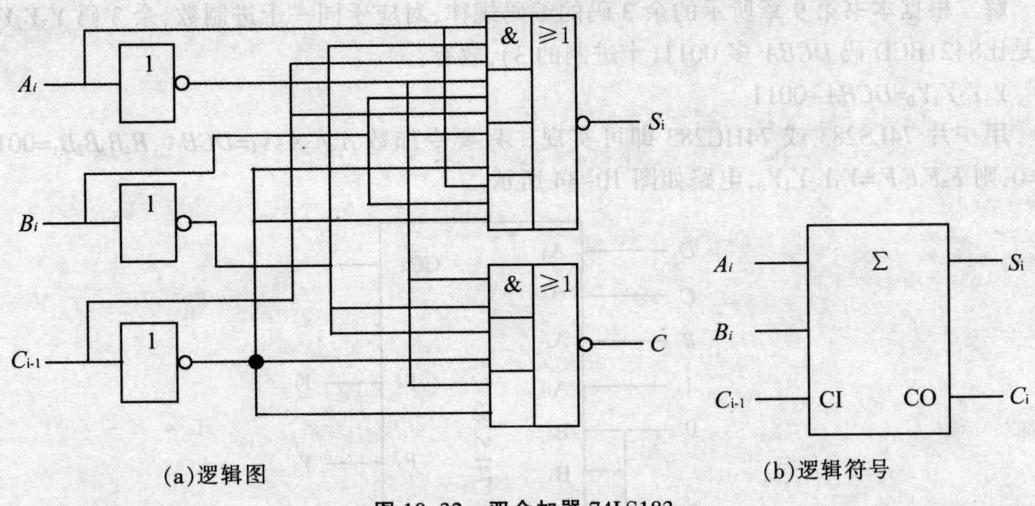

(a)逻辑图　　(b)逻辑符号

图 10–32　双全加器 74LS183

10.5.3　多位加法器

(1)加法器

两个多位二进制数相加时,每一位都是带进位的加法运算,所以必须用全加器。这时,只要依次将低位的进位输出接到高位的进位输入就构成多位加法器了。图 10–33 是一个 4 位加法器电路,显然必须在低位的进位产生并达到高位后才能在高位产生相加的结果,因此将这种电路称为串行进位加法器。这样的中规模芯片较多,如 54/74LS1983 等。串行加法器的主要缺点是工作(运算)速度慢,但因其电路结构简单,仍不失为一种可取的电路。

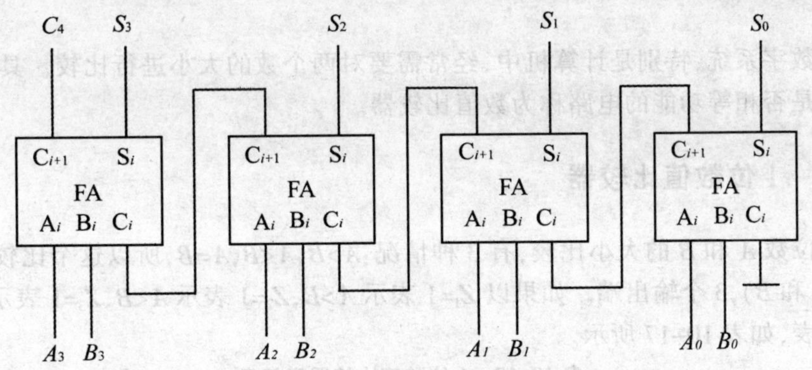

图 10–33　4 位串行进位加法器

(2)加法器的应用

加法器除了能够进行二进制数的算术运算之外，在有些场合还可以被用做实现组合逻辑函数。其方法是逻辑函数化成输入变量与输入变量或者输入变量与常量在数值上相加的形式,这时用加法器实现这类组合函数要比用门电路实现简单得多。

例 7　设计一个代码变换电路,将 8421BCD 码转换为余 3 码

解 根据本书第 9 章所示的余 3 码的编码规律,对应于同一十进制数,余 3 码 $Y_3Y_2Y_1Y_0$ 总是比8421BCD 码 $DCBA$ 多 0011(十进制的 3),故有:

$Y_3Y_2Y_1Y_0$=$DCBA$+0011

用一片 74LS283 或 74HC283 即可实现,只要令加数 $A_4A_3A_2A_1$=$DCBA$,$B_4B_3B_2B_1$=0011,C_1=0,则 $F_4F_3F_2F_1$=$Y_3Y_2Y_1Y_0$,电路如图 10-34 所示。

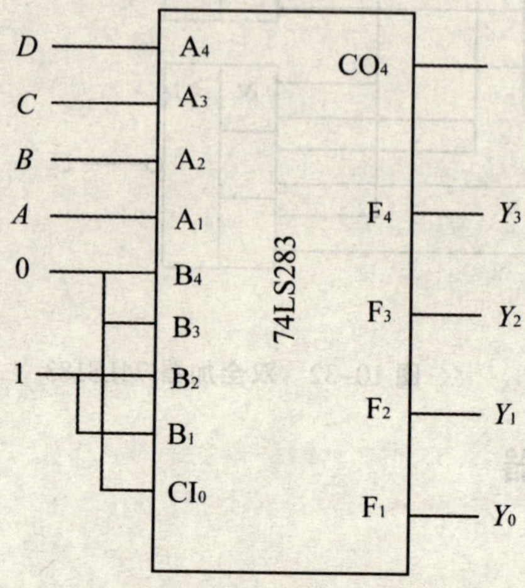

图 10-34 例 7 的代码转换电路

10.6 数值比较器

在某些数字系统,特别是计算机中,经常需要对两个数的大小进行比较。具有比较两个数值大小或是否相等功能的电路称为数值比较器。

10.6.1 1 位数值比较器

两个 1 位数 A 和 B 的大小比较,有 3 种情况:$A>B$,$A<B$,$A=B$,所以这个比较器应当有 2 个输入端(A 和 B),3 个输出端。如果以 Z_1=1 表示 $A>B$,Z_2=1 表示 $A<B$,Z_3=1 表示 $A=B$,则可列出其真值表,如表 10-17 所示。

表 10-17 1 位数值比较器真值表

输入		输出		
A	B	$Z_1=1(A>B)$	$Z_2=1(A<B)$	$Z_3=1(A=B)$
0	0	0	0	1
0	1	0	1	0
1	0	1	0	0
1	1	0	0	1

由真值表可分别写出 3 个输出信号逻辑式：

$Z_1=A\overline{B}$

$Z_2=\overline{A}B$

$Z_3=\overline{A}\,\overline{B}+AB=A\odot B$

其逻辑电路如图 10-35 所示。

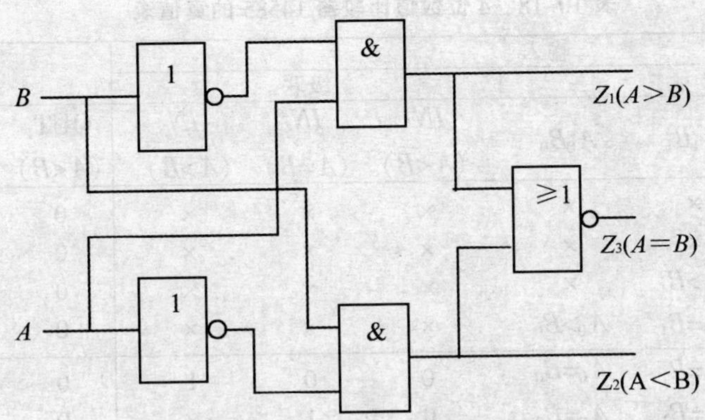

图 10-35　1 位比较器的逻辑图

10.6.2　多位数值比较器

(1)工作原理

两个多位数，例如 $A_3A_2A_1A_0$ 和 $B_3B_2B_1B_0$ 相比较时，必须从最高位开始比较。如果在最高位 $A_3>B_3$，则肯定 $A>B$；如果 $A_3<B_3$，则 $A<B$；如果 $A_3=B_3$ 再去比较次高位，即比较 A_2 和 B_2，如果 $A_2\neq B_2$，结论可定，若 $A_2=B_2$，还需要比较 A_1 和 B_1，依此类推。

如果以 $OUT_1=1$ 表示 $A<B$，$OUT_2=1$ 表示 $A=B$，$OUT_3=1$ 表示 $A>B$，则根据上面的逻辑叙述，就可以写出这 3 个输出函数的逻辑表达式：

$(A<B)$

$OUT_1=\overline{A}_3B_3+(A_3\odot B_3)\overline{A}_2B_2+(A_3\odot B_3)(A_2\odot B_2)\overline{A}_1B_1+(A_3\odot B_3)(A_2\odot B_2)(A_1\odot B_1)\overline{A}_0B_0$

$(A=B)$

$OUT_2=(A_3\odot B_3)(A_2\odot B_2)(A_1\odot B_1)(A_0\odot B_0)$

$(A>B)$

$OUT_3=\overline{OUT_1+OUT_2}$

$A<B$ 的 4 种情况，即 $A_3<B_3$；$A_3=B_3$，而 $A_2<B_2$；$A_3=B_3,A_2=B_2$，而 $A_1<B_1$；$A_3=B_3,A_2=B_2,A_1=B_1$，而 $A_0<B_0$。

只有两数的各对应位均分别相等，两个数才相等。

如果两数 A 和 B 比较的结果既不是 $A<B$，又不是 $A=B$，那必然是 $OUT_1=0,OUT_2=0$，而 $OUT_3=1$，是属于 $A>B$ 的情况。

根据上述思想可以设计出中规模数值比较器芯片，如 5485、14585 等。表 10-18 和图 10-36 给出了 14585 的真值表和逻辑图。在电路中除了 $A_3\sim A_0$、$B_3\sim B_0$ 等输入端之外，还增加

了 $IN(A<B)$、$IN(A>B)$、$IN(A=B)$3 个扩展输入端，用以两数高 4 位完全相等时，则可由该两数的低 4 位比较结果作为输入来决定，故可以供超过 4 位数的比较时作片间连接使用。为了简化内部电路，$IN(A>B)$在 3 个扩展输入端中优先权最低，其输入数据可接常量 1(高电平)。当 $IN(A<B)$和 $IN(A=B)$中有 1 时，$IN(A>B)$的"1"不起作用，只有当 $IN(A<B)$、$IN(A=B)$同时为"0"，$IN(A>B)$的"1"才起作用。

表 10-18 4 位数值比较器 14585 的真值表

输入							输出		
比较				级联					
A_3B_3	A_2B_2	A_1B_1	A_0B_0	IN $(A<B)$	IN $(A=B)$	IN $(A>B)$	OUT_1 $(A<B)$	OUT_2 $(A=B)$	OUT_3 $(A>B)$
$A_3>B_3$	×	×	×	×	×	×	0	0	1
$A_3=B_3$	$A_2>B_2$	×	×	×	×	×	0	0	1
$A_3=B_3$	$A_2=B_2$	$A_1>B_1$	×	×	×	×	0	0	1
$A_3=B_3$	$A_2=B_2$	$A_1=B_1$	$A_0>B_0$	×	×	×	0	0	1
$A_3=B_3$	$A_2=B_2$	$A_1=B_1$	$A_0=B_0$	0	0	1	0	0	1
$A_3=B_3$	$A_2=B_2$	$A_1=B_1$	$A_0=B_0$	0	1	×	0	1	0
$A_3=B_3$	$A_2=B_2$	$A_1=B_1$	$A_0=B_0$	1	0	×	1	0	0
$A_3<B_3$	×	×	×	×	×	×	1	0	0
$A_3=B_3$	$A_2<B_2$	×	×	×	×	×	1	0	0
$A_3=B_3$	$A_2=B_2$	$A_1<B_1$	×	×	×	×	1	0	0
$A_3=B_3$	$A_2=B_2$	$A_1=B_1$	$A_0<B_0$	×	×	×	1	0	0

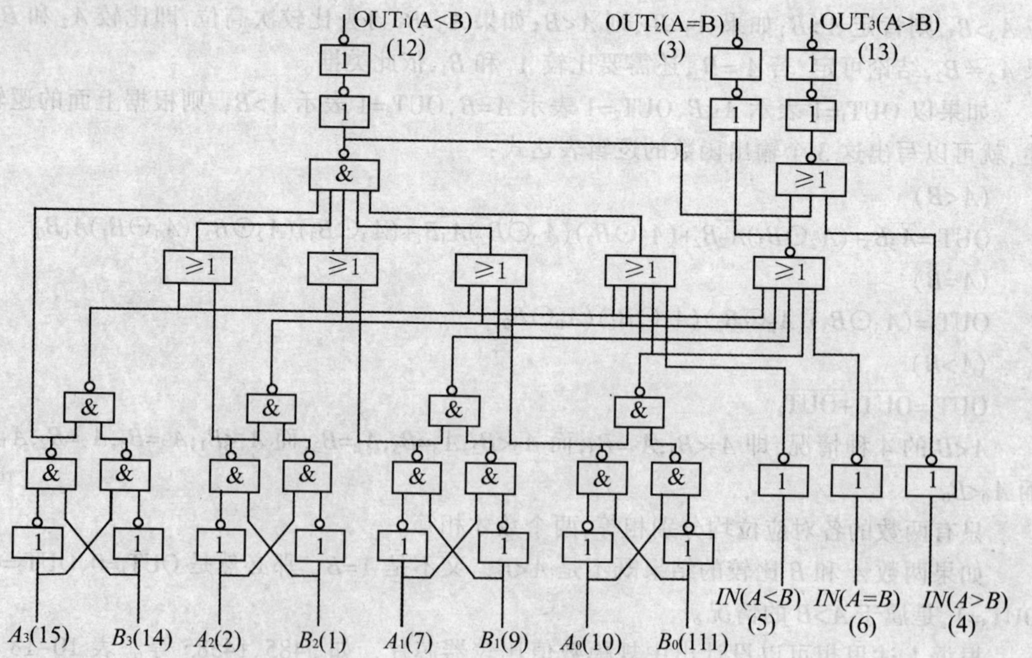

图 10-36 4 位数值比较器 14585 的逻辑图

(2)14585 的使用方法

① 如果只比较两个 4 位数时，可将 $IN(A<B)$ 接低电平，将 $IN(A>B)$、$IN(A=B)$ 接高电平。

② 如果为两个 4 位以上、8 位以下(含 8 位)的数进行比较，可将低位片(1#)$IN(A<B)$ 接 0，$IN(A=B)$、$IN(A>B)$ 接 1，并令高位片(2#)的 $IN(A>B)$ 为 1，由低位片子输出端 OUT$(A<B)$ 控制高位的 $IN(A<B)$ 端，由低位片子输出端 OUT$(A=B)$ 控制高位的 $IN(A=B)$ 端，即可在高位片子的 3 个输出端得到正确结果。读者可假定 $D_7D_6D_5D_4D_3D_2D_1D_0$ 和 $D'_7D'_6D'_5D'_4D'_3D'_2D'_1D'_0$ 这两个数值的各种情况，通过表10–18 和图 10–36 进行分析。两片级联接线如图 10–37 所示。

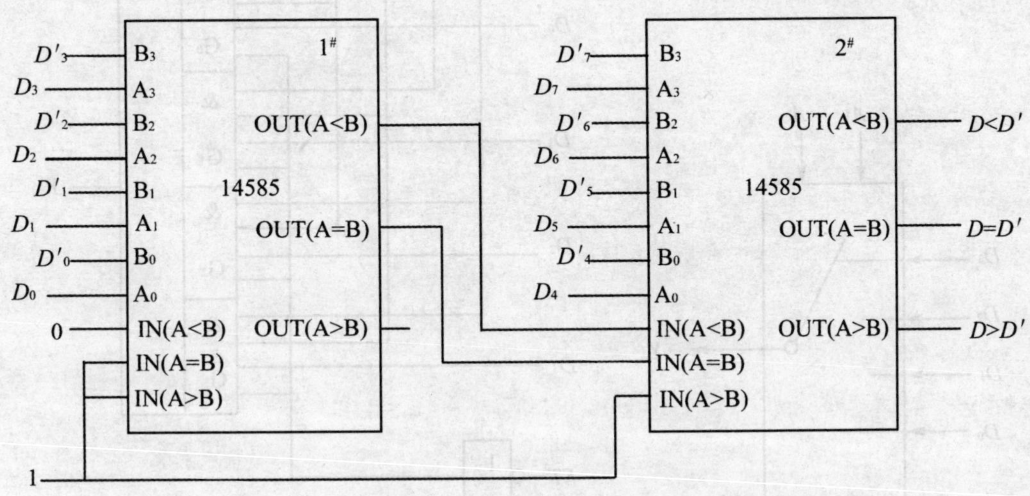

图 10–37 用两片 4 位数值比较器组成 8 位数值比较器

10.7 数据选择器和数据分配器

10.7.1 数据选择器

所谓数据选择器，就是根据地址控制信号，从多个数据输入通道中选择其中的某一通道的数据传送至输出端。它的基本功能相当于一个单刀多掷开关，如图 10–38 所示。通过开关的转换，选择输入信号 D_0~D_3 中某一个数据信号传送至输出端。数据选择器芯片种类很多，常用的有 2 选 1，如 74LS158；4 选 1，如 74LS153；8 选 1，如 74LS151；16 选 1，如 74LS150 等。

(1)4 选 1 数据选择器

图 10–39 所示是一个 4 选 1 数据选择器原理。地址控制输入 A_0,A_1 通过二—四线译码器的 4 个输出端控制 4 个数据输入 D_0~D_3 中的某个数据输出。例如当 A_1A=00 时，门 G_0 打

开,数据 D_0 输出,即 $Y=D_0$;当 A_1A_0=01 时,G_1 打开,$Y=D_1$;依此类推。

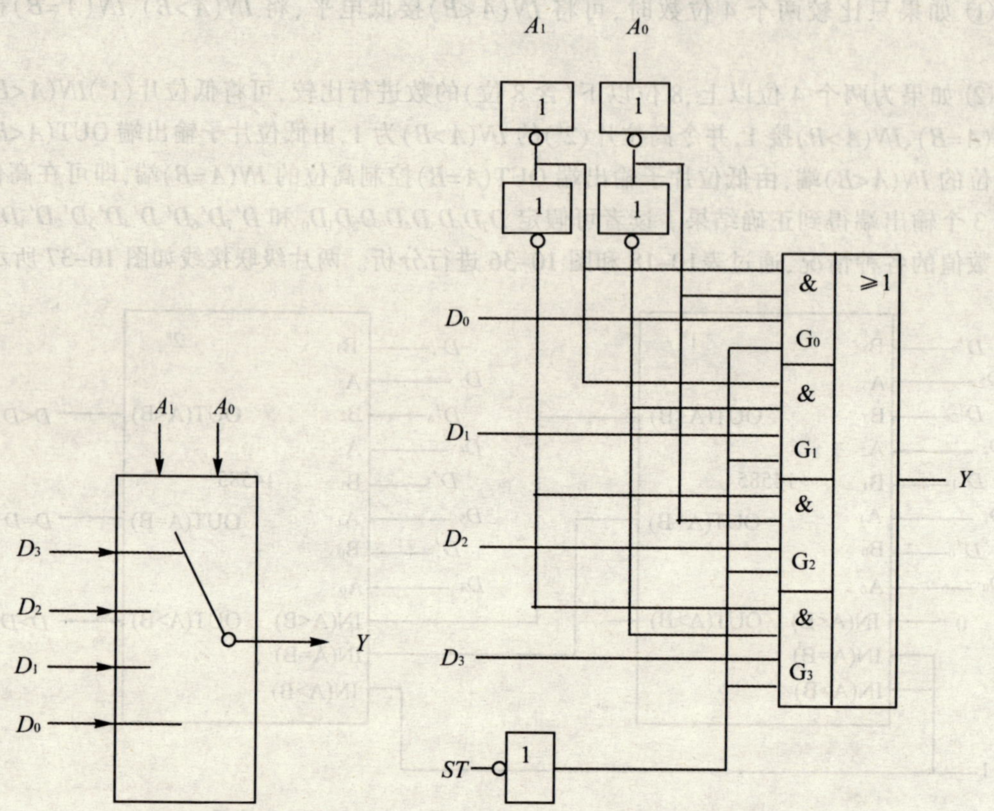

图 10-38 选择器原理示意图　　图 10-39 4 选 1 数据选择器原理图

(2)8 选 1 数据选择器 74LS151 简介

图 10-40 为中规模集成电路 8 选 1 数据选择器逻辑符号。

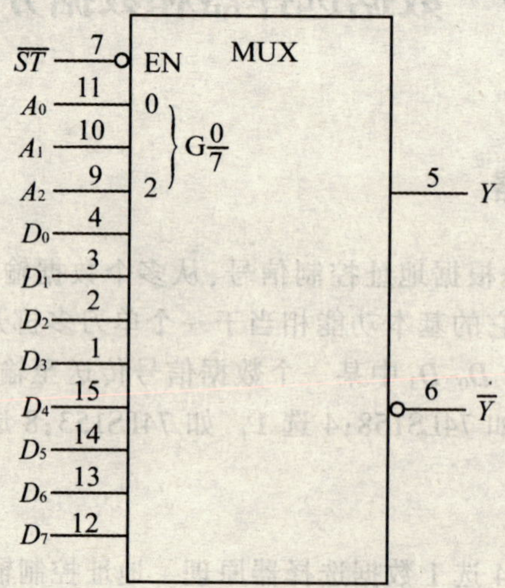

图 10-40 74LS151 8 选 1 数据选择器逻辑符号

D_0~D_7为数据输入端，A_0~A_2为地址输入控制端，$\overline{ST}$为使能端，Y、$\overline{Y}$为两个互补输出端，其真值表如表10-19所示。

表10-19 8选1数据选择器74LS151的真值表

使能端	地址输入			输出	
$\overline{ST}$	A_2	A_1	A_0	Y	$\overline{Y}$
1	×	×	×	0	1
0	0	0	0	D_0	$\overline{D}_0$
0	0	0	1	D_1	$\overline{D}_1$
0	0	1	0	D_2	$\overline{D}_2$
0	0	1	1	D_3	$\overline{D}_3$
0	1	0	0	D_4	$\overline{D}_4$
0	1	0	1	D_5	$\overline{D}_5$
0	1	1	0	D_6	$\overline{D}_6$
0	1	1	1	D_7	$\overline{D}_7$

当$\overline{ST}$=1时，Y=0，选择器不工作(禁止态)。

当$\overline{ST}$=0时，选择器正常工作，其输出逻辑表达式为：

$$Y=(\overline{A_2 A_1 A_0})\cdot D_0+(\overline{A_2 A_1}A_0)\cdot D_1+(\overline{A_2}A_1\overline{A_0})\cdot D_2+(\overline{A_2}A_1 A_0)\cdot D_3+(A_2\overline{A_1 A_0})\cdot D_4+(A_2\overline{A_1}A_0)\cdot D_5+(A_2 A_1\overline{A_0})\cdot D_6+(A_2 A_1 A_0)\cdot D_7$$

$$=\sum_{i=0}^{7}(m_i\cdot D_i)$$

$$=\sum_{i=0}^{2^n-1}(m_i\cdot D_i)$$

(3)数据选择器的应用

① 数据传输

多位数据并行输入转换成串行输出。

如图10-41所示，8选1数据选择74LS151，有8位并行输入数据D_0~D_7，当地址输入A_2~A_0的二进制数码依次由000递增至111，即其最小项由m_0逐次变到m_7时，8个通道的并行数据便依次传到输出端，转换成串行数据。

② 序列码发生器

如图10-42所示，在数据选择器的数据输入端按照需要的序列码10110011的顺序置上高低电平，地址输入A_2~A_0重复000~111，则序列码10110011可连续不断重复产生。

③ 数据选择器通道的扩展

通道扩展方法有多种，现介绍其中的一种，即采用“树”结构扩展通道。

例如，用4选1数据选择器扩展成16选1数据选择器，要用5个4选1选择器二级“树”结构构成16选1数据选择器。其中4个完成16个数据端的分组输入，其输出为Y_0、Y_1、Y_2、Y_3作为第5个“4选1”的数据输入，如图10-43所示(可用3片74LS153双4选1选择器构成)。

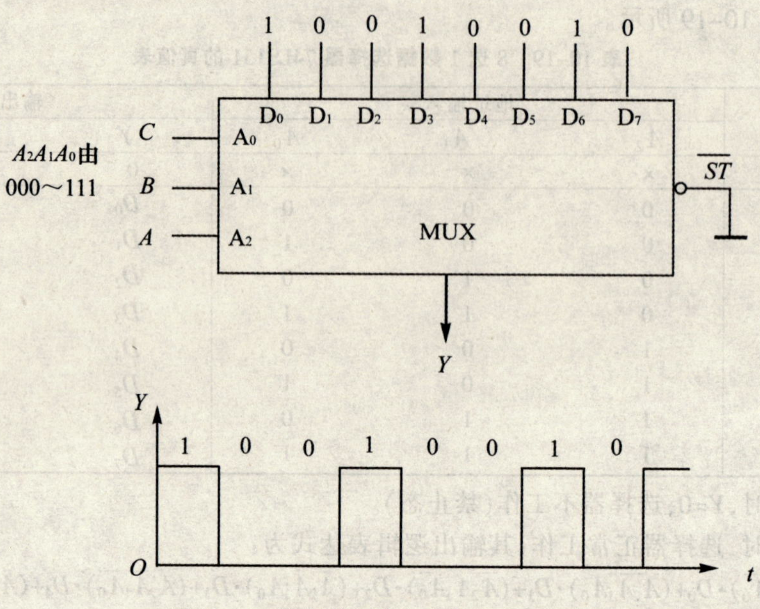

图 10-41 数据并行输入转换为串行输出

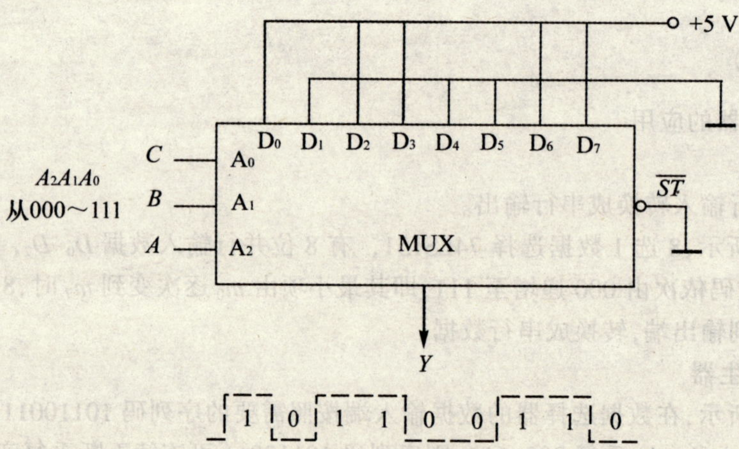

图 10-42 序列码发生器

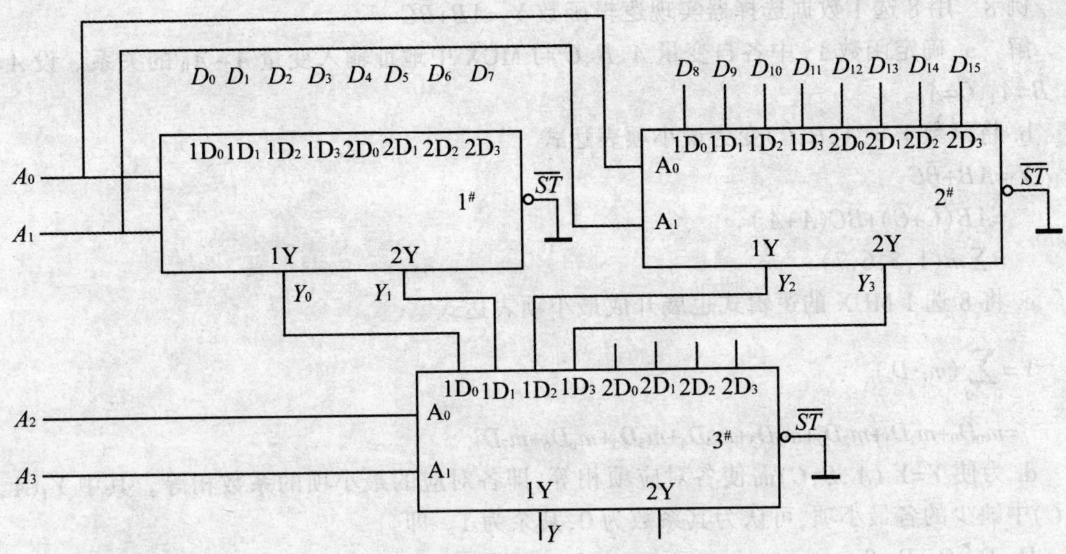

图 10–43 用 4 选 1 二层结构组成 16 选 1 电路连线路

由逻辑图容易看出：

当 $A_3A_2A_1A_0$=0000~0011 时，因为第二级 A_3A_2=00，所以只有 Y_0 被选通，即 $Y=Y_0$。而 A_1A_0 从 00 到 11 变化时，片(1#)的 $1D_0$~$1D_3$ 先后被 Y_0 选中，即数据 D_0~D_3 继 A_1A_0 的变化由 Y 输出。

同理：

当 $A_3A_2A_1A_0$=0100~0111 时，$Y=Y_1$，即输出 D_4~D_7；

当 $A_3A_2A_1A_0$=1000~1011 时，$Y=Y_2$，即输出 D_8~D_{11}；

当 $A_3A_2A_1A_0$=1100~1111 时，$Y=Y_3$，即输出 D_{12}~D_{15}。

可见，当 $A_3A_2A_1A_0$ 从 0000 到 1111 变化时，Y 相应地输出 D_0~D_{15} 中的一个数。所以，该电路具有 16 选 1 数据选择器的功能。

按上述方式扩展，用 5 片 74LS151 可组成 32 选 1(或 4 片 74LS151 和 1 片 74LS153)数据选择器。用 9 片 74LS151 8 选 1 选择器组成 64 选 1 选择器等。

④ 组成函数发生器

从多路选择器的输出表达式 $Y=\sum_{i=0}^{2^n-1}(m_i\cdot D_i)$ 中，我们可以看出它和逻辑函数最小项的与或表达式是一致的。当 D_i=1 时，与之对应的最小项 m_i 将列入原函数中；D_i=0 时，与之对应的最小项则列入反函数中。可见，只要在选择器各数据端 D_i 上加以确定的值，就能在输出端得到某种功能的逻辑函数或其反函数。所以，根据它的最小项表达式借助 MUX 来实现。方法如下：

如果逻辑函数的变量个数与数据选择器地址输入端数目相等，则逻辑函数的全部最小项(包括等于 1 和等于 0 的最小项)和数据选择器的数据输入端的数目一样多，便可直接用数据选择器实现所要实现的逻辑函数。

例 8 用 8 选 1 数据选择器实现逻辑函数 $Y_1=AB+\bar{B}C$

解 a. 确定函数 Y_1 中各自变量 A、B、C 与 MUX 中地址输入变量 A_2~A_0 的关系。设 $A=A_2$、$B=A_1$、$C=A_0$。

b. 将函数 $Y_1=(A,B,C)$ 变为最小项表达式

$$Y_1=AB+\bar{B}C$$
$$=AB(C+\bar{C})+\bar{B}C(A+\bar{A})$$
$$=\sum m(1,5,6,7)$$

c. 将 8 选 1 MUX 的逻辑式也展开成最小项表达式

$$Y=\sum_{i=0}^{7}(m_i\cdot D_i)$$
$$=m_0D_0+m_1D_1+m_2D_2+m_3D_3+m_4D_4+m_5D_5+m_6D_6+m_7D_7$$

d. 为使 $Y=Y_1(A,B,C)$ 需使各对应项相等，即各对应的最小项的系数相等。其中 $Y_1(A,B,C)$ 中缺少的各最小项，可认为其系数为 0，其余为 1。即

$$D_0=D_2=D_3=D_4=0$$
$$D_1=D_5=D_6=D_7=1$$

e. 画出连接图，如图 10-44 所示。

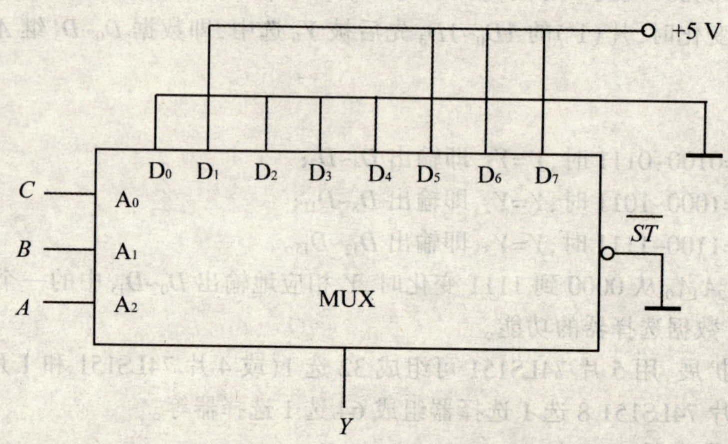

图 10-44 $Y_1=AB+\bar{B}C$ 函数发生器

当逻辑函数的自变量的数目多于数据选择器地址输入端的数目时，应分离出多余的变量，将其余下的变量和地址输入端对应连接，而将分离出来的变量按一定规则接到数据输入端，从数据选择器的输出端便可得到逻辑函数 Y_1。现以 4 选 1 数据选择器实现三变量逻辑函数为例加以说明。

例 9 试用 4 选 1 MUX 产生函数 $Y=A\bar{B}+B\bar{C}+\bar{A}C$

a. 将逻辑函数 $Y_1(A,B,C)$ 中 $A=A_1$，$B=A_0$。

b. 将 $Y_1(A,B,C)$ 变换为最小项表达式，并处理多余变量。

$$Y_1=A\bar{B}+B\bar{C}+\bar{A}C=A\bar{B}(C+\bar{C})+B\bar{C}(A+\bar{A})+\bar{A}C(B+\bar{B})$$
$$=A\bar{B}C+A\bar{B}\bar{C}+AB\bar{C}+\bar{A}B\bar{C}+\bar{A}BC+\bar{A}\bar{B}C$$

$=\bar{A}B(C+\bar{C})+A\bar{B}(C+\bar{C})+AB\cdot\bar{C}+\bar{A}\bar{B}\cdot C$

$=m_0\cdot C+m_1\cdot 1+m_2\cdot 1+m_3\cdot\bar{C}$

c. 将 4 选 1 数据选择器展开成最小项表达式

$Y_1=\bar{A}_1\bar{A}_0\cdot D_0+\bar{A}_1A_0\cdot D_1+A_1\bar{A}_0\cdot D_2+A_1A_0\cdot D_3$

$=m_0D_0+m_1D_1+m_2D_2+m_3D_3$

d. 为使 $Y=Y_1(A,B,C)$需使各对应项相等,即各对应项的最小项的系数相等。可得:

$D_0=C \qquad D_1=1 \qquad D_2=1 \qquad D_3=\bar{C}$

e. 画出逻辑图,如图 10–45 所示。

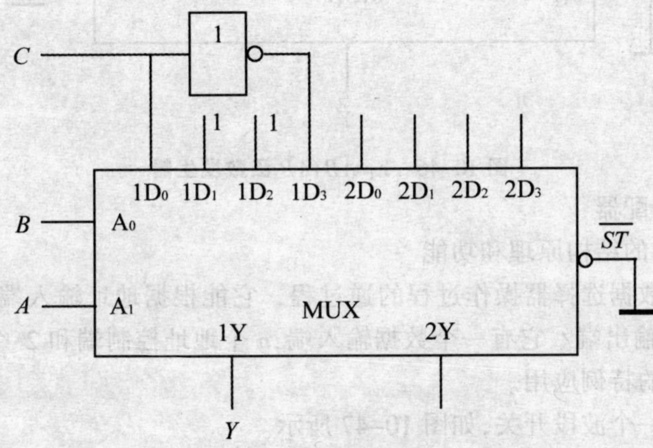

图 10–45 $Y_1=A\bar{B}+B\bar{C}+\bar{A}C$ 函数发生器

当逻辑函数的自变量的数目少于数据选择器地址输入端的数目时，例如函数 $Y_1=\bar{A}B+A\bar{B}$ 而数据选择器有 3 个控制变量,一般将多出的变量端接“0”。

例 10 试用 8 选 1 MUX 产生函数 $Y_1=\bar{A}B+A\bar{B}$

a. 将 8 选 1 MUX 的地址控制端 $A_2=0$,而设函数的变量 $A=A_1,B=A_0$。

b. 将函数变换成 $Y_1(A_2,A,B)$形式

$Y_1=\bar{A}B+A\bar{B}$

$=(\bar{A}B+A\bar{B})(A_2+\bar{A}_2)$

$=A_2\bar{A}B+A_2A\bar{B}+\bar{A}_2\bar{A}B+\bar{A}_2A\bar{B}$

$=\bar{A}_2\bar{A}B+\bar{A}_2A\bar{B} \quad (\because A_2=0,\ \therefore A_2\bar{A}B=A_2A\bar{B}=0)$

$=\bar{A}_2\bar{A}_1A_0+\bar{A}_2A_1\bar{A}_0=m_1+m_2$

c. 8 选 1 MUX 的逻辑式

$$Y=\sum_{i=0}^{7}(m_i\cdot D_i)$$

$=m_0D_0+m_1D_1+m_2D_2+m_3D_3+m_4D_4+m_5D_5+m_6D_6+m_7D_7$

d. 为使 $Y_1(A_2,A,B)=Y$,需使各对应项相等,即各对应的最小项的系数相等。可得:

$D_1=D_2=1$

$D_0=D_3=D_4=D_5=D_6=D_7=0$

e. 画出连接图，如图 10-46 所示。

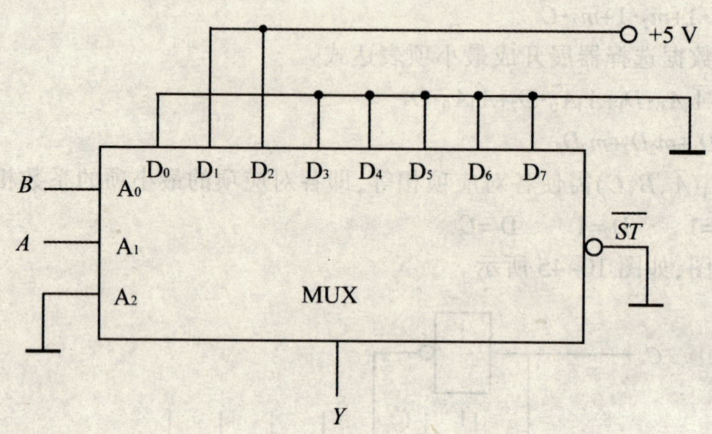

图 10-46 $Y_1=\overline{A}B+A\overline{B}$ 函数发生器

10.7.2 数据分配器

(1)数据分配器的结构原理和功能

数据分配器是数据选择器操作过程的逆过程，它能根据地址输入端信号的不同来控制数据 D 送至指定的输出端。它有一个数据输入端，n 个地址控制端和 2^n 个输出端，故它可看做有使能端译码器的特例应用。

其功能相当于一个波段开关，如图 10-47 所示。

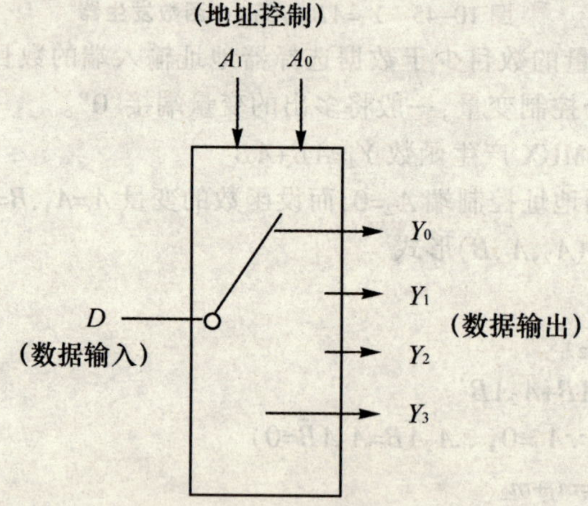

图 10-47 数据分配器原理图

图 10-48(a)是四路数据分配器的逻辑图，D 是数据输入端，A_0、A_1 是地址输入控制端，Y_0~Y_3 是数据输出端。

根据图 10-48(a)可写出各输出端的逻辑函数表达式：

$Y_0=\overline{A}_1\overline{A}_0\cdot D$

$Y_1=\overline{A}_1A_0\cdot D$

$Y_2=A_1\overline{A}_0\cdot D$

$Y_3=A_1A_0\cdot D$

当 A_1A_0=00 时，$Y_0=D$；当 A_1A_0=01 时，$Y_1=D$；依此类推。

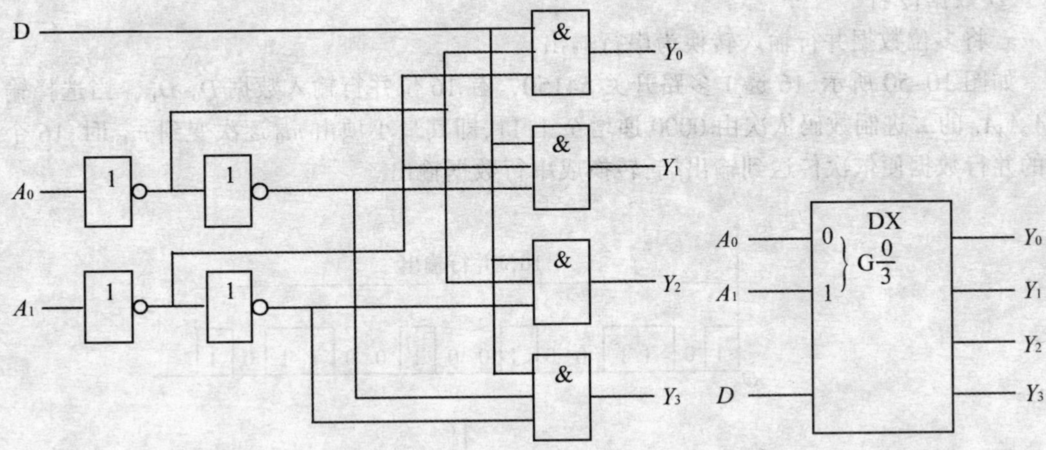

图 10–48 四路分配器的逻辑图

(2)由译码器构成的数据分配器

具有使能端的二进制译码器可以完成数据分配器的功能。例如，将 2 线—4 线译码器 74LS139(1/2)的使能端 $1\overline{ST}$ 作为数据分配器的数据输入端，而公共译码器输入端作为地址控制输入端，$1Y_0$~$1Y_3$ 作为数据输出端，即为一个四路数据分配器，如图 10–49 所示。

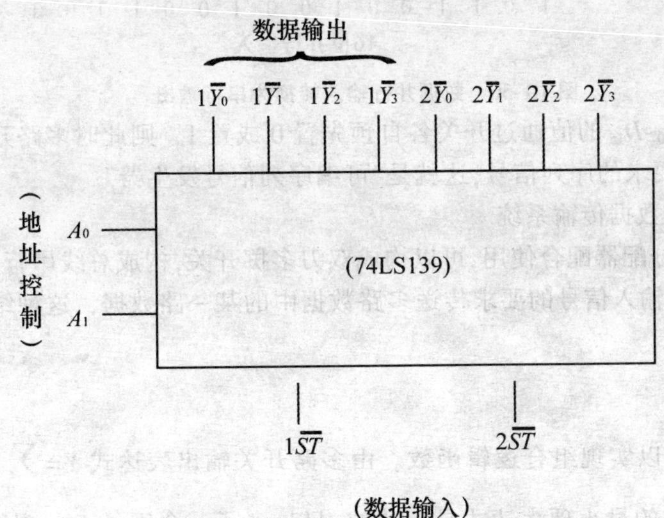

图 10–49 2 线—4 线译码器用做数据分配器

当地址控制端 A_1A_0=00 时，输出端 $1Y_0$ 与输入端 $1\overline{ST}$ 接通，而其他输出端 $1Y_1$、$1Y_2$、$1Y_3$ 不管 $1\overline{ST}$ 取值如何皆为1，相当于不接通。同理，A_1A_0=01，$1\overline{ST}$ 数据接通 $1Y_1$，依此类推，完成数据分配器功能。

(3)典型应用——数据传输系统

数据选择器是一种灵活方便、开发性很强的组合逻辑电路，在数字系统中应用比较广泛。下面分别介绍其他典型应用。

① 数据传输

a. 将多位数据并行输入转换为串行输出

如图 10–50 所示，16 选 1 多路开关 54150，有 16 位并行输入数据 D_0~D_{15}，当选择输入 $A_3A_2A_1A_0$ 的二进制数码依次由 0000 递增至 1111，即其最小项由 m_0 逐次变到 m_{15} 时，16 个通道的并行数据便依次传送到输出端，转换成串行数据输出。

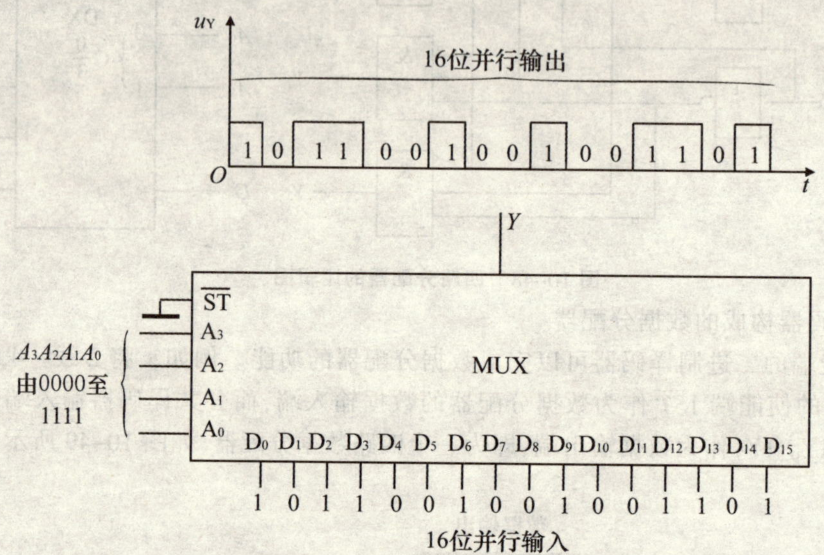

图 10–50 数据并行输入转换为串行输出

如果并行数据 D_0~D_{15} 的值通过开关各自预先置 0 或置 1，则此时多路开关在选择输入的控制下，将输出所要求的序列信号，这就是“可编序列信号发生器”。

b. 构成总线串行数据传输系统

将 MUX 与数据分配器配合使用，可以构成双刀多掷开关，构成总线串行数据传输系统，实现一路总线按地址输入信号的要求传送多路数据中的某一路数据，这种结构也称为总线开关，如图 10–51 所示。

② 函数发生器

用数据选择器可以实现组合逻辑函数。由多路开关输出表达式 $Y=\sum_{i=0}^{2^n-1}(m_i\cdot D_i)$ 可知，它基本上与逻辑函数的最小项表达式是一致的，只是多了一个因子 D_i。现在如果令 D_i=1，则与之对应的最小项 m_i 将包含在的函数中，如令 D_i=0，则与之对应的最小项将包含在 Y 的反函数中。所以，对于一个组合函数，可以根据它的最小项表达式借助于 MUX 来实现它。方法如下：

a. 将给定函数化为最小项与或表达式。

b. 以最小项因子作 MUX 的地址输入端，并由此确定 MUX 的规模。地址输入端个数应与函数自变量数相等。

c. 将与或函数式中已存在的最小项 m_i 相对应的数据输入端 D_i 赋值为 1，将与或函数式中不存在的最小项相对应的数据输入端赋值为 0。

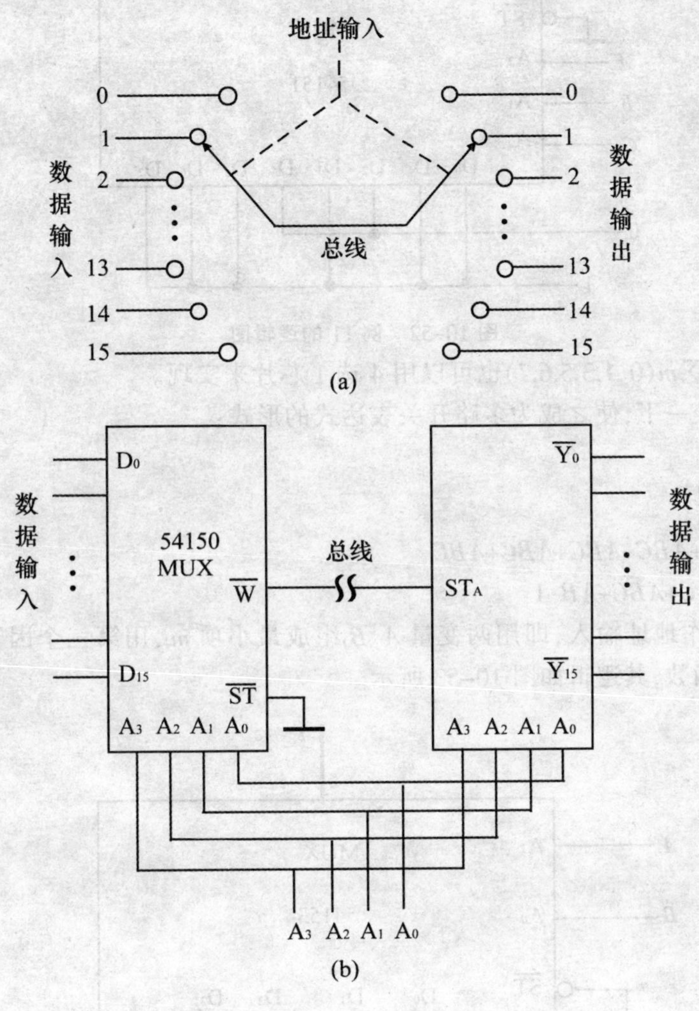

图 10-51 MUX 与译码器配合作总线开关

例 11 用 MUX 实现函数 $Y=C+\bar{A}\bar{B}+AB+A\bar{B}C$

解 首先将函数写为最小项与或表达式

$Y=C+(A+\bar{A})(B+\bar{B})+\bar{A}\bar{B}(C+\bar{C})+AB(C+\bar{C})+A\bar{B}C$

$=ABC+\bar{A}BC+A\bar{B}C+\bar{A}\bar{B}C+\bar{A}\bar{B}\bar{C}+AB\bar{C}$

$=\sum m(0,1,3,5,6,7)$

Y 为三变量函数，MUX 地址输入端为 3 个，所以选定的应是 8 选 1 MUX 芯片，如54151。根据最小项表达式将数据输出端作下列赋值：

$D_0=D_1=D_3=D_5=D_6=D_7=0$

$D_2=D_4=0$

画出逻辑图,如图 10-52 所示。

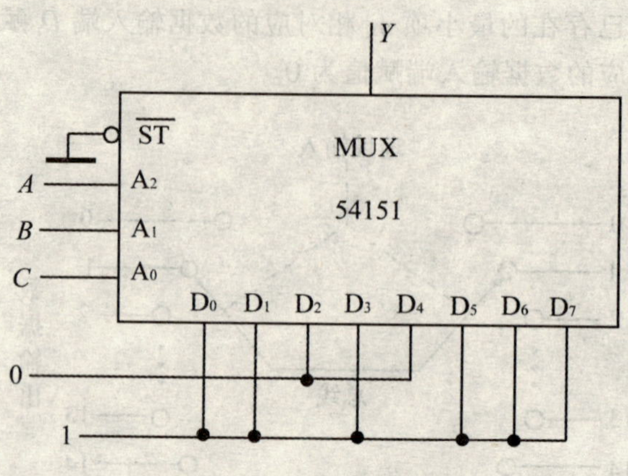

图 10-52 例 11 的逻辑图

本例函数 $Y=\sum m(0,1,3,5,6,7)$ 也可以用 4 选 1 芯片来实现。

把函数式变换一下,使之成为多路开关表达式的形式:

$$Y=\sum_{i=0}^{2^n-1}(m_i\cdot D_i)$$

$$Y=\overline{A}\overline{B}\overline{C}+\overline{A}\overline{B}C+\overline{A}BC+A\overline{B}C+AB\overline{C}+ABC$$

$$=\overline{A}\overline{B}\cdot 1+\overline{A}B\cdot C+A\overline{B}C+AB\cdot 1$$

这样用 A、B 作地址输入,即用两变量 A、B 组成最小项 m_i,用第三个因子作 D_i(数据输入),即可实现该函数,其逻辑如图 10-53 所示。

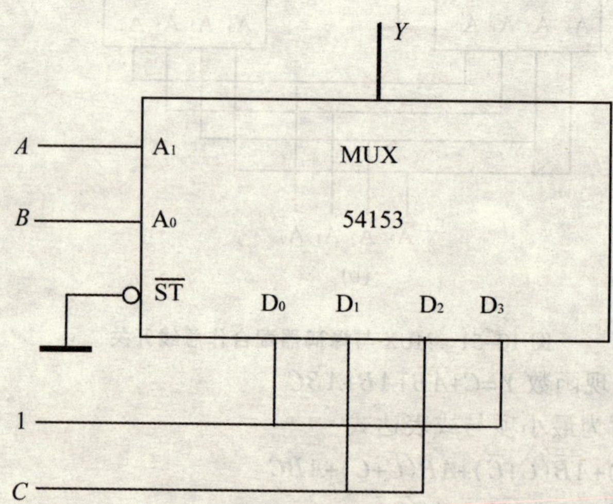

图 10-53 用 4 选 1 MUX 实现例 10 的函数

从 10-53 可知,对于 n 变量函数可以用降元法处理,即以 $n-1$ 个因子作 MUX 的选择输入(地址输入),以剩下的一个因子作数据输入端,数据端的值可以是 0 或 1,也可以是地址以外这个变量的原变量或反变量。这里"降元"是指减少选择输入端的个数,以降低 MUX 的规模。

通过上例还可以看到,在实现单输出逻辑函数时,使用数据选择器是很方便的。如果要产生多输出逻辑函数,则使用译码器并附加门电路较为有利。

随着中、大规模集成电路应用的普及,利用多路开关设计较复杂的组合函数的方法非常重要。

多路选择器数据输入端个数一般不超过16个(16选1),如遇更多路数据的选择,可利用多片级联分级选择的方法来扩展其功能。例如64选1,可用9片8选1 MUX来实现,如图10-54所示。

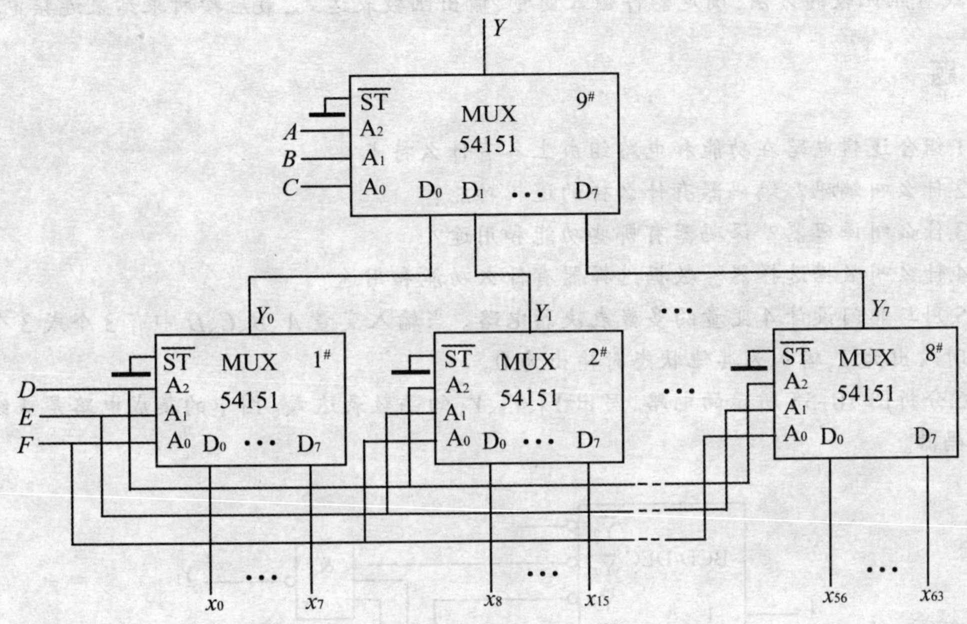

图10-54 用9片8选1 MUX实现64选1的级联

该电路从64路数据中选1路作输出,地址码为6(*ABCDEF*),先由*DEF*同时控制8片8选1 MUX54151的地址输入端$A_2A_1A_0$,同时选出八路数据,将这八路数据Y_0~Y_7送给第九片54151作数据输入。用*ABC*控制第九片的地址输入端$A_2A_1A_0$,再从Y_0~Y_7中选一路作为输出数据。这样通过分级选择,就实现了64选1。

本章小结

1.本章研究的组合逻辑电路,从电路结构上看,其特点是由若干逻辑门组成的,而在逻辑上的特点是任何时刻输出信号仅仅决定于该时刻的输入信号,与电路原来的状态无关。

2.学习本章的目的,在于通过对常用逻辑部件的研究,掌握组合电路的特点及分析和设计的基本方法及用中规模集成电路设计组合电路。

3.分析组合电路的目的是确定它的功能,即根据给定的逻辑电路,找出输入和输出信号之间的逻辑关系。在分析的步骤中最关键的一步是逐级写出表达式,然后进行化简。

4.组合逻辑电路设计的任务是根据命题的要求,去设计一个符合要求的最佳逻辑电路,在具体步骤中关键的一步是由实际问题列出真值表,然后写出表达式。若问题比较简单,也可以直接分析输入和输出之间的逻辑规律,直接写出表达式。

5.本章着重介绍了具有特定功能的、常用的一些组合逻辑单元电路,如编码器、全加器、译码器以及比较器、数据选择器和数据分配器等组合电路的工作原理、逻辑功能、特点和集成组件的型号及使用方法。

6.应学会使用MSI设计组合电路的方法,比如用数据选择器设计单输出逻辑函数,而用译码器设计多输出逻辑函数等。根据函数的变量数和功能要求,选择合适的MSI器件,再用表达式对照比较的方法,确定器件输入变量、输出函数表达式,最后按所求结果连接电路。

习 题

1.组合逻辑电路在功能和电路组成上各有什么特点?

2.什么叫编码?编码器有什么样的逻辑功能?

3.什么叫译码器?译码器有哪些功能和用途?

4.什么叫数据选择器?数据选择器有什么功能和用途?

5.用与非门设计4变量的多数表决器电路。当输入变量A、B、C、D中有3个或3个以上为1时输出为1,输入为其他状态时输出为0。

6.分析图10-55所示的电路,写出Y_1、Y_2、Y_3的函数表达式。图中的集成电路是4线—10线译码器。

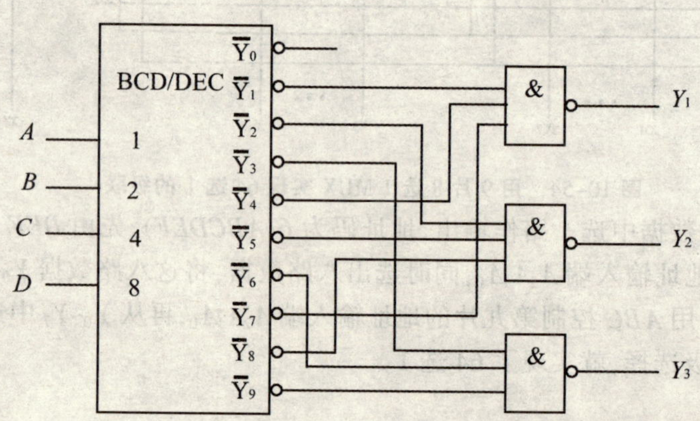

图10-55 习题6图

7. 试用3线—8线译码器74LS138和门电路产生如下多输出逻辑函数(画出接线图,74LS138逻辑图如图10-56所示)。

$$\begin{cases} Y_1=AC \\ Y_2=\overline{A}BC+A\overline{B}C+BC \\ Y_3=\overline{B}C+AB\overline{C} \end{cases}$$

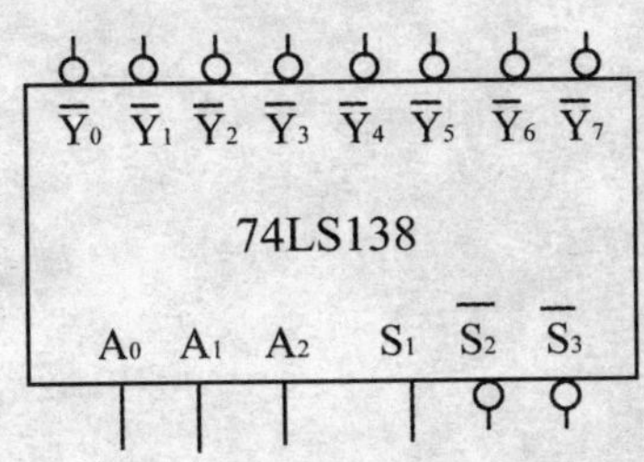

图 10-56 习题 7 图

8.分析图 10-57 电路，写出输出 Z 的逻辑表达式，图中的 74LSl51 是 8 选 1 数据选择器。

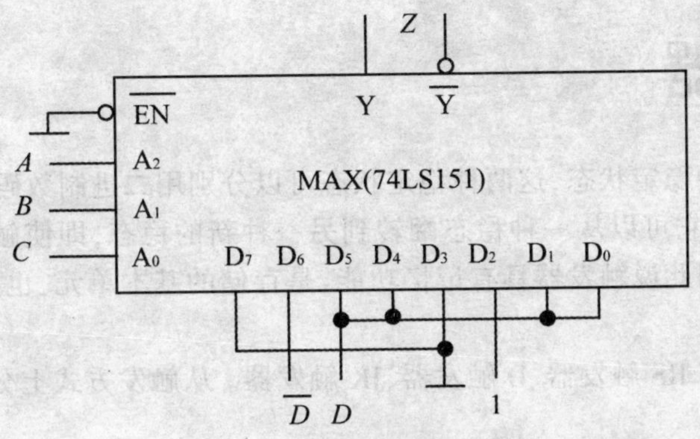

图 10-57 习题 8 图

9.设计用 3 个开关控制一个电灯的逻辑电路，要求改变任何一个开关的状态都控制电灯由亮变灭或由灭变亮。要求用数据选择器来实现。

11 触发器

触发器具有两种稳定状态,这两种稳定状态可以分别用二进制数码 0 和 1 表示。如果外加合适的触发信号,它可以从一种稳态翻转到另一种新的稳态,即使触发信号随即消失,新的稳态仍能保持。因此说触发器具有记忆功能,是存储的基本单元,也是时序逻辑电路的构成基础。

常见的触发器有 RS 触发器、D 触发器、JK 触发器。从触发方式上分有电位触发型、边沿触发型等。

触发器的逻辑功能用真值表、特征方程、工作波形等来描述。

本章主要通过 RS 触发器来说明触发器的工作原理和逻辑功能,对于 D 触发器和 JK 触发器则主要说明其逻辑功能和应用。

11.1 RS 触发器

11.1.1 基本 RS 触发器

(1)电路组成及逻辑符号

将两个与非门的输入端和输出端交叉相连,就组成了基本 RS 触发器,如图 11-1(a)所示。其中 $\overline{S}$ 与 $\overline{R}$ 是它的两个触发信号输入端, 非号表示该端触发信号为低电平时对电路有效,Q 与 $\overline{Q}$ 是两个互补的信号输出端,通常规定触发器 Q 端的状态为触发器的状态。Q=0 与 $\overline{Q}$=1 时,称为触发器处于"0"态;Q=1 与 $\overline{Q}$=0 时,称为触发器处于"1"态。图 11-1(b)是其逻辑符号,逻辑符号上的小圆圈意义同非号。

(2)逻辑功能分析

我们把触发器原来的输出状态,称为现态,用 Q^n 表示;把在输入信号 $\overline{S}$ 与 $\overline{R}$ 作用下触发器的新状态，称为次态，用 Q^{n+1} 表示。

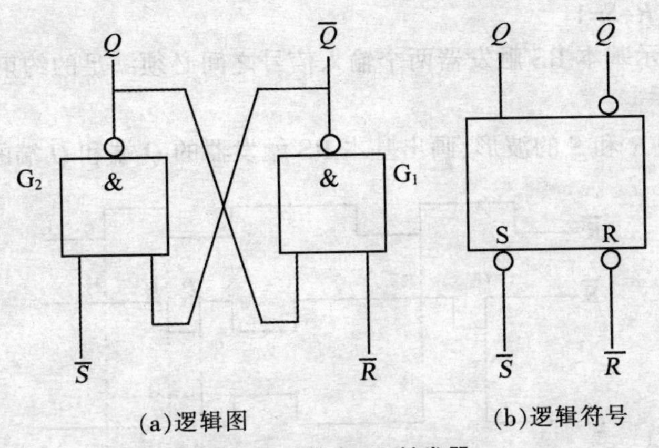

(a)逻辑图　　(b)逻辑符号

图 11-1　基本 RS 触发器

① 状态转换真值表

a. $\overline{S}$=1，$\overline{R}$=1，触发器保持原来的状态不变。

$\overline{S}$=1，$\overline{R}$=1 时，设 Q^n=0，则门 G_1 的输出 $\overline{Q^{n+1}}$=1，于是门 G_2 的两个输入均为 1，使得门 G_2 的输出 Q^{n+1}=0，即触发器保持 0 态不变。如果 Q^n=1，读者可以用同样的方法分析得出触发器保持 1 态不变。可见在 $\overline{S}$=1，$\overline{R}$=1 时 $Q^{n+1}=Q^n$，总是保持原来状态不变，这就是触发器的记忆功能。

b. $\overline{R}$=0，$\overline{S}$=1，触发器为 0 态。

由于 $\overline{R}$=0，门 G_1 的输出为 1，于是门 G_2 的两个输入均为 1，使得门 G_2 的输出为 0。触发器为 0 态，且与原来状态无关。因此把 $\overline{R}$ 端称为置 0 端，又称为复位端。

c. $\overline{R}$=1，$\overline{S}$=0，触发器为 1 态。

由于 $\overline{S}$=0，门 G_2 的输出为 1，于是门 G_1 的两个输入均为 1，使得门 G_1 的输出为 0。触发器为 1 态，且与原来状态无关。因此把 $\overline{S}$ 端称为置 1 端，又称为置位端。

d. $\overline{R}$=0，$\overline{S}$=0，触发器状态不定。

由于 $\overline{R}$=0，$\overline{S}$=0，Q 与 $\overline{Q}$ 同时逼迫为 1，破坏了有关 Q 与 $\overline{Q}$ 互补的约定，是不允许的。而且当 $\overline{R}$ 与 $\overline{S}$ 的低电平触发信号同时消失后，Q 与 $\overline{Q}$ 的状态也是不确定的，这种情况应当避免。

上述触发器的逻辑功能可用真值表 11-1 表示。

表 11-1　基本 RS 触发器逻辑功能表

$\overline{R}$	$\overline{S}$	Q^{n+1}
1	1	Q^n
0	1	0
1	0	1
0	0	不定

② 特征方程

根据基本 RS 触发器逻辑功能表得下列特征方程：

$$\begin{cases} Q^{n+1}=S+\overline{R}Q^{n} \\ \overline{R}+\overline{S}=1 \end{cases} \tag{11-1}$$

其中 $\overline{R}+\overline{S}=1$ 表示基本 RS 触发器两个输入信号之间必须满足的约束条件。

③ 波形图

根据图 11-2 中 $\overline{R}$ 和 $\overline{S}$ 的波形，画出基本 RS 触发器的 Q 端和 $\overline{Q}$ 端的波形。

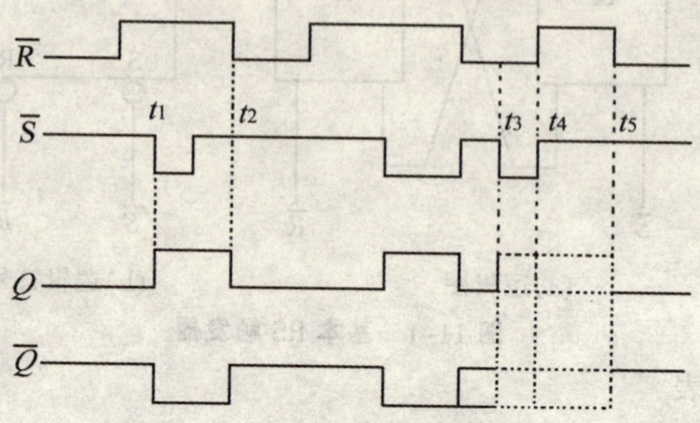

图 11-2 基本 RS 触发器的波形

分析：在 t_1 时刻之前，$\overline{R}$ 和 $\overline{S}$ 均为 1，触发器维持 0 态不变。t_1 时刻之后 $\overline{S}=0$，触发器被置 1。t_2 时刻 $\overline{R}=0$，触发器又被置 0，依此类推。

t_3~t_4 期间，$\overline{R}$ 和 $\overline{S}$ 均为 0，触发器处于不定状态。在 t_4 时刻，$\overline{R}$ 和 $\overline{S}$ 同时由 0 变为 1，触发器的状态可能为 1，也可能为 0，图中用虚线表示这种不定状态。直到 t_5 时刻 $\overline{R}=0$，触发器被置 0。根据以上分析，画出 Q 端和 $\overline{Q}$ 端的波形如图 11-2 所示。

④ 基本特点

优点：电路简单，可以储存 1 位二进制代码，是构成各种性能完善的触发器的基础。缺点：直接控制——信号存在期间直接控制着输出端的状态，输入信号 $\overline{R}$ 与 $\overline{S}$ 之间有约束。

11.1.2 同步 RS 触发器

基本 RS 触发器的状态无法从时间上加以控制，只要有效触发信号出现在输入端，触发器就立即做出相应的状态变化。而在数字系统中，为了便于多个相关触发器同步工作，必须引入同步信号或时钟脉冲信号（常用 CP 表示），这种受过时钟信号控制的触发器称为钟控触发器或同步触发器。同步触发器有同步 RS 触发器和同步 D 触发器等。

(1)同步 RS 触发器电路组成及逻辑符号

在由 G_1、G_2 组成的基本 RS 触发器的基础上增加 G_3、G_4 两个导引控制门，就构成了同步 RS 触发器，如图 11-3(a)所示，图 11-3(b)是其逻辑符号，CP 为时钟脉冲输入端，这种触发器采用正脉冲触发。

(2)逻辑功能分析

① 真值表

由图 11-3(a)可知：

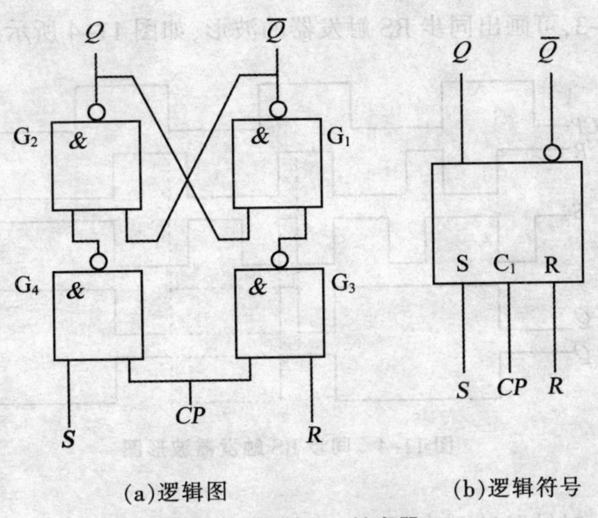

(a)逻辑图 (b)逻辑符号

图 11-3 同步 RS 触发器

当 CP=0 时(不论 R 和 S 端状态如何),门 G_3、G_4 的输出均为 1,使得同步 RS 触发器维持原来状态不变。

当 CP=1 时:

若 R=0,S=0,此时触发器维持原态不变。

若 R=0,S=1,此时门 G_4 的输出为 0,从而使 Q=1,即触发器被置 1。

若 R=1,S=0,此时门 G_3 的输出为 0,从而使 $\overline{Q}$=1,即触发器被置 0。

若 R=1,S=1,触发器输出状态不定,应当避免这种现象的出现。

根据上述分析可得到当 CP=1 时(正脉冲到来时)触发器状态的真值表,如表 11-2 所示。

表 11-2 同步 RS 触发器逻辑功能表

R	S	Q^{n+1}	逻辑功能
0	0	Q^n	保持
0	1	1	置 1
1	0	0	置 0
1	1	×	不定

② 特征方程

根据同步 RS 触发器逻辑功能表得下列特征方程(CP=1 时):

$$\begin{cases} Q^{n+1}=S+\overline{R}Q^n \\ RS=0 \end{cases} \tag{11-2}$$

其中,RS=0 表示同步 RS 触发器两个输入信号之间必须满足的约束条件。

③ 波形图

如图 11-4 中的 R 和 S 的信号波形,设 Q 的初态为 0,当 CP=0 时,不论 R 和 S 如何变化,触发器状态保持不变。只有在 CP=1 的整个期间,R 和 S 的信号变化才能引起触发器状态的改变。根据表 11–3,可画出同步 RS 触发器的波形,如图 11–4 所示。

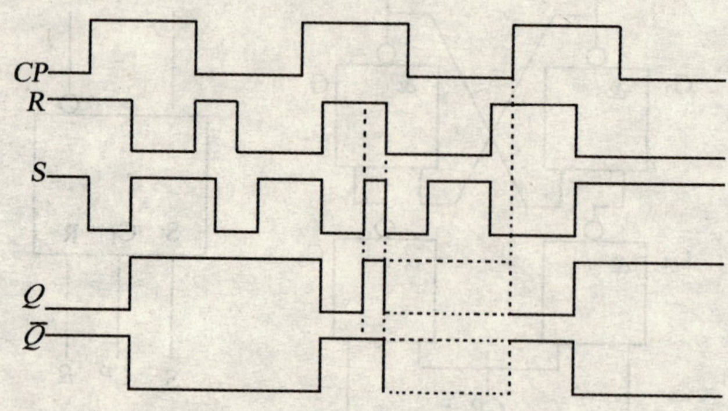

图 11–4 同步 RS 触发器波形图

④ 基本特点

优点:选通控制,时钟脉冲到来即 CP=1 时,触发器接收输入信号,CP=0 时,触发器保持原态。

缺点:CP=1 期间,输入信号仍然直接控制着触发器输出端的状态,R 与 S 之间仍有约束。

综上所述,RS 触发器在信号控制期间,R 和 S 的多次变化会引起触发器做出相应变化,即在同一 CP 期间,触发器发生两次或更多次翻转(称为空翻现象),在某些情况下,空翻现象是不允许的。以上两种触发器的触发方式均是电位触发方式,因此,实用中多数采用边沿触发的 D 触发器和 JK 触发器。

11.2 D 触发器、JK 触发器

边沿触发方式是指在 CP 脉冲的上升沿(0 跳变 1 时刻)或者下降沿(1 跳变 0 时刻)的作用下,触发器的状态根据输入信号作相应的变化,CP 的其他时间里,触发器保持原态不变,此法可解决空翻问题。

11.2.1 D 触发器

(1)逻辑符号及真值表

其逻辑电路不再分析,逻辑符号如图 11–5 所示,真值表见表 11–3。逻辑符号中 $\overline{R_D}$ 和 $\overline{S_D}$ 为直接复位端和置位端,C1 标记处有个“∧”,表示 CP 为脉冲上升沿触发有效,D 为输入端,Q 和 $\overline{Q}$ 是两个互补的输出端。

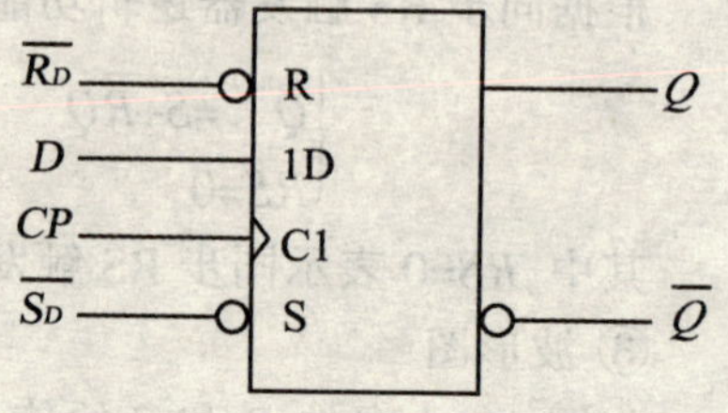

图 11–5 D 触发器逻辑符号

表 11-3 D触发器逻辑功能真值表

$\overline{R_D}$	$\overline{S_D}$	CP	D	Q^{n+1}	逻辑功能
0	1	×	×	0	直接置 0
1	0	×	×	1	直接置 1
1	1	↑	1	1	置 1
1	1	↑	0	0	置 0
1	1	1	D	Q^n	保持
1	1	↓	D	Q^n	保持
1	1	0	D	Q^n	保持

(2)逻辑功能

当 $\overline{R_D}$ 和 $\overline{S_D}$ 均为 1 时，在 CP=1 期间、CP=0 期间以及 CP 的下降沿到来时，触发器均保持原态；在 CP 上升沿到来时，D=1，则触发器置 1；D=0，则触发器置 0。

(3)特征方程

$Q^{n+1}=D$（CP 上升沿到来时有效）

(4)波形图

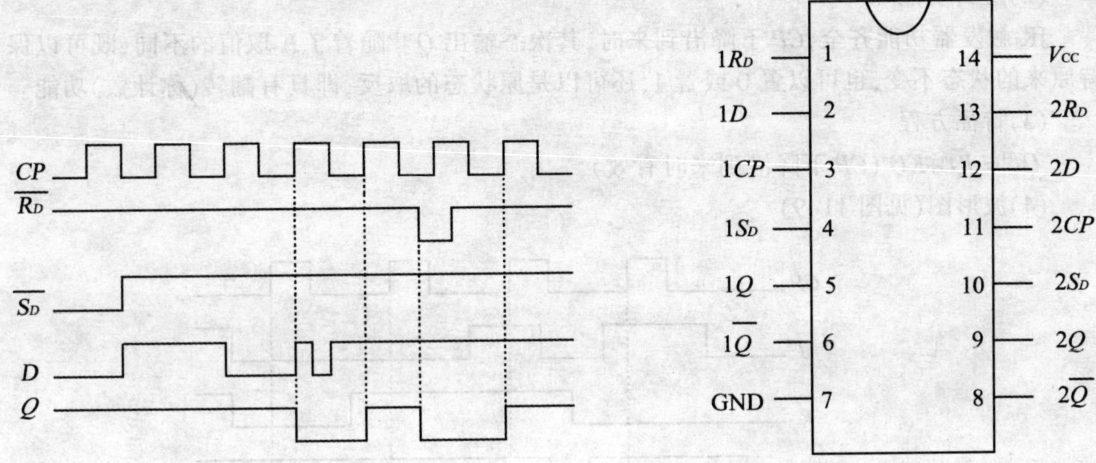

图 11-6 D 触发器的波形图

图 11-7 D 触发器 74HC74 引脚图

说明：

a. $\overline{R_D}$ 和 $\overline{S_D}$ 具有优先权。

b. 对应每个 CP 上升沿触发器状态是否翻转，取决于 CP 上升沿前一时刻的信号。

(5)集成 D 触发器 74HC74

集成 D 触发器 74HC74，一个芯片中集成了两个边沿 D 触发器，图 11-7 是它的引脚图。

11.2.2 JK 触发器

(1)逻辑符号及真值表

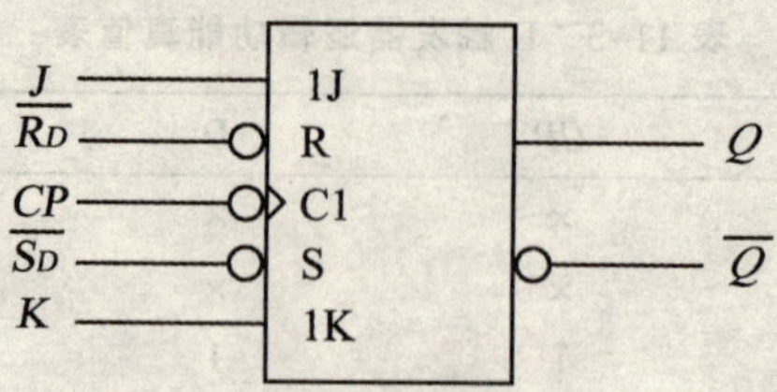

图 11-8 JK 触发器逻辑符号

逻辑符号如图 11-8 所示,真值表见表 11-4。逻辑符号中 C1 标记处既有"∧",其下又有小圆圈,表示 CP 为下降沿触发有效;$\overline{R_D}$ 和 $\overline{S_D}$ 为直接复位端和置位端;J、K 为输入端,Q 和 $\overline{Q}$ 是两个互补的输出端。

表 11-4 JK 触发器逻辑功能表(CP 下降沿到来时)

J	K	Q^{n+1}	逻辑功能
0	0	Q^n	保持
0	1	0	置 0
1	0	1	置 1
1	1	$\overline{Q^n}$	翻转

(2)逻辑功能

JK 触发器功能齐全,CP 下降沿到来时,其次态输出 Q^{n+1} 随着 J、K 取值的不同,既可以保持原来的状态不变,也可以置 0 或置 1,还可以是原状态的取反,即具有翻转(称计数)功能。

(3)特征方程

$Q^{n+1}=J\overline{Q^n}+\overline{K}Q^n$($CP$ 下降沿到来时有效)

(4)波形图(见图 11-9)

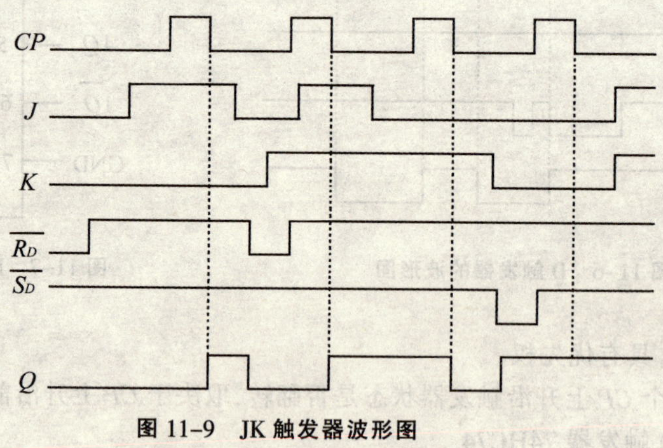

图 11-9 JK 触发器波形图

本章小结

触发器是数字电路中的一种基本逻辑单元,它有 0 和 1 两个状态。从一种稳态转换成另一种稳态不仅取决于输入状态,还与触发器原来状态有关。触发器输入信号去掉后,这个信号对触发器造成的影响却能保留下来，所以称触发器是有记忆功能的单元电路。这点和门电路不同，门电路是一种无记忆功能的单元电路。

在我们所介绍的触发器中，基本RS触发器是构成各种触发器的基础，必须熟练掌握它的电路组成、逻辑功能及其各种表示。同步RS触发器则是在CP脉冲的控制作用下，改善了电路的抗干扰能力，但仍然存在空翻现象和输入约束条件。而以边沿触发为代表的JK触发器和D触发器，不仅解决了空翻问题和输入缺陷，而且电路的功能也很齐全，应用最广泛。在某些场合使用只需一个输入端时，用D触发器则更方便。

触发器的触发方式主要有两种：一种是CP在为高电平期间或低电平期间触发器发生状态的变化，这种触发方式称为“电平触发方式”或“电位触发方式”，同步RS触发器就属于这一种。另一种是触发器的状态变化发生在CP的上升沿或下降沿，称为“边沿触发方式”。在使用触发器时，必须先明确其触发方式。

习　题

1.触发器有哪些特点？

2.触发器与门电路相比有什么区别？

3.在图11-10(a)所示电路中，触发器的初态为0，输入端A,B,CP的信号波形如图11-10(b)所示。试问：

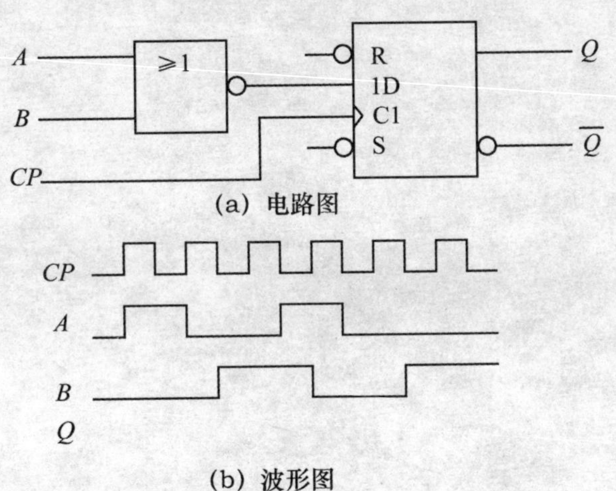

(a) 电路图

(b) 波形图

图11-10　习题3图

(1)在CP作用下，A与B与输出Q的逻辑关系是什么？(真值表)

(2)按所示的A,B,CP的信号波形，作出Q的波形图。

4.若初始状态为Q=1，试根据图11-11所示的CP,R,S端的信号波形，画出同步RS触发器Q的波形。

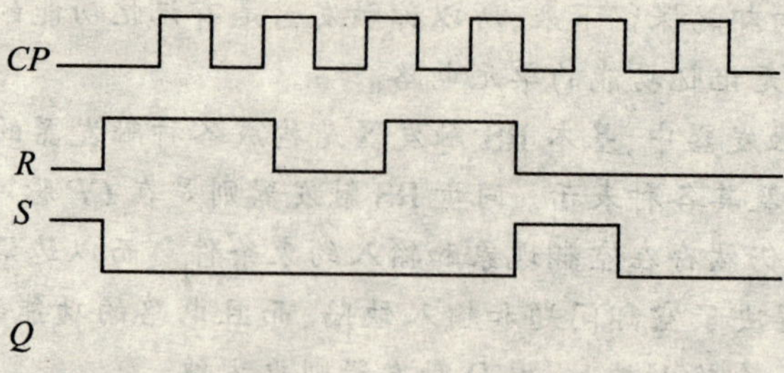

图 11-11 习题 4 图

项目实训

项目任务：

制作四路抢答器。

项目描述：

四路抢答器供4人用的智力竞赛抢答，可以判断抢答优先权。抢答器具有第一信号鉴别和锁定功能，按复位按钮后，开始抢答，抢答成功后，有指示灯显示抢答组别，同时蜂鸣器发出提示音。

电路工作原理：

如图11-12是四路抢答器的逻辑电路图。

U4A、U4B、U4C 3个与非门和R_{P1}、C_1组成时钟脉冲产生电路，由R_{P1}、C_1决定时钟脉冲的频率，再经过由U3A和U3B构成的四分频电路分频，获得一个较为合适的时钟信号从U3B的Q端输出，再经与非门U5A加到U_1(74LS175)的时钟脉冲输入端CLK上。

在任何时候，按复位按钮S_1都使抢答器进入抢答准备状态，此时74LS175被清零，Q_1~Q_4全为0，D_1~D_4都不亮；$\overline{Q}_1$~$\overline{Q}_4$全为1，经U2A，U5B后为高电平，使与非门U5A打开，时钟信号到达U_1(74LS175)的CLK端，做好抢答准备；同时由U5B输出的高电平经U5C变为低电平使S8050截止，蜂鸣器U_7不响。

当抢答按钮S_2、S_3、S_4、S_5中有一个或多个按下时，根据抢答优先权，锁定第一时间抢答的信号，点亮相应指示灯，同时蜂鸣器发声提示抢答成功。此后，U2A输出高电平，U5B输出低电平，从而封锁了与非门U5A，时钟信号不能到达U_1（74LS175）的CLK端，所以U_1(74LS175)的输出状态Q_1、Q_2、Q_3、Q_4保持不变。也就是说锁定了第一抢答者的信号，此后其他抢答按钮失效，直至按下复位按钮S_1。

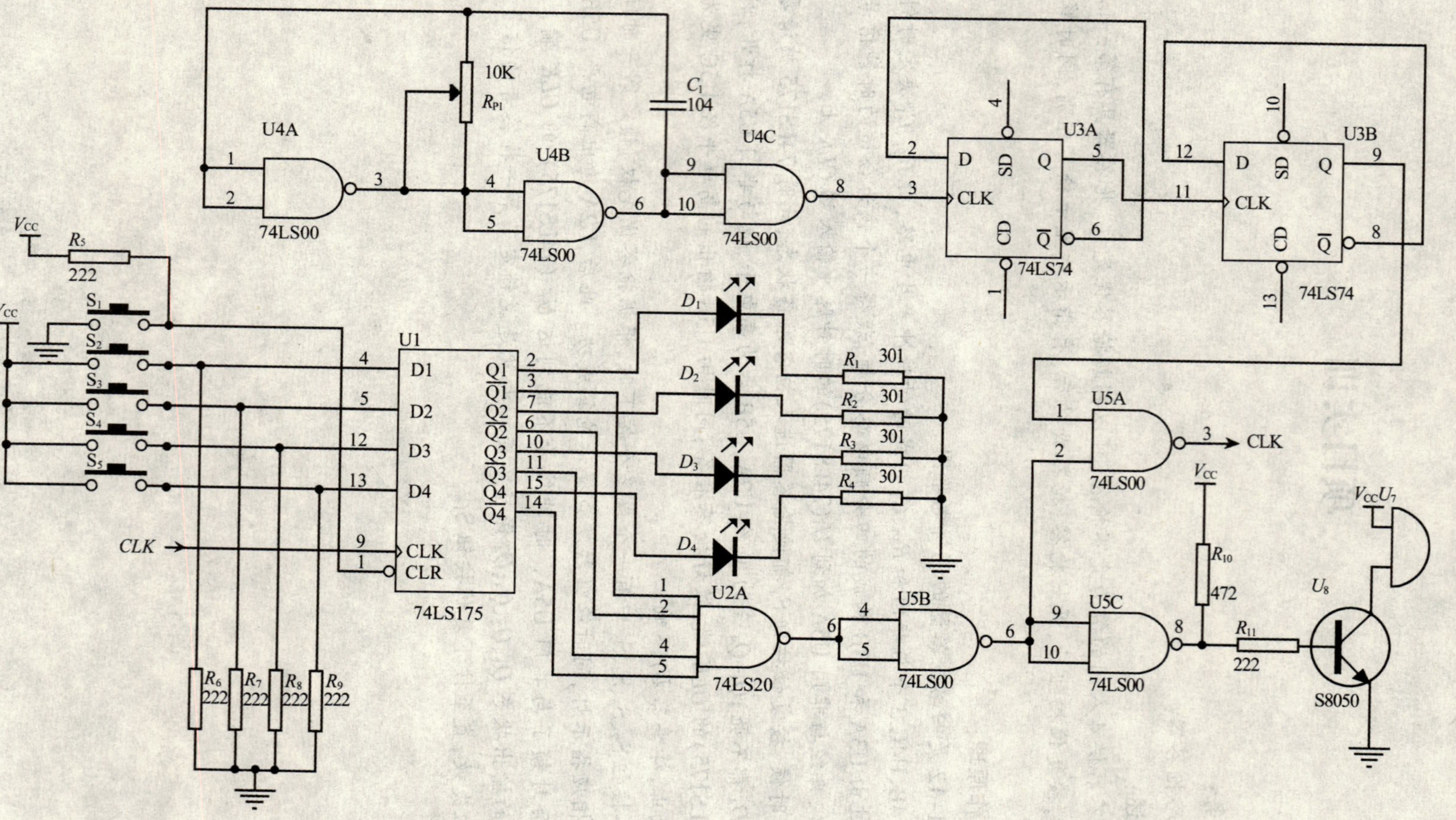

图 11-12 四路抢答器电路图

12 时序逻辑电路

时序逻辑电路的特点是:任意时刻的输出信号不仅取决于该时刻的输入信号,而且与前一时刻的电路状态有关。前述的触发器就是最简单的时序逻辑电路。时序逻辑电路分为同步时序电路和异步时序电路两大类。在同步时序电路中,输出状态的改变在同一时钟脉冲作用下发生的;而异步时序电路不用同一时钟脉冲,或者没有时钟脉冲。本章主要通过寄存器和计数器来阐述时序逻辑电路的特点及功能应用。

12.1 寄存器

在数字系统中常常需要将用二进制代码表示的信息暂时存放起来,等待处理,能够完成暂时存放数据的逻辑部件称为寄存器。一个触发器就是一个能存放一位二进制数码的寄存器。

寄存器是由触发器和门电路组成的,按逻辑功能可分为数码寄存器和移位寄存器两大类。

12.1.1 数码寄存器

数码寄存器又称为代码寄存器,图 12–1 为 4 个边沿 D 触发器构成的代码寄存器,在 CP 上升沿时刻存入数据,直到下一个 CP 上升沿到来之前,保存原输入数据。起到暂时存放数据的目的。这种寄存器结构简单,D 端的抗干扰能力强,可用来作缓冲寄存器。图中接收数据是同时读入和读出的,所以把这种输入、输出方式叫做并行输入、并行输出方式。

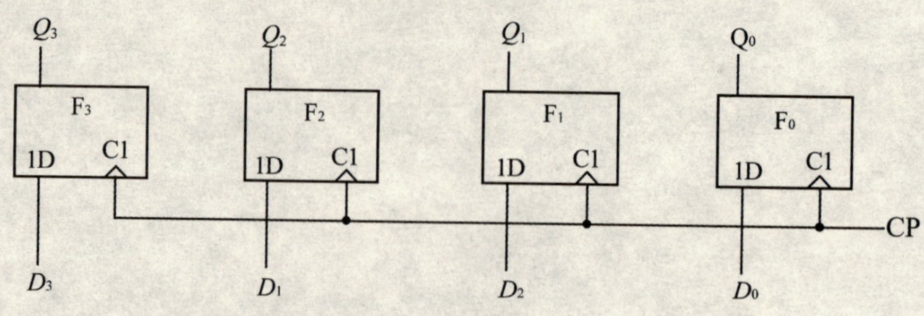

图 12-1 数码寄存器

12.1.2 移位寄存器

既可存放数据，又可使数码逐位左移或右移的寄存器称为移位寄存器。左移、右移的区别只是输入数据的方式不同，即数据输入顺序是从低位到高位还是高位到低位，其余类同。我们以左移寄存器为例进行分析说明。

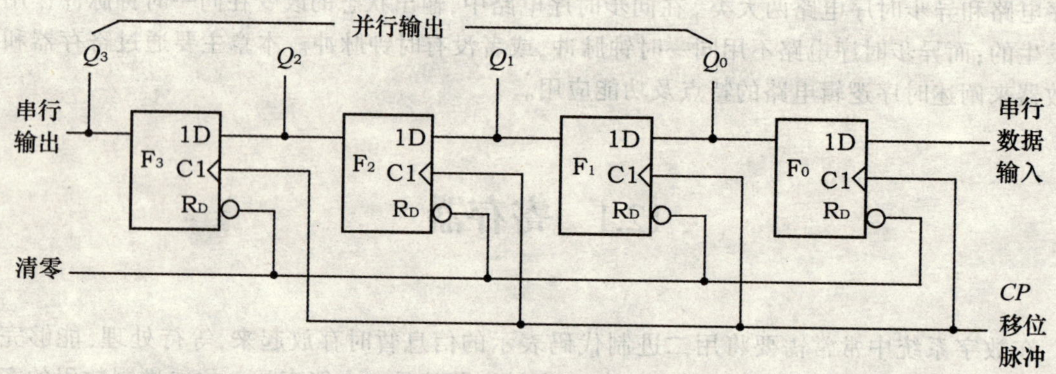

图 12-2 4 位左移移位寄存器

图 12-2 是用边沿 D 触发器构成的 4 位左移移位寄存器。其中，第一个触发器的 D 端为数码串行输入端，其余每个触发器的 D 端与前一个触发器的输出端 Q 相连，即 $D_i=Q_{i-1}$，各触发器的 CP 端连在一起作为移位脉冲输入端。

现以输入 1011 数据为例来说明其工作原理。先清零，$Q_3Q_2Q_1Q_0$=0000。当第一个 CP 上升沿到来时，最高位数码 1 进入 F_0 中，寄存器的状态为 $Q_3Q_2Q_1Q_0$=0001。当第二个 CP 上升沿到来时，次高位数码 0 进入 F_0 中，各级触发器的原来状态都移入左边相邻的触发器中，寄存器的状态为 $Q_3Q_2Q_1Q_0$=0010。依此类推，当第三个 CP 上升沿到来后，寄存器的状态为 $Q_3Q_2Q_1Q_0$=0101。当第四个 CP 上升沿到来后，寄存器的状态为 $Q_3Q_2Q_1Q_0$=1011。这时并行输出端的数码与串行输入数码相对应，完成了将 4 位数码由串行转换为并行的过程。若要得到串行输出信号，可将 Q_3 作为串行输出端，再加入 3 个 CP 脉冲，Q_3 输出为 1011 的串行信号。移位情况见表 12-1。

表 12-1 单向移位寄存器移位情况

移位脉冲序号	触发状态				输入数据
	Q_3	Q_2	Q_1	Q_0	
0	0	0	0	0	1
1	0	0	0	1	0
2	0	0	1	0	1
3	0	1	0	1	1
4	1	0	1	1	0
5	0	1	1	0	0
6	1	1	0	0	0
7	1	0	0	0	0
8	0	0	0	0	0

工作时序图如图 12-3。

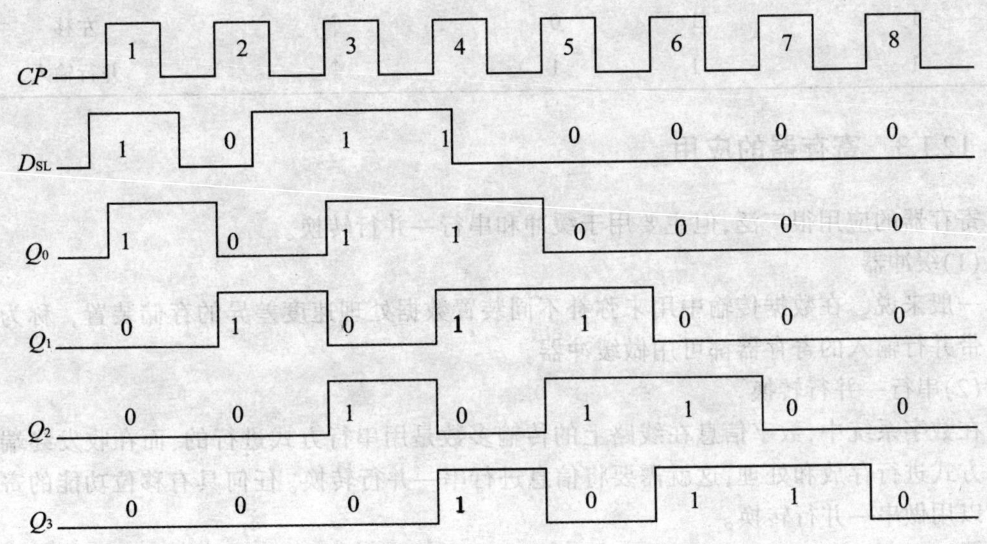

图 12-3 左移移位寄存器（串行输入，串并输出）时序图

在单向移位寄存器的基础上，增加由门电路组成的控制电路，就可以构成既能左移又能右移的双向移位寄存器。集成 4 位双向移位寄存器 74LS194 的外引脚排列图如图 12-4 所示。图中 M_1 与 M_0 为工作方式控制端，它们的组合取值决定着寄存器的不同功能：保持、左移、右移及并行输入。$\overline{CR}$ 是清零端，$\overline{CR}$=0 时，各输出端均为 0。寄存器工作时，$\overline{CR}$ 应为 1。这时工作方式由 M_1M_0 决定：M_1M_0=00 时，寄存器中的数据保持不变；M_1M_0=01 时，寄存器为右移工作方式，D_{SR} 为右移串行输入端；M_1M_0=10 时，寄存器为左移工作方式，D_{SL} 为左移串行输入端；M_1M_0=11 时，寄存器为并行输入方式，即将 D_3~D_0 的数据同时存入寄存器中。Q_3~Q_0 是寄存器的输出端。其逻辑功能见表 12-2。

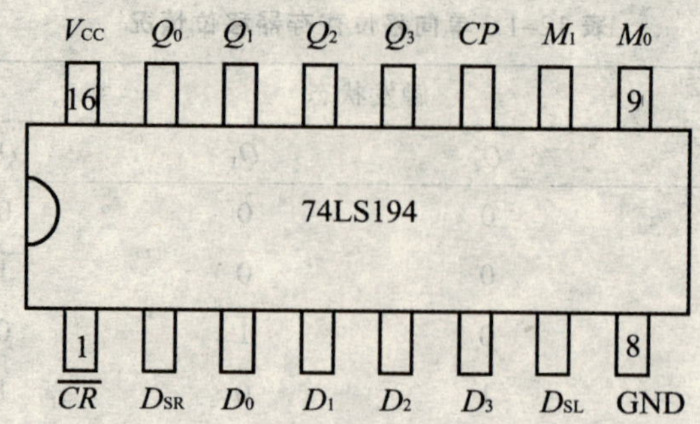

图 12-4 74LS194 外引脚排列图

表 12-2 74LS194 寄存器逻辑功能表

$\overline{CR}$	M_1	M_0	CP	功能
0	×	×	↑	清零
1	0	0	↑	保持
1	0	1	↑	右移
1	1	0	↑	左移
1	1	1	↑	并行输入

12.1.3 寄存器的应用

寄存器的应用很广泛,但主要用于缓冲和串行—并行转换。

(1)缓冲器

一般来说，在数据传输中用来弥补不同装置数据处理速度差异的存储装置，称为缓冲器。带并行输入的寄存器都可用做缓冲器。

(2)串行—并行转换

在数字系统中,数字信息在线路上的传输多数是用串行方式进行的,而在收发终端则以并行方式进行存放和处理,这就需要将信息进行串—并行转换。任何具有移位功能的寄存器都可以用做串—并行转换。

12.2 计数器

计数就是用来统计输入脉冲的个数,实现计数操作的电路称为计数器。计数器应用十分广泛,如数字仪表、电子计算机及工业控制等。除了用于直接计数外,计数器还用做分频、定时等。

按照计数器中各个触发器状态更新情况的不同可分成两大类:一类叫做同步计数器,另一类叫做异步计数器。在同步计数器中，各个触发器都受同一时钟脉冲的控制，因此它们状态的更新是同步的。而在异步计数器中，有的触发器直接受输入计数脉冲的控制，有的则是把其他触发器的输出用做时钟脉冲，因此它们的状态的更新有先有后，是异步的。

按照在计数器中计数增、减情况的不同，又有加法、减法和可逆计数器之分。随着计数脉冲的输入作递增计数的叫加法计数器，进行递减计数的叫减法计数器，而可增可减的则称为可逆计数器。

12.2.1 异步计数器

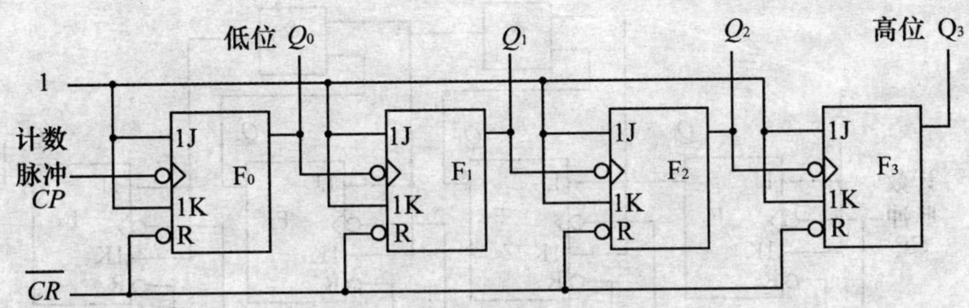

图 12–5 4 位二进制异步加法计数器逻辑图

图 12–5 所示的是由 JK 触发器组成的 4 位二进制异步加法计数器，图中 F_0 的输入是计数脉冲 CP，Q_0 作为 F_1 的 CP，Q_1 作为 F_2 的 CP，Q_2 作为 F_3 的 CP。各级触发器 J、K 均为 1，在 CP 脉冲或低位输出脉冲的下降沿触发下翻转。由于各级触发器所用的不是同一时钟脉冲，故称异步计数器。

设各级触发器的初始状态均为 0。当第 1 个计数脉冲下降沿到来后，Q_0 翻转为 1，此时对于 F_1 而言，其输入时钟是上升沿，不触发，保持原态，Q_1=0；同理分析得 Q_2=0；Q_3=0；$Q_3Q_2Q_1Q_0$=0001。当第 2 个计数脉冲下降沿到来后，Q_0 翻转为 0；F_1 也翻转，Q_1=1；F_2，F_3 不翻转，保持原态，$Q_3Q_2Q_1Q_0$=0010。当第 3 个计数脉冲下降沿到来后，$Q_3Q_2Q_1Q_0$=0011……当第 15 个计数脉冲下降沿到来后，$Q_3Q_2Q_1Q_0$=1111。当第 16 个计数脉冲下降沿到来后，$Q_3Q_2Q_1Q_0$=0000。

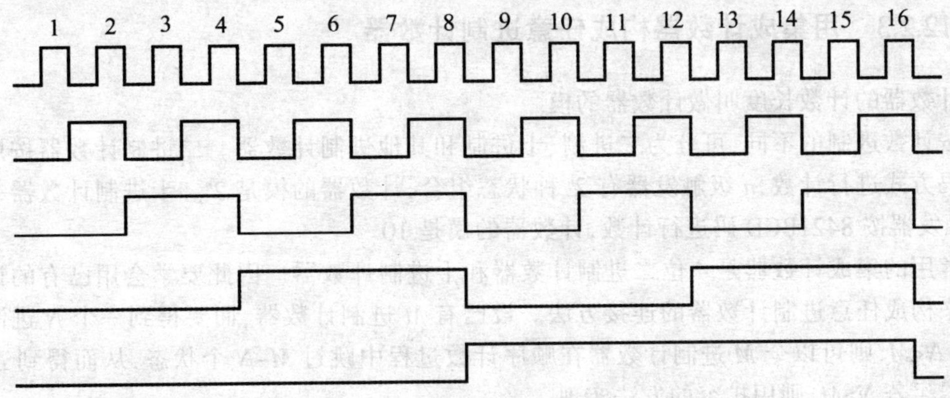

图 12–6 4 位二进制异步加法计数器时序图

图 12-6 所示的是其时序图，从图中可以看出，Q_0 关于 CP 是 2 分频，Q_1 关于 CP 是 4 分频，Q_2 关于 CP 是 8 分频，Q_3 关于 CP 是 16 分频。

12.2.2 同步计数器

图 12-7 所示的是由 JK 触发器组成的 4 位二进制同步加法计数器。图中各级触发器的 CP 端连在一起，同时动作，因此称同步计数器。当 CP 下降沿到来时，各级触发器的状态变化由各自的 JK 端和原状态决定。

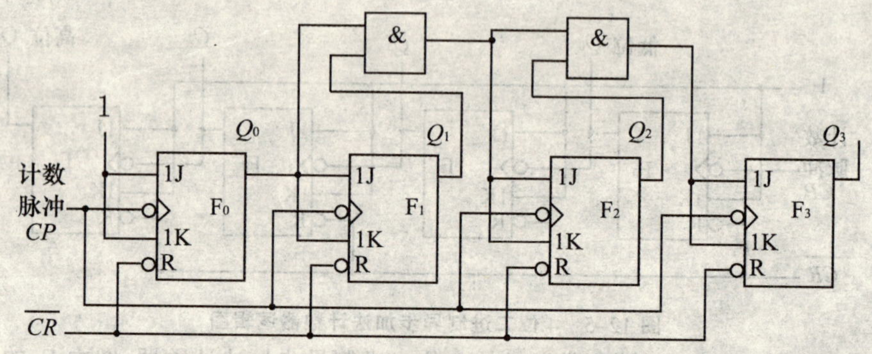

图 12-7 4 位二进制同步加法计数器逻辑图

由图 12-7 可知：各级触发器的 J、K 均连在一起，当 CP 下降沿到来时，J=K=1，触发器翻转；J=K=0，触发器保持原态。因此，F_0 始终处于计数状态，每输入一个计数脉冲，状态就翻转一次。F_1 在 Q_0=1 时处于计数状态，在 Q_0=0 时保持原态。Q_1、Q_0 同时为 1 时，F_2 翻转，否则 F_2 保持原态。只有当 Q_2、Q_1、Q_0 全为 1 时，F_3 才翻转，只要 Q_2、Q_1、Q_0 中有一个为 0，F_3 保持原态。

设计数器的初始状态组合 $Q_3Q_2Q_1Q_0$=0000，根据翻转规律，当第一个计数脉冲下降沿到来后，$Q_3Q_2Q_1Q_0$=0001；再以 0001 为初始状态，当第二个计数脉冲下降沿到来后，$Q_3Q_2Q_1Q_0$=0010……以 1111 为初始状态，当第 16 个计数脉冲下降沿到来后，则新状态为0000。其时序图同图 12-6。由于同步计数器各触发器是同时动作的，所以它比异步计数器速度要快。

12.2.3 用集成计数器构成任意进制计数器

计数器的计数长度叫做计数器的模。

按计数进制的不同，可分为二进制、十进制和其他进制计数器。二进制计数器按照二进制编码方式进行计数，n 级触发器有 2^n 种状态组合，计数器的模是 2^n。十进制计数器一般用 4 级触发器按 8421BCD 码进行计数，计数器的模是 10。

常用的集成计数器是 4 位二进制计数器和十进制计数器，因此要学会用已有的计数器芯片来构成任意进制计数器的连接方法。设已有 M 进制计数器，而要得到一个 N 进制计数器，若 $N<M$，则可以令 M 进制计数器在顺序计数过程中跳过 $M-N$ 个状态，从而得到 N 进制计数器。若 $N>M$，则用扩容的方法实现。

(1)$N<M$ 时，实现的方法有两种

① 清零法

清零法是利用计数器的清零端在计数器计到某个数时产生一个清零信号，使计数器状态回到 0 状态。根据器件是同步清零还是异步清零，在产生清零信号的状态上会不同。

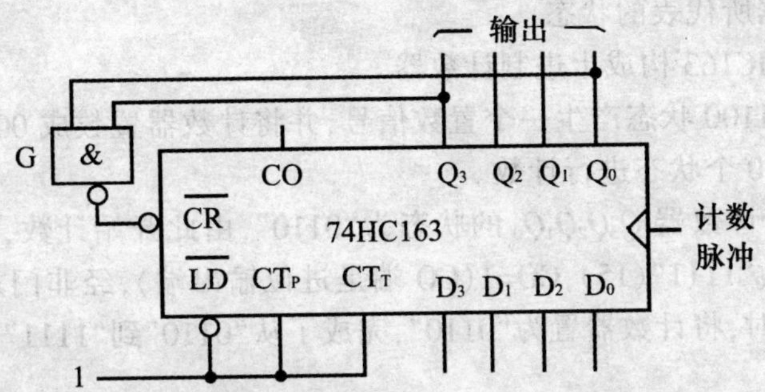

图 12-8　用同步清零法将 74HC163 接成十进制加法计数器

图 12-8 是用同步清零法将 74HC163 接成十进制计数器。

74HC163 芯片是 4 位二进制同步加法计数器。$\overline{CR}$ 是同步清零端，当 $\overline{CR}=0$，CP 上升沿到来时，触发器清零。当 $\overline{CR}=\overline{LD}=CT_T=CT_P=1$ 时，在 CP 脉冲控制下，作二进制加法计数器。D_3~D_0 是 4 位输入，Q_3~Q_0 是 4 位输出。

在图 12-8 上，当计数器从 0000 状态开始计数时，输入第 9 个时钟脉冲上升沿后，出现 1001 状态，使与非门 G 输出“0”，$\overline{CR}=0$。但是，当输入第 10 个时钟脉冲上升沿后，使 Q_3~Q_0 清零，完成一个十进制计数循环。

图 12-9 是用异步清零法将 74HC161 接成十进制计数器。

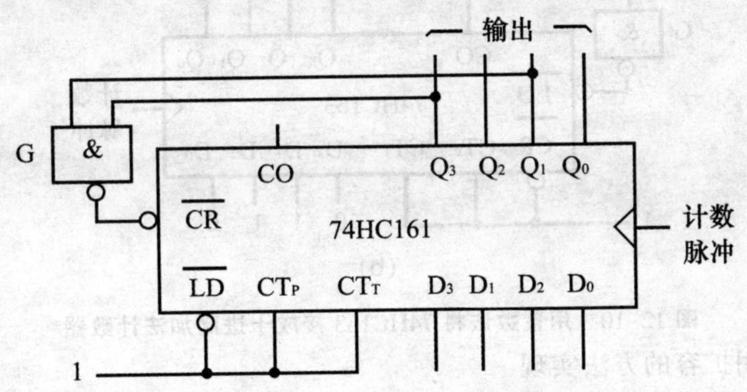

图 12-9　用异步清零法将 74HC161 接成十进制加法计数器

74HC161 芯片是 4 位二进制异步加法计数器。$\overline{CR}$ 是异步清零端，当 $\overline{CR}=0$，CP 上升沿到来时，触发器清零。当 $\overline{CR}=\overline{LD}=CT_T=CT_P=1$ 时，在 CP 脉冲控制下，作二进制加法计数器。D_3~D_0 是 4 位输入，Q_3~Q_0 是 4 位输出。

在图 12-9 上，计数器从 0000 状态开始计数，当输入第 10 个时钟脉冲上升沿后出现 1010 状态，立即产生清零信号，计数状态就会变成 0 状态。这里的 1010 状态是一个过渡状态，只存在短暂的时间。所以，计数器是十进制计数器，而不是十一进制计数器。

通过上述两例可以得出用清零法构成 N 进制的方法为：同步清零用第 N-1 个状态产生

清零信号,异步清零用第 N 个状态产生清零信号。

② 置数法

置数法是利用计数器的置数端在计数器计数到某一状态后产生一个置数信号，使计数的状态转变为输入数据所代表的状态。

如用置数法将 74HC163 构成十进制计数器。

图 12-10(a)是用 1100 状态产生一个置数信号,并将计数器置数成 0011,因此该计数器用了从 0011~1100 这 10 个状态进行计数。

图 12-10(b)中,若计数器 $Q_3Q_2Q_1Q_0$ 的状态为“0110”,由此开始计数,输入 9 个脉冲后,计数器输出为 $Q_3Q_2Q_1Q_0$“1111”(15),CO=1(CO 端是进位输出端),经非门加到 $\overline{LD}$ 的信号为 0,当第 10 个脉冲到来时,将计数器置为“0110”,完成了从“0110”到“1111”10 个数的计数。

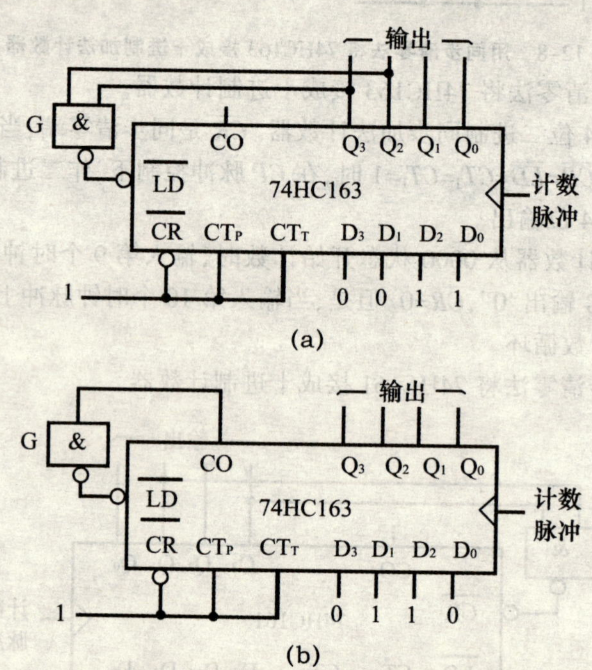

图 12-10 用置数法将 74HC163 接成十进制加法计数器

(2)$N>M$ 时,用扩容的方法实现

当一片计数器的容量不够用时,可以用若干片串联,这时总的计数器模数为各级模数相乘。

如用两片 74LS162A(十进制同步加法计数器)构成六十进制计数器。图 12-11 中,片(1)为模 10 计数器,片(2)为模 6 计数器,片(1)的进位输出 CO 与片(2)的 CT_T 和 CT_P 相连。这样,当 CO=1 时,便可使高位计数器计数;而 CO=0 时,高位计数器状态不变。计到 59 个脉冲后,计数器的状态为:

$$Q_7Q_6Q_5Q_4Q_3Q_2Q_1Q_0= 01011001$$

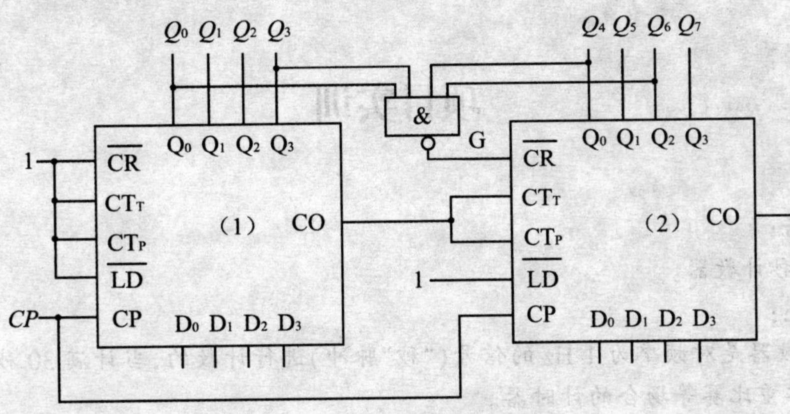

图 12-11　六十进制计数器

与非门输出为 0，使片(2)的 $\overline{CR}$=0。由于 74LS162A 为同步置 0，故当下一个 *CP* 到来时，计数器恢复为全 0。

本章小结

1.时序逻辑电路任意时刻的输出不仅和当时的输入信号有关，还与电路的原状态有关。为了记忆电路原来的状态，时序电路不仅包含逻辑门电路，还包含有记忆功能的触发器，这是时序逻辑电路结构上的特点。

2.本章介绍了常用的时序逻辑电路：寄存器和计数器。寄存器是存放数码的逻辑电路，可分为数码寄存器和移位寄存器。一般寄存器都具有清零、接收、存储和输出的功能。

3.计数器是对 *CP* 脉冲个数的统计，除了构成任意进制的计数器，还可以构成分频器。中规模集成计数器可用清零法、置数法构成任意进制计数器。

习　题

1.时序逻辑电路和组合逻辑电路的主要区别是什么？

2.同步计数器和异步计数器的主要区别是什么？

3.试用 4 个 D 触发器构成 4 位二进制异步加法计数器，画出逻辑图。

4.试用 74HC163 芯片，做一个模为 7 的计数器。

项目实训

项目任务：

制作30秒计数器。

项目描述：

30秒计数器是对频率为1 Hz的信号（“秒”脉冲）进行计数的，当计满30秒时报警。此电路可作为举重比赛等场合的计时器。

电路工作原理：

(1)“秒”脉冲产生电路

电路图如图12–12所示，它把220 V/50 Hz的交流电经变压器T降压为12 V左右的交流电，再经稳压二极管D限幅，施密特触发器74LS14整形后变为幅度合适的50 Hz矩形脉冲信号，输入到两片74LS162的时钟端*CLK*，两片74LS162组成模为50的计数器（分频器），从第二片的Q_3输出频率为1 Hz的矩形波。

(2)30秒计时器

电路如图12–13所示，是用两片74LS162构成的30进制计数器，其后使用74LS248和共阴极数码管构成译码显示电路。

它的工作过程如下：

首先，按下K_2进行电路复位，即74LS04(1)输出的低电平使74LS74和两片74LS162（构成30进制计数器）清零。使CC4075或门封锁，1 Hz时钟脉冲不能加到两片74LS162的时钟脉冲端，74LS162的输出保持原态（全0）。

然后，当按下“开始”按钮K_1时，74LS74的$\overline{Q}$输出为0，开启了CC4075，使频率为1 Hz的矩形波进入两片74LS162的时钟脉冲端，计时器从0开始计数，并通过74LS248的译码，在数码管上对应显示。当计数到第29个脉冲后，74LS10(2)的输出为0，经非门74LS04(2)变为1后反馈到CC4075输入端使CC4075封锁，计数结束，同时使扬声器发声报警。若要进行下一次计时，重复上述过程就可以了。

改变此计时器的反馈信号端，可以构成任意进制的计时器。

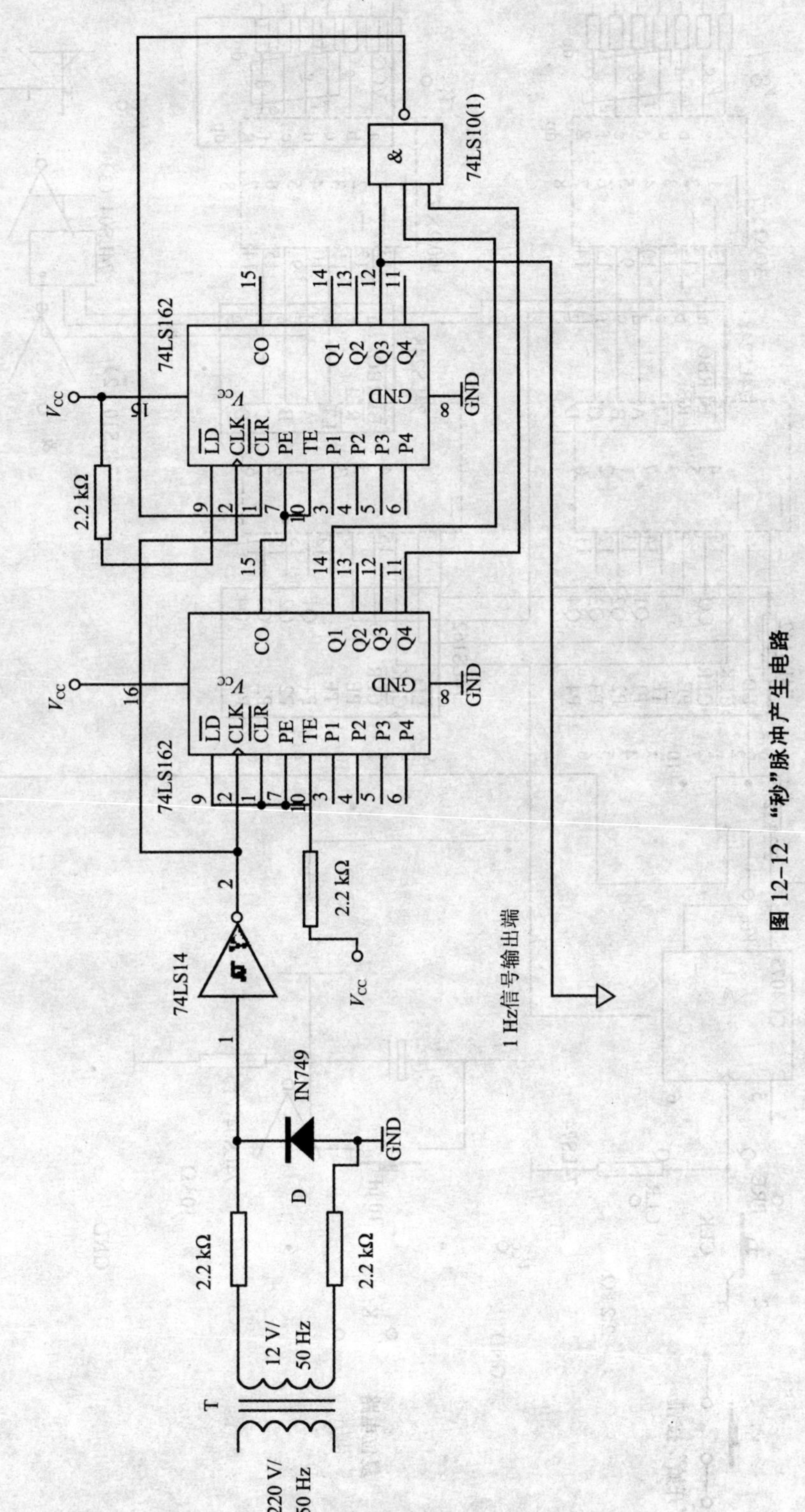

图 12-12 “秒”脉冲产生电路

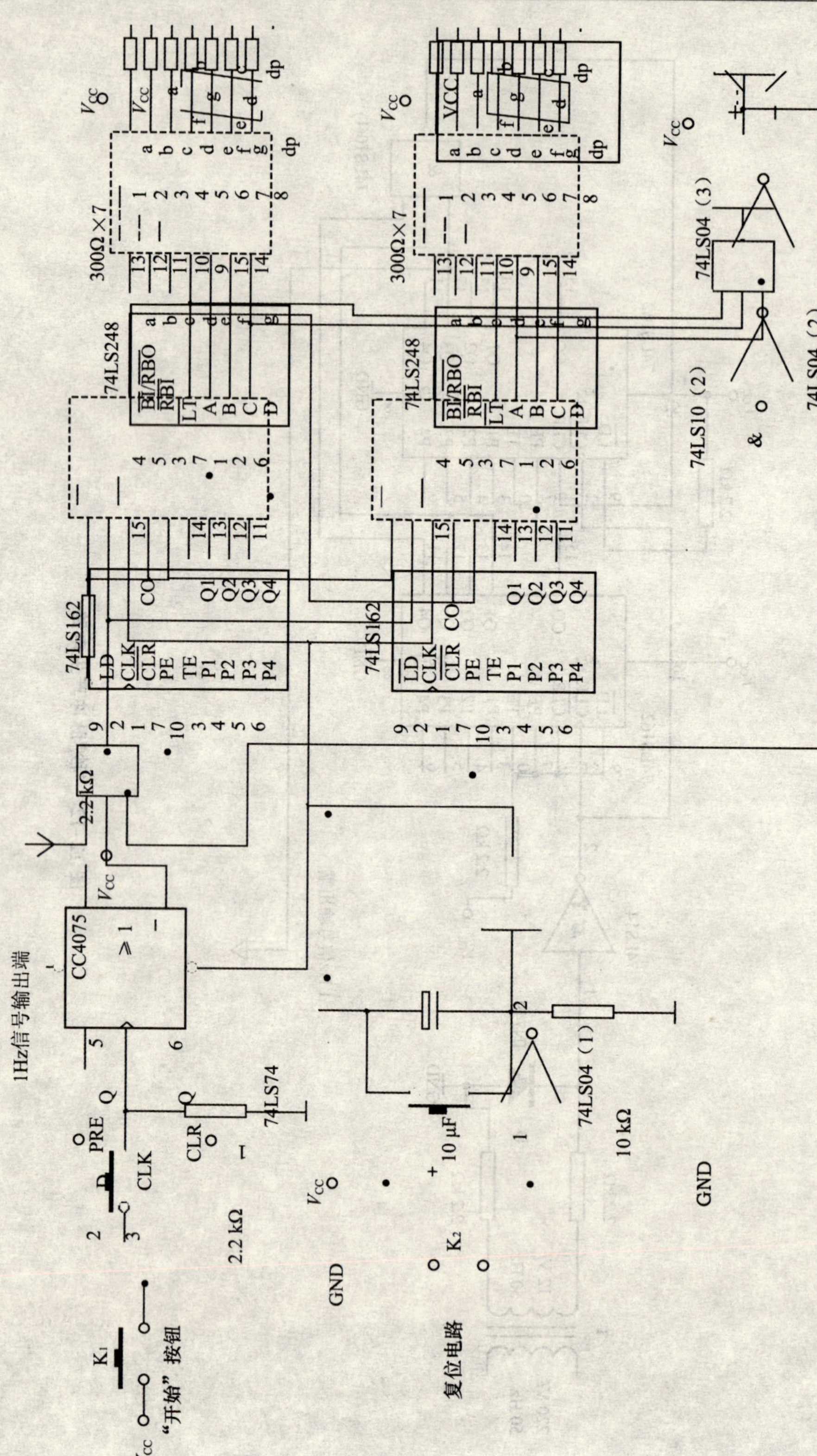

图 12-13 30秒计时器

13 555 定时器

13.1 555 定时器的功能特点

13.1.1 特点

555 定时器是一种数字电路与模拟电路相结合的中规模集成电路。该电路使用灵活、方便，只需外接少量的阻容元件就可以构成多谐振荡器、单稳态触发器和施密特触发器等，因而广泛用于波形的产生与变换、控制与检测、家用电器、电子玩具等许多领域。它是一种时基电路，能在 4.5~18 V 电源下工作，输出电平可与 TTL、CMOS、HTL 逻辑电路兼容，振荡精度与外接元件特性有关，具有 200 mA 的吸收或供出电流，可直接推动扬声器、电感等低电阻负载。

目前生产的定时器有双极型和 CMOS 两种类型，其型号分别有 NE555、5G555、C7555 等多种，它们的结构及工作原理基本相同。通常，双极型定时器具有较大的驱动能力，而 CMOS 定时电路具有低功耗、输入阻抗高等优点。555 定时器工作的电源电压很宽，并可承受较大的负载电流。双极型定时器电源电压范围为 5~16 V，最大负载电流可达 200 mA；CMOS 定时器电源电压为 3~18 V，最大负载电流在 4 mA 以下。

13.1.2 电路结构及电路功能

(1)电路结构

下面以 5G555 定时器为例进行说明，其逻辑图与引线排列图如图 13-1 所示。在图 13-1(a)中，5G555 定时器内部电路一般由电阻分压器、比较器 A 和 B、基本 RS 触发器、放电管 T

及输出缓冲级门电路等几部分组成。引线排列图如图 13-1(b)所示,输入端功能见表 13-1。

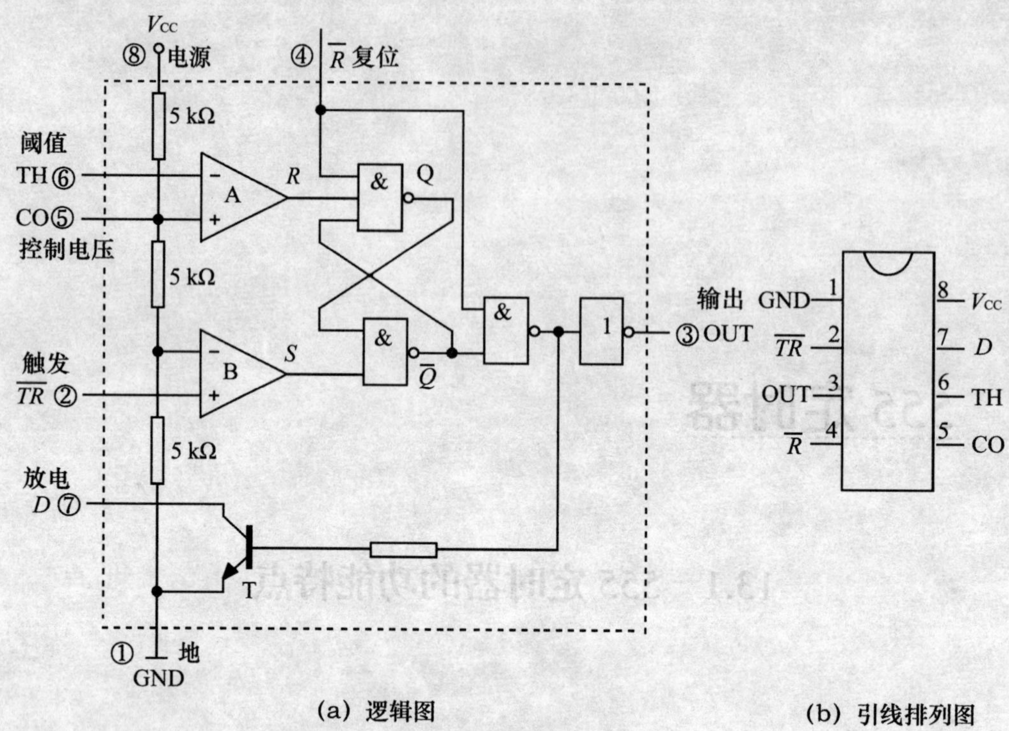

(a) 逻辑图　　　　(b) 引线排列图

图 13-1　5G555 定时器

表13-1　5G555 输入端功能表

比较器	引出脚功能		符号	电压
A	−	阈值	TH	输入电压
	+	控制	CO	$\frac{2}{3}V_{CC}$
B	−			$\frac{1}{3}V_{CC}$
	+	触发	$\overline{TR}$	输入电压

(2)工作原理

定时器的主要功能取决于比较器,若 $V+>V-$,则比较器输出 1;若 $V+<V-$,则比较器输出 0。比较器的输出控制基本 RS 触发器的输出和放电管 T 的状态。

当在复位端 $\overline{R}$ 加低电平时,定时器被置 0。

5G555 定时器在 CO 悬空时的功能表如表 13-2。

可见,随 TH 端与 $\overline{TR}$ 端所接电压的变化,定时器输出 OUT 和放电管 T 分 3 种状态:

① 只要满足 $u_{TR}<\frac{1}{3}V_{CC}$,无论 TH 端接任何电压,都有 OUT=1,T 截止。

② 若 $u_{TR}>\frac{1}{3}V_{CC}$,$u_{TH}<\frac{2}{3}V_{CC}$,则 OUT 与 T 均保持原状态不变。

③ 仅在 $u_{TR}>\frac{1}{3}V_{CC}$,$u_{TH}>\frac{2}{3}V_{CC}$ 时,才能出现 OUT=0,T 导通。

表13-2 5G555 在 CO 端悬空时的功能表

$\overline{R}$	TH	$\overline{TR}$	Q	$\overline{Q}$	OUT	T 的状态
0	×	×	×	×	0	导通
1	$>\frac{2}{3}V_{CC}$	$>\frac{1}{3}V_{CC}$	1	0	0	导通
1	$<\frac{2}{3}V_{CC}$	$>\frac{1}{3}V_{CC}$	原状态		原状态	原状态
1	×	$<\frac{1}{3}V_{CC}$	×	1	1	截止

13.2 555 定时器的应用

13.2.1 单稳态触发器

(1)电路组成

单稳态触发器连接与输入输出波形如图 13-2 所示。在图 13-2(a)中,电压控制端 CO 引脚如果加控制电压,则可以改变比较器的参考电压。如果不用 CO 端,为了防止干扰,通常加 0.01 μF 电容接地。

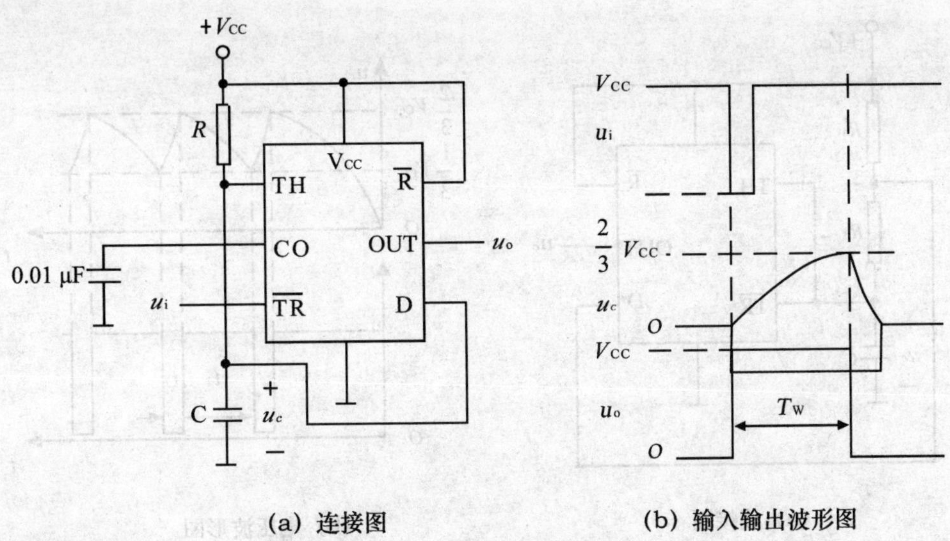

(a) 连接图　　(b) 输入输出波形图

图 13-2 单稳态触发器

(2)工作原理

电源接通后,电源通过 R 给 C 充电,当 u_C 上升到$\frac{2}{3}V_{CC}$时(此时触发信号 u_i 未到来,是高电平),输出 u_o 为低电平,晶体管T导通,使电容 C 放电。此后 $u_C<\frac{2}{3}V_{CC}$,若触发信号仍未到来,即 $u_i>\frac{1}{3}V_{CC}$,则 u_o 保持低电平,电路进入稳定状态。

若触发器输入端输入一个负脉冲,即 $u_i<\frac{1}{3}V_{CC}$ 时,输出 u_o 变为高电平,并使晶体管T截止,电路进入暂稳态。此后,电源又通过 R 向 C 充电,电容电压 u_C 按指数规律上升,当 u_C 上升到$\frac{2}{3}V_{CC}$时,输出 u_o 又变为为低电平,电路恢复至稳定状态。

忽略放电管的饱和压降,则 u_C 从0电平充电至$\frac{2}{3}V_{CC}$的时间,即为 u_o 的输出脉宽 T_W。

$$T_W \approx RC\ln 3 \approx 1.1RC$$

由上式可知:

① 改变 R、C 的值,可改变输出脉冲宽度,从而可以用于定时控制。

② 在 R、C 的值一定时,输出脉冲的幅度和宽度是一定的,利用这一特性可对边沿不陡、幅度不齐的波形进行整形。

需要注意的是,触发脉冲的宽度一定要小于 T_W,在电路处于暂稳态期间(T_W 内),不能输入负脉冲。

13.2.2 多谐振荡器

(1)电路组成

555组成的多谐振荡器如图13-3所示,图中的 R_1、R_2、C 为多谐振荡器的定时元件。

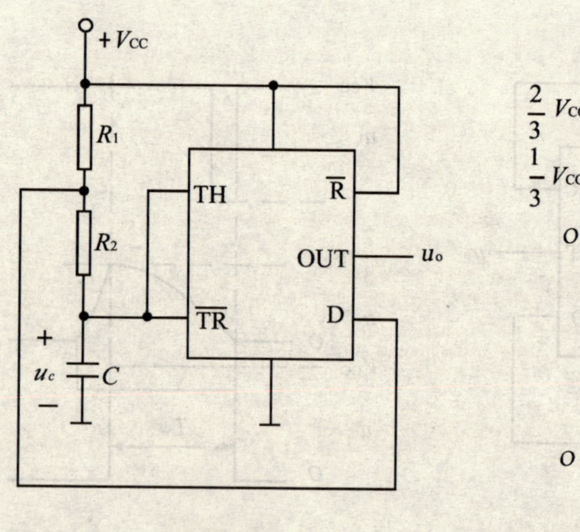

(a) 连接图

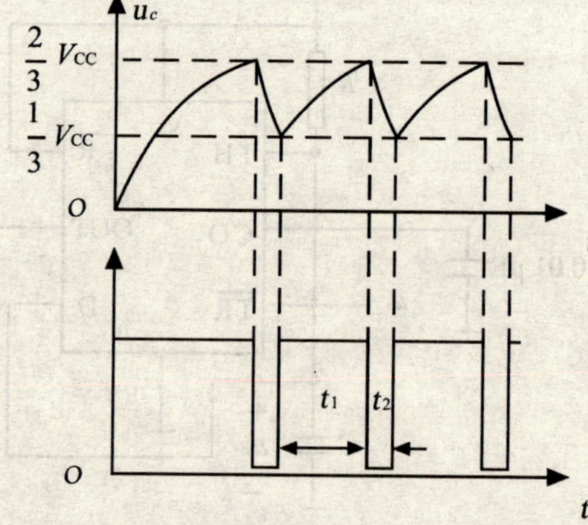

(b) 电压波形图

图13-3 多谐振荡器

(2)工作原理

如图 13-3(a)所示，接通电源前，定时电容 C 上的电压 u_C 为 0，所以刚接通电源时定时器被置成高电平，OUT =1。同时电源通过(R_1+R_2)对 C 充电。当 u_C 上升到$\frac{2}{3}V_{CC}$时，放电管 T 导通，输出由高电平变为低电平。此时由于放电管 T 导通，u_C 通过 R_2 放电。当 $u_C<\frac{1}{3}V_{CC}$时，输出由低电平变为高电平。由此形成振荡，在 OUT 端输出矩形脉冲电压，如图 13-3 (b)所示，除了 u_o 为高电平的第一个波形外，u_o 的高电平持续时间 t_1 是 u_C 由$\frac{1}{3}V_{CC}$充电至$\frac{2}{3}V_{CC}$所需要的时间；u_o 的低电平持续时间 t_2 是 u_C 由$\frac{2}{3}V_{CC}$放电至$\frac{1}{3}V_{CC}$所需要的时间。若忽略放电管 T 的导通电阻，则有：

$$t_1=(R_1+R_2)C\ln 2\approx 0.7(R_1+R_2)C$$

$$t_2=R_2C\ln 2\approx 0.7R_2C$$

输出矩形脉冲的振荡周期为：

$$T=t_1+t_2\approx 0.7(R_1+R_2)C$$

脉冲占空比为：

$$q=\frac{t_1}{T}=\frac{R_1+R_2}{R_1+2R_2}$$

将上述电路稍加改动，就可以构成占空比可调的多谐振荡器，如图 13-4 所示。图中加了电位器 R_P，并利用二极管 VD_1 与 VD_2 将电容 C 的充电及放电回路分开。调节 R_P 阻值，使 R_A 与 R_B 的比值发生变化，就可以改变输出脉冲的占空比。

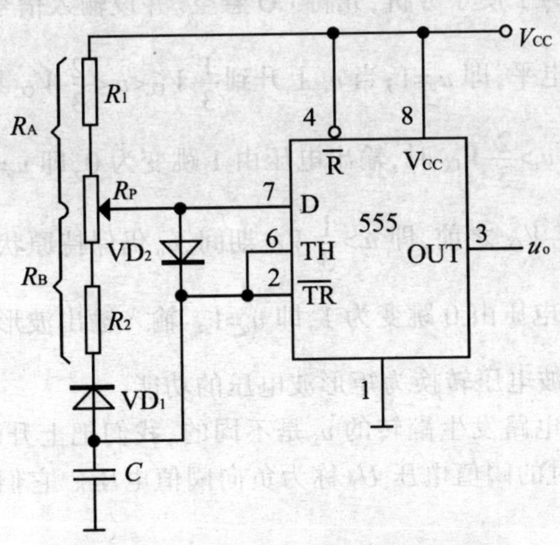

图 13-4 空度比可调的多谐振荡器

13.2.3 施密特触发器

(1)电路组成

555 组成的施密特触发器如图 13-5 所示，将定时器的 TH 端和 $\overline{TR}$ 短接在一起，作为触发器的输入端，定时器的 OUT 端作为输出，$\overline{R}$ 接电源 V_{CC}。

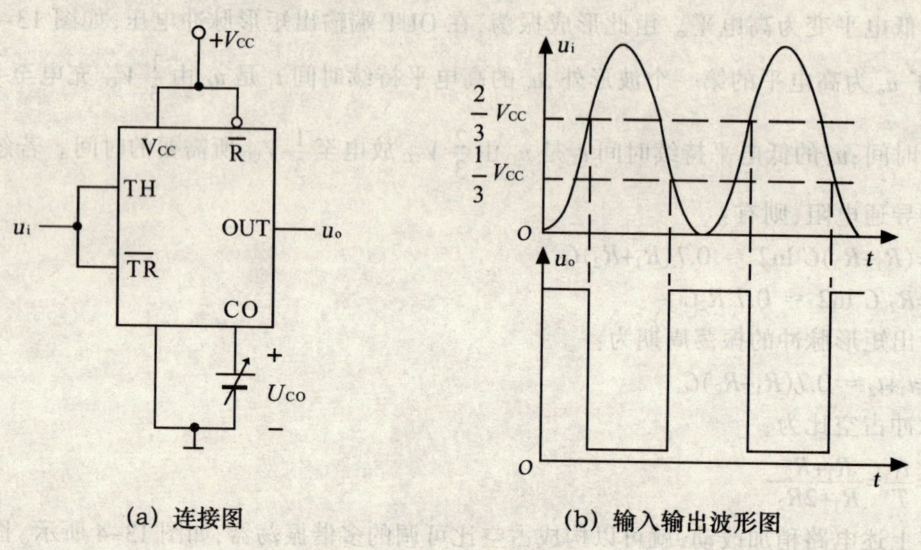

(a) 连接图 (b) 输入输出波形图

图 13-5 施密特触发器

(2)工作原理

如图 13-5(a)所示，为了便于分析，先将 CO 悬空。并设输入信号为正弦波电压。当 $u_i<\frac{1}{3}V_{CC}$ 时，输出电压 u_o 为高电平，即 $u_o=1$；当 u_i 上升到 $\frac{1}{3}V_{CC}<u_i<\frac{2}{3}V_{CC}$ 期间，u_o 仍保持原状态 1 不变；当输入电压上升到 $u_i>\frac{2}{3}V_{CC}$ 时，输出电压由 1 跳变为 0，即 $u_o=0$；u_i 继续上升达到最大值，然后下降，在下降到 $\frac{1}{3}V_{CC}$ 之前，即 $u_i>\frac{1}{3}V_{CC}$ 期间，u_o 仍保持原状态 0 不变；当输入电压 u_i 下降到 $u_i<\frac{1}{3}V_{CC}$ 时，输出电压由 0 跳变为 1，即 $u_o=1$。输入输出波形如图 13-5(b)所示，由图可见，该电路具有将正弦波电压转换为矩形波电压的功能。

由上面分析可知，使电路发生翻转的 u_i 是不同的，我们把上升时的阈值电压 U_{T+} 称为正向阈值电压，而把下降时的阈值电压 U_{T-} 称为负向阈值电压。它们之间的差值 ΔU_T 称为回差，即

$$\Delta U_T=\frac{2}{3}V_{CC}-\frac{1}{3}V_{CC}=\frac{1}{3}V_{CC}$$

回差是施密特触发器的固有特性。施密特触发器的电压传输特性如图 13-6 所示。

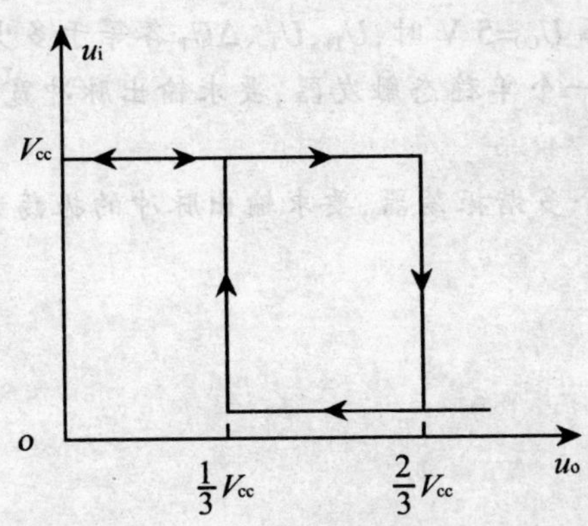

图 13-6 施密特触发器的电压传输特性

如果控制端 CO 外接电压 U_{CO}，则 $U_{T+}=U_{CO}$，$U_{T-}=\frac{1}{2}U_{CO}$，$\Delta U_T=\frac{1}{2}U_{CO}$。可见，通过改变$U_{CO}$数值就可以改变电路回差电压 ΔU_T 的大小，且电压 U_{CO} 越大，ΔU_T 越大。

本章小结

555 定时器是一种多用途的单片集成电路，本章以 5G555 集成电路为例介绍了定时器的功能及其组成的单稳态触发器、多谐振荡器和施密特触发器。对集成定时器的各种讨论，都是围绕表 13-2 所示功能进行的。对集成定时器的 3 种工作状态及其对应的输入电压必须熟练掌握。

单稳态触发器有一个稳态和一个暂稳态。在外来触发信号的触发下，电路由稳态进入暂稳态。经过一段时间 T_W 后，自动翻转为稳态。T_W 的长短取决于定时元件 R 和 C 的参数。单稳态触发器主要用于脉冲定时和延迟控制。

多谐振荡器是一种无稳态电路。在接通电源后，它能够自动地在两个暂稳态之间不停地翻转，输出矩形脉冲电压。矩形脉冲的周期 T 以及高、低电平持续时间的长短，取决于电路的定时元件 R 和 C 的参数。在脉冲数字电路中，多谐振荡器常用做产生标准时间信号和频率信号的脉冲发生器。

施密特触发器是一种具有回差特性的双稳态电路。它的主要特点是能够对输入信号进行整形，将变化缓慢的输入信号整形成边沿陡峭的矩形脉冲。

应用 555 定时器还可以构成矩形脉冲发生器、可控方波发生器、分频电路等。

习 题

1.试画出用 555 定时器组成单稳态触发器、多谐振荡器和施密特触发器的电路。

2.在图 13-3 所示电路中，若 $R_1=R_2=5.1\ \text{k}\Omega$，$C=0.01\ \mu\text{F}$，$V_{CC}=12\ \text{V}$，试计算电路的振荡频率。

3.在图 13-5 所示的施密特触发器电路中，试问：

(1)当 $V_{CC}=12\ \text{V}$，没有外接控制电压时，U_{T+}、U_{T-}、ΔU_T 各等于多少？

(2)当 V_{CC}=9 V,控制电压 U_{CO}=5 V 时,U_{T+}、U_{T-}、ΔU_T 各等于多少?

4.试用 555 定时器设计一个单稳态触发器,要求输出脉冲宽度在 1~10 s 的范围内连续可调。

5.用 555 定时器设计一个多谐振荡器,要求输出脉冲的振荡频率为 20 kHz,占空比等于 25%。

项目实训

项目任务：

简易无触点冰箱保护器的装配。

项目描述：

无触点冰箱保护器对冰箱有延时保护功能，当电冰箱在使用过程中电源中断又立即恢复供电时，它能自动延时一段时间再接通冰箱电源，从而保护冰箱压缩机。无触点是指用双向晶闸管代替了继电器，将晶闸管作为无触点开关使用。

电路工作原理：

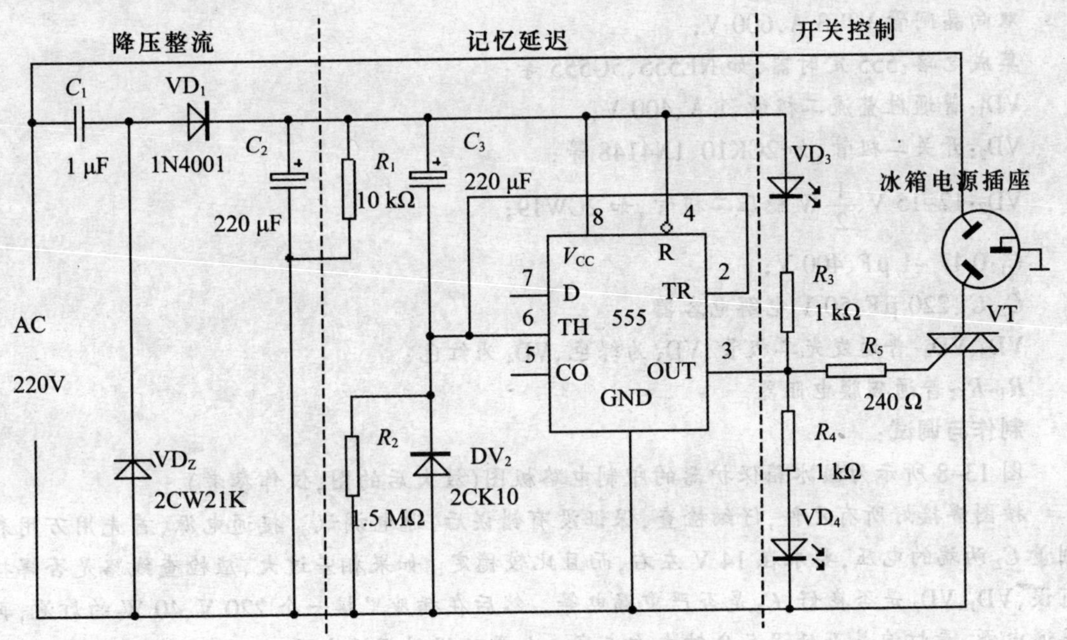

图 13–7　电冰箱保护器电路

冰箱保护器电路见图 13–7 所示，它由降压整流、记忆延迟和开关控制 3 个部分组成。

降压整流电路由电容 C_1、稳压二极管 VDz、二极管 VD_1 和电容 C_2 组成。接通电源后，交流 220 V 电压经 C_1、VD_Z 降压，VD_1 半波整流、C_2 滤波，得到 14 V 左右的直流电压供给后级电路使用，稳压管 VD_Z 又可防止过高脉冲对电路的不良影响。

记忆延迟电路由定时器 555 及外围元件 C_3、R_1、R_2、VD_2 组成，开关控制由晶闸管 VT 来完成。定时器 555 的②脚、⑥脚连在一起，③脚输出去控制晶闸管。当⑥脚电压大于 $\frac{2}{3}V_{CC}$ 时（V_{CC} 为 555 定时器提供的直流工作电压），③脚输出低电平；当②脚电压小于 $\frac{1}{3}V_{CC}$ 时，③脚输出高电平。

220 V 交流电源接通后，产生 14 V 的直流电压，此电压除了供给 555 定时器外，同时还流经 R_2 向 C_3 充电。由于 R_2 较大(1.5 MΩ)，所以充电需要一定时间。在这段时间内，555 定时器的②脚、⑥脚处于高电平，输出端③为低电平，因此双向晶闸管的控制极因没有触发电压而截止，电冰箱电源插座无交流电压，电冰箱不工作。此时等待指示灯 VD_3 正偏而发光。随着充电时间的延长，大约 5 分钟后($t\approx1.1\ R_2C_3$)，C_3 两端电压被充至 $\frac{2}{3}V_{CC}$，即②脚、⑥脚电压下降至 $\frac{1}{3}V_{CC}$，555 定时器翻转，③脚输出高电平，经 R_5 加到双向晶闸管 VT 的控制极，VT 导通，电冰箱得电工作。同时③脚的高电平使工作指示灯 VD_4 导通发光。等待指示灯熄灭。当电网突然断电时，C_3 上的电荷通过 R_1、VD_2 很快释放掉，由于 R_1 较小，放电很快(大约 1 s)，为电网恢复供电时的延时做好准备。

元器件选择：

双向晶闸管 VT：3 A，600 V；

集成电路：555 定时器，如 NE555、5G555 等；

VD_1：普通硅整流二极管，1 A、400 V；

VD_2：开关二极管，如 2CK10、1N4148 等；

VD_Z：12~15 V、$\frac{1}{2}$W 稳压二极管，如 2CW19；

C_1：0.47 ~1 μF、400 V；

C_2、C_3：220 μF，50 V 电解电容器；

VD_3、VD_4：普通发光二极管，VD_3 为绿色，VD_4 为红色；

R_1~R_5：普通碳膜电阻器。

制作与调试：

图 13–8 所示为该冰箱保护器的印制电路板图(放大后的图，仅作参考)。

按图焊接好所有元件，仔细检查，保证没有错误后，通电调试。接通电源，首先用万用表测量 C_2 两端的电压，要求在 14 V 左右，而且比较稳定。如果相差过大，应检查线路是否焊接有误，VD_1、VD_2 是否良好，C_2 是否严重漏电等。然后在插座里接一个 220 V、40 W 的灯泡，再接通电源，看灯泡是否延迟 5 分钟左右点亮。如果延迟时间远小于 $t\approx1.1\ R_2C_3$ 的计算值，则可能是并联在 R_2 两端的二极管 VD_2 性能不好或接反。最后还应检查瞬间断电情况，即断开电源又马上接通电源，灯泡也应延迟点亮，如果灯泡立即就亮，应检查放电回路 R_1、VD_2。

经调试好的冰箱保护器就可以投入使用，只要将冰箱的插头插到该冰箱保护器所连接的电源插座里就可以了。

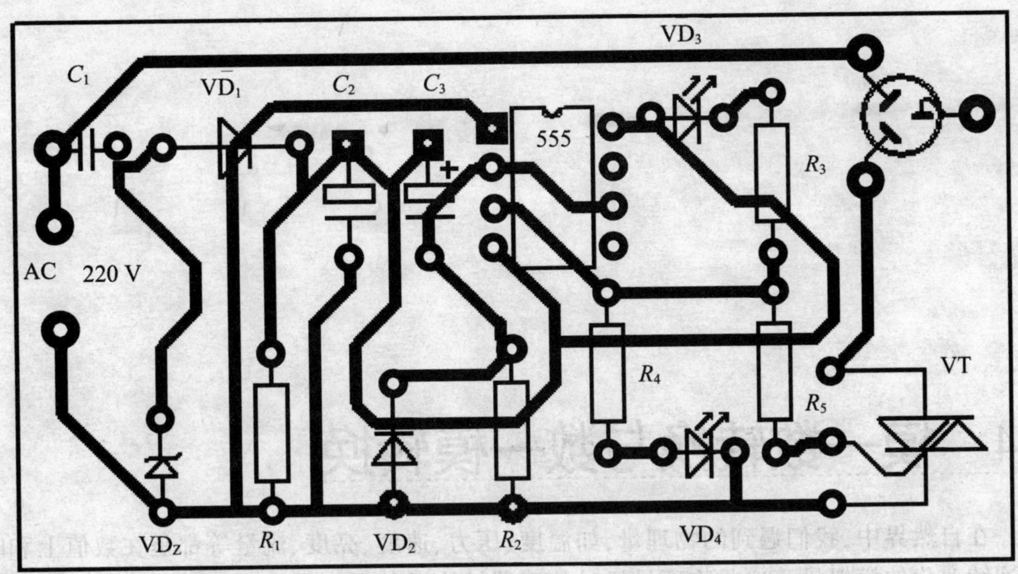

图 13–8 冰箱保护器印制板

14 模—数转换与数—模转换

在自然界中，我们遇到的物理量，如温度、压力、速度、亮度、流量等都是在数值上和时间上连续变化的模拟量。这些物理量经过传感器转换后的电压和电流也是连续变化的模拟信号。该模拟信号不能直接送入数字系统处理，需要把它们先转换成相对应的数字信号，然后才能输入数字系统进行处理。处理后的数字信息也必须先转换成模拟量送到执行机构中才能对控制对象实施实时控制。典型的数字控制系统框图如图 14–1 所示。

图 14–1 典型的数字控制系统框图

图 14–1 中，A/D 转换器简称 ADC，就是把输入的模拟量转换成数字量输出的接口电路。而 D/A 转换器简称 DAC，就是把输入的数字量转换成模拟量（电压或电流）输出的接口电路。它们都是数字系统中必不可少的组成部分。

本章讨论 DAC 及 ADC 的基本工作原理，并介绍几种实用集成器件的使用方法。

14.1 数字量和模拟量的表示

为了实现模—数（A/D）和数—模（D/A）转换，首先必须有一个数字量和模拟量相互表示的方法。如图 14–2 所示就是把一个 0~15 V 变化的模拟电压每隔 1 ms 的值表示为唯一的数字代码。

图 14–2 指出，对于每个模拟电压，我们都可以给出一个对应的数字量来表示。用 4 位二进制数可以得到 4 位分辨率，利用它可以产生 16 种不同的数值，每两个二进制数之间的增量为 1/16。如果要表示 16 位以上的模拟电平，必须用 4 位以上的二进制码来表示。例如，一个 8 位分辨率的数—模转换器将提供 1/256 的增量，这可以提供更精确的表示数据的方法。

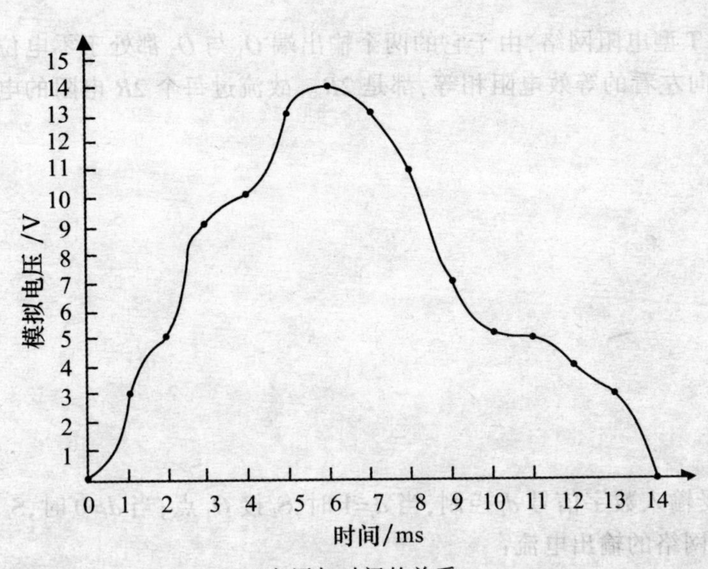

(a)电压与时间的关系

时间/ms	表示方法	
	模拟量	数字量
0	0	0000
1	3	0011
2	5	0101
3	9	1001
4	10	1010
5	13	1101
6	14	1110
7	13	1101
8	11	1011
9	7	0111
10	5	0101
11	5	0101
12	4	0100
13	3	0011

(b)1 ms 间隔的表示方法

图 14-2　模拟量和数字量的表示

14.2 D/A 转换器

14.2.1 倒 T 型电阻网络 D/A 转换器

图 14-3 是 4 位倒 T 型电阻网络 D/A 转换器，它由 3 部分组成，即电阻译码网络、模拟开关、运算放大器。

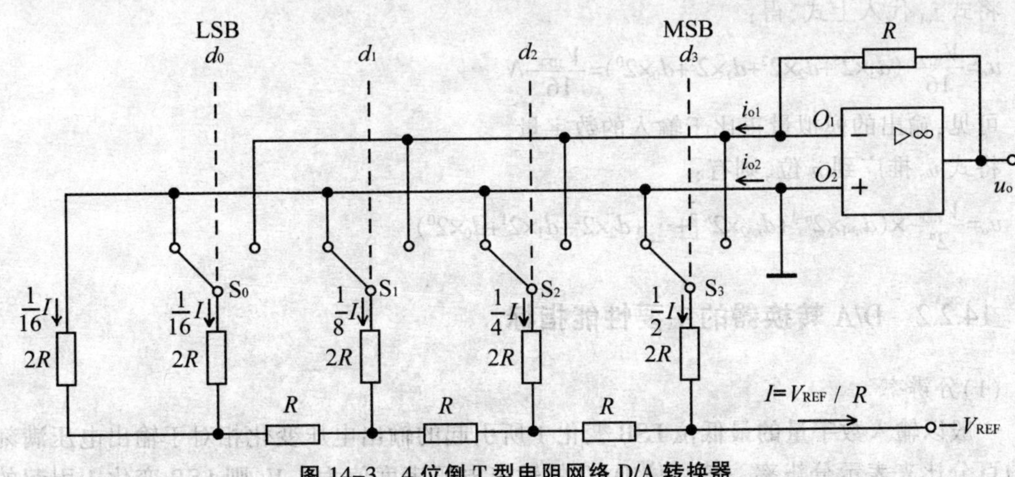

图 14-3　4 位倒 T 型电阻网络 D/A 转换器

(1)电阻译码网络

由 R 和 $2R$ 两种电阻组成倒 T 型电阻网络,由于它的两个输出端 O_1 与 O_2 都处于零电位(O_1 点为虚地),所以从任一节点向左看的等效电阻相等,都是 $2R$。故流过每个 $2R$ 电阻的电流从高位到低位依次为:

$$I_3=\frac{1}{2}I=\frac{1}{2}\frac{V_{REF}}{R}=\frac{V_{REF}}{16}2^3$$

$$I_2=\frac{1}{4}I=\frac{1}{4}\frac{V_{REF}}{R}=\frac{V_{REF}}{16R}2^2$$

$$I_1=\frac{1}{8}I=\frac{1}{8}\frac{V_{REF}}{R}=\frac{V_{REF}}{16R}2^1$$

$$I_0=\frac{1}{16}I=\frac{1}{16}\frac{V_{REF}}{R}=\frac{V_{REF}}{16R}2^0$$

即各支路电流按权依次减小。

$S_i(i=0,1,2,3)$是模拟开关,受输入数字信号 d_i 控制,当 $d_i=1$ 时,S_i 接 O_1 点;当 $d_i=0$ 时,S_i 接 O_2 点,由此可得到倒 T 型电阻网络的输出电流:

$$i_{o1}=d_3I_3+d_2I_2+d_1I_1+d_0I_0=d_3\frac{V_{REF}}{16R}2^3+d_2\frac{V_{REF}}{16R}2^2+d_1\frac{V_{REF}}{16R}2^1+d_0\frac{V_{REF}}{16R}2^0$$

$$=\frac{V_{REF}}{16R}(d_3\times2^3+d_2\times2^2+d_1\times2^1+d_0\times2^0)$$

$$i_{o2}=\overline{d_3}I_3+\overline{d_2}I_2+\overline{d_1}I_1+\overline{d_0}I_0=\overline{d_3}\frac{V_{REF}}{16R}2^3+\overline{d_2}\frac{V_{REF}}{16R}2^2+\overline{d_1}\frac{V_{REF}}{16R}2^1+\overline{d_0}\frac{V_{REF}}{16R}2^0$$

$$=\frac{V_{REF}}{16R}(\overline{d_3}\times2^3+\overline{d_2}\times2^2+\overline{d_1}\times2^1+\overline{d_0}\times2^0)$$

(2)运算放大器

运算放大器的作用是将电阻网络的输出电流转换成与数字量成正比的模拟电压输出。输出电压 u_o 为:

$$u_o=i_{o1}R$$

将式 i_{o1} 代入上式,得:

$$u_o=\frac{V_{REF}}{16}(d_3\times2^3+d_2\times2^2+d_1\times2^1+d_0\times2^0)=\frac{V_{REF}}{16}N$$

可见,输出的模拟量正比于输入的数字量。

将式 u_o 推广到 n 位,则有:

$$u_o=\frac{V_{REF}}{2^n}\times(d_{n-1}\times2^{n-1}+d_{n-2}\times2^{n-2}+\cdots+d_2\times2^2+d_1\times2^1+d_0\times2^0)$$

14.2.2 D/A 转换器的主要性能指标

(1)分辨率

一般以输入数字量的最低位 LSB 变化 1 所引起的输出电压变化相对于输出电压满刻度值的百分比来表示分辨率。若 n 位 DAC 的输出电压满度值为 1 V,则 LSB 变化 1 引起的输出电压变化将是$\frac{1}{2^n}$V，因此 n 位 DAC 的分辨率为$\frac{1}{2^n}\times100\%$，例如 10 位 DAC 的分辨率是$\frac{1}{2^{10}}=\frac{1}{1024}\approx0.1\%$。在实际应用中，表示分辨率的高低更常用的方法是采用输入数字量的位数，例如 10 位DAC，就说此 DAC 具有 10 位分辨率。显然，n 越大，分辨率就越高。

(2)线性度

线性误差是指理想转换特性与实际转换特性的最大偏差。一般情况下常用"$\pm\frac{1}{2}$LSB"来表示。一般是由于模拟电子开关的导通电阻和导通压降及 R、$2R$ 电阻值的偏差引起，此外运算放大器的零点漂移、参考电压偏离标准值、运放增益不稳定也有关系。

(3)建立时间

一般是指数字量变化后，输出模拟量稳定到相应数值范围内所经历的时间，是描述 D/A 转换器速度快慢的一个重要参数。

14.2.3 集成 D/A 转换器

(1)AD7524 转换器

AD7524 转换器是美国模拟器件公司(Anolog Devices)生产的一种带有片内锁存器的 8 位低功耗(20 mW)CMOS 型 D/A 转换器。其主要特点如下：

分辨率：8 位；

建立时间：50 ns；

线性误差：±1/8 LSB ~ ±1/2 LSB；

工作电源：+5 ~ +15 V；

输入电平：与 TTL/CMOS 兼容；

输出类型：电流型。

AD7524 转换器为 16 引脚双列直插式封装，其引脚与功能见表 14–1。

表 14–1 AD7524 转换器的引脚号与功能表

符 号	引脚号	功 能
OUT_1	1	电流输出 1
OUT_2	2	电流输出 2
GND	3	地
$DB_7 \sim DB_0$	4~11	8 位二进制数字量输入，DB_7 为最高位
$\overline{CS}$	12	片选，低电平有效
$\overline{WR}$	13	写信号输入，低电平有效
V_{DD}	14	+5 ~ +15 V 电源输入
V_{REF}	15	参考电源输入
R_{FB}	16	反馈电阻(片内)

当 $\overline{CS}$ 和 $\overline{WR}$ 均为低电平时，可将来自数据总线上的 DB_0~DB_7 数据写入片内的寄存器，此时的模拟量输出对应着 8 位数据的输入值。在这种工作模式下，AD7524 与没有输入寄存器一样。但当 $\overline{CS}$ 和 $\overline{WR}$ 二者之一为高电平时，AD7524 处于保持模式下，此时模拟量输出保持在 $\overline{CS}$ 或 $\overline{WR}$ 变高时刻前输入的数字量所对应的模拟量值。在 $\overline{CS}$ 和 $\overline{WR}$ 再同时为低电平时，输入数字量更新，输出的模拟量也随之变化。图 14–4 为单极性 D/A 变换电路，V_{REF} 取正值时，输出电压为负；V_{REF} 取负值时，输出电压为正。输出电压范围为 0 V~±(255/256) V_{REF}。R_1 和 R_2 可调整放大器的增益。如果放大器是高速运放，需接补偿电容 C_1，其取值为 10~15 pF，以对放大器进行相位补偿，消除振荡。

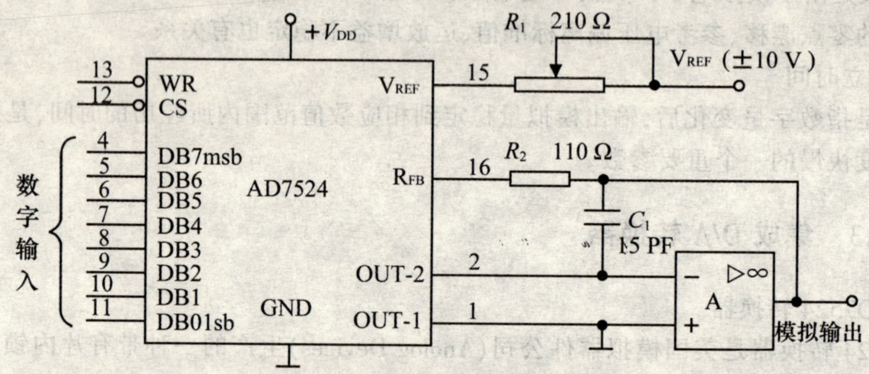

图 14–4 单极性 D/A 转换器

图 14–5 为双极性 D/A 变换电路。双极性 D/A 变换电路与单极性 D/A 变换电路相比，多了一个运算放大器 A_2，故能输出双极性电压。图中点 Σ 经 R_3 与 V_{REF} 相连，由 V_{REF} 向 A_2 提供了一个与 A_1 输出电流相反的偏移电流。调整 R_3 与 R_4 的比值，使偏移电流为 A_1 输出电流的 1/2，这样 A_2 的输出就变成双极性了。在双极性输出时，输出电压 u_o 的范围为 $-(127/128)V_{REF}$ ~ $+(127/128)V_{REF}$。

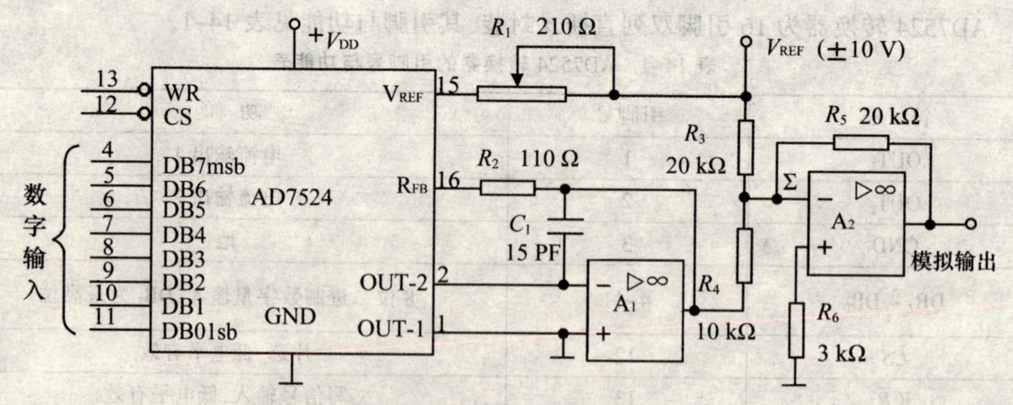

图 14–5 双极性 D/A 转换器

(2)8 位双缓冲 D/A 转换器 DAC0832

DAC0832 转换器除了具有一般的 D/A 转换器特性外，其内部采用双缓冲寄存器，能方便地用于多个 D/A 转换器同时工作的情况，且在精度允许的情况下，又可作为 12 位 D/A 转换器使用。它可以与 12 位 D/A 转换器 DAC1230 互换,引脚也是兼容的。

① DAC0832 转换器的引脚说明

图 14–6 为 DAC0832 转换器的组成框图,其中有 5 条控制线。各引脚的功能如下。

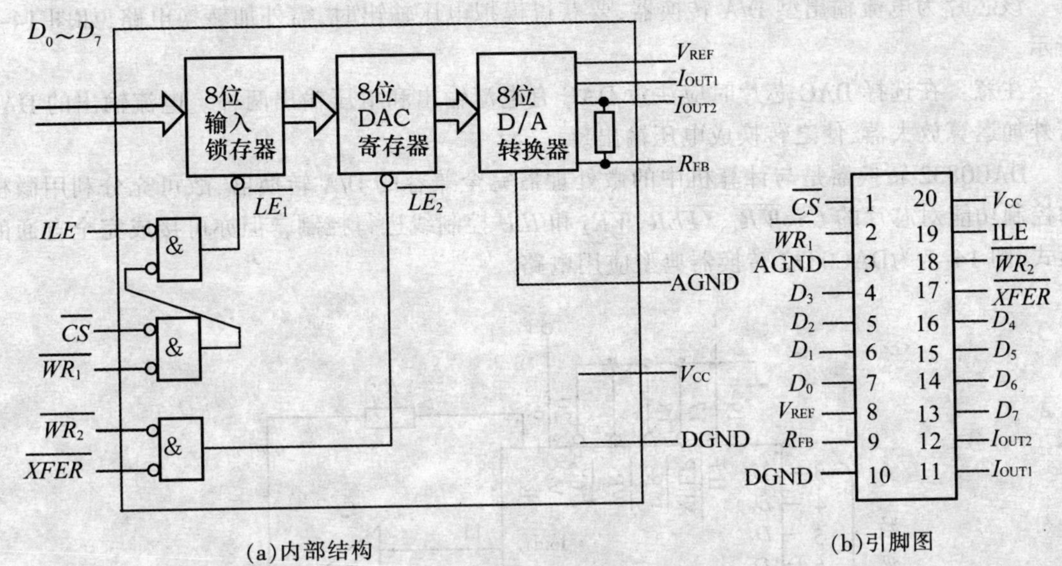

图 14–6 DAC0832 转换器组成框图

D_7~D_0:8 位数据输入线,D_7 为最高位,D_0 为最低位。

$\overline{CS}$:片选信号输入线,低电平有效。

ILE:输入锁存选通,高电平有效,与 $\overline{CS}$ 组合选通 $\overline{WR_1}$。

$\overline{WR_1}$:输入锁存器写选通输入线,低电平有效。输入锁存器的锁存信号 $\overline{LE_1}$ 由 ILE、$\overline{CS}$、$\overline{WR_1}$ 的逻辑组合产生。

当 ILE=1、$\overline{WR_1}$=0 时,为输入锁存器直通方式。

当 ILE=1、$\overline{WR_1}$=1 时,为输入锁存器锁存方式。

$\overline{XFER}$:数据传送控制信号输入线,低电平有效,与信号结合用来选通 DAC 寄存器。

$\overline{WR_2}$:DAC 寄存器的写选通信号,低电平有效。

DAC 寄存器的锁存信号 $\overline{LE_2}$ 由 $\overline{XFER}$ 和 $\overline{WR_2}$ 的逻辑组合产生。

当 $\overline{WR_2}$=0、$\overline{XFER}$=0 时,为 DAC 寄存器直通方式。

当 $\overline{WR_2}$=1、$\overline{XFER}$=0 时,为 DAC 寄存器锁存方式。

R_{FB}:内部电阻连接端,为外部运算放大器提供反馈电阻。

V_{REF}:参考电压输入端,外接一精密电压源,可以在–10~+10 V 范围内选择。

V_{CC}:电源电压线,在+5~+15 V 范围内选择,用 15 V 工作最佳。

I_{OUT1}:模拟电流输出线 1。当输入数字量为全“1”时,输出电流为最大值;当输入数字量为全“0”时,输出电流为最小值,近似为 0。

I_{OUT2}:模拟电流输出线 2。I_{OUT1} 和 I_{OUT2} 之和为常数,采用单极性输出时,I_{OUT2} 常常接地。

AGND:模拟地。

DGND:数字地。

通常把 AGND 和 DGND 相连,接地。

② 应用特性

该芯片为电流输出型 D/A 转换器,要获得模拟电压输出时,需外加转换电路,如图 14-7 所示。

注意:在选择 DAC 芯片时应注意 DAC 有电流输出和电压输出两种。电流输出的 DAC 需外加运算放大器,使之转换成电压输出。

DAC0832 转换器是与计算机中的微处理器完全兼容的 D/A 转换器,故可充分利用微机的控制功能对芯片的 $\overline{CS}$、$\overline{WR_1}$、$\overline{XFER}$、$\overline{WR_2}$ 和 ILE 控制线进行控制,但亦可接成完全直通的形式,图 14-7 为DAC0832 转换器典型应用电路。

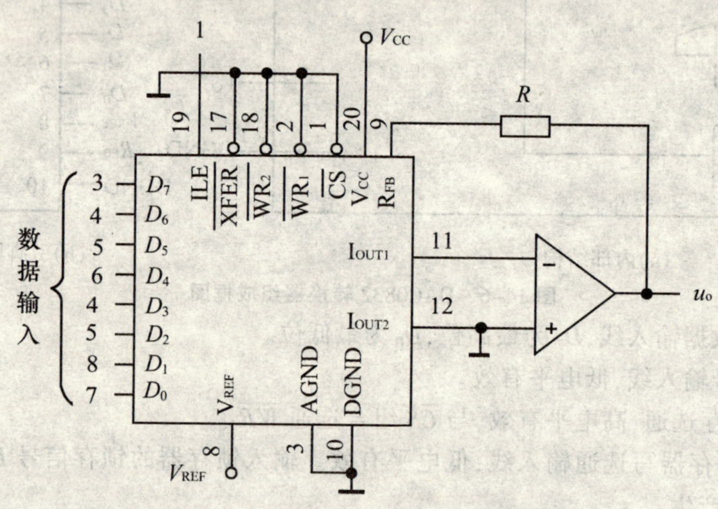

图 14-7 DAC0832 转换器典型应用电路

该芯片有两级锁存控制功能,能实现多通道 D/A 转换同步输出。对于多片 DAC0832 要求同时进行转换的系统,可使各芯片的片选信号不同,由片选信号 $\overline{CS}$ 与 $\overline{WR_1}$ 分时地将数据输入到每片的输入锁存器中,而各片的 $\overline{XFER}$、$\overline{WR_2}$ 则接在一起,共用一组信号。在 $\overline{XFER}$ 与 $\overline{WR_2}$ 同时为低电平时,数据同一时刻输入锁存器传送到对应的 DAC 寄存器,并靠 $\overline{WR_2}$ 的上升沿将其锁存起来,各个 D/A 转换芯片同时开始转换。

14.3 A/D 转换器

A/D 转换器种类繁多,就其位数来分,有 8 位、10 位、12 位、16 位等。位数越多,其分辨率越高,价格也越贵。按照转换方式可分为 4 种,即并行比较型、逐次逼近型、计数式及双积分型 A/D 转换器。

(1)并行比较型 A/D 转换器

三位并行比较器 ADC 框图如图 14-8 所示，它由电阻分压器、电压比较器及编码电路组成。分压器用以确定量化电压，比较器用来确定采样电压的量化，编码器对比较器的输出进行编码，然后输出二进制代码 Q_2、Q_1、Q_0。

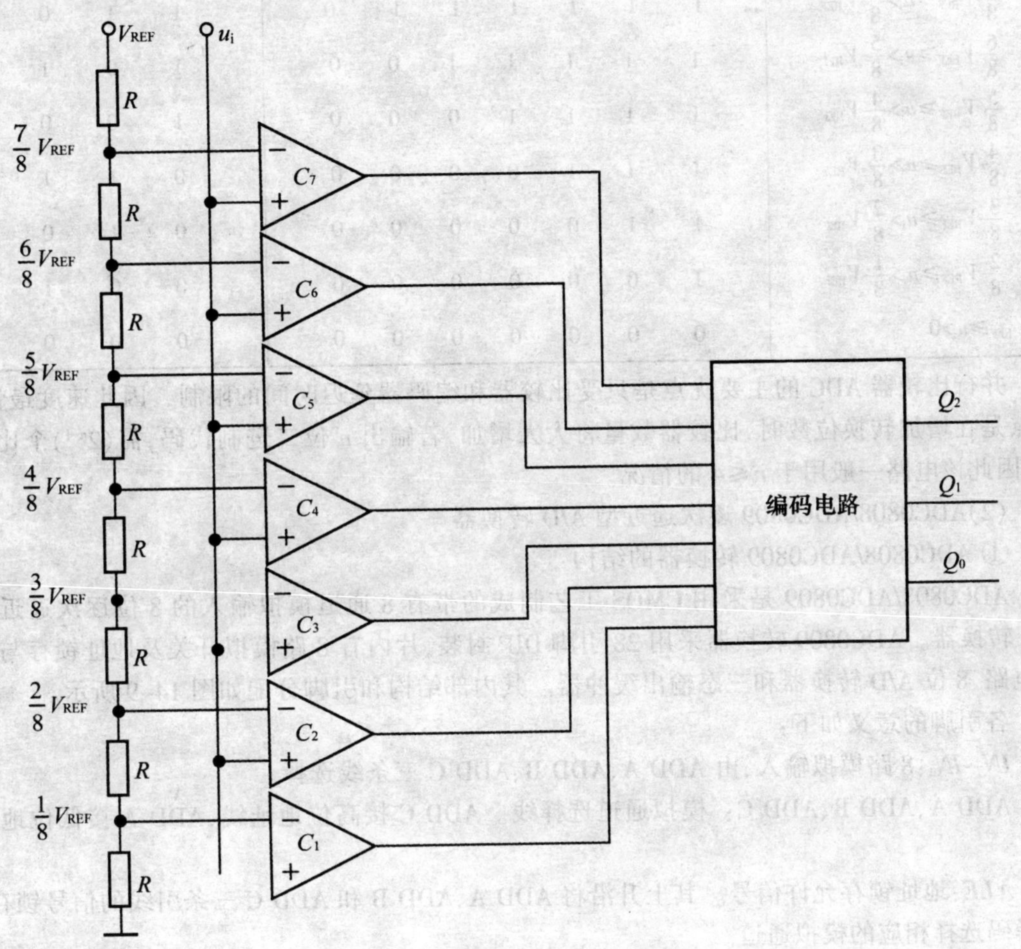

图 14-8 三位并行比较型 ADC 框图

在图 14-8 所示的 3 位并行比较器 ADC 框图中，参考电压 V_{REF} 经过分压器分压，形成7个比较电平：$\frac{7}{8}V_{REF}$、$\frac{6}{8}V_{REF}$、$\frac{5}{8}V_{REF}$、$\frac{4}{8}V_{REF}$、$\frac{3}{8}V_{REF}$、$\frac{2}{8}V_{REF}$、$\frac{1}{8}V_{REF}$，它们分别接到 C_7~C_1 7 个比较器的反向输入端。当输入电压 u_i 大于比较器的比较电平时，该比较器输出高电平 1，反之则输出低电平 0。7 个比较器输出结果送到编码器进行编码，就得到对应于输入模拟电压大小的二进制代码 $Q_2Q_1Q_0$。

表 14-2 给出了采样电压 u_i、比较器的输出和编码器的输出代码三者之间的关系。

表 14–2 采样电压 u_i、比较器输出和编码器输出代码关系表

采样电压	比较器输出							输出代码		
	C_1	C_2	C_3	C_4	C_5	C_6	C_7	Q_2	Q_1	Q_0
$V_{REF}\geqslant u_i>\frac{7}{8}V_{REF}$	1	1	1	1	1	1	1	1	1	1
$\frac{7}{8}V_{REF}\geqslant u_i>\frac{6}{8}V_{REF}$	1	1	1	1	1	1	0	1	1	0
$\frac{6}{8}V_{REF}\geqslant u_i>\frac{5}{8}V_{REF}$	1	1	1	1	1	0	0	1	0	1
$\frac{5}{8}V_{REF}\geqslant u_i>\frac{4}{8}V_{REF}$	1	1	1	1	0	0	0	1	0	0
$\frac{4}{8}V_{REF}\geqslant u_i>\frac{3}{8}V_{REF}$	1	1	1	0	0	0	0	0	1	1
$\frac{3}{8}V_{REF}\geqslant u_i>\frac{2}{8}V_{REF}$	1	1	0	0	0	0	0	0	1	0
$\frac{2}{8}V_{REF}\geqslant u_i>\frac{1}{8}V_{REF}$	1	0	0	0	0	0	0	0	0	1
$\frac{1}{8}V_{REF}\geqslant u_i>0$	0	0	0	0	0	0	0	0	0	0

并行比较器 ADC 的主要优点是只受比较器和编码器延迟时间的限制，因此速度最快。缺点是在增加转换位数时，比较器数量将大大增加，若输出 n 位二进制代码，需(2^{n-1})个比较器，因此该电路一般用于 $n\leqslant4$ 的情况。

(2)ADC0808/ADC0809 逐次逼近型 A/D 转换器

① ADC0808/ADC0809 转换器的结构

ADC0808/ADC0809 是采用 CMOS 工艺制成的带有 8 通道模拟输入的 8 位逐次逼近式 A/D 转换器。ADC0809 转换器采用 28 引脚 DIP 封装，片内有 8 路模拟开关及地址锁存与译码电路、8 位 A/D 转换器和三态输出缓冲器。其内部结构和引脚分配如图 14–9 所示。

各引脚的意义如下：

IN_7~IN_1：8 路模拟输入，由 ADD A、ADD B、ADD C 三条线选择。

ADD A、ADD B、ADD C：模拟通道选择线。ADD C 接高位地址线，ADD A 接低位地址线。

ALE：地址锁存允许信号。其上升沿将 ADD A、ADD B 和 ADD C 三条引线的信号锁存，经译码选择相应的模拟通道。

START：转换启动信号。其上升沿将所有内部寄存器清 0，下降沿开始进行 A/D 转换。在 A/D 转换期间，START 信号保持为低电平。

D_7~D_0：数据输出线。为三态缓冲输出形式，由输出允许信号 OE 控制。

OE：输出允许信号。该信号为高电平时，打开三态缓冲器，将转换结果送到 D_7~D_0 线上。

EOC：转换结束信号。当转换结束，数据锁存在输出锁存器之后，EOC 变为高电平。该信号可作为被查询的状态信号。

V_{CC}：+5 V 电源。

$V_{REF}(+)$、$V_{REF}(-)$：基准电压输入。

CLK：时钟输入。

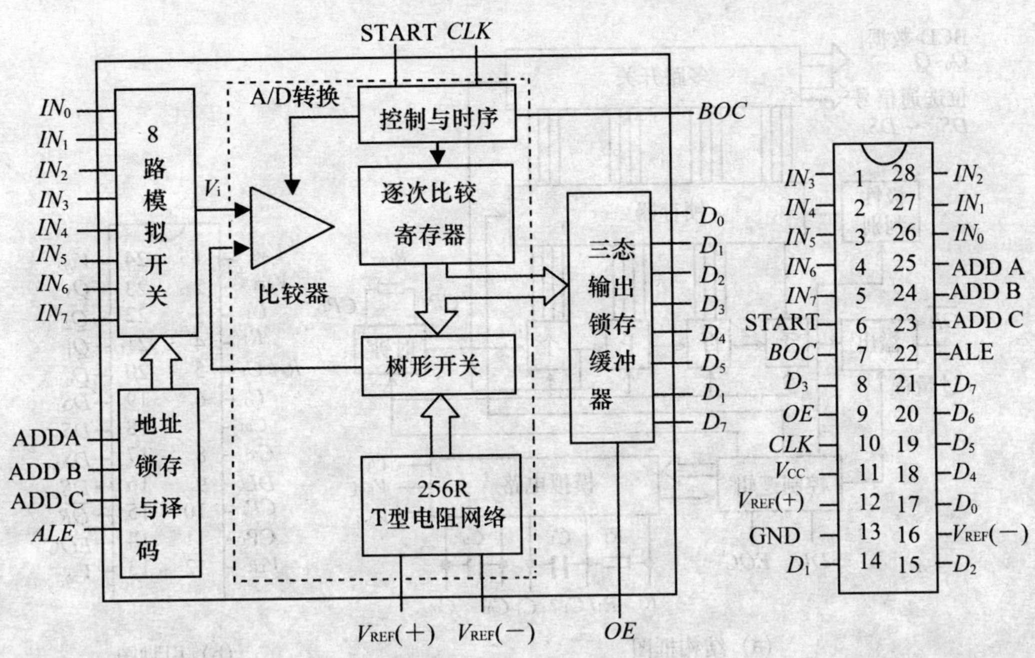

图 14-9 ADC0808/0809 转换器内部结构和引脚图

② ADC0809 的典型应用

ADC0809 转换器既可独立使用,也可与微机接口构成各种数据采集系统。独立使用时,连接电路如图 14-10 所示。由于 *OE*、*ALE* 与+5 V 电源相连,*EOC* 与 START 相连,因此一旦在 START 引脚上施加一个启动脉冲后,便处于一种连续转换的工作状态。

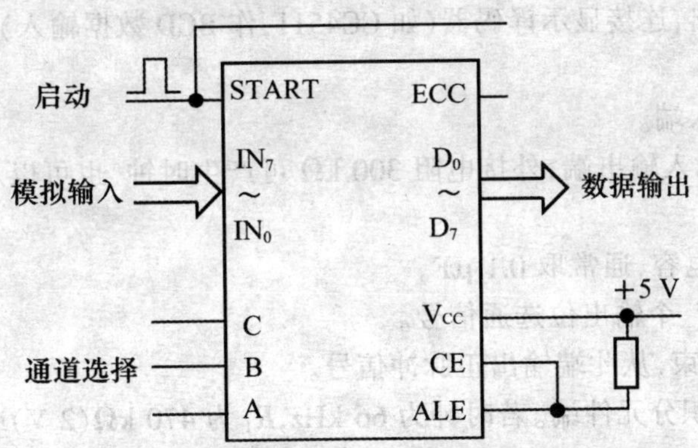

图 14-10 ADC0809 独立使用时的连接电路

(3)CC14433 双积分型 A/D 转换器

CC14433 转换器是 CMOS 工艺的双积分 A/D 转换器,广泛用于数字电压表、数字温度计及各种低速数据采集系统中,仅需外接两只电阻和电容就可以组成一个具有自动调零和自动极性转换功能的 A/D 转换系统。

图 14-11 所示为 CC14433 转换器结构框图及引脚图。

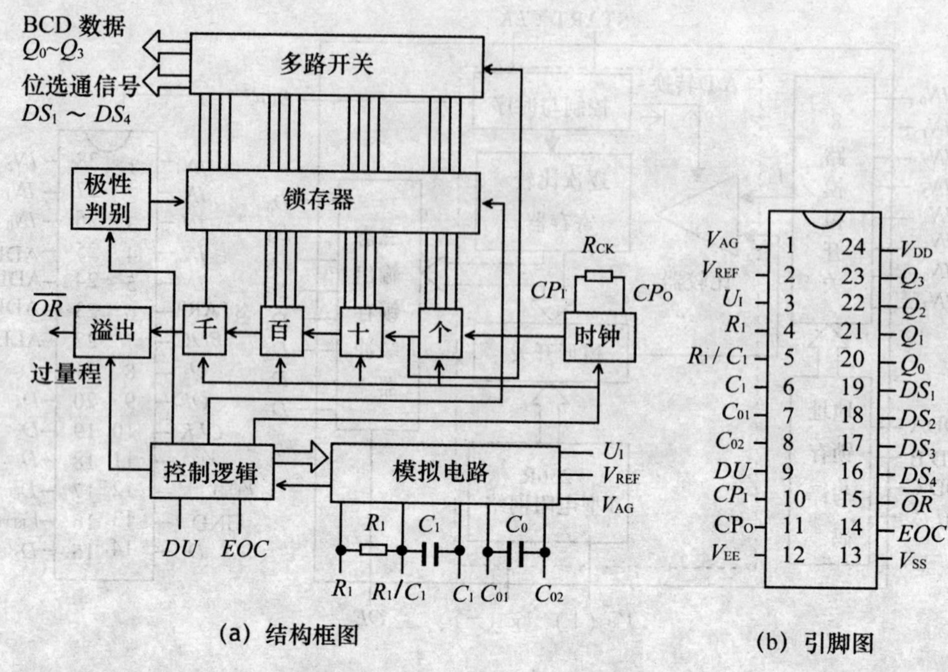

图 14-11 CC14433 转换器结构框图及引脚图

V_{DD}:正电源电压。

V_{SS}:地。

V_{AG}:模拟地。

V_{EE}:负电源电压。

Q_0~Q_3:BCD 码输出,连接显示译码器(如 CC4511,作 BCD 数据输入),Q_0 为最低位,Q_3 为最高位。

V_{REF}:参考电压输入端。

CP_I 与 CP_O:时钟输入输出端,外接电阻 300 kΩ 可产生时钟,也可以从外部输入时钟(从 CP_I 端接入)。

C_{01} 与 C_{02}:接补偿电容,通常取 0.1 μF。

DS_1~DS_4:千、百、十、个输出位选通信号。

EOC:模/数转换结束,从此端输出正脉冲信号。

R_1、R_1/C_1、C_1:外接积分元件端。若时钟为 66 kHz,R_1 为 470 kΩ(2 V)或 27 kΩ(200 mV),这时一次转换约需 250 ms。

DU:实时输出控制,若在 DU 端加一个正脉冲,则将转换结果送输出锁存器。

多路位选通信号 DS_1~DS_4 是由许多开关输出的,在每一次 A/D 转换周期结束时,先输出一个 EOC 信号,再依次输出 DS_1、DS_2、DS_3、DS_4,大约 16 400 个时钟周期循环一次,如图14-12 所示。

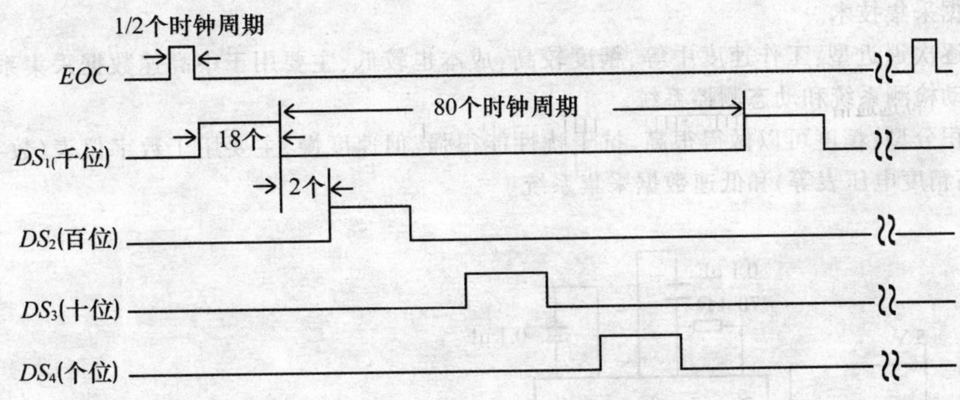

图 14–12 DS_1~DS_4 的时序图

在 DS_1 期间，$Q_3Q_2Q_1Q_0$ 输出千位、过量程、欠量程和极性标志，其输出功能编码如表 14–3 所示。

表 14–3 Q_3、Q_2、Q_1、Q_0 输出功能编码表

Q_3	Q_2	Q_1	Q_0	功 能
0	×	×	1	Q_0=1 且 Q_3=0，过量程，表示计数值大于 1 999
1	×	×	1	Q_0=1 且 Q_3=1，欠量程，表示计数值小于 180
1	×	×	0	Q_3 表示千位，Q_3=1 时，千位为 0
0	×	×	0	Q_3=0 表示千位为 1
×	1	×	×	Q_2 表示电压极性，Q_2=1 时为正极性
×	0	×	×	Q_2=0 表示负极性

在位选通信号 DS_2、DS_3、DS_4 输出正脉冲期间，$Q_3Q_2Q_1Q_0$ 输出 BCD 码，分别在 DS_4 为高电平时输出个位，在 DS_3 为高电平时输出十位，在 DS_2 为高电平时输出百位。

图 14–13 所示为一个 $3\frac{1}{2}$ 位数字电压表电路原理图。它共用了 4 块集成电路，其中 CC14433 用做 A/D 转换，CC4511 用做译码驱动，5G1403 为基准电压电路，向 CC14433 提供 V_{REF}。5G1413 为七路达林顿晶体管驱动器，DS 信号经 5G1413 缓冲后驱动各位数码管的阴极。电压极性符号“–”由 CC4433 的 Q_2 控制，当输入负电压时，Q_2=0，“–”通过 R_M 点亮；若输入为正电压时，Q_2=1，使该路晶体管导通，“–”熄灭。小数点通过 R_{dp} 点亮。R_M、R_{dp} 及 CC4511 输出端的 7 只限流电阻阻值的选取是根据 LED 七段发光器件电流的要求而定，用 5 V 供电时，阻值约为数百欧姆。

若 U_I 大于 1.999 V，由输出信号控制 CC4511 的 $\overline{BI}$ 端，使显示数字熄灭，而负号和小数点仍然点亮。

若要满量程改为 199.9 mV，只要把 V_{REF} 调到 200 mV，R_1 由 470 kΩ 变为 27 kΩ，并把小数点位置移动就可实现。

几种 A/D 转换器的比较：

并行比较型：速度最快，但设备成本较高，精度也不易做高，主要用于数字通信技术和高

速数据采集技术。

逐次逼近型:工作速度中等,精度较高,成本也较低,主要用于中高速数据采集系统、在线自动检测系统和动态测控系统。

积分型:精度可以做得很高,抗干扰性能很强,但速度慢,主要用于数字仪表(数字万用表、高精度电压表等)和低速数据采集系统。

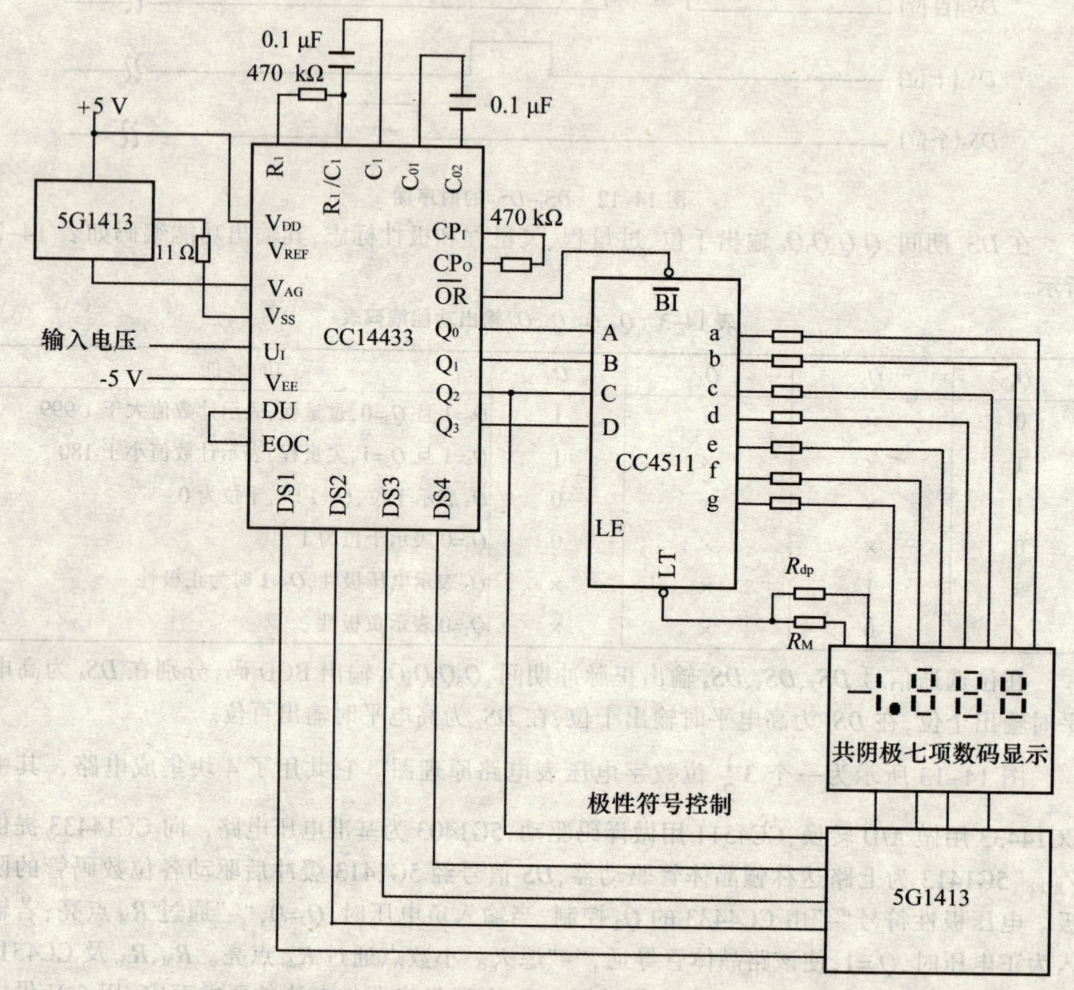

图 14-13 $3\frac{1}{2}$ 位数字电压表电路原理图

本章小结

1.A/D 转换器和 D/A 转换器是沟通数字量和模拟量的桥梁。

2.评价 A/D 转换器和 D/A 转换器的主要技术指标是转换精度和转换速度,也是挑选转换器的主要依据。在选择方案时,要综合考虑性价比,不可一味地追求不必要的高精度和高速度。

3.D/A 转换器是用权电流(权电阻)使输出电压与输入数字量成正比。

4.本章只简要介绍了并行比较型、逐次逼近型及积分型 A/D 转换器的功能及简单实例,了解它们各自的特点及应用场合。

习 题

1.有一个 10 位的 DAC 转换电路满值输出电压为 10 V,试求如下输入时的输出电压值:(1)各位全为 1;(2)仅最高位为 1;(3)仅最低位为 1。

2.D/A 转换器的功能是什么?

3.A/D 转换器的功能是什么?

4.根据所介绍的 CC14433,试设计一个温度计,将它与图 14-12 所示电路比较,还需要增加什么电路?